suhrkamp taschenbuch
wissenschaft 1831

In den entwickelten Gesellschaften haben sich die *durchschnittlichen* Realeinkommen in den vergangenen 50 Jahren vervierfacht oder sogar verfünffacht. Die heutigen Waren und Dienstleistungen gleichen kaum mehr denen, die vor 50 oder 100 Jahren existierten. Nicht nur der Umfang, sondern auch das »Wo und Wie« des Konsumierens und Produzierens haben sich radikal verändert. Dennoch stammen viele unserer wichtigsten Vorstellungen von den Eigenschaften des Marktes und unserem angeblich typischen Marktverhalten aus einer Welt, die keinen verbreiteten *Wohlstand* und kein allgemeines *Bildungswesen*, sondern nur ausgesprochene Armut, umfassende Machtlosigkeit, verbreiteten Hunger und Analphabetismus kannte. Diesen Widerspruch versucht die vorliegende Studie zu analysieren.

Nico Stehr ist Inhaber des Karl-Mannheim-Lehrstuhls für Kulturwissenschaften an der Zeppelin University in Friedrichshafen. Von ihm ist zuletzt erschienen: *Wissenspolitik. Die Überwachung des Wissens* (stw 1615). Zudem hat er zusammen mit Chr. Fleck herausgegeben: Paul M. Neurath, *Die Gesellschaft des Terrors. Innenansichten der Konzentrationslager Dachau und Buchenwald* (2004).

Nico Stehr
Die Moralisierung der Märkte

Eine Gesellschaftstheorie

Suhrkamp

Bibliografische Information der Deutschen Nationalbibliothek
Die Deutsche Nationalbibliothek verzeichnet diese Publikation in der
Deutschen Nationalbibliografie;
detaillierte bibliografische Daten sind im Internet über
http://dnb.d-nb.de abrufbar.

suhrkamp taschenbuch wissenschaft 1831
Erste Auflage 2007

Satz: Hümmer GmbH, Waldbüttelbrunn
Druck: Druckhaus Nomos, Sinzheim
Printed in Germany
Umschlag nach Entwürfen von
Willy Fleckhaus und Rolf Staudt
ISBN 978-3-518-29431-4

1 2 3 4 5 6 – 12 11 10 09 08 07

Inhalt

Vorwort

> Jedes Volk hat seine Moralität, die durch seine Lebensbedingungen bestimmt ist.
> Emile Durkheim ([1883] 1988: 295)

Vor einem Jahrhundert gab der typische Haushalt eines heutigen OECD-Landes 80 Prozent seines Einkommens für Ernährung, Kleidung und Unterkunft aus. Gegenwärtig beträgt dieser Anteil an Konsumausgaben weniger als 30 Prozent. In den entwickelten Gesellschaften haben sich die durchschnittlichen Realeinkommen in den vergangenen 50 Jahren vervierfacht oder sogar verfünffacht. Aber die heutigen Waren und Dienstleistungen, selbst die, die wir als Lebensnotwendigkeit konsumieren, gleichen kaum den Waren dieser Kategorie vor 50 oder 100 Jahren. Wie der Umfang, so hat sich auch das »Wo und Wie« des Konsumierens radikal verändert.

Dennoch stammen viele unserer wichtigsten Ideen von den Eigenschaften des Marktes und unserem angeblich typischen Marktverhalten aus einer Welt, die keinen verbreiteten Wohlstand oder kein allgemeines Bildungswesen, sondern nur ausgesprochene Armut, umfassende Machtlosigkeit, verbreiteten Hunger und Analphabetismus kannte.

Die Armut der Lohnabhängigen verstand man als Voraussetzung der Expansion der Produktion; der Reichtum eines Landes wurde als Funktion der Armut ihrer arbeitenden Bevölkerung betrachtet. Die Armut der Arbeitenden hatte auch eine Reihe von angeblich positiven moralischen Konsequenzen. So disziplinierte die Armut die Lohnabhängigen und leistete einen entscheidenden Beitrag zum Erhalt des gesellschaftlichen *Status quo*. Seit dem 18. Jahrhundert ist deshalb die Behauptung, Wohlstand demoralisiere, zu einem Gemeinplatz geworden.

Die noch heute gültige Theorie des Marktes entstammt einer Gesellschaft, die es nicht mehr gibt. Sie galt für das Kommunikationssystem einer Gesellschaft, die soziale Differenzierung, die Rolle des Staates, die soziale oder politische Ungleichheitsstruktur und die Wirtschaft der Gesellschaft. Von Verbrauchern war damals jedoch überhaupt keine Rede. Der Konsum schuf keinen Wohlstand. Die Mehrzahl der Menschen »konsumierte« überhaupt nicht, sondern versuchte zu überleben. Es war eine Welt, in der der Arbeitsplatz dazu diente, existenzielle Bedürfnisse zu befriedigen, in der die Produktion dazu da war, die Gesellschaft vor den Gefahren der Umwelt zu schützen, und der Markt rein instrumentelle Funktionen hatte. Der »Konsument« war eine ohnmächtige Arbeitskraft und, wie die Natur, in erster Linie Produktionsfaktor.

Ein ähnlich trostloses Bild wird auch heute noch oft vom größten Teil der Marktteilnehmer gezeichnet. Danach leidet die Mehrheit der Menschen entweder unter materiellem Mangel oder, aus einer oft asketischen Sicht, an Konsum-Übersättigung. Konsumenten werden als hilflose, unmündige, unsichere, manipulierte und somit schlecht beratene Käufer dargestellt. Trotzdem hat sich das Erkenntnisinteresse in den Sozialwissenschaften verschoben. Das Forschungsinteresse umfasst heute sowohl Arbeit und Produktion als auch den Verbrauch. Moralisch kodiertes ökonomisches Handeln ist somit nicht nur eine Sache der Unternehmensethik.

In der Moderne gibt es fast überall Märkte. Allerdings unterscheiden sie sich aufgrund unterschiedlicher fiskalischer oder rechtlicher Prozedere enorm. Es entstehen, z. B. mit Hilfe des Internets, ständig neue Märkte. Dennoch können wir in der bisherigen Menschheitsgeschichte erst auf wenige Marktgesellschaften verweisen, in denen nicht nur die Eliten wohlhabend sind, die das kulturelle Kapital monopolisieren. Es liegt also auf der Hand zu fragen, ob sich die Märkte unter diesen Bedingungen nicht grundlegend ändern, indem z. B. normativ richtiges Handeln eine entscheidende Komponente des Verhaltens aller Marktteilnehmer wird.

Man muss das sich verändernde Marktverhalten der Konsumenten (und Produzenten) in modernen Gesellschaften nicht unbedingt als historischen Vorreiter verstehen, um seinen Einfluss für äußerst signifikant zu halten. Dass ihre vom konsumtiven und kulturellen Kapital mitbestimmten Entscheidungen über eine historisch einmalige Vielfalt von am Markt erhältlichen Produkten und Dienstleistungen für die Entwicklung der modernen Ökonomie und Gesellschaft von großer Bedeutung sind, gilt auch unter Kritikern des Marktes als gesichert. Man kann auch davon sprechen, dass sich die angeblich in Beton gegossenen Machtverhältnisse am Markt zugunsten unterschiedlicher Konsumentengruppen verschieben.

Natürlich sind es andererseits die Zwänge oder auch die besondere Logik des Marktes, die das Verhalten aller Marktteilnehmer beeinflussen. Jedoch hat bislang die Tatsache zu wenig Beachtung gefunden, dass ökonomische Felder (Märkte) in einem bestimmten dynamischen, oft aber auch und damit verbunden in einem spannungsgeladenen Verhältnis zu ihrem gesellschaftlichen Umfeld stehen. Dies gilt z. B. für staatliche und transnationale Institutionen, die Standortfaktoren, Rechtsvorschriften, Auflagen unterschiedlichster Art, soziale Sicherheitssysteme, Produktionsverfahren und am Markt gehandelte Waren und Dienstleistungen regulieren und lizenzieren. Die Gesellschaft bestimmt also das Prozedere, nach dem der Markt funktioniert.

Kommt es, so muss man aber vor allem im Widerspruch zum im *vergangenen* Jahrhundert dominanten Erkenntnisinteresse der Gesellschaftsanalyse fragen, zu einer Abkehr von der durch die Mechanik des reinen Gelderwerbs bestimmten Rationalisierung der Lebenswelt und somit zu Entscheidungen am Markt, die sich auch, oft sogar leidenschaftlich, an ihren Folgen für andere orientieren? Ist es denkbar, dass die »materiale Rationalität« (Max Weber) und damit die Entscheidungen von Konsumenten und Produzenten nicht mehr ausschließlich und auf allen Märkten von strikt monetären Überlegungen und Eigeninteressen bestimmt werden? Gibt es einen von gesellschaftlichen Veränderungen mitbestimmten symbolischen und strukturellen Wandel des Marktes? Und kommt es etwa zu einer Annäherung der angeblich strikt voneinander getrennten sozialen Rollen des Konsumenten und des Bürgers? Kann man nicht nur eine wachsende Bedeutung der Konsumpolitik beobachten, sondern auch die signifikant verbesserten Handlungsfähigkeiten der Konsumenten?

Zusammengenommen bedeuten zustimmende Antworten auf diese Fragen, dass kulturelle Werte, umfassenderes Wissen und weit gefächerte Interessen der Akteure eine Schlüsselrolle in der angeblich kulturfreien Welt und der von der Gesellschaft abgekoppelten Realität der modernen Wirtschaftssysteme spielen.

Während es vor wenigen Jahren noch vorrangig militärische oder ökonomische Interessen waren, sind es heute zunehmend die vom Verbraucher getroffenen Entscheidungen, die den Verlauf wissenschaftlich-technischer Innovationen mitbestimmen. Konsumentenentscheidungen bestimmen mehr als jeder andere Faktor die wirtschaftliche Gesundheit einer Gesellschaft. Die Konsumenten werden immer häufiger als gut informiert und klug bezeichnet. Man spricht, obwohl dieser Begriff ambivalent und strittig sein mag, auch immer häufiger von einer sich nachhaltig ausweitenden »Konsumentensouveränität« in entwickelten Volkswirtschaften.

Aber dies allein muss – wie auch die Summe der anderen gesellschaftlichen Veränderungen – nicht unbedingt auf eine nachhaltige Moralisierung der Märkte deuten. Wohlhabende, kluge und gut informierte Konsumenten, die sich nicht scheuen, ihre Meinung zu äußern, mögen sich – ganz im Sinn der Eigensinnigkeit – genauso »rational« und »sachlich« verhalten.

Der Trend zur Moralisierung der Märkte bedeutet demgegenüber, dass die Regulierung der Marktbeziehungen im Verein mit gesamtgesellschaftlichen Veränderungen als Reaktion auf diese Veränderungen und unter Verweis auf Fairness, Authentizität, *goodwill*, Ängste, Nachhaltigkeit, Ausgleich, Rache, Exklusivität, Originalität, Solidarität, Alter, Mitgefühl sowie viele andere moralische Maximen abläuft. Es gilt nicht mehr nur die unablässige, kurzfristige Suche nach dem billigsten Kauf oder der Optimierung des morgigen *shareholder values*. Auch langfristige Sichtweisen sind gefragt.

Ziele und Motive dieses sozialen Wandels des Marktes werden nicht nur zu *Eigenschaften* der am Markt erhältlichen Produkte und Dienstleistungen, sondern auch zu emergenten, das soziale Verhalten am Markt mitbestimmenden Regeln und Prozederen. Waren und Dienstleistungen haben nicht mehr nur einen ökonomischen Wert, sondern ihnen wird auch – wie z. B. der Solarenergie – ein moralischer Wert zugeschrieben oder – wie man das heute wohl von der Atomenergie sagen kann – abgesprochen.

Infolgedessen können wir eine weitere interessante Veränderung beobachten: In der Welt der Waren und Dienstleistungen finden nicht nur bestimmte gesellschaftliche Beziehungen ihren Ausdruck, sondern *in* den Dienstleistungen und Waren oder dem Ruf von Produzenten und Anbietern manifestieren sich gesellschaftliche Werte und Normen. Die Ökonomie ist damit nicht nur ein Austausch von Waren, die einen Wert haben, sondern auch ein Austausch von Werten (Georg Simmel). Gleichzeitig wird die Entwicklung hin zu einer Moralisierung der Märkte Bestandteil der Produktions- und Konsumtions*prozesse*. Infolgedessen ist es notwendig, die *Interaktion* der Normen der Konsumtion und der Produktion insgesamt zu untersuchen.

Die Moralisierung der Märkte wird auf diese Weise zu einem sich selbst realisierenden und verstärkenden Prozess, an dem auch diejenigen Akteure teilhaben, die sich aufgrund ihrer eigenen Werte nicht unbedingt mit der Transformation des Marktgeschehens identifizieren. Es ist ihr tatsächliches Markt*verhalten*, das schlussendlich auch zu einer *Einstellungs*veränderung führt. Schließlich sorgen die Prozesse der Globalisierung für eine weltweite Moralisierung der Märkte, insbesondere infolge einer rapiden Zunahme des Welthandels seit den 70er-Jahren, globaler Werbekampagnen und weltweit zugänglicher Kommunikationsmedien wie dem Internet.

Obwohl es gegenwärtig keine strittige Behauptung ist, dass Konsumentenentscheidungen Art und Umfang der Produktion zumindest mitbestimmen, ist der Konsument dennoch über eine lange Zeit und nicht nur von professionellen Ökonomen als isoliertes, autonomes und rational handelndes Einzelwesen verstanden worden. Die Kaufentscheidung – oder auch Kaufenthaltung – dieses fiktiven Wesens war demnach das Ergebnis eng umschriebener finanzieller (rationaler) Überlegungen und von den Eigenarten der Gesellschaft abgekoppelter Entscheidungen.

Wie sieht ist es aber tatsächlich mit der typischen Handlungsmaxime heutiger Konsumenten und in ihrem Gefolge der Produzenten und Prozedere des Marktes aus? Sind die Entscheidungen der Konsumenten das Ergebnis einer von Unternehmen (etwa künstlich) bestimmten Nachfrage, oder sind andere soziale Mechanismen und Einflussprozesse für das typische Markthandeln mitverantwortlich?

Sofern sich eine Moralisierung der Märkte abzeichnet – und somit nicht, wie ebenfalls befürchtet, eine Verdrängung ethischer Maximen durch den Markt –, welche immanenten wirtschaftlichen und gesellschaftlichen Prozesse mit welchen Folgen sind dann für einen Wandel des Marktes verantwortlich? Muss man sich eine kumulative, sich selbst verstärkende Moralisierung der Märkte als Ergebnis nicht-intendierter Folgen absichtsvollen Handelns vorstellen? Ist der Wandel des Marktes zumindest teilweise Ergebnis einer Diskrepanz zwischen Intentionen und Folgen sozialen Handelns? Ich werde zu zeigen versuchen, dass dies in der Tat der Fall ist; aber noch wichtiger wird sein zu zeigen, dass die Prämisse des Werkes Emile Durkheims weiterhin gültig ist und sich die gesellschaftliche Moral mit dem Wandel des sozialen Milieus des Menschen ändert.[1]

1 Es sei kurz angemerkt, dass ich im Kontext meiner Studie keinen Unterschied zwischen den Begriffen »Moral« und »Ethik« machen werde. In vergangenen gesellschaftstheoretischen Diskursen war es durchaus üblich, keinen Unterschied im

Wenn ich von der neuen Ära der Marktverhältnisse – und zwar aller Marktformen, nicht nur der Konsumentenmärkte – in der modernen Gesellschaft als »Moralisierung der Märkte« spreche, so soll dies nicht beweisen, dass die Institution des Marktes in modernen Gesellschaften schwächer geworden sei. Was geschwächt wird, sind bestimmte Verhaltensregeln oder Marktnormen. Die Moralisierung des Marktes ist eine weitere Stufe in der gesellschaftlichen Entwicklung des Marktes.

Es ist das begrenzte Ziel dieser Studie zu untersuchen, ob und warum es zu einer Moralisierung der Märkte kommt. Es ist nicht ihr Ziel zu analysieren, ob beobachtbare moralische Standards der ökonomischen Akteure auch gerechtfertigt sind. Tatsächliches Marktverhalten, aber auch idealtypische Modelle des Marktes haben immer schon eine dann wieder als selbstverständlich verstandene moralische Basis; man denke etwa an philosophische Traditionen des frühen Mittelalters, die sich auf Fragen des gerechten Preises oder des Zinsverbots bezogen. Selbst zum neoklassischen Modell des Marktes gehört eine moralische Orientierung. Noch elementarer ist die Tatsache, dass die Konsumtionsmuster der Menschen durch Momente wie Geschlechts-, Klassen- oder ethnische Zugehörigkeit mitbestimmt waren. In Kulturen mit patriarchalischen Traditionen, in Klassengesellschaften und in ethnisch stratifizierten Gemeinschaften ist der Konsum von Luxusgütern bzw. der mangelnde Zugang zu Waren dieser Art Symbol des sozialen Status. Thorstein Veblens kritische Darstellung des Phänomens des demonstrativen Konsums oder Geltungskonsums (*conspicuous consumption*) von Luxusgütern durch die Klasse der Reichen an der Wende zum 20. Jahrhundert ist ein weiteres, prominentes Beispiel der These von der sensiblen Reaktion des Marktes auf kulturelle Prozesse.

Folglich stellt sich die Frage, wer in welchen Rollen (z. B. als Eigentümer, Konsument, Produzent, Bürger, Manager, Investor, Politiker

Sinngehalt beider Begriffe zu unterstellen, bzw. man konnte sich nur sehr schwer vorstellen, welche Unterschiede es denn geben sollte (vgl. z. B. Durkheim [1895] 1984: 121-122 sowie den späteren Abschnitt in dieser Studie »Der Begriff der Moralisierung der Märkte«). Andererseits argumentieren Wissenschaftler, dass die Begriffe Moral und Ethik auf unterschiedliche Fragen eine Antwort geben. Folgt man diesen Überlegungen, so verweist der Ethikbegriff auf das Leben (was sollen wir als Menschen tun?) und der Moralitätsbegriff bezieht sich demgegenüber auf Fragen der Gerechtigkeit (vgl. Moscovici 1990: 9).

etc.) die primären Akteure einer Moralisierung der Märkte sind. Eine Moralisierung der Märkte kann, wie gezeigt, nicht heißen, dass die Moral plötzlich in einen entmoralisierten sozialen Kontext vorstößt und ihn erstmals besetzt. Ein entmoralisierter Markt ist ein widersprüchlicher Befund.

In den Sozialwissenschaften dominiert das einflussreiche Paradigma, das auf einer strikten Trennung und Abschottung unterschiedlicher Sozialsysteme mit ihren jeweils eigensinnigen Handlungsmaximen besteht. Ich möchte demgegenüber fragen, ob die Dynamik moderner Märkte nicht zuletzt eine Folge und Reaktion auf gesamtgesellschaftliche Veränderungen ist, die ihrerseits Ergebnis der Entwicklung des Wirtschaftssystems sind.

Obwohl der Versuch einer Trennung dieser Sichtweisen strittig ist, geht es in dieser Studie um den Befund und nicht um eine normative Bewertung der Moralisierung des Marktes. Die Moralisierung der Märkte verweist auf eine Auflösung und Abwahl der traditionell am Markt wirksamen moralischen Basis, sichtbar besonders deutlich in der Musikindustrie, sowie auf das Vordringen neuer moralischer Prinzipien in den Ablauf der Produktionsprozesse, die Wahl eines Standortes, die Konsumtionsmuster und die das Marktverhalten mitbestimmenden Rahmenbedingungen.

Eine Moralisierung der Märkte heißt dagegen nicht, dass moralisch »höhere«, »zivilere«, »humanere« oder sogar eindeutig »nachhaltige« Normen plötzlich das ökonomische Geschehen insgesamt dominieren. Der Grundsatz der Gleichzeitigkeit des Ungleichzeitigen sozialer Trends gilt auch für die Moralisierung der Märkte. Man darf also nicht einfach unterstellen, dass neue Konventionen und Orientierungsmuster von allen Marktakteuren geteilt werden oder dass sich ein neuer moralischer Konsens fast naturwüchsig herausbildet. Bestimmte Verhaltensnormen werden weiter die von Minoritäten sein. Andere eigensinnige Orientierungsmuster ökonomischen Handelns von Produzenten und Konsumenten lassen sich mit Sicherheit auch in Zukunft beobachten.

Es ist aber wichtig zu untersuchen, welche Erfahrungen oder gar gemeinsamen Erlebnisse der Gesellschaftsmitglieder dafür verantwortlich sein mögen, dass es zur Herausbildung eines neuen kulturellen oder moralischen Verständnisses ökonomischen Handelns kommt. Inwieweit solche Erfahrungen zufälliger und systematischer Art gemeinsame moralische Ansprüche entstehen lassen wie im Falle der

BSE-Krise oder der Klimaerwärmung, die sich dann auch noch in einem bestimmten Verhalten ausdrücken, ist eine empirische Frage. Jedoch liegt die Annahme auf der Hand, dass tief greifende Veränderungen im ökonomischen Handeln von neuartigen gesellschaftlichen und politischen Konflikten oder psychologischen Besorgnissen und Ängsten begleitet und vorangebracht werden. Zudem sind nicht alle Märkte gleich. Die Märkte verändern sich nicht alle zur gleichen Zeit oder im gleichen Tempo. Bei einigen Marktformen, z. B. dem Finanzmarkt, greifen Normen, Richtlinien, Regulierungs- und Lenkungsmaßnahmen, die auf eine Moralisierung des Marktverhaltens hinauslaufen, wenn überhaupt, nur sehr schwer.

Die strikte Einteilung in marktimmanente und marktexogene Normen hilft nicht weiter. Die Trennung impliziert, dass die soziale Wirksamkeit spezifischer gesellschaftlicher Normen und Veränderungen einzig und allein auf ein bestimmtes soziales Umfeld beschränkt ist. Märkte tragen zur Gestaltung der Kultur bei, während kulturelle Prozesse wiederum die Märkte beeinflussen. Die Aufhebung der strikten Trennung in interne und externe Prozesse macht auf die wirklich interessanten Aspekte einer Marktanalyse in modernen Gesellschaften aufmerksam.

Die statische, selbstgenügsame Betrachtung des Marktes ist dagegen nicht nur weit weniger interessant, sondern auch unrealistischer. Andererseits sollte der Marktbegriff nicht völlig aufgelöst werden, um zu vermeiden, dass er schließlich nur noch als ein abstraktes soziales Phänomen oder nur als ein Teil der gesellschaftlichen Kultur betrachtet wird (vgl. Slater 2002a, 2002b).

Aus diesen vielschichtigen theoretischen und praktischen Gründen sollten nicht nur Produzenten und Konsumenten an einer Studie der Moralisierung der Märkte in modernen Gesellschaften interessiert sein, sondern auch Ökonomen (vgl. Hausman und McPherson 1993). Ich gehe davon aus, dass der Trend zu einer Moralisierung der Märkte eine Tatsache in modernen Gesellschaften ist, die sich in der Zukunft, insbesondere infolge von Globalisierungsprozessen, noch verstärken wird; es sei denn, es kommt zu einem Kollaps der dynamisch wachsenden Ökonomie, wie wir ihn in den vergangenen 50 Jahren bisher aber nicht erlebt haben.

Meine Untersuchung der Entstehung und Entwicklung der Moralisierung der Märkte ist zugleich ein Beitrag zu einer Theorie der modernen Gesellschaft als *Wissensgesellschaft* und trägt deshalb den

Untertitel »Eine Gesellschaftstheorie«. Meine Studie steht in einer Reihe von jüngeren Untersuchungen, die das Thema der Ökonomie wieder in das Zentrum soziologischer Arbeit rücken sollen. In dieser langfristig denkenden gesellschaftstheoretischen Perspektive sind Märkte als Untersuchungsgegenstand weder an eine bestimmte soziale Schicht oder Klasse gebunden, noch sind sie von der Klasse der Produzenten oder Konsumenten dominierte soziale Veranstaltungen.

Gleichzeitig soll aus dieser gesellschaftstheoretischen Warte betont werden, dass die Eigenordnung und Eigensinnigkeit des ökonomischen Systems in modernen Gesellschaften und mit ihr die Märkte des Wirtschaftssystems nicht völlig losgelöst vom Einfluss gesamtgesellschaftlicher Veränderungen verstanden werden können.[2]

Im Gegenteil: Der gesamtgesellschaftliche Wandel stellt das Primat des Wirtschaftssystems in der Gesellschaft, wie zumindest von so manchen Theorien der Gesellschaft behauptet, in Frage. Die bisher, insbesondere im Verständnis der Ökonomie, vorrangig vertretene Perspektive konzipiert Märkte als asymmetrische soziale Gebilde. Fragestellungen, die sich auf die Produktionsverhältnisse bezogen, sowie mit der Produktion befasste Akteure nahmen in ökonomischen Diskursen über Marktbeziehungen eine privilegierte Rolle ein. Die Konsumtion ist eine Funktion der Organisation der Produktion.[3] Meine These wird sein, dass diese Vorzugsstellung der Produktion nicht zuletzt durch die Art der Gesellschaft, in der wir zunehmend leben, in Frage gestellt und durch eine neue gesellschaftstheoretische Sichtweise abgelöst werden sollte.

2 Eine zusammenfassende Übersicht und Bewertung der theoretischen und empirischen Arbeiten zu einer Soziologie der Ökonomie seit Mitte der 80er-Jahre haben Richard Swedberg (2004; 1997) sowie Smelser und Swedberg (2005) ausgearbeitet; eine Einschätzung der Bedeutung der soziologischen Arbeiten für die Ökonomie durch die Ökonomie hat Gibbons (2005) formuliert.

3 Einer der wenigen Sozialwissenschaftler, die eine Ablehnung des dominanten produktionszentrierten Paradigmas der kapitalistischen Entwicklungsgeschichte formuliert haben, ist Werner Sombart mit seiner idiosynkratischen Betonung von Nachfrage und Konsum (z. B. Sombart 1922). Sombarts Perspektive war somit dem späteren Interesse an Fragen des Konsums, des Einkaufs oder der kulturellen Durchdringung ökonomischer Tatsachen um Jahrzehnte voraus.

Übersicht

Das gesellschaftliche Substrat der Moral sind die Lebensumstände des Menschen. Diese These ist zwar nicht unstrittig, aber unbestritten ist, dass sich der Lebensstandard der meisten Menschen jahrhundertelang nur unwesentlich verändert hat. Im Gegensatz dazu leben wir *gegenwärtig* nicht nur aus ökonomischer Sicht, sondern auch nach dem erreichten Bildungsstandard der Bevölkerung in einem historisch unverwechselbaren Zeitalter. Obwohl Reichtum und Bildung keineswegs gleich verteilt sind, sind beide weiter verbreitet als jemals zuvor in der Geschichte der Menschheit.

Es stellt sich deshalb die Frage, die schon John Kenneth Galbraith (1958: 20) vor fast einem halben Jahrhundert formuliert hat: Welche signifikante Spur haben der Weg zu weit verbreitetem Wohlstand, das Vorhandensein nie gekannten Reichtums und, wie ich hinzufügen möchte, eines weiter denn je verbreiteten allgemeinen Wissens (*Wissenheit/knowledgeability* – und damit ist nicht ein rein quantitatives Mehr an erworbenem Wissen gemeint) in der modernen Gesellschaft hinterlassen? Und da sich die sich wandelnden Lebensumstände in einer Vielzahl neuer veränderter Sozialstrukturen, Verhaltensweisen und Werte manifestieren mögen, ließe sich präziser fragen: Hat sich die Institution der Märkte und das Verhalten der auf ihnen agierenden Akteure nachhaltig verändert? Sind es heute zunehmend die intrinsischen Eigenschaften von Waren, die nützlich sind?[1]

Für John Kenneth Galbraith steht allerdings fest, dass der durchschnittlich größere Reichtum in modernen Gesellschaften eine eher unerfreuliche Kehrseite hat. Der umfassendere individuelle Wohlstand resultiert nicht in einem ähnlich verbreiteten, erhöhten Glücksgefühl oder Wohlbefinden der Menschen.[2] Im Gegenteil, in den Ge-

1 Es sind somit nicht die unmittelbaren, direkten Eigenschaften einer Ware oder Dienstleistung, die den Nutzen der Waren oder Dienstleistung ausmachen, sondern es sind die intrinsischen Eigenschaften einer Ware oder Dienstleistung, die dem Käufer (Konsumenten oder Produzenten) einen Nutzen bringen (siehe Kelvin Lancasters [1966] Theorie des Konsums).

2 In der Literatur unterscheidet man in der Regel zwei Quellen des subjektiven Wohlbefindens in modernen Gesellschaften: den Markt und die Politik (vgl. Radcliff 2001). Die seit den 50er-Jahren in Umfragen – z. B. durch die Gallup Organisation – erhobenen Daten zum individuellen Glückssentiment in den entwickelten Gesellschaften zeigen zwar seit den ersten Erhebungen keine Senkung, aber auch

sellschaften, in denen die protestantische Ethik traditionell eine gewichtige normative Rolle gespielt hat, erzeugt der gewachsene Wohlstand unter den Menschen schon deshalb nicht unbedingt größere Glücksgefühle, weil diese materiellen »Erfolge« als ein Abweichen vom Tugendpfad der Genügsamkeit, der Sparsamkeit und der aufopfernden Arbeit verstanden werden. Und blickt man hinter die reine Tatsache des herrschenden Wohlstands vieler Menschen in gegenwärtigen Gesellschaften, so trifft natürlich auch zu, dass, was allzu oft vergessen wird, der Weg zum Wohlstand mit zahlreichen sozialen Konflikten, dem Verschwinden etablierter sozialer Strukturen und einer Vielzahl psychischer Injurien gepflastert ist. Ähnlich ernüchternde Aussagen lassen sich mit Sicherheit über die gesellschaftlichen Folgen des wachsenden Wissens in Gegenwartsgesellschaften finden (vgl. Stehr 2003).

Eine Moralisierung des Marktes kann natürlich vieles bedeuten. Aus gesellschaftstheoretischer Sicht versucht sie die Überwindung der Kluft zwischen Mikro- und Makroprozessen. Meine Untersuchung der Transformation der Märkte verweist sowohl auf institutionelle Veränderungen als auch auf individuelle Handlungsfähigkeiten und deren Verknüpfung. Auf der institutionellen oder strukturellen Ebene geht es um einen nachhaltigen Wandel in den zentralen sozialen Institutionen der modernen Gesellschaft einschließlich demographischer Veränderungen. Auf der Ebene der Handlungsfähigkeiten der Akteure geht es darum, die Vormacht der Nützlichkeitsvorstellungen als handlungsauslösende Momente in Frage zu stellen und der »ökonomischen« Welt weitere, nicht unmittelbar finanziell bestimmte Handlungsdimensionen hinzuzufügen.[3]

keine Steigerung, während andere Indikatoren wie der »Grad der Depression« in der Bevölkerung zugenommen haben (vgl. Layard 2005: 29-38; Helliwell 2002; Helliwell und Putnam 2004). Man vergleiche in diesem Zusammenhang auch Emile Durkheims ([1883] 1988: 289-295) Diskussion über die Grenzen des menschlichen Glücks bzw. die Ursachen der wachsenden gesellschaftlichen Arbeitsteilung. Ganz allgemein gesehen, bedarf es aber einer »Dekomposition« der Relation von Konsum, Zufriedenheit oder sogar Glück, wie die Forschungsergebnisse von Boven und Gilovich (2003) zeigen; Ergebnisse von zwei Umfragen und einem Laborexperiment mit Angehörigen unterschiedlicher sozialer Gruppen zeigen, dass man mit so genannten »Experiential«-Käufen eine größere Zufriedenheit erzielt, als mit rein »materiellen« Käufen (vgl. Teil 6, auch Fußnote 18).

3 Vgl. dazu auch die Arbeit von Ernst Fehr und Armin Frank (2002) zur Bedeutung nicht-finanzieller Motive ökonomischen Verhaltens.

Mein Ansatz betont die wachsenden Handlungsfähigkeiten der Menschen als Marktteilnehmer, wie sie sich insbesondere in ihrem wachsenden Wissen manifestieren. Wie wir aus Untersuchungen zum Sparverhalten und zu Investitionsentscheidungen wissen (Bernheim, Garrett und Maki 2001), spielt der Grad der Bildung bei Entscheidungen dieser Art eine wichtige Rolle; dies gilt natürlich auch für Investitionen in Finanzmittel, die einen bestimmten moralischen Inhalt ausweisen. Allgemeiner ausgedrückt, verändert der wachsende Wissensstand die Subjektivität moderner Akteure. Der wachsende Wissensstand der am Markt aktiven Individuen verstärkt und steigert ihre selbstbewusst vorgetragenen und in Entscheidungen umgesetzten Meinungen und Ansichten (vgl. auch Hirschman 1989).

Darüber hinaus versuche ich, das Tabu des Zusammenwirkens unterschiedlicher sozialer Institutionen gegenüber der angeblichen Verhärtung sozialer Differenzierung in modernen Gesellschaften aufzulockern, indem ich auf die Bedeutsamkeit des »Verkehrs« zwischen den Institutionen verweise. Dies gilt beispielsweise für die gegenseitige Beeinflussung von Zivilgesellschaft und Ökonomie.

Die These von der Moralisierung der Märkte in modernen Gesellschaften sperrt sich zugleich gegen einen kruden ökonomischen Determinismus. In modernen Gesellschaften sind auch das soziale und das kulturelle Kapital für die herrschende soziale Ungleichheit oder die politische Befindlichkeit der Gesellschaft von zentraler Bedeutung.

Trotz der essenziellen Strittigkeit des Begriffs der Moral (Gallie 1964: Kapital 8; Connolly [1974] 1993: 225-238) und der Schwierigkeit, sich auf seinen exakten Inhalt zu verständigen, verweist der Begriff der Moralisierung der Märkte nicht nur auf bestimmte kognitive oder intellektuelle Inhalte, sondern auf ein bestimmtes soziales Verhalten. Mit der Moralisierung der Märkte soll auf bestimmte *soziale Tatbestände* verwiesen werden, nicht auf das, was allgemein (in strittiger Weise) unter Moralität verstanden werden mag (vgl. auch Halbwachs [1913] 2001: 60).

Ein Trend zu einer Moralisierung der Märkte manifestiert sich demnach in am Markt beobachtbaren Handlungsabläufen und Urteilen der Marktteilnehmer. Die Moralisierung der Märkte bezieht sich aber genauso auf die Eigenschaften von Waren und Dienstleistungen wie z. B. die Herkunft der Ware, die Art der Produktionsprozesse oder die sozialen Merkmale der Teilnehmer an der Wertschöpfungskette eines Produktes oder einer Dienstleistung – einschließlich der Reputation anderer Akteure der gleichen Gruppe (Anbieter oder Konsumenten). Was aber genau den moralischen Status und Inhalt einer Ware ausmacht, wie er sich verdichtet und verstärkt, muss offen bleiben, denn dabei handelt es sich um eine empirische Frage.

Schließlich verweist eine Moralisierung der Märkte auf Veränderungen in den für Märkte gültigen Rahmenbedingungen, die wiederum durch moralisch kodiertes Marktverhalten ausgelöst worden sind. Veränderungen in den Rahmenbedingungen oder der »Prozeduren« des Marktes durch staatliche oder transnationale Regelwerke sind Hinweise darauf, dass man eine Analyse der Marktfolgen und -ergebnisse nicht von der Beobachtung der Rahmenbedingungen abkoppeln kann.[4]

In der folgenden *Einleitung* stelle ich als erstes eine Reihe von Gegenargumenten vor, die darauf verweisen, dass es die These von der Moralisierung der Märkte nicht leicht haben wird. Gleichzeitig stelle ich zwei Positionen vor: auf der einen Seite die von der Herrschaft des Wirtschaftsmenschen, ausgedrückt durch die gegenwärtig oft warnend vorgebrachte These von der Ökonomisierung aller gesellschaftlichen Verhältnisse, auf der anderen Seite eine heute wenig beachtete These von Peter Drucker aus den späten 30er-Jahren, in der er das Ende der Herrschaft des Wirtschaftsmenschen ausruft.

Im *ersten* Teil der Untersuchung der Moralisierung der modernen Märkte verweise ich auf die gesellschaftlichen Prozesse, die für die Transformation der Märkte verantwortlich sind. Ich betone neben einer Reihe von anderen Faktoren den ungewöhnlich hohen durchschnittlichen Wohlstand in entwickelten Gesellschaften sowie den gleichfalls ungemein gestiegenen Wissensstand der Menschen. Gleichzeitig beschreibe ich meinen Begriff der *Moralisierung* der Märkte. Dennoch bleibt der Begriff der Moral strittig, eine Strittigkeit, die auch ich nicht gänzlich ausräumen kann. Will man aber nicht bei der Tatsache oder der Exegese der begrifflichen Strittigkeit stehen bleiben, muss man sich für einen spezifischen Sinngehalt und eine Begrifflichkeit entscheiden.

Der *zweite* Teil der Studie fragt nach der Genealogie der Märkte:

4 Robert Sugden (1981) und Amartya Sen (1995) haben die Unterschiede einer die Ergebnisse des Marktes betonenden ökonomischen Sicht und einer die Prozeduren oder die Rahmenbedingungen, aufgrund deren die Ergebnisse zustande kommen, betonenden Perspektive ausführlicher analysiert.

Warum und seit wann gibt es Märkte? Wie lassen sich historische Entstehung und Ausprägung von Markteigenschaften erklären? Welche Folgen für die Gesellschaft sind mit dem Aufkommen von Märkten verbunden? Befördern sie die Freiheit oder sind sie etwa Ursache für das Ende der Freiheit vieler Menschen? Heute betont man in der Regel den Beitrag der Märkte zum materiellen *Wohlstand* des Einzelnen, während man die Folgen des Marktes für die *Freiheit* des Individuums weit weniger häufig hervorstreicht (Sen 1993b: 519). Wie ich zeigen werde, stehen sich diese beiden Ansichten bis auf den heutigen Tag unversöhnlich gegenüber.

Im *dritten* Abschnitt stelle ich eine breite Palette von miteinander in Konkurrenz stehenden theoretischen Perspektiven der Märkte vor. Eine zentrale Rolle in diesem wissenschaftlichen wie auch praktischen Wettbewerb spielt natürlich das so genannte neoklassische und in den Wirtschaftswissenschaften dominierende Modell des Marktes.

Der *vierte* Abschnitt ist der unterschiedlichen Kritik des neoklassischen Ansatzes gewidmet. In diesem Teil der Studie erarbeite ich eine an der Kritik der Neoklassik geschulte alternative Sicht des modernen Marktes.

Im *fünften* Abschnitt der Arbeit werden zwei konkrete Möglichkeiten der Moralisierung der Märkte, zunächst in theoretischer Absicht, vorgestellt. In einem späteren Abschnitt der Studie werden beide Beispiele mit Hilfe von Verweisen auf existierende empirische Studien detaillierter erörtert. Es geht dabei einmal um Waren und Dienstleistungen, die durch biotechnologische Produktionsabläufe verändert oder hergestellt werden, und andererseits um die Beziehungen zwischen Märkten, um das Marktverhalten und seinen möglichen Einfluss auf unsere natürliche Umwelt. Darüber hinaus stelle ich die These von der Moralisierung der Märkte in diesem Abschnitt in einen umfassenderen theoretischen Zusammenhang, indem ich auf ausgewählte Eigenschaften moderner Gesellschaften einschließlich der Entstehung wissensbasierter Ökonomien verweise.

Der *sechste* Abschnitt geht auf die beiden von mir als primäre gesellschaftliche Auslöser der Moralisierung der Märkte identifizierten gesamtgesellschaftlichen Transformationen näher ein und schildert sowohl die historisch einmalige Ausweitung des allgemeinen Wohlstands in der Nachkriegszeit als auch den gleichfalls allgemein gestiegenen Wissensstand der Bevölkerung in den westlichen Gesellschaften. In diesem Abschnitt soll aber auch auf die grundsätzlichen

Schwierigkeiten verwiesen werden, beide gesellschaftlichen Veränderungen empirisch adäquat zu dokumentieren. Es sind nicht nur mangelnde empirische oder zweifelhafte Indikatoren des Wohlstands oder des Wissensstands, die die Analyse erschweren, sondern es sind auch dominante Gesellschaftstheorien, die den Blick auf die möglichen signifikanten gesellschaftlichen Folgen dieses Wandels verengen. Die in der Nachkriegszeit vorherrschenden Gesellschaftstheorien sind in erster Linie an der Konzentration des Wohlstands interessiert und vernachlässigen die gesellschaftliche Bedeutung des Wissens völlig. Gleichzeitig sind es solche Theorien wie die der Massengesellschaft, aber auch die der postindustriellen Gesellschaft, die die gesellschaftlichen Konsequenzen des wachsenden Wohlstands für die Gesellschaft skeptisch beurteilen und von der Armut des Wohlstands überzeugt sind. Zumindest in dieser Hinsicht manifestieren moderne Theorien der Gesellschaft Urteile und Befunde über eine »Entmoralisierung« der Gesellschaft durch eine vom kompetitiven Markt generierte Prosperität.

Im Abschnitt *sieben* gehe ich näher auf den Zusammenhang von Wissen und Ökonomie ein. Die theoretische Kernfrage, die ich hier stellen möchte, ist der Vergleich des Stellenwerts des Wissens im Rahmen der so genannten Humankapital-Theorie und in der Theorie des kulturellen Kapitals. Da ich beide Konzeptionen der Rolle des Wissens für ergänzungsbedürftig halte, stelle ich in diesem Abschnitt eine alternative Konzeption des Wissens vor.

Im *achten* Teil der Studie gehe ich, wie schon angesprochen, näher auf die beiden von mir identifizierten empirischen Beispiele eines Trends zur Moralisierung der Märkte ein und verweise auf bisherige, empirisch gesicherte Befunde zur Relation von Markt, Biotechnologie und Umwelt. In einem ersten Schritt gehe ich dabei sowohl auf die zahlreichen Gemeinsamkeiten in der zu beobachtenden Reaktion der Marktakteure auf die »Karriere« von biotechnologisch veränderten Produkten und Dienstleistungen am Markt ein als auch auf die von den vielen Marktteilnehmern als negativ interpretierten Auswirkungen von bestimmten Produkten und Marktabläufen auf die natürliche Umwelt der Gesellschaft.

Der abschließende *neunte* Abschnitt der Untersuchung geht auf mögliche Zukunftsszenarien moralisch kodierter Märkte ein und betont insbesondere die Wirkungen des weiteren Wirtschaftswachstums und des Globalisierungsprozesses. Sowohl die Globalisierung als auch ein weiteres Wirtschaftswachstum können als Multiplikator der Moralisierung der Märkte verstanden werden. Die so genannte Theorie der ökologischen Modernisierung betont den bisher erreichten Grad der Ausdifferenzierung oder Autonomie der ökologischen Sichtweise (Mol 2002; Carolan 2004). Im Gegensatz dazu hebe ich hervor, wie ökologische Ziele Teil des modernen Produktions- und Konsumtionsprozesses werden. Es ist durchaus möglich, dass sich die von mir betonten Prozesse und Trends umkehren; eine genauere Vorhersage scheint allerdings undenkbar.

Einleitung

In meiner Einleitung möchte ich in selbstkritischer Absicht zunächst einige Einwände vorwegnehmen, die meine These von der Moralisierung oder der Politisierung der Märkte bei kritischen Beobachtern mit Sicherheit auslösen wird. Kritische Einwände dieser Art kommen zu den grundsätzlichen Schwierigkeiten hinzu, zukünftige gesellschaftliche Entwicklungen in einer sozial fragilen Welt wie der gegenwärtigen überhaupt erfolgreich fassbar zu machen. Teil der Einleitung ist außerdem der Verweis auf zwei sich widersprechende Diagnosen der modernen Welt, die sich beide mit der elementaren Frage nach der gesellschaftlichen Bedeutung und der Zukunft des »Wirtschaftsmenschen« befassen.

Weltanschauungen, Wirtschaften und gesellschaftlicher Fortschritt

> If the society is irrational (it does not seek to maximize its members' utilities), then the forces determining its ideology (= moral code) are the only possible source of influence over the society's policies – and knowledge of economic laws will have no relevance to that influence.
>
> George J. Stigler (1978: 217)

Die These von der Möglichkeit und den Grenzen der Moralisierung der Märkte wird es unter gegenwärtigen gesellschaftlichen und gesellschaftstheoretischen Bedingungen nicht leicht haben. Die Annahme einer Emanzipation des Marktes von rein instrumentell-ökonomischen Funktionen und einer einseitigen Zielstrebigkeit der Marktteilnehmer, individuelle Präferenzen zu befriedigen, wird sich schon deshalb nur schwer durchsetzen, weil, wie es auch das Motto von George Stigler signalisiert, »der Felsen positivistischer Solidität« (Hirschman [1980] 1981: 294) sicherstellt, dass sich theoretische Phänomene wie »effizient« und »ineffizient«, »rational« und »irrational« oder »nützlich« und »moralisch« anscheinend absolut unversöhnlich gegenüberstehen.

Anders ausgedrückt, ist der Markt nach herkömmlicher Ansicht als gesellschaftlicher Ort der Koordination von (materiellen) Interessen oft völlig fremder Personen ein neutrales, abstraktes, objektives und effizientes Medium: Der Markt hat keine Moral. Ökonomen favorisieren aus diesen Gründen einen formalen Begriff der Präferenzstruktur von Marktteilnehmern. Sie geben deshalb den Rat, man solle sich auf die Folgen des Handelns der Akteure konzentrieren und keine großen Gedanken auf die Suche nach der Art der Präferenzen von Marktteilnehmern verschwenden (vgl. auch Parsons 1949: 48).

Darüber hinaus sind viele der heutigen, die tatsächlichen gesellschaftlichen Veränderungen in der Welt kritisch begleitenden Beobachter davon überzeugt, dass ein auf diese Art und Weise verfasster Markt sowieso die Oberhand gewonnen hat und zum Motor gesamtgesellschaftlicher Entwicklungen geworden ist. Aber gibt es überhaupt eigensinnige Märkte ohne personale Beziehungen, sind sie wirklich effizient – und wenn ja, in Hinblick auf welche Standards? Robert Frank (2004: viii) konkretisiert das sozio-psychologische Gegenstück zur herrschenden Vision des eigensinnigen Marktes, auf dem nur Preissignale gelten: Er verweist darauf, dass von einem homo oeconomicus nicht erwartet werden könne, eine gefundene fremde Geldbörse als Fundstück zu melden, eine anonyme Spende zu geben, zur Wahl zu gehen (vgl. auch Etzioni 2003: 111-112) oder ein Trinkgeld in einem Restaurant zurückzulassen, das je wieder zu besuchen er nicht die Absicht hat (vgl. Azur 2006).

Da tatsächlich existierende Märkte nicht immun sind gegen Interventionen von Organisationen unterschiedlichster Interessen oder von staatlich sanktionierten Regeln und politischen Erwartungen, können außer rein ökonomischen Beweggründen aber sehr wohl altruistische oder auch nationalistische Zielvorstellungen (auch in einer Welt offener Märkte) Teil des tatsächlichen Marktverhaltens sein (vgl. Healy 2004), etwa wenn Wirtschaftseliten eines Landes sich nicht mehr dem Vorwurf ausgesetzt sehen wollen, »das Gefühl für ihr Land verloren« (DIE ZEIT, 49/2005) zu haben.

Allerdings wird es zweifellos Stimmen geben, denen die These von moralisch kodierten Märkten weder als theoretisches Konzept noch als empirische Beschreibung der ökonomischen Realität neu ist.[1] Ei-

1 Ein Teil dieser Art von Kritik, dass die Moralisierung der Märkte kein neues Phänomen sei, ist wohl auch der Verweis darauf, dass »ethische Gremien des Vorstands« oder der »Ethikbeauftragte« eines Konzerns nur Beispiele für eine intelligente Unternehmenspolitik in einer Zeit sind, in der es angebracht ist, präventiv in solche

nerseits kann man mit diesem Einwand auf empirisch fundierte Beobachtungen verweisen, dass es schon immer Produkte und Dienstleistungen gegeben hat, die einen »moralischen Inhalt« verkörperten und deshalb nachgefragt und verkauft wurden (wie beispielsweise Kunst). Andererseits lässt er sich durch die Thesen der (deutschen) historischen Schule der Nationalökonomie (Karl Knies, Wilhelm Roscher, Gustav von Schmoller) oder durch eines der berühmtesten theoretischen Konstrukte der modernen Sozialwissenschaft belegen wie z. B. den von Max Weber postulierten Zusammenhang von puritanisch-asketischer Ethik und dem kapitalistischen Geist. Dann wiederum ist im Wirtschaftsleben immer wieder zu beobachten, dass es nur menschlich ist, dass Entscheidungen von Gefühlslagen oder dem Wunsch nach einer unmittelbaren Befriedigung mitbestimmt werden.[2]

Entweder, so lassen sich diese Einwände zusammenfassen, habe es schon immer eine moralische oder doch zumindest kulturelle Durchdringung nicht nur individuellen ökonomischen Handelns gegeben, sondern auch der normativen Bewertung makroökonomischer Folgen des Markgeschehens. Es sei einfach unvorstellbar, dass effiziente Märkte unter Bedingungen moralischer Anarchie funktionieren. Oder man verweist andererseits auf die sozialwissenschaftliche Literatur aus jüngster Zeit und dort schon existierende normative Analysen oder empirische Studien unterschiedlicher Märkte, die auf eine ethische Dimension ökonomischen Verhaltens aufmerksam machen bzw. davon überzeugt sind, dass die Ökonomie eine bestimmte moralische Basis haben sollte (z. B. Etzioni [1988] 1996; Lane 1991).

Da ich später auf die zuletzt genannten empirischen Studien und normativen Analysen ausführlicher eingehen werde, beschränke ich mich an dieser Stelle auf eine Darstellung der grundsätzlichen Einwände, zu denen auch eine von einem fundamentalistischen ökonomischen Determinismus bestimmte Weltsicht gehört, die grund-

Aktivitäten als Teil der Unternehmenskosten zu investieren, um Gewinne zu sichern und zu maximieren. Es gibt sicher andere externe und interne Gründe als die der subtilen Unternehmenspolitik, die dazu führen, dass Firmen sich aktiv mit ethischen Fragen auseinandersetzen. Jedoch ist die These von der Moralisierung der Märkte keine unternehmenszentrierte Analyse oder unternehmensethische Untersuchung (Wieland 1991).

2 Vgl. Mabel Berezins (2005) zusammenfassenden Essay über die Verbindung von Gefühlen und ökonomischem Verhalten.

sätzlich der Überzeugung ist, es könne in modernen Gesellschaften zu keiner Moralisierung der Märkte kommen.

Jeder Versuch zur Versöhnung der strengen Differenz zwischen formaler und materialer Handlungsrationalität (Max Weber),[3] die an anscheinend so unterschiedliche und unabhängige soziale Welten gekoppelt sind, muss aus der Sicht beider Formen von Handlungsrationalitäten als wenig sinnvoll erscheinen. Zumal sich Einwürfe gegen die von mir zur Diskussion gestellte These unmittelbar mit den angeblich wertfreien Tugenden ökonomischen Denkens verknüpfen lassen: Da sich das ökonomische Denken mit Entscheidungen über den effizienten Einsatz von Mitteln bei gegebenen Zielen befasse, liege jeder Disput über die Ethik von erstrebenswerten Handlungsoptionen a priori außerhalb der Zuständigkeit der relevanten Codes des ökonomischen Systems. Märkte sind demnach »ethisch nicht reglementierbar« (Weber [1921] 1964: 708).

Nicht ungewöhnlich ist auch das Argument, Marktverhalten liefe nach objektiven, wenn nicht sogar natürlichen und damit universellen Gesetzen ab, die jenseits aller menschlichen Kontrolle liegen. Infolgedessen könne man auch nicht einzelne Akteure angesichts ihrer prinzipiellen Hilflosigkeit für bestimmte Marktergebnisse verantwortlich machen. Der Markt schaffe keine Schuld, sondern begrenze sie (vgl. Wuthnow 1987: 89-91).

Die sich im 19. Jahrhundert etablierende und seither fast ebenso unversöhnlich verfestigte Arbeitsteilung in der Wissensproduktion in gesellschaftliches (d. h. nicht-ökonomisches) und ökonomisches Handeln stellt eine weitere formidable Barriere gegen die hier versuchte Problematisierung der gegenseitigen (und nicht nur als selbstverständ-

3 Max Weber ([1921] 1964: 60-61) unterstreicht in seinen Überlegungen zur Unterscheidung von materialer und formaler Rationalität, dass der Begriff der materialen Rationalität sowohl vieldeutig als auch abstrakt sei. Er sei vieldeutig, damit er umfassend sein könne; er verweise auf ultimative Werte wie z. B. auf ethische, politische, utilitaristische, hedonistische, ständische, egalitäre oder andere Forderungen, mit deren Hilfe die Ergebnisse und die Mittel des Wirtschaftens (und seien sie formal noch so rational bestimmt gewesen) gemessen werden. Die formale Rationalität besage dagegen, dass »zweckrational, mit technisch tunlichst adäquaten Mitteln, gerechnet wird.« In der Tat, »eine ethische, asketische, ästhetische Kritik der Wirtschaftsgesinnung sowohl wie der Wirtschaftsmittel ... kann die ›bloß formale‹ Leistung der Geldrechnung als subaltern oder geradezu als ihren Postulaten feindlich erscheinen« lassen (vgl. auch Zelizers [1989] Kritik an der Simmel'schen Welt als arithmetisches Problem, der allfälligen Reduktion von Qualität auf Quantität).

lich unterstellten einseitigen) Interaktion von gesellschaftlichen und ökonomischen Entwicklungen dar.[4]

Wie ich an anderer Stelle in dieser Studie näher darstellen werde, wird die These von der Moralisierung der Märkte durch die Wahl und die Art der Erhebung typischer ökonomischer Indikatoren verschleiert und sogar unsichtbar gemacht. Ökonomische Indikatoren messen in der Regel keine der nicht-wirtschaftlichen Voraussetzungen und Folgen ökonomischen Handelns. Die gleichen Indikatoren verweisen in der Regel auch nicht auf die den Entscheidungen möglicherweise zugrunde liegenden, nicht-utilitaristischen Werte, Motive, Ideologien und Zielkonflikte von Produzenten und Konsumenten.[5] Nicht überraschenderweise zählt deshalb auch für die staatliche

4 Die eigenständige Erkenntnisproduktion von Ökonomie und Soziologie sowie die Abgrenzung dieser Wissenszweige zu anderen sozial- und geisteswissenschaftlichen Disziplinen und die dadurch angeblich geförderte »Zurückgebliebenheit« der gesellschaftlichen Erkenntnis (z. B. Dewey [1927] 1996: 145; Löwe 1935; Parsons 1940a) wird nicht erst in jüngster Zeit immer wieder mit Bedauern konstatiert. Man denke in diesem Zusammenhang nur an die frühen Beobachtungen der unfruchtbaren Folgen der herrschenden intellektuellen Arbeitsteilung in den Wissenschaften, wie sie schon Emile Durkheim ([1930] 1988: 437) machte: »Der Jurist, der Soziologe, der Anthropologe, der Ökonom, der Soziologe, der Linguist, der Historiker gehen an ihre Forschungen heran, als ob die verschiedenen Tatsachenbereiche, die sie studieren, ebenso viele unabhängige Welten darstellten.« Die Tatsache der Wiederholung der Klage über die nicht-antizipierten Folgen der wissenschaftlichen Arbeitsteilung in den Sozialwissenschaften beeinträchtigt die Gültigkeit dieser Klage in keiner Weise; noch hält sie Sozialwissenschaftler davon ab, die Tugenden der kognitiven Arbeitsteilung zwischen Ökonomie und Soziologie herauszustellen (z. B. Luhmann 1970: 205). Es gibt aber auch immer wieder vereinzelt Ökonomen, die z. B. die Relevanz der Soziologie und der Soziologie der Ökonomie für die Profession der Ökonomen betonen (Gibbons 2005) und sich insofern über die strikte Arbeitsteilung in den Sozialwissenschaften beklagen. Inwiefern die weitgehend beklagte Isolierung sozialwissenschaftlicher Wissenszweige eine Besonderheit der Kultur der Sozial- und Geisteswissenschaften und nicht der naturwissenschaftlichen Fächer ist (Dewey [1927] 1996: 145-146), bleibt eine ungelöste Frage.

5 Demgegenüber gilt auch, dass Ökonomen, die sich überhaupt für den Einfluss »kultureller« Phänomene auf ökonomisches Verhalten interessieren, beklagen, der Begriff der Kultur sei äußerst vage und ambivalent und deshalb sei es mit erheblichen Erschwernissen verbunden, empirisch überprüfbare Hypothesen zu entwickeln, etwa »to identify systematic differences in people's preferences and beliefs and to relate them to various measures of cultural legacy« (Guiso, Sapienza und Zingales 2006: 2). Wie Paul DiMaggio (1994: 29) deshalb feststellt, ziehen es Ökonomen vor, sich mit der kognitiven Psychologie und nicht der Kulturanthropologie zu »verbünden«: »How much easier to incorporate into one's models decision heu-

Statistik ökonomischen Handelns das ausschließlich auf den ökonomischen Vorteil ausgerichtete Individuum als Prototyp des Menschen.[6]

Das mangelnde wissenschaftliche Interesse der professionellen Ökonomie an einer systematischen Analyse von Fragen des Konsums (vgl. Saunders 1988; Becker 1996: 3-4) und der Rückwirkung des Konsumentenverhaltens, der Intentionen, aber auch der Sorgen und Ängste der Konsumierenden auf die Produktion – sieht man einmal von den vielen und für eine lange Zeit ausschließlich kritischen, oft moralistisch geprägten Bemerkungen zum Konsum ab – spielte ebenfalls eine gewichtige Rolle in wissenschaftlichen Entscheidungen über die Informationen, die man über ökonomisches Verhalten überhaupt zu sammeln sich bemüht (Hoyt 1938; Herskovits 1940).[7] Gegenwärtig kann man dagegen sagen, dass die Klasse der Verbraucher auch von den professionellen Beobachtern entdeckt worden ist und dass sie im ökonomischen Diskurs eine bedeutende Rolle spielt, während man den Unternehmer fast aus den Augen verloren hat (Baumol 2006: 133-137).[8]

Die als selbstverständlich hingenommene und nicht weiter hinterfragte Rolle des Konsumenten und der Verbrauch der Haushalte (aber auch der Firmen und des Staates) ist umso verwunderlicher angesichts des wachsenden Anteils des Konsums am Bruttoinlands-

ristics that are invariant and hard-wired than to deal with perturbations caused by culturally varying schemes of perception and value.«

6 Vgl. auch Max Horkheimers ([1934] 1988) Diskussion zum »Rationalitätsstreit in der gegenwärtigen Philosophie« und seine an dieser Stelle geäußerte Kritik an dem Bild des unter herrschenden ökonomischen Bedingungen angeblich rational handelnden, isolierten Individuums der Gegenwartsgesellschaft.

7 Erst seit den späten siebziger Jahren kann man – zumindest in der Mainstream-Soziologie – ein wachsendes Interesse an Fragen des Konsums ausmachen; in die junge Liste der Vorfahren der Konsumsoziologie gehören Pierre Bourdieus ([1979] 1982) Studie der feinen Unterschiede sowie die ethnologischen Untersuchungen der Konsumentenkultur der Kultursoziologen (vgl. Slater 1997). Bis zu diesem Zeitpunkt hielt sich die Soziologie der Ökonomie an die Vorgaben der Ökonomie und konzentrierte sich auf Fragen der Produktionsbedingungen und -verhältnisse (vgl. auch Zelizer 2005b: 335-337).

8 Ein paradigmatischer Wandel dieser Art lässt sich auch in der postmarxistischen Theorie beobachten. So betont z. B. Daniel Miller (1998a:193), die Ereignisse des vergangenen Jahrhunderts hätten gezeigt, dass es der Prozess des Verbrauchs ist und nicht, wie Marx behauptete, der der Produktion, in dem »commodities can be returned to the world as the embodiment of human potentiality.«

produkt (BIP). In vielen Wirtschaften der entwickelten Welt beläuft sich der Verbrauch der Privathaushalte auf mehr als 60 Prozent des BIP. Aus dem gleichen Grund wird jede wirtschaftliche Stagnation oder das Wachstum in diesen Volkswirtschaften immer abhängiger vom Konsum der privaten Haushalte.[9] Das globale Wachstum des Konsums im 20. Jahrhundert ist ähnlich bemerkenswert. Die Kosten dieser Ausweitung fanden bisher vor allem unter Umweltgesichtspunkten Beachtung. Um 1900 lag der Gesamtumfang des globalen Konsums bei etwa 1,5 Trillionen Dollar; 1998 erreichten die weltweiten Konsumausgaben 24 Trillionen Dollar.

Im Gegensatz zu vielen überholten Lehrsätzen ist heute der Konsum der Motor der Moderne. Dies soll aber nicht heißen, dass der historisch einmalige, massive Anstieg der Konsumausgaben, wie die Umweltdebatte hinlänglich beweist, nur positive Auswirkungen auf die gesellschaftliche Entwicklung hat (vgl. United Nations Development Programme 1998). Aus der Sicht der Kritik an den Umweltfolgen des wachsenden modernen Konsums ist dieser nichts weiter als ein Rezept für eine zukünftige Katastrophe (Ginsborg 2005: 61).

Der Verweis auf die Bedeutung des Konsums und der unterschiedlichen Konsumentengruppen bedeutet natürlich nicht, dass die Organisation der Produktion oder die Produktionsverhältnisse plötzlich ohne Bedeutung sind. Die Dynamik der Produktion und Konsumtion ist ein vielfältig gekoppelter sozialer Prozess.

Schließlich sei noch angemerkt, dass die Konsumkritik schon häufiger den Verdacht hegte, gerade ein hoher Lebensstandard stelle im Gegensatz zu der hier vertretenen These eine moralische Gefahr dar. Ich werde diese These später noch näher beschreiben und kritisieren. Zunächst möchte ich unter den Überschriften »Die Herrschaft des Wirtschaftsmenschen« und »Vom Ende des Wirtschaftsmenschen« zwei generelle, entgegengesetzte Beobachtungen zur Interaktion von Wirtschaft, Markt und gesellschaftlicher Entwicklung in modernen Gesellschaften beschreiben.

9 Im Fall der kanadischen Volkswirtschaft betrug der Anteil der Konsumausgaben am jährlichen Wachstum des Bruttosozialprodukts in den Jahren zwischen 2000 und 2003 75 Prozent (Harchoaoui und Tarkhani 2004: 17-18).

Es lassen sich gegenwärtig viele kontroverse Argumente sammeln, die sich unmittelbar auf die praktischen Folgen der Marktlogik über die Grenzen des ökonomischen Systems hinaus beziehen. Allerdings sind diese Erkenntnisse für das Verhalten der Menschen in der Summe nicht eindeutig. Einige dieser Gesellschaftsdiagnosen kommen z. B. zu dem Schluss, dass wir in einer zunehmend demoralisierten Gesellschaft leben (Himmelfarb 1994: 221-257). Deshalb kann man aus dieser Perspektive wohl auch, wenn überhaupt, nur so etwas wie eine (De-)Moralisierung der Märkte konstatieren und mit ihr die von vielen beschworene Ökonomisierung der modernen Gesellschaft. Wir haben es demnach mit der Vertreibung ethischen Verhaltens durch den Markt zu tun (vgl. Shleifer 2004), der Vernichtung der Zivilgesellschaft, der Stärkung eines possessiven Individualismus (Thompson 2004) oder der Erosion von traditionellen Wertvorstellungen durch die Macht des Marktes mit Ausnahme der vom so verstandenen Markt selbst gestützten Werte wie Egoismus, Opportunismus und Hedonismus (Ewen [1988] 1999: xvi). Dies gilt beispielsweise auch für den von Max Weber antizipierten und dann von Daniel Bell ([1976] 1991) in den 70er-Jahren mit Bedauern konstatierten Rückzug des Puritanismus und der Protestantischen Ethik aus dem Wirtschaftsleben, der den (amerikanischen) Kapitalismus ohne eine moralische oder transzendentale Ethik zurücklasse.

Es ist der überaus große materielle Erfolg des Kapitalismus, der sein ursprünglich auf den Normen protestantischer Wertvorstellungen basierendes ethisches Fundament der Arbeitswelt und der Welt des Konsums zerstört. Bell ([1976] 1991: 103) formuliert deshalb folgerichtig die ernüchternde Diagnose, dass die traditionelle Legitimation kapitalistischen Handelns abgelöst wird durch einen »Hedonismus ..., der materielles Wohlergehen und Luxus verspricht und dennoch vor den historischen Konsequenzen eines ›ausschweifenden Systems‹ samt seiner sozialen Freizügigkeit und Libertinage zurückscheut«.

Die jüngsten Beobachtungen der gesamtgesellschaftlichen Wirkungen der modernen, materiell überaus erfolgreichen Ökonomie stehen wiederum in enger ideologischer Verwandtschaft zu einer fast unübersehbaren Vielzahl von vergleichbaren, ähnlich pessimistischen Aussagen über die Folgen der Entwicklung des Marktes für den modernen Menschen, die seit mehr als einem Jahrhundert immer wieder eindringlich vorgetragen werden.

Ende des 19. Jahrhunderts äußert etwa Thorstein Veblen seine bekannte moralische Missbilligung des *bewussten* statusbezogenen Geltungskonsums[10] sowie der Rolle der Frau als unfreie Konsumentin.[11] Emile Durkheim sorgt sich um den durch die wachsende Wirtschaft verursachten Verfall der Moralordnung der Gesellschaft. Auch Piritim Sorokin diagnostiziert ein vergleichbares Dilemma in modernen Gesellschaften, in denen irrationale Momente (Revolte gegen den Rationalismus) im Alltag eine wachsende Rolle spielen. Es handelt sich um anti-rationale Tendenzen, die sowohl die rationalen Fundamente des Marktes zerstören als auch die kulturellen Werte der Moderne. Endlich führt die industrielle Massenproduktion von »Konsum-, Komfort-, Unterhaltungs- und Bildungsgütern« für immer breitere »Volksschichten«, wie Helmut Schelsky (1955a: 173) betont, zur »Uniformierung und Nivellierung der modernen Industriegesellschaft in Lebensstil und sozialen Grundbedürfnissen«. Die Durchsetzungskraft der negativen gesellschaftlichen Trends ist letztlich nur ein Beweis für die erfolgreichen Versprechungen des Marktes in modernen Gesellschaften.

Angesichts der vielen *Schlagzeilen* in den vergangenen Monaten und

10 Thorstein Veblens demonstrative Missbilligung des Geltungskonsums hat ihren intellektuellen Ursprung und ihre Funktion in dem Versuch, die fehlgeschlagene Prognose Karl Marx' von der wachsenden materiellen Verarmung der Arbeiterklasse im Rahmen einer dem Sozialismus verpflichteten Theorie neu zu bewerten, indem er von der relativen Deprivation des Proletariats spricht (vgl. Riesman und Lynd 1960: 549). Veblens Kritk der bewussten Suche nach Distinktion durch Geltungskonsum steht in einem interessanten Gegensatz zu Pierre Bourdieus Idee der »natürlichen Distinktion« als konstitutives Attribut des Habitus einer Person (vgl. Bourdieu [1979] 1982; 1988:783).

11 Thorstein Veblen ([1899] 1986: 92), den C. Wright Mills (1992: vi) den wichtigsten Kritiker Amerikas nennt, ist kompromisslos: In modernen Konsumgesellschaften ist es die Ehefrau, »die aus Gründen der Konvention die Güter konsumiert, die der Mann produziert ... Und doch bleibt sie auch heute noch theoretisch sein Hab und Gut, denn der gewohnheitsmäßige Aufwand an stellvertretender Muße und stellvertretendem Konsum ist seit jeher das Kennzeichen des unfreiwilligen Dieners gewesen«. Im 19. Jahrhundert ist die Kritik an der Frau als Konsument, wie Mary Louise Roberts (1998: 818) betont, noch eng an den Rollentypus der Kleptomanin oder der Prostituierten angelehnt, dieser Verweis »served as projections of consumerism, the commodification of modern life, and the impact of these processes on the social relations of gender, race, and class«.

Jahren, die sich auf die Entdeckung unethischer Verhaltensweisen von Marktteilnehmern beziehen, z. B. auf die Korruption in Großkonzernen, monströse, selbst bewilligte Managementgehälter, die Manipulation von Firmenbilanzen und von Finanzmärkten,[12] Pyramidengeschäfte, Kettenbriefe[13] usw., kann man in der Tat leicht zu dem Schluss kommen, dass der Zustand der Gesellschaft eine Folge der Zerstörung moralischen Verhaltens durch den Markt ist. Da Entwicklungen dieser Art kaum von der Hand zu weisen sind und sich immer wiederholen, stellt sich die grundsätzliche Frage, welche dieser Entwicklungen – Demoralisierung oder Moralisierung der Märkte – nachhaltiger ist.

Schließlich wird immer wieder mit Nachdruck betont, und auch das gehört zur Kritik an der hier vertretenen These von der Moralisierung der Märkte, dass wir möglicherweise unreflexiv und hilflos an die tatsächlich existierende Logik sowie die Verhaltensweisen der uns überall umgebenden »Konsumgesellschaft« und den Verbrauch von massenhaft produzierten Waren gekoppelt sind. Selbst die kritischen Beobachter und Kommentatoren der These von der Konsumgesellschaft und eines neuen, moralisch leeren »Konsumerismus« (Schor 1999) als eine Art Gesellschaftsdroge betonen in ihren Diagnosen des Konsumverhaltens in der modernen Gesellschaft die fast

12 Vgl. auch die Meldung der New York Times vom 18. Juni 2005 (»Ex-chief and aide guilty of looting millions at Tyco«), in der von einem Urteil eines New Yorker Schwurgerichts nach einem viermonatigen Verfahren berichtet wird, durch das der ehemalige Vorstandsvorsitzende Dennis Kozlowski und der Finanzchef Dennis Swartz des Tyco International Mischkonzerns für schuldig befunden wurden, dem Unternehmen etwa 150 Millionen Dollar gestohlen zu haben. Die Angeklagten wurden von dem Schwurgericht in allen Anklagepunkten (u. a. Diebstahl, Betrug, Fälschung) für schuldig befunden. Im September 2005 verurteilt ein New Yorker Richter Kozlowski und Swartz zu einer Gefängnisstrafe von bis zu 25 Jahren. Außerdem müssen die beiden ehemaligen Manager von Tyco zusammen knapp 240 Millionen Dollar als Entschädigung und Strafe zahlen (vgl. Frankfurter Allgemeine Zeitung, 21. September, S. 19).

13 Die in Märkten moderner Gesellschaften beobachtbare Korruption muss sich keineswegs ausschließlich auf spektakuläre Fälle wie korrupte Manager großer Konzerne beschränken, sondern sie erfasst auch die Lebenswelt weit weniger wohlhabender Menschen; allerdings ist allen Formen der Korruption der Märkte eines gemeinsam, nämlich »die magische Attraktion, Geld aus Nichts zu machen« (vgl. Edmund L. Andrews, »Behind the Scams. Desperate People, Easily Duped«, New York Times, 29. Januar 1997, S. 3, und Robert Brenner, »Towards the precipice«, London Review of Books, Februar 6, 2003).

allmächtige Attraktion des Massenkonsums, dem sich der moderne Mensch im Alltag anscheinend nur schwer verweigern kann. Mit anderen Worten, müssen wir wirklich alles konsumieren, nur weil es hergestellt wird?

Wenn es denn noch eine Kaste von Experten in der modernen Gesellschaft geben sollte, deren Expertise weniger oft kritisch hinterfragt wird als die anderer Expertengruppen, dann ist dies wohl die der Ökonomen.[14] Ökonomen haben oft nur geringe Schwierigkeiten, sich vom ökonomischen Diskurs (oder auch dem Wirtschaftssystem) in die Richtung anderer gesellschaftlicher Institutionen zu bewegen.[15] Der umgekehrte Weg scheint aber verbaut. Der Weg aus den anderen gesellschaftlichen Institutionen in die Wirtschaft und zu professionellen Erkenntnissen über die Wirtschaft ist, wenn überhaupt, nur sehr schwer begehbar.

14 Die außerordentliche gesellschaftliche und politische Macht des professionellen ökonomischen Diskurses lässt sich in jüngster Zeit am besten am Schicksal sich entwickelnder Volkswirtschaften zeigen: Die Weltbank, der Internationale Währungsfond oder Institutionen wie das Allgemeine Zoll- und Handelsabkommen (GATT) und die World Trade Organization (WTO; vgl. auch Chorev 2005) gehören zu den institutionellen Transmissionsriemen, die in diesen Ländern (oftmals neoklassische) theoretische ökonomische Modelle in die Praxis überführen.

15 Nichtökonomen unter Sozialwissenschaftlern akzeptieren die praktische Herrschaft des ökonomischen Diskurses wie auch die etablierte Hierarchie der sozialwissenschaftlichen Diskurse, indem sie von einer ökonomisch konstituierten Gesellschaft bzw. einer Ökonomisierung gesamtgesellschaftlicher Verhältnisse sprechen (Habermas 1998; Bourdieu 1993) oder die gesellschaftliche Dominanz instrumenteller Rationalität betonen (Sayer 1999) bzw. diese Orientierungsmuster in bestimmten nicht-ökonomischen Institutionen wie etwa dem Politiksystem (vgl. Breiner 1995) entdecken oder schließlich darauf verweisen, dass die herrschende sozioökonomische Realität durch theoretische ökonomische Diskurse konstituiert wird (Callon 1998, 2000: 286). Gesellschaftstheorien dieser Provenienz gehen davon aus, wie Niklas Luhmann (1970a: 204) in einer frühen Arbeit zum Wirtschaftssystem als soziales System kritisch anmerkt, dass die »Gesellschaft selbst als ökonomisches Unternehmen der produktiven Organisation und wechselseitigen Übervorteilung« begriffen wird. Eine angemessene soziologische Theorie der Ökonomie muss die Ökonomie, so argumentiert Luhmann, nicht mit dem Wesen der Gesellschaft verquicken, sondern sie als funktional notwendiges Teilsystem der Gesellschaft unter anderen Teilsystemen verstehen. Andererseits hat es in den Sozialwissenschaften immer wieder eindringliche Warnungen vor einem »ökonomischen Imperialismus« gegeben: Diese Ideologie zwinge Nichtökonomen oder rege sie dazu an, die Gesellschaft in rein ökonomischen Kategorien zu begreifen (Baron und Hannan 1994).

Die in den letzten Jahren immer öfter aufgestellte These und Warnung vor einer schnellen und unumkehrbaren »Ökonomisierung« der modernen Gesellschaften[16] steht im Widerspruch zu Beobachtungen, die den *Verlust* der Überzeugung beklagen, dass ökonomische Werte zumindest nützliche gesellschaftliche Tugenden seien. Außerdem mag das gesellschaftliche Ende des *homo oeconomicus* den Aufstieg von autoritären politischen Regimes fördern. Einen solchen Zusammenhang analysiert Peter Drucker, wenn er das Auftreten von faschistischen und nationalsozialistischen Regimes in Zentraleuropa im letzten Jahrhundert als Folge des »Endes des Wirtschaftsmenschen« und des Vertrauensverlustes der Menschen in den Wert des Marktes darstellt.

Vom Ende des Wirtschaftsmenschen

In seiner Untersuchung, die er im Januar 1939 abschloss und noch im selben Jahr publizieren konnte, versucht Peter Drucker die Gründe für den Aufstieg des Faschismus in Europa herauszuarbeiten. Druckers zentrale und nüchterne These besagt, der Aufstieg des Faschismus in Italien und des Nationalsozialismus in Deutschland sei darauf zurückzuführen, dass sich große Teile der Bevölkerung dieser Länder nicht mehr an den Vorrang oder sogar die Überlegenheit ökonomischer Werte hielten.

Druckers Buch, er nennt es eine politische Studie, signalisiert schon im Titel den Wertewandel als das Ende des Wirtschaftsmenschen (*The End of Economic Man*). Obwohl Drucker keineswegs Anhänger einer materialistischen Geschichtsinterpretation ist, betrachtet er die existenzielle Basis der Gesellschaft als einen wichtigen Pol und Motor der Gesellschaftsentwicklung.

Druckers These ist in mehrfacher Hinsicht von Interesse. Seine Be-

16 Die These von der Ökonomisierung der modernen Gesellschaft umfasst natürlich auch die Sprache des Alltags oder alltägliche Handlungszusammenhänge, wie beispielsweise Holt (1998: 19) herausstreicht: »the competitive dynamics of advanced capitalism have led to the ever expanding colonization by marketplace semiotics of experiences that have historically been enacted in social domains other than the commodified material culture (e. g., consider religion, health, family relationships).« Die Kritik Holts übersieht allerdings, was man als die »Politisierung« des Konsums und der Produktion bezeichnen könnte. Aber genau dies ist das Thema dieser Studie.

obachtungen unterscheiden sich erstens nicht nur von der herkömmlichen Interpretation des Aufstiegs des Nationalsozialismus und des Faschismus, sondern sie sind zweitens auch aus Sicht der Prämissen der hier vorliegenden Studie von besonderem Interesse. Drittens widerspricht Druckers Verweis auf das Ende der Ära des ökonomischen Menschen zwei *gegenwärtig* weitgehend als selbstverständlich akzeptierten, aber anscheinend widersprüchlichen Prämissen:

Einmal sind wir Zeuge einer Eskalation der gesellschaftlichen Rationalisierungsprozesse[17] (nicht zuletzt aufgrund der unaufhaltsamen Ökonomisierung der Gesellschaft) und zum anderen wäre ein »Ende des ökonomischen Menschen« (Derationalisierung) eine Art zivilisatorischer Fortschritt.[18]

Abgesehen von Druckers These von der *schwindenden* Dominanz ökonomischer Werte und Lebensziele, die in den vergangenen Jahrzehnten immer wieder vehement und nicht nur von Kritikern der modernen Gesellschaft bestritten worden ist, und seinem Verweis, dass ein Verlust der Vorherrschaft ökonomischen Denkens *keinesfalls* einen zivilisatorischen Fortschritt repräsentieren würde, macht er in seiner Untersuchung der Ursachen für den Aufstieg des Faschismus darüber hinaus interessanterweise auf bestimmte *institutionelle*

17 Die praktische Bedeutung der Rationalisierung der sozialen Verhältnisse soll heißen, verwendet man die Terminologie Max Webers, dass mit der wachsenden »Kompliziertheit der Ordnungen und fortschreitender Differenzierung des gesellschaftlichen Lebens« ein Tatbestand immer universeller wird, nämlich »ein immer weiteres Distanzieren der durch die rationalen Techniken und Ordnungen praktisch Betroffenen von deren rationaler Basis«; konkreter, »kein normaler Konsument weiß heute auch nur ungefähr um die Herstellungstechnik seiner Alltagsgebrauchsgüter, meist nicht einmal darum, aus welchen Stoffen und von welcher Industrie sie produziert werden« (Weber [1913] 1992: 447-449).

18 Der Widerspruch in der Analyse der Folgen der Rationalisierung bzw. der Derationalisierung manifestiert sich beispielsweise in der These, dass die Konsequenz beider Entwicklungen auf einen Freiheitsverlust hinausläuft. Herbert Marcuse ([1961] 1999: 38) macht als einer der prononciertesten Kritiker des gesellschaftlichen Rationalisierungsprozesses als Ursache für den Freiheitsverlust und die wachsende Begrenzung der individuellen Autonomie vor allem die zunehmende Rationalisierung sozialer Prozesse insgesamt verantwortlich, nicht nur im ökonomischen System. Obwohl sich Marcuses und Druckers Ursachenforschung für den von ihnen beobachteten Freiheitsverlust in modernen Gesellschaften radikal voneinander unterscheiden, sind beide daran interessiert, die Bedingungen für die Möglichkeit einer rationaleren Gesellschaft zu ergründen (z. B. Marcuse [1961] 1999: 39).

Veränderungen in der Interdependenz wichtiger gesellschaftlicher Subsysteme und deren Folgen für die Gesellschaft aufmerksam: Insbesondere der sich abzeichnende Verlust der Autonomie und die wachsende Abhängigkeit des ökonomischen Systems von anderen gesellschaftlichen Institutionen (Drucker hat natürlich vor allem die Staatsmaschinerie vor Augen) beeinträchtigten oder eliminierten jene positiven gesellschaftlichen und politischen Folgen, die eine ungehinderte wirtschaftliche Entwicklung mit sich bringe.

Aber zurück zu den 20er- und 30er-Jahren des vergangenen Jahrhunderts: Der Nationalsozialismus und der Faschismus verdanken sich nach Druckers zeitgenössischer Untersuchung des politischen Erfolgs dieser sozialen und politischen Bewegungen einer Revolution »of man's concept of his own nature, of the nature of his society, and of his own function and place in this society« (Drucker 1939: xvi). Die Revolution, von der Drucker meint, dass sie die Entstehung totalitärer Regimes in Europa befördert, sei eng verbunden mit der Zurückweisung der Idee des *homo oeconomicus* als einem exemplarischen Verhaltensmodus und der Legitimität eines souveränen und autonomen ökonomischen Systems durch die Öffentlichkeit dieser Gesellschaften.

Die Aufgabe und ein Abwenden von wünschenswerten und notwendigen Verhaltensweisen durch die »Massen« und ihre Zweifel an der Idee des *homo oeconomicus* seien wiederum auf die Erkenntnis breiter Bevölkerungsschichten zurückzuführen, dass »the exercise of free economic activity will and cannot lead to the establishment of the [promised] free and equal society« (Drucker 1939: 49). Das uneingelöste Versprechen, dass ökonomische Freiheiten Gleichheit bringen würden, zerstöre den Glauben an den Kapitalismus »as a social system in spite of material blessings, not only for the proletariat but among the very middle classes who have benefited most economically and socially« (Drucker 1939: 40). Der »empirische« Beweis, dass umfassende wirtschaftliche Freiheiten des Einzelnen nicht automatisch soziale Gleichheit befördern, zerstört somit nach Drucker sowohl den kapitalistischen als auch den sozialistischen Leitgedanken, der Mensch sei in erster Linie ein ökonomisches Wesen, ein Mensch, für den allein die Durchsetzung wirtschaftlicher Erfolge von Bedeutung sind.

Mit dem umfassenden Verlust aller Hoffnungen auf die Versprechen der Wirtschaftsordnung – angesichts des Ersten Weltkriegs und der Weltwirtschaftskrise in Europa nicht verwunderlich – kommt es zu einer »disintegration of the rational character of society and of the rational relationship between individual and society« (Drucker 1939: 53).[19] Das Verschwinden des rationalen Überbaus, der rationalen Ordnung, rationaler Werte und Beziehungen (Drucker 1939: 55) und die dadurch verursachte normative Leere kann von irrationalen politischen Bewegungen ausgefüllt werden: Es ist die Derationalisierung und nicht die Rationalisierung, die für das Ende der Möglichkeit des moralischen und humanitären Fortschritts verantwortlich ist.

Peter Drucker (1939: 129) fasst seine Beobachtungen über die Ursprünge des Nationalsozialismus und Faschismus mit der Bemerkung zusammen, dass »the most fundamental ... feature of totalitarianism in Italy and Germany is the attempt to substitute non-economic for economic satisfactions, rewards, and considerations as the basis for the rank, function, and position of the individual in industrial society.« Sowohl in Italien als auch in Deutschland entwickelte sich in den 30er-Jahren eine Art »nicht-ökonomische Industriegesellschaft«. In diesen Ländern war es nicht möglich, die industrielle Produktion, die eine gewisse Kompensation in Form sozialer Gleichheit für die weiter herrschende wirtschaftliche Ungleichheit möglich machte, völlig abzulösen.

Ob Peter Druckers These den historischen Tatsachen entspricht, warum andere Gesellschaften mit vergleichbaren Wirtschafts- und Ungleichheitssystemen dieser Entwicklung nicht folgten und ob sie vielleicht in einem anderen Sinn zutreffend sein mag, steht an dieser Stelle nicht unmittelbar zur Diskussion, sondern vielmehr die herrschende Konzeption von der kulturfreien Welt und den Folgen des Marktes, die im Gegensatz zu Drucker davon ausgeht, dass der Markt eine soziale Arena ist, die ohne Bezug auf das normativ Richtige auskommt.

19 Peter Druckers Erklärung der gesellschaftlichen Ursprünge des Totalitarismus in Zentraleuropa hat eine wenn auch nur distanzierte Verwandtschaft zu den philosophischen Überzeugungen und der Weltanschauung des Wiener Kreises. In einem Manifest dieses Wiener Kreises, das aller Wahrscheinlichkeit nach von Otto Neurath, einem seiner Mitglieder, verfasst worden ist und 1929 veröffentlicht wurde (Verein Ernst Mach [1929] 1981), betonen die Wiener Philosophen ihre umfassende Zuversicht in die praktische Rolle der Wissenschaft (nicht des ökonomischen Systems) als Motor einer rationaleren, gleicheren und humanen Gesellschaft – sofern die wissenschaftliche Praxis empirisch ausgerichtet ist und nicht metaphysischen Perspektiven anhängt (vgl. auch Neurath [1930/31] 1994).

Wie der Begriff des von mir als Moralisierung des Marktes gekennzeichneten emergenten Status von Märkten signalisiert, gehe ich davon aus, dass die jüngste Evolution des Marktes eine Entwicklungsphase repräsentiert, in der sich die Marktakteure bzw. bestimmte Gruppen von Marktakteuren sehr wohl über die ethischen Bedingungen und Folgen ihres Handelns hinreichend Gedanken machen.

In den folgenden Abschnitten werde ich eine Reihe von Gründen aufzählen, die auf ähnlich fundamentale gesellschaftliche Veränderungen verweisen, die aber im Gegensatz zu den von Peter Drucker betonten gesellschaftlichen Wandlungsprozessen darauf verweisen, dass es nicht zuletzt die *Erfolge* und nicht die *Miss*erfolge des Wirtschaftssystems sind, die eine Moralisierung der Märkte möglich erscheinen lassen. Ich werde die Metapher von der Moralisierung der Märkte näher umschreiben und versuchen, meine These von Befunden der orthodoxen Ökonomie abzugrenzen, d. h. von einem Diskurs, in dem bestenfalls festgestellt wird, dass zusätzlicher Konsum eine Funktion des Kaufkraft- oder Vermögenszuwachses ist.

Teil 1. Die Moralisierung ökonomischen Verhaltens

> Die Ideen ..., mit denen die Bewohner dieses so begünstigten Teiles unserer Welt ihre Existenz deuten und die – bis zu einem gewissen Grade – auch ihr Verhalten bestimmen, sind ... nicht in einer Welt des Überflusses entstanden. Sie haben sich vielmehr in einer Zeit entwickelt, in der arm zu sein das dem Menschen auferlegte Geschick und jeder andere Zustand noch unvorstellbar war.
>
> John Kenneth Galbraith ([1958] 1963: 7)

Zu den zentralen Thesen dieser Studie gehört die Annahme, dass das moderne Wirtschaftssystem eine gesellschaftliche Institution ist, die gesamtgesellschaftlichen Entwicklungen gegenüber keineswegs immun ist, sondern von diesen Transformationen sehr wohl beeinflusst wird. Die »Evolution« der Märkte verläuft weder nach ehernen, eigengesetzlichen Schemata, noch verweisen solche »Gesetze« auf einen Evolutionsverlauf der Märkte, nach dem die gegenwärtigen dominierenden Formen des Marktes eine Art definitives Ende der Geschichte der Märkte signalisieren. Es folgt, die Märkte bleiben nicht so, wie sie sind, und es sind nicht bloß marktinterne Kräfte, die die Veränderungen bewirken.

Die Eigensinnigkeit des Wirtschaftssystems, die beispielsweise nur die Sprache des Geldes kennt, so lautet etwa eine durchaus attraktive, konkurrierende These moderner Märkte, wie sie insbesondere von den gegenwärtigen Marktformen gegenüber kritisch eingestellten Gesellschaftstheoretikern, Organisationen und Regierungen formuliert wird, manifestiert und rechtfertigt sich nicht nur in einer relativ effektiven *Abkoppelung* des Marktsystems von durchgreifenden sozialen Entwicklungsprozessen anderer moderner Subsysteme, sondern auch in den genau durch diese Autonomie garantierten, überaus erfolgreichen, aber äußerst ungleich verteilten wirtschaftlichen Ergebnissen marktwirtschaftlicher Regime. Es folgt, die Märkte dürfen nicht so bleiben, wie sie sind, aber wie kann man ihre Macht überwinden?

Natürlich ist nicht ein einzelner Faktor oder ein dominanter Prozess für die von mir konstatierte Dynamik und Veränderung des gegenwärtigen Wirtschafts- und Marktsystems verantwortlich. Es ist ein Bündel von Faktoren zu nennen, die für den Fortgang der Geschichte der Märkte und ihre anhaltende Differenzierung und Ausweitung verantwortlich sind, und zwar multiple Faktoren, deren Einfluss auf die Moralisierung der Märkte nicht gleich groß ist. Die Beziehungen der verschiedenen, in ihrem Einfluss auf das Marktgeschehen unterschiedlich verantwortlichen Entwicklungen müssen deshalb im Detail konkreter untersucht werden.

Sofern es dennoch ein Bündel von herausragenden, für den Wandel der Märkte in modernen Gesellschaften mitverantwortlichen Faktoren gibt, so ist dies einerseits der *historisch einmalige Anstieg des durchschnittlichen Wohlstands privater Haushalte*, andererseits der gleichfalls historisch einmalig rapide Anstieg des durchschnittlichen Bildungsniveaus der Bevölkerung (*Wissenheit* oder *knowledgeability*)[1] in entwickelten Gesellschaften.

Mein Verweis auf den wachsenden Wissensstand der Menschen sollte nicht missverstanden werden. Ich meine damit keineswegs, dass die Menschen in modernen Gesellschaften bessere Entscheidungen treffen, indem sie etwa die ihnen in einem sehr viel größeren Umfang zur Verfügung stehenden Informationen effizient verarbeiten und sich somit tatsächlich mehr und mehr dem neo-klassischen Idealtypus eines perfekt informierten Marktteilnehmers annähern. Zwar wächst der durchschnittliche Wissensstand der Menschen, er ist gleichwohl keineswegs perfekt; noch gilt vielmehr das genau entgegengesetzte Image vom weitgehend uninformiert am Markt agierenden Akteur.

Ich möchte die Beobachtung bestimmter dominanter Faktoren, die für eine Moralisierung der Märkte hauptverantwortlich sein dürften, in Bezug auf den Faktor Wohlstand an einem ersten, einfachen Beispiel illustrieren: In der Bundesrepublik gibt es den *Verband Deutscher Kerzenhersteller*. Der Verband berichtet auf seiner Internetseite über den vom Statistischen Bundesamt erhobenen Wert der Kerzenproduktion in Deutschland sowie den Umfang der Kerzeneinfuhr (und -ausfuhr) in den Jahren 1997 bis 2004. Es kann wohl kein Zwei-

1 Knowledgeability übersetzt man vielleicht am besten mit dem anscheinend veralteten deutschen Begriff Wissenheit (im Sinne von erworbenem Wissensbesitz); die erste deutsche Bibel gibt scientia stets mit Wissenheit wieder. Martin Luther setzt dafür Erkenntnis (siehe Deutsches Wörterbuch von Jacob Grimm und Wilhelm Grimm, 16 Bde. [in 32 Teilbänden], Leipzig: S. Hirzel 1854-1960, Band 30, Spalten 743-813).

fel bestehen, dass jeder deutsche Haushalt heute über die Möglichkeit verfügt, seinen Bedarf an Illumination mit elektrischem Licht effizient zu decken. Dennoch ist das Kerzengeschäft in Deutschland auch in Zeiten des Nullwachstums der Volkswirtschaft eine sehr erfolgreiche Wachstumsbranche. Die jährlichen Zuwachsraten sind beeindruckend (vgl. Tabelle 1 im Statistischen Anhang). Allein im Jahr 1997, so wird berichtet, belief sich das Kerzengeschäft im Inland auf geschätzte 170 000 Tonnen oder einen Wert von ungefähr 340 Millionen Euro. Im Jahre 2004 waren es schon 210 000 Tonnen im Wert von ca. 480 Millionen Euro.

Ich gehe davon aus, dass diese Zahlen noch erheblich unter dem Wert der Ausgaben deutscher Haushalte für Kerzen liegen, da das Statistische Bundesamt sicher nicht die vielen auf Wochenmärkten und an anderen Orten zu findenden Teilzeitfabrikanten von Kerzen beleuchtet. Die für die Kerzenindustrie erfreulichen Wachstumsraten lassen sich kaum als Ergebnis rein rationalen Kaufverhaltens erklären. Es sind ganz offensichtlich andere Gründe, die auf dem Kerzenmarkt das Illuminationsverhalten bestimmen.

Sieht man einmal davon ab, dass sich das konventionelle Weltbild der Ökonomie vorrangig mit der kapitalistischen Wirtschaft befasst (Heilbroner 1996), so wurden unsere leitenden Ideen über die Ökonomie und des Marktes, wie John Kenneth Galbraith unterstreicht (siehe Motto dieses Abschnitts), zuerst in einer Zeit bitterster und allgemeiner Armut erarbeitet;[2] und damit wurden die leitenden Ideen der Ökonomie in einer historischen Epoche entdeckt, in der es nur wenige dem idealisierten Bild des Marktes entsprechende autonome oder freie Personen gab – geschweige denn eine größere Anzahl von wohlhabenden Menschen –, deren Marktverhalten weitgehend vom Preis der Waren und Dienstleistungen »reguliert« wurde. Die »Kausalität« verläuft gegenwärtig genau auf die entgegengesetzte Konstellation hinaus: Es ist paradoxerweise der Erfolg heutiger Märkte, der eine wachsende Zahl autonomer und freier Menschen zu produzieren vermag; Marktteilnehmer sind nicht etwa von Natur aus frei und autonom.

2 Die Armut, von der hier die Rede ist und die die Entwicklung der modernen Ökonomie seit dem 18. Jahrhundert begleitet, war noch kein wichtiges Thema für den Begründer der klassischen ökonomischen Theorie, Adam Smith. Erst mit Joseph Townsends Studie Dissertation on the Poor Laws (1786) wird die Problematik zu einer der leitenden Ideen des ökonomischen Diskurses.

Warum ist aus heutiger Sicht eine Untersuchung der Moralisierung der Märkte sinnvoll? Ein weitgehend unstrittiger Grund ist natürlich der Stellenwert der Wirtschaft für den Zustand moderner Gesellschaften. Und damit rangiert die wirtschaftswissenschaftliche Disziplin sogar vor der medizinischen in ihrem »potential for helping or hurting large numbers of people. A sick economy can result in millions of people out of work, with painful material and psychological consequences to the job losers and their families ... Unhelpful or down right bad advice from economists who have the government's ear can make the problem worse, or allow it to continue unnecessarily, or may have caused it in the first place« (Bergmann 2005: 52-53; vgl. auch Steiner 2001).

Kommt es also, im Widerspruch zum bestimmenden Erkenntnisinteresse und der politischen Realität am Ende des vergangenen Jahrhunderts, zu einer Abkehr von der durch die Mechanik des reinen Gelderwerbs bestimmten Rationalisierung der Lebenswelt? Ist es möglich, dass die »materiale Rationalität« (Max Weber) und damit ein Entscheidungsverhalten von Produzenten und Konsumenten, das nicht mehr ausschließlich von monetären Überlegungen bestimmt ist, im Wirtschaftssystem auf dem Vormarsch ist? Kommt es aber auch zu einem Wandel in den Machtbeziehungen von Produzenten und Konsumenten? Findet nun eine Konvergenz der angeblich strikt voneinander getrennten sozialen Rollen des Konsumenten und des Bürgers statt? Kann man nicht nur eine wachsende Bedeutung der Konsumpolitik beobachten, sondern auch signifikant verbesserte Handlungsfähigkeiten der Konsumenten? Dies würde heißen, dass Werte, Wissen und Interessen (wiederum) eine Schlüsselrolle in modernen Wirtschaftssystemen spielen können, sie Rückwirkungen auf das Verhalten anderer gesellschaftlicher Institutionen haben und die Probleme auch dort bearbeitet werden können, wo sie ausgelöst werden (dagegen Luhmann 1992: 153 und 1986). Und insofern Produkte und Dienstleistungen einen moralischen Status und moralische Eigenschaften annehmen, verändern und beeinflussen sie zugleich in signifikanter Weise gesellschaftliche Prozesse in den Institutionen des Staates, der Wissenschaft, der Kirchen sowie des Erziehungs- und Gesundheitswesens (Rozin 1999).

Eine *negative* Antwort auf die Frage nach der Möglichkeit einer nachhaltigen Grenzüberschreitung zwischen den modernen gesellschaftlichen Institutionen stand eigentlich schon immer fest – mit der Kanonisierung des Marktes im Sinne des neoklassischen Modells als dem besten und effizientesten Weg, die ökonomischen Angelegenheiten in modernen Gesellschaften zu organisieren (Nelson 2003). Wissenschaftler und vorherrschende politische Meinungen kamen insbesondere in den 90er-Jahren des vergangenen Jahrhunderts gemeinsam zu diesem angeblich unumkehrbaren Schluss (Fukuyama 1992). Die Schlussfolgerung über die Tugenden der funktionalen Differenzierung wurden damals durch das spektakuläre Ende der Planwirtschaft der staatsozialistischen Regime ungemein verstärkt.

Von der Dynamik moderner Gesellschaften

Ich werde im folgenden Abschnitt zunächst eine Anzahl von signifikanten gesamtgesellschaftlichen Veränderungen auflisten, die ich für einen bemerkenswerten Wandel hin zu einer Moralisierung der Märkte und damit zu intensiven Austauschbeziehungen von angeblich scharf voneinander getrennten Welten der Gesellschaft mitverantwortlich mache. Es darf allerdings nicht unterschlagen werden, dass meine These in einem unversöhnlichen Gegensatz zu den wahrscheinlichen Folgen der gleichen gesellschaftlichen Veränderungen für den Markt steht, sofern man von einem engen Begriff der Modelleigenschaften des Marktes ausgeht. Aus dieser für den ökonomischen Diskurs paradigmatischen theoretischen Perspektive ist der Markt nicht unbedingt immun, aber doch weitgehend abgekoppelt von externen gesamtgesellschaftlichen Wandlungsprozessen.

Die von mir angeführten langfristigen gesellschaftlichen Transformationsprozesse lassen sich in allen entwickelten Gesellschaften beobachten. Infolgedessen sind die gesellschaftlichen Veränderungen als Bedingung für einen Trend zur Moralisierung der Märkte – anders als Veränderungen in den institutionellen Rahmenbedingungen – nicht auf einzelne Nationen oder die Region einer Gesellschaft beschränkt, wie dies beispielsweise für Änderungen der nationalen Steuerpolitik, der Migrationsmuster oder der Arbeitsbedingungen gelten würde.[3]

3 Ronald Dore (1983) identifizierte in einer Analyse der Vorherrschaft der koordinierten Produktion von spezialisierten »family units« in Teilen der japanischen Textilindustrie kontextbestimmte (nationale) Faktoren, die eine solche Fragmentierung erklären, und daher ist die »regression in the direction of the evolution of modern

Ich verschiebe eine die Märkte beeinflussende Diskussion transnationalen *soziokulturellen* Wandels sowie den Verweis auf *institutionelle* Reformen[4] als Motor von Marktveränderungen auf einen späteren Abschnitt. Dies heißt aber nicht, dass sich verändernde öffentliche Meinungsmuster, Lebensstile, Risikoperzeptionen wahrscheinlicher, in der Zukunft liegender Kosten (beispielsweise von biotechnologisch veränderten Produkten), politische Ziele, Reaktionen auf nicht antizipierte Ereignisse und Episoden wie z. B. den Tschernobyl-Unfall vor zwei Jahrzehnten, die BSE- und SARS-Krise oder jüngst die Vogelgrippe, ein sich entwickelndes und zunehmend verbreitetes Umweltbewusstsein, Sicherheitsüberlegungen, Gesundheitsbedenken,[5] Fragen der Gerechtigkeit und schließlich die gesellschaftliche Autorität und mediale Wahrnehmung unterschiedlicher Weltanschauungen ohne Einfluss auf den Charakter des modernen Marktes sind. Im Gegenteil: Die Reaktionen von Firmen, Politikern und sozialen Bewegungen auf sich wandelnde Einstellungen »kontextbestimmter« (*embedded*)[6]

economies, that is, the replacement of a system of production within a vertically integrated firm by a system of production co-ordination between a large number of fragmented small firms« kontextbestimmt.

4 James M. Buchanan (1978) ist einer der wenigen Ökonomen, der sich ausführlicher und unmittelbar mit der Bedeutung institutioneller Reformen und deren Einfluss auf das moralische Verhalten ökonomischer Akteure befasst und fragt, inwieweit Reformen dieser Art in der Lage sein könnten, die angeblich am Markt zu beobachtende Dominanz des Eigeninteresses zurückzudrängen.

5 Joachim Radkau (2000: 16-17) macht uns darauf aufmerksam, dass das Umweltbewusstsein in seinem Kern immer noch Gesundheitsbewusstsein ist. Der herausragende Stellenwert von Urteilen im Alltag, die auf die Gesundheit des Menschen Bezug nehmen, ist kein modernes Phänomen, sondern hat eine jahrtausendealte Geschichte.

6 Eingebettet (embedded) ist ein ambivalenter Begriff. Seine Ambivalenz hat aber auch Vorteile. In der Regel soll der Begriff im Kontext der Untersuchung ökonomischer Zusammenhänge auf die Situationsabhängigkeit von Transaktionen und anderen wirtschaftlichen Handlungsbeziehungen verweisen; und zwar auf situationsspezifische Faktoren und Prozesse, die ihrerseits in der Regel als »nicht-ökonomische« Handlungsumstände kategorisiert werden, wie z. B. politische Verbindungen, kulturelle Netzwerke, intersubjektive Beziehungen, Vertrauen und soziale Normen, genauso wie nicht in einem Vertrag unmittelbar erkennbare nicht-vertragliche Umstände Voraussetzung für ein Funktionieren von Verträgen bzw. für wirtschaftliches Handeln sind (vgl. Sayer 1995: 88-90; Barber 1995; Bandelj 2002). Mark Granovetter hat den in diesem Sinn verstandenen Begriff des Eingebettetseins in die Soziologie der Ökonomie eingeführt. Für Granovetter (1981: 100; vgl. auch Granovetter 1985) sind ökonomische Handlungskontexte und -muster des-

Konsumenten als Bürger sind von zentraler Bedeutung für ein Verständnis der Moralisierung der Märkte.[7]

Zunächst aber will ich zusammenfassend gesamtgesellschaftliche Veränderungen beschreiben, von denen ich annehme, dass sie das Marktverhalten von Produzenten und Konsumenten, die Eigenschaften von Waren und Dienstleistungen und die Rahmenbedingungen der Austauschprozesse am Markt nachhaltig beeinflussen. Anschließend verweise ich noch auf Marktveränderungen, die man als Ergebnis eigendynamischer Entwicklungen des Marktes auffassen kann.[8]

halb eine Funktion des Eingebettetseins der Individuen in soziale Netzwerke. Ob man sich diese Netzwerke als auf die ökonomischen Handlungszusammenhänge beschränkt vorstellen muss, ist eine offene Frage und Teil der angesprochenen Ambivalenz des Begriffs »eingebettet«. Eine kürzlich von Greta Krippner (2001: 799) veröffentlichte Kritik der (impliziten) Annahmen des von Granovetter eingeführten Begriffs der »embeddedness« in die Soziologie der Ökonomie macht allerdings darauf aufmerksam, dass Granovetters Begriff eine zumindest analytische Trennung zwischen ökonomischen und anderen gesellschaftlichen Institutionen (in Anlehnung an das Parson'sche Theorieprogramm für die Soziologie) aufrechterhält: »Granovetter uses the concept not to study concrete institutions in terms of multiple intersecting dimensions, but rather to isolate analytically a single aspect of social life as constituting the proper domain of economic sociology.« Paradoxerweise bestärkt der Begriff der »embeddedness« der Soziologie der Ökonomie demnach die angebliche Trennung des Wirtschaftssystems von anderen gesellschaftlichen Institutionen.

7 Einstellungsbegriffe, die auf eine bestimmte innere Disposition der Handelnden verweisen sollen, sind vielfältig und strittiger Natur. Paul Lazarsfeld (1959a: 8-11) betont nicht nur, dass es keine Übereinstimmung bei der Klassifikation von Einstellungen gibt, sondern identifiziert insgesamt acht Begriffe, die alle auf den Einstellungsbegriff verweisen. Lazarsfelds Liste von Einstellungsbegriffen erstreckt sich von »preferences« zu »traits«, »wants«, »directional traits«, »expectations«, »tendencies« und »inclinations«, »intentions« und »plans« bis hin zum Begriff der »motivation«. In der Ökonomie ist man in der Regel der Ansicht, dass man sich in erster Linie mit den Folgen wirtschaftlichen Handelns beschäftigen und nicht lange mit Gedanken über mögliche Handlungspräferenzen oder Einstellungen aufhalten sollte.

8 Zu den häufig angeführten und angeblich folgenreichen neueren sozioökonomischen Entwicklungen – weil ich bezweifle, dass diese Entwicklungen eine Moralisierung der Märkte in modernen Gesellschaften mitbestimmen, sind sie nicht Teil meiner Liste der Gründe für eine Transformation des Marktsystems – gehört der sich angeblich »radikal« verändernde Status des Produktionsprozesses im Herstellungssektor, wie er beispielsweise speziell von Daniel Bell (1964, 1973a) als Fundament seiner Theorie postindustrieller Gesellschaften herausgestellt wird. Im Gegensatz zur Bell'schen Interpretation der Signifikanz der Verschiebung in

Die Marktveränderungen, von denen als Folge eines gesamtgesellschaftlichen Wandels die Rede sein wird, gehen weit über diejenigen Eigenschaften des Marktes hinaus, die gerade Anthropologen und Soziologen schon immer als festen Bestandteil des Marktes angesehen haben, Ökonomen jedoch keineswegs als relevante Teile des Marktgeschehens verstehen. Ich werde später im Einzelnen auf die traditionelle Kritik des herrschenden Marktverständnisses der Ökonomie eingehen; d. h. auf die Kritik eines Marktbegriffs, in der jeder Verweis auf ein kollektives Gedächtnis, auf eine institutionelle Verankerung des Marktes, auf reziproke Kontakte zu anderen gesellschaftlichen Institutionen oder auf nicht von Profitgier bestimmtes Handeln fehlt.[9] Ein enger Fokus auf die eigenständige, in sich ruhende reife Kultur und Struktur des Marktes verweist auf eine selbstgenügsame Dynamik des Marktes frei von jenen Effekten, die Wirtschaftswissenschaftler gern als *exogen* bezeichnen.

Ich werde mich in diesem Abschnitt aber zusätzlich auf soziale Prozesse beziehen, die unmittelbarer – im Sinne von endogenen Merkmalen – die Dynamik des Marktes und Veränderungen im Marktgeschehen betreffen und die man deshalb mit einer gewissen

der Bedeutung der drei Wirtschaftssektoren gilt allerdings, dass sich der Stellenwert des Herstellungssektors, misst man seinen Status insbesondere im Sinne seines Beitrags zum Bruttosozialprodukt, in der Mehrzahl der entwickelten Gesellschaften in den vergangenen 100 Jahren kaum verändert hat. Dies gilt natürlich nicht für die dort beschäftigten Personen, wie auch Bell immer wieder unterstreicht; d. h. konkret, dass immer weniger Erwerbstätige im Herstellungssektor immer größere Mengen von Waren produzieren (vgl. auch Stehr 2002).

9 Ein Verweis auf den gegenseitigen Einfluss von Ökonomie und Gesellschaft findet sich schon im 19. Jahrhundert in einer Reihe von scharfsinnigen, kritischen Analysen der angeblichen Selbstgenügsamkeit des Wirtschaftssystems; allerdings ist diese Art der systematischen Kritik des ökonomischen Diskurses erst im Entstehen begriffen. Mitte des Jahrhunderts vertritt etwa John Stuart Mill ([1848] 1852: 2) in seinen Principles of Political Economy eine durchaus soziologische Betrachtungsweise der gesellschaftlichen Rolle der Ökonomie: »Der Glaube und die Gesetze eines Volkes wirken mächtig auf seine volkswirtschaftliche Lage; diese wiederum wirkt zurück auf seine geistige Ausbildung und gesellschaftlichen Verhältnisse, auf seinen Glauben und seine Gesetze.« Ein größeres Gewicht hatten aber Untersuchungen, die sich mit der Rolle der Ökonomie als Motor gesellschaftlicher Veränderungen beschäftigten. Als Teil einer solchen Untersuchungsstrategie konnte man auch der Frage nachgehen, inwieweit ökonomisches Handeln bestimmte moralische Ziele stützt (vgl. z. B. Durkheim [1887a: 193], der in diesem Zusammenhang Arbeiten des Ökonomen Gustav von Schönberg [(1882-1885) 1896: 1-76] sowohl zustimmend zitiert als auch kritisiert).

Rechtfertigung als selbstverursachte Veränderungen der Marktrealitäten beschreiben kann. Aber jede sich als präzise und endgültig ausgebende Unterscheidung marktrelevanter Effekte in interne und externe Faktoren wäre anmaßend.

Wenn die von mir angeführten gesamtgesellschaftlichen Prozesse entwickelter Gesellschaften sowie Veränderungen innerhalb der Märkte selbst einschließlich weiterer sozialer Kräfte zu einem erheblichen Ausmaß für den Trend zu einer Moralisierung der Märkte in modernen Gesellschaften verantwortlich sind, kann natürlich nicht unterstellt werden, dass sich der Markt in allen entwickelten Gesellschaften »gleichförmig« verändert und die aufgelisteten gesamtgesellschaftlichen Veränderungen in allen sozialen Kontexten gleichzeitig mit weitgehend identischen Folgen ablaufen. Es ist deshalb wichtig, darauf hinzuweisen, dass bestimmte sozioökonomische Prozesse und politökonomische Merkmale nicht universell, sondern nur für einige Gesellschaften gelten, und sei es, dass sie nur zeitversetzt und somit nicht im Sinne einer unaufhaltsamen Globalisierung bestimmter sozialer Entwicklungen ihre Wirkung zeigen. Es gilt auch hier der Lehrsatz von der Gleichzeitigkeit des Ungleichzeitigen. Folgt man dagegen Mancur Olsons (1982) komparativer Sichtweise, so sind verschiedene Länder durch ein Regime mehr oder weniger engmaschiger Netzwerke von Interessensgruppierungen gekennzeichnet, die einen signifikanten Einfluss auf die wirtschaftliche Dynamik der Gesellschaften und damit gleichzeitig auch einen solchen Einfluss auf die Moralisierung des Marktverhaltens in diesen Wirtschaftssystemen haben.

Ich beginne meine Aufzählung der die Moralisierung der Märkte mitbestimmenden sozialen Prozesse mit dem Verweis auf signifikante soziostrukturelle Veränderungen, die mit großer Wahrscheinlichkeit nicht nur die Charakteristiken der Gesamtgesellschaft nachhaltig verändern, sondern auch einen merklichen Einfluss auf die Dynamik des Marktgeschehens in modernen Gesellschaften haben dürften:

(1) Die entwickelten Gesellschaften der Welt sind durch einen historisch einmaligen Grad persönlichen *Wohlstands* und persönlicher materieller Sicherheit gekennzeichnet. Noch in den 50er-Jahren des vergangenen Jahrhunderts standen für die meisten Menschen die Sorgen und Ängste um das »tägliche Brot« im Vordergrund ihrer alltäglichen Erfahrungen. In entwickelten Gesellschaften prosperiert dage-

gen nicht nur die Elite der Gesellschaft. Im Vergleich zur Vorkriegszeit findet man in den Gegenwartsgesellschaften der entwickelten Welt eine große Anzahl materiell wohlhabender Haushalte. Die Gestaltungsmöglichkeiten vieler Konsumenten sind damit signifikant gewachsen, ihre materiellen Zwänge zugunsten individueller Wahlfreiheiten zurückgegangen (vgl. Katona, Strümpel und Zahn 1971: 11-17). Natürlich sind nicht alle Gesellschaftsmitglieder wohlhabend und genießen solche Handlungsspielräume. Die Armut ist immer noch Teil des Alltags signifikanter Schichten der Bevölkerung in entwickelten Gesellschaften. Aber der Trend der letzten Jahrzehnte ist eindeutig.

Die Lebenserwartung der Bevölkerung wächst weiter. Ein umfassendes Gesundheitssystem sorgt in wohlhabenden Gesellschaften dafür, dass in den vergangenen Jahrzehnten zahlreiche tödliche Seuchen, Epidemien und andere Krankheiten ausgerottet bzw. ihre Auswirkungen signifikant reduziert wurden. Die Probleme der chronischen Unterernährung und ständiger Erkrankungen wurden ebenso reduziert wie viele andere Gefahren des täglichen Lebens (vgl. Fogel 1997). Dies kann natürlich nicht heißen, dass das alltägliche Leben in modernen Gesellschaften frei von Risiken und Gefahren ist, die es entweder schon immer gegeben hat oder die sich erst als Risiken und Gefahren moderner Gesellschaften ausmachen lassen.

In der Geschichte der industrialisierten Gesellschaften Westeuropas und Nordamerikas gibt es kein Ereignis, das den in den Jahren zwischen 1950 und 2000 gemachten Erfahrungen entspricht. Alan Milward (1992: 21; vgl. auch Judt 2005: 324-353) drückt dies prägnant und zusammenfassend wie folgt aus:

> By the end of this period [1985] the perpetual possibility of serious economic hardship which had earlier always hovered over the lives of three-quarters of the population now menaced only about one fifth of it. Although absolute poverty still existed in even the richest countries, the material standard of living for most people improved almost without interruption and often very rapidly for 35 years. Above all else, these are the marks of the uniqueness of the experience.[10]

10 Begriffe wie Wohlstand, Reichtum und Überfluss sind natürlich, dies muss nicht ausführlicher beschrieben werden, äußerst strittige Termini, die auf Phänomene Bezug nehmen, die nicht nur schwierig zu quantifizieren sind, sondern die je nach Ort und Zeit auch unterschiedliche Bedeutungen haben und deren unterschiedliche Sinnbezüge ihrerseits eng mit verschiedenen moralischen Diskursen ver-

Allein zwischen 1950 und 1973 *verdreifachte* sich beispielsweise in Deutschland das Pro-Kopf-Realeinkommen. Der gesellschaftliche Stellenwert der historisch einmaligen Zunahme des durchschnittlichen Wohlstands oder Lebensstandards[11] wird noch durch die »Alterung« vieler westlicher Gesellschaften verstärkt. In den kommenden Jahrzehnten wird der Anteil der Bevölkerung, der in den Jahrzehnten des fast ununterbrochenen ökonomischen Wachstums der Nachkriegszeit seinen Haushaltswohlstand unmittelbar oder durch Erbschaft erworben hat und auf diese Weise vom gestiegenen Wohlstandsniveau profitiert, noch weiter wachsen.

Würde man den Begriff des Reichtums und Wohlstands nicht nur in Bezug auf die Veränderungen der monetären Einkünfte und den Umfang der geldähnlichen Vermögenswerte der Haushalte oder den summarischen Bezug auf das Pro-Kopf-Wachstum des Bruttoinlandsprodukts (BIP) benutzen,[12] sondern nähme man eine umfassendere Definition des Umfangs des Wohlstands vor, die beispielsweise Humankapital (Wissen, Fertigkeiten), soziales (Netzwerk sozialer Beziehungen, Verbundenheit mit der Zivilgesellschaft) und kulturelles Kapital einbeziehen würde, dann wäre das Wachstum des durchschnittlichen Wohlstands der letzten Jahrzehnte in der entwickelten Welt noch viel bemerkenswerter. Sofern man sich für den Begriff des Wohlstands in einem weiteren Sinn entscheidet, muss man von seiner Gesamtsumme bestimmte Kosten abziehen, die im Verein mit der Wohlstandserzeugung entstehen. Dies gilt z. B. für die Kosten der Umweltbelastungen durch die Produktion und Konsumtion und ähnliche Folgekosten.

woben sind, die Wohlstand dann etwa als Tugend verstehen oder aber auch als Symbol von tief greifender gesellschaftlicher Ungerechtigkeit.

11 Eine ausführliche Diskussion des Begriffs »Lebensstandard« und seiner Ursprünge findet sich in Coffin 1999. Der Begriff des Lebensstandards taucht zuerst in der Literatur auf, als sich Ökonomen und andere Sozialwissenschaftler Anfang des vergangenen Jahrhunderts zunehmend dem bis dato vernachlässigten Thema der Konsumtion zuwandten. Eine Auseinandersetzung mit dem Begriff des Lebensstandards, die sich nicht an eine materiell bestimmte Definition dieses Begriffs anlehnt, sondern ihn als eine Form der Freiheit versteht, findet sich in Sen (1985b: 78): Hier zählt »the capability to live well, and in the specific economic context of standard of living, it values the capabilities associated with economic matters.«

12 In den Tabellen 2 und 3 im Statistischen Anhang gebe ich einige der typischen Daten zum Pro-Kopf-Einkommen der Bevölkerung in ausgewählten Ländern für die Jahre von 1830 bis 2002 wieder.

Dass in den Sozialwissenschaften bislang ein eher geringes Interesse an einem so umfassend verstandenen Begriff des Wohlstands ausgemacht werden kann, ist Ergebnis einer Reihe von Faktoren; sie reichen von der in der Ökonomie dominanten Tradition, Wohlstand vorrangig durch Sozialproduktdaten zu bestimmen, bis zu den Schwierigkeiten, humanes, soziales und kulturelles Kapital überhaupt sinnvoll zu quantifizieren. Aber unumstritten sollte der globale Befund sein, dass sich das umfassende Wachstum des durchschnittlichen Wohlstandes eines Haushaltes in modernen Gesellschaften in den vergangenen fünf Jahrzehnten mit einem ähnlich umfassenden Zuwachs des Wissens und der Fertigkeiten der Menschen verbindet.[13]

Infolgedessen gilt, dass, wann immer ich mich in weiteren Teilen meiner Studie auf Reichtum und Wohlstand beziehe, diese breit angelegte Sichtweise der beiden Begriffe gemeint ist, d. h. eine Konzeption von Reichtum, die zumindest das beachtliche Wissenswachstum der Haushalte umfasst.

Die herrschende ökonomische Lehre, aber auch das alltägliche Denken erkennt als selbstverständlich an, dass der Wohlstand eines Haushalts oder einer Person in unmittelbarer oder zumindest mittelbarer Beziehung zu deren Konsumverhalten steht (Case, Quigley und Shiller 2001).[14] So trivial, wie dies demnach auch klingen mag: Der Wohlstand einer Person steht in einer linearen Beziehung zu ihren »Einkünften«. Und, wie der Ökonom George Stigler (1978: 213) nüchtern betont, ein Mensch ist umso wohlhabender, je mehr er verdient und je mehr er sich aufgrund seiner Einkünfte leisten kann.

Allerdings beschränkt man sich in der Ökonomie – und häufig, das ist der springende Punkt, auch im Alltag – auf die einfache Feststellung, das Konsumverhalten stehe in enger Abhängigkeit zum Wohlstandsniveau eines Haushalts, bzw. auf die Behauptung, die typische Ausgabenstruktur eines Haushalts sei eine Funktion des Haushalts-

13 Die Weltbank hat vor einigen Jahren damit begonnen, die Messeinheiten des nationalen Wohlstands auszuweiten, sodass sie auch natürliche und anthropogene Ressourcen umfassen; vgl. ⟨http://www.worldbank.org/fandd/english/1296/articles/041296.htm⟩.

14 In diesem Kontext sollte kurz darauf aufmerksam gemacht werden, dass die Idee von der Moralisierung der Märkte nicht direkt an die kontroverse Diskussion der politischen Ökonomie anschließt, in der es zumindest seit Adam Smith ([1777] 2002), David Ricardo oder Thomas Robert Malthus um die Frage der Funktion von Konsumausgaben im Sinne von Luxuskonsum für Wachstum und Beschäftigung geht (Fiaschi und Signorino 2003).

einkommens.[15] Die Annahme aber, dass ein solcher »Wohlstandseffekt« in einem simplen linearen Sinne zutrifft, sollte nicht als gegeben hingenommen werden, sondern bedarf einer genaueren Untersuchung. Diese offene Frage bezieht sich, genauer gesagt, auf die dynamischen Auswirkungen von wachsendem, stagnierendem oder sogar sich zurückbildendem Wohlstand (dem tatsächlichen oder so genannten gefühlten) auf das Kaufverhalten von Haushalten. Entscheidend für das Kaufverhalten ist sicher nicht nur das Wohlstandsniveau eines Haushalts, sondern seine relative Position in einem »Wohlstandsfeld«, wie auch die Wohlstandsgeschichte der Familie, zukünftig erwartete Einkünfte eines Haushalts, das jeweilige Steuerregime oder die Medien, in denen der Wohlstand materialisiert ist, die Neigung zum Konsum und den Sinn des Konsumierens entscheidend beeinflussen.

(2) Sofern man sich nicht auf eine enge, an ausschließlich materielle Phänomene gekoppelte Definition von Wohlstand beschränkt, sondern mit Verweis auf das historisch einmalige Wachstum des allgemeinen Reichtums auch den rapiden Anstieg des so genannten »Humankapitals« (wie Ökonomen es bezeichnen würden) bzw. des kulturellen Kapitals (das man jedoch nicht mit dem des Humankapitals verwechseln darf)[16] in den vergangenen Jahrzehnten mit einbezieht, ist es notwendig, auf die Bedeutung dieses Faktors als Anker

15 In den Tabellen 4 und 5 im Statistischen Anhang habe ich typische Daten der Ausgabenstruktur in reichen und armen Ländern zusammengestellt. Tabelle 6 gibt die Entwicklung der Pro-Kopf-Ausgaben der Finnen für unterschiedliche Kategorien von Lebensmitteln in den Jahren zwischen 1966 und 1998 wieder. Die Daten aus Finnland zeigen sehr gut, wie sich das Kauf- und Konsumverhalten bei Lebensmitteln in Finnland mit steigendem Wohlstand und Gesundheitsbewusstsein verändern.

16 Pierre Bourdieu ([2000] 2005: 75-76) unterscheidet in seiner Diskussion der »Principles of economic anthropology« einige ökonomische Kapitalformen. Er differenziert zwischen Finanzkapital, technologischem, kulturellem, rechtlichem, organisatorischem, kommerziellem, symbolischem und sozialem Kapital. Wissen wäre in seiner Kategorisierung Teil des sozialen Kapitals, also von Ressourcen, »activated through a more or less extended, more or less mobilizable network of relations that procures a competitive advantage by providing higher returns on investment« (Bourdieu [2000] 2005: 76). Der Begriff der knowledgeability, wie ich ihn in diesem Zusammenhang verwende, ist nicht nur eine Funktion des Grades der formalen Bildung, sondern auch der schon früh im Lebenszyklus »ererbten« kognitiven und nicht-kognitiven Fähigkeiten (vgl. Heckman, Stixrud und Irzua 2006).

der Moralisierung der Märkte und das historisch ebenfalls einmalige Wachstum des Wissens bzw. der Handlungsfähigkeiten (wie ich es nennen möchte) vieler Haushalte in modernen Gesellschaften einzugehen.

Das *Wachstum des Wissens* bezieht sich sowohl auf eine dezidierte Verschiebung der Grenzen der Möglichkeiten als auch auf den umfassenderen Zugang größerer Bevölkerungsschichten zum Wissen. Die Verteilung von und der Zugang zum Wissen eröffnen nicht nur neue technische Möglichkeiten, sondern erweitern und verbessern im Vergleich zu vergangenen Jahrzehnten auch die Handlungsfähigkeiten einer wachsenden Zahl von Akteuren. Das Wachstum des gesellschaftlich objektivierten Wissens verbessert und verändert die Handlungsmöglichkeiten (*agency*), die Entwicklung von horizontalen sozialen Bindungen, von Bedürfnissen, Werten und Interessen der Menschen.

Neue Kontakte, Vorstellungen und Ideen führen zu einer mentalen Neuorientierung sozialen Verhaltens (Albert [1974] 2001: 181). Die erweiterte individuelle und kollektive »Klugheit« oder die gewachsene erworbene Wissenheit (*knowledgeability*)[17] im Sinne einer wachsenden Fähigkeit zu einer selbständig-kritischen und selbstbewussten Lebensgestaltung lässt es als sinnvoll und zwingend erscheinen, nicht mehr nur die Klasse der Produzenten, sondern auch die Schicht der Konsumenten als aktive Agenten zu begreifen, nicht mehr nur als willenlose Gefangene einer Kultur der Abhängigkeit, als passive Opfer der Werbeindustrie oder, wie zuletzt verbreitet, als hilflose Akteure im Angesicht der unüberschaubaren Angebotsvielfalt (*choice overload*; vgl. Nelson 2002). Eine Untersuchung, die es in diesem Zusammenhang wert ist, zitiert zu werden, zeigt etwa, dass *knowledgeability* oder Wissenheit (in diesem Fall als Grad der Schulbildung definiert) in einem positiven Sinn mit der Fähigkeit korreliert, die Zukunft inflationärer Trends richtig vorherzusehen (Krause und Granato 1998), und damit dazu befähigt, das eigene Vermögen effektiver gegen Wertverluste zu schützen. Entscheidend ist aber nicht so sehr die wie auch immer definierte, wachsende Klugheit einzelner Akteure, sondern die Zunahme der Summe klügerer, selbstbewussterer am Markt agierender Menschen.[18]

17 Siehe Fußnote 1 für eine Defintion von Wissenheit.

18 In diesem Zusammenhang ist die Argumentation von C. Christian von Weizsäcker (2005) über die Bedeutung des Aggregats relevanten Wissens der Käufer – im Ge-

Auf der strukturellen Ebene kommt es zudem zu einer asymmetrischen Veränderung in der gesellschaftlichen Macht hin zu relativ kleinen Gruppen von Akteuren und weg von großen gesellschaftlichen Institutionen und Organisationen. Die großen gesellschaftlichen Institutionen werden generell nicht mehr nur als übermächtige, unbeeinflussbare gesellschaftliche Instanzen wahrgenommen (Stehr 2001). Das umfassendere Wissen der Akteure verändert darüber hinaus ihre gegenseitigen Beziehungen (etwa die Chancen und die Bereitschaft zu kooperativen Interaktionen). Das umfassendere Wissen der Gesellschaftsmitglieder und die neuen Einflussmöglichkeiten der Akteure in ihrer Rolle als Konsumenten werden zu relativ geringen Kosten durch das multi-direktionale Informationsmedium Internet gestützt, verstärkt und mitbestimmt. So werden z. B. einst intransparente Produktionsbedingungen und -prozesse zumindest potenziell transparenter und verständlicher – mit entsprechenden Konsequenzen für das Marktverhalten der Akteure (vgl. auch van Bömmel 2003: 41-246).

Der Stellenwert des Wissens in der Produktion und in der Konsumtion nimmt insgesamt zu. Dienstleistungen und Produkte sind zunehmend wissensbasiert. Die Transformation der Wirtschaft in eine wissensbasierte Ökonomie verändert die Beziehungen von Produzenten und Konsumenten zu Produkten und Dienstleistungen.

Schließlich muss betont werden, dass der Konsum oder auch der Verzicht auf den Konsum bestimmter Waren und Dienstleistungen (einschließlich des Konsums von »Kultur«)[19] Information und Wis-

gensatz zu dem Wissen einzelner, isolierter Marktakteure – für das Funktionieren des Wettbewerbs aufschlussreich: Was zählt und ausschlaggebend ist, ist »der Wissensstand des imaginären ›Gesamtkunden‹«. Das dezentralisierte, »imaginäre«, kumulative Wissen von Marktakteuren sollte aber nicht, so würde ich betonen, einfach als Summe der isolierten, individuellen Wissen der Marktteilnehmer verstanden werden.

19 Es überrascht nicht, dass die Definition von »kulturellen Produkten« sowie ihre mögliche Abgrenzung zu »materiellen Waren« und die Art der Austauschprozesse, die angeblich für kulturelle Produkte gelten, in der Literatur äußerst strittig ist; einerseits wird auf die Besonderheit des gesellschaftlichen Umgangs – etwa jenseits des Marktes – solcher Waren verwiesen (Keat 1999), andererseits wird kritisch angemerkt, dass kulturelle Waren, genau wie andere Produkte in modernen Gesellschaften, dem Prozess der harten Kommerzialisierung unterliegen. Die angeführten Differenzen von Waren haben im Kontext dieser Studie keinen besonderen Stellenwert, da hier davon die Rede ist, dass soziokulturelle Intentionen Teil der Produktion und Konsumtion von Waren sind bzw. werden und dass einer Diffe-

sen *über* die Gesellschaft kommuniziert. Die Rolle des Wissens ist nicht einseitig zu verstehen. Die Herkunft, die Organisation der Produktion, die Zusammensetzung, das Aussehen, die Reputation, die Textur, die Farbe und andere Eigenschaften von Waren oder die mit bestimmten Dienstleistungen gemachten Erfahrungen vermitteln Wissen über die Gesellschaft und die Welt. Dieses durch den Konsum vermittelte Wissen hat wiederum Rückwirkungen auf das zukünftige Konsumverhalten und mit ihm auf die Produktion der Eigenschaften von Waren und Dienstleistungen (vgl. Østerberg 1988: 18). Wissen ist auch immer eine Form der Partizipation.

(3) Die soziale *Extension der Märkte* (bzw. ihrer Dynamik) hat einen erheblichen Einfluss auf die Moralisierung der Märkte.[20] Extension verweist, allgemein formuliert, einerseits auf eine Ausweitung oder ein »Wachstum« von Orientierungen, sozialen Beziehungen, sozialen Positionen oder Austauschprozessen und ihre progressive Multiplikation, ihre zunehmende Dichte und Befreiung von Hindernissen – wie z. B. von solchen, die mit der Zeit (etwa Lebenserwartung) oder dem Ort (etwa Umwelt) verbunden sind und die man in früheren Epochen als selbstverständlich ansah – im Verlauf der menschlichen Geschichte. Andererseits betrifft sie die Auflösung oder das Zurücktreten – aber nicht unbedingt im Sinne einer vollständigen Ablösung[21] – von kulturellen Praktiken und strukturellen Figurationen, die mit dem durch den Prozess der Ausweitung entstandenen neuartigen Erwartungen und Verhaltensweisen in Konflikt kommen. Extension und Ausweitung involvieren sowohl intentionales Handeln als auch nicht-intentionale Strategien und Ziele.

Mit der These von der Modernisierung als Extensionsprozess möch-

renzierung von materiellen und kulturellen Produkten damit keine entscheidende Bedeutung zukommt.

20 Ich habe die Modernisierung, aber auch den Globalisierungsprozess als einen Prozess der Extension der Handlungsmöglichkeiten ausführlicher in meiner Studie Arbeit, Eigentum und Wissen (Stehr 1994: 64-69) beschrieben. Im abschließenden Teil der hier vorliegenden Arbeit, der sich mit den Chancen und den zukünftigen Gründen einer Konsolidierung und Ausweitung der Moralisierung der Märkte befasst, werde ich noch ausführlicher auf den Begriff der Extension sozialen Handelns zurückkommen.

21 Alain Touraine ([1984] 1988: 104) betont z. B. im Hinblick auf historisch entscheidende Transformationen der ökonomischen Struktur der Industriegesellschaften: »an industrial society does not give up the benefits acquired through commerce; a postindustrial society does not give up the organization of labor.«

te ich den Eindruck vermeiden, der Modernisierungsprozess sei ein von einem definitiven Mechanismus bestimmter, einseitiger gesellschaftlicher Ablauf, der beispielsweise keine Rückentwicklungen wie etwa die der gesellschaftlichen Dedifferenzierungsprozesse erlaubt.[22] Dies signalisieren die Thesen der funktionalen Differenzierung, Rationalisierung oder der gesellschaftlichen Widersprüche, die zudem, weil sie sich ausschließlich in modernen Gesellschaften manifestieren, häufig als historisch relativ junge, aber auch als nicht-intentionale Vorgänge aufgefasst werden. Dagegen behaupte ich, dass sich die Modernisierung auf multiple und nicht-lineare Prozesse der »Ausweitung« bzw. »Extension« sozialen Handelns, das schon relativ früh in der menschlichen Geschichte einsetzt, bezieht.

Die These von der sozialen Extension umfasst, auf die Entwicklung der Märkte angewandt, sowohl ihre wachsende *Differenzierung*, z. B. die jüngste Entwicklung von sogenannten virtuellen Märkten (Fingar, Kumar und Sharma 1999), als auch ihre substanzielle *Ausweitung* auf soziale Aktivitäten und Dinge, die bisher außerhalb des Marktregimes angesiedelt waren, wie beispielsweise das Gesundheitssystem, Gefängnisse, das Erziehungswesen, die Kirchen, die Umwelt usw., als auch die geographische Ausdehnung der Märkte.

Die wachsende Differenzierung der Märkte bezieht sich darüber hinaus auf die am Markt aktiven sozialen Kategorien von Akteuren. Die Extension der Märkte ermöglicht umfassendere, multiple Ausdrucksformen von Interessen, Werten und Sinngebungen der Marktteilnehmer. Zu den in modernen Gesellschaften am Markt zunehmend stärker vertretenen und einflussreichen Positionen gehören etwa die Akteure, die Pierre Bourdieu ([1979] 1982) als »cultural intermediaries« bezeichnete.

Schließlich dürften die Beschränkungen oder *Grenzen der Ausweitung* der Märkte (die Ursachen dieser Grenzen reichen von staatlichen Geboten, die eine Extension des Marktes be- oder verhindern, bis zur Abwesenheit von Marktteilnehmern, die einen Markt für bestimmte Güter unmöglich macht) Auswirkungen auf den Trend zur Moralisierung der Märkte und deren Eigenschaften haben. Grenzen der Extension von Märkten sind typisch für ökologische Ressourcen

22 Der Informationswissenschaftler Neil Gershenfeld (2005) verweist z. B. auf die partiell schon realisierte Konvergenz von Produktion und Konsum als eine Entwicklung, deren Bedeutung in den kommenden Jahren noch erheblich wachsen dürfte.

wie Luft oder Wasser. Da es aus unterschiedlichen Gründen[23] keine Märkte für natürliche Ressourcen gibt, werden wir vermutlich einen moralischen, politischen und interessensgeleiteten Disput über die ökonomische Verwendung solcher »Güter« führen.

Eine Diskussion der Moralisierung der Märkte kann aber auch Licht auf anscheinend widersprüchliche politische, ökonomische und kulturelle Entwicklungen der viel diskutierten *Globalisierung* werfen. Bestimmte Auslöser und Auswirkungen der Globalisierung, beispielsweise die angebliche kulturelle Homogenisierung der Welt, die Verstärkung des Konsumerismus, die wachsende Bedeutung kulturellen Kapitals, die sich verstärkende politische Abstinenz oder der wachsende Verlust der gesellschaftlichen Bedeutung der Klassenzugehörigkeit, scheinen in den Augen vieler Beobachter, ebenso wie deren entgegengesetzte Entwicklungen, alle in einer bestimmten Beziehung zueinander wie auch zur Globalisierung zu stehen. Allerdings bleibt unklar, wie genau und warum diese Prozesse in reziproken Beziehungen zueinander stehen (vgl. Stehr 2005).

Diese Lücke kann eine Untersuchung der Moralisierung der Märkte zwar nicht hinreichend schließen; dennoch sollte es möglich sein, eine Anzahl von Querverbindungen zwischen Globalisierungsprozessen und dem Wandel der Märkte in modernen Gesellschaften herauszuarbeiten. Zu den für die Moralisierung der Märkte relevanten Veränderungen in der Weltordnung gehören beispielsweise die zunehmend einflussreichen Rollen transnationaler Organisationen wie die der Weltbank, des Internationalen Währungsfonds, der OECD (vgl. Cantell und Ericson 1999), aber auch die politische und ökonomische Integration Europas oder die Gründung der NAFTA und die von diesen Institutionen verabschiedeten und weltweit relevanten Marktregeln und -standards. Die Prozedere, Standards und Restrik-

23 Partha Dasgupta (2001: 107) konkretisiert einige der Hindernisse, die einer Extension der Märkte auf dem Gebiet von natürlichen Ressourcen entgegenstehen: »For many natural resources markets simply do not exist ... Economic activities affected by ecological interactions involving long geographical distances (the effects of uplands deforestation on downstream activities hundred of miles away) form one class of examples. There are also interactions separated by large temporal distances (the effect of carbon emission on climate in the distant future, in a world where forward markets don't exist because future generations are not present today to negotiate with us).« Dazu kommen weitere Gründe, die beispielsweise mit der Tatsache zu tun haben, dass es kein Privateigentum an bestimmten natürlichen Ressourcen gibt.

tionen dieser Institutionen und ihre Bemühungen, Marktzugangschancen zu verändern, sind ihrerseits wiederum häufig Ausdruck der erfolgreichen Einflussnahme sozialer Bewegungen. Veränderungen der Rahmenbedingen des Marktgeschehens lassen sich aber auch unabhängig vom Einfluss sozialer Bewegungen beobachten. Man kann davon ausgehen, dass der Anstoß zum Wandel des Prozedere des Marktes häufig von moralischen Vorstellungen mitbestimmt wird.

Darüber hinaus nimmt die Ausdehnung *existierender Märkte* im Sinne ihres geographischen Umfangs zu.[24] Es trifft sicher zu, dass die Globalisierung kein genuin neues ökonomisches Phänomen ist, dennoch hat moderne Globalisierung einen nicht unerheblichen Einfluss auf die Märkte, und sei es nur in der Form von defensiven (etwa patriotischen) Reaktionen, die der Abwehr der Folgen der Globalisierung dienen sollen und die durch den Staat oder transnationale Organisationen gesetzte Grenzen gegen globale Einflüsse stärken sollen. Die Globalisierungsprozesse und -folgen können widersprüchlicher Natur sein. Sie mögen soziale und kulturelle Beziehungen über Grenzen befördern, aber auch lokale Traditionen und lokale moralische Gemeinschaften stärken (Winter 2003), z. B. im Falle translokaler sozialer Gruppen in unterschiedlichen Gesellschaften (vgl. Velayutham und Wise 2005).

24 Der Verweis auf die räumliche Ausweitung existierender Märkte soll nicht zugleich einen Verweis auf die so genannte Kommerzialisierungsthese beinhalten. Die These einer umfassenden Kommerzialisierung, genauer, der Vorwurf einer wachsenden Kommerzialisierung vielfältiger gesellschaftlicher Beziehungen in modernen Gesellschaften (bspw. der Privatisierung staatlicher Dienstleistungen) unterstellt, dass bisher außerhalb des Marktsystems lokalisierte Prozesse sich zunehmend Marktgesetzen unterwerfen müssen. Eine Ausweitung des Marktes im Sinne einer wachsenden Kommerzialisierung heißt infolgedessen, dass Transaktionen, die bisher nicht-monetärer Art waren, zu monetären Transaktionen werden. Typisch ist, dass die These von der umfassenden Kommerzialisierung sozialer Tatbestände nicht unbedingt in Form einer empirischen Aussage vorgebracht wird, sondern als normative Aussage, und zwar als Verweis auf eine bedauerliche Kolonisierung alltäglicher Transaktionen durch die Marktlogik (wie z. B. des Heirats- oder des Organmarktes). Colin Williams (2004: 440; vgl. auch Williams 2002) verweist demgegenüber auf die Tatsache, dass nicht-entlohnte Arbeit in 20 entwickelten Gesellschaften 44,7 Prozent aller Arbeitsstunden ausmacht (er bezieht sich dabei auf den Gesamtumfang der geleisteten Arbeit anhand von Zeitbudget-Studien); darüber hinaus unterstreicht er, die Veränderung der Arbeitsleistung »from unpaid to the paid sphere has not only stalled over the past 40 years but in some nations, it has even gone into reverse.«

(4) Wie in den vergangenen Jahren vielfach und kontrovers diskutiert, leben wir angeblich in einem Zeitalter der *Deregulierung* bzw. sieht man sich immer wieder mit der durchaus strittigen Behauptung konfrontiert, dass diejenigen, die sich für eine neoliberale Agenda und damit für das Zurückdrängen des Staates aus vielen Lebenszusammenhängen stark machen, anscheinend erfolgreich waren.

Bisher schienen die Deregulierungsmaßnahmen, ob in der Arbeitsmarktpolitik, im Zusammenhang mit der Verringerung der Steuern oder der Rückführung des Wohlfahrtsstaates, in den entwickelten Gesellschaften kaum aufzuhalten zu sein. Dennoch hat sich der Staat keineswegs als Regulierer und Kontrollinstanz aus dem Wirtschaftsleben zurückgezogen. Im Gegenteil, lokale, regionale, nationale und transnationale Regelwerke beherrschen in vielfältiger Weise immer noch und, wie manche meinen, immer stärker die Handlungsbedingungen in der Wirtschaft. Ob man aber aus dieser Tatsache ableiten kann, ein auf sich gestelltes Wirtschaftssystem sei nicht effizient (Stiglitz 2005: 133), ist dagegen eine äußerst strittige Hypothese.

Über den Weg oder Umweg von gesetzgeberischen Regulierungsmaßnahmen, z. B. im Lebensmittelrecht, in der Finanzmarktgesetzgebung, in Wettbewerbsregeln, in Umwelt- und Sicherheitsvorschriften, Berufsgesetzen, Gesundheits- und Hygieneregeln usw., dringen nicht-utilitaristische Momente in den Markt und beeinflussen Kauf- und Produktionsmöglichkeiten sowie die Eigenschaften von Waren und Dienstleistungen.[25] Zusätzlich zu den genannten gesamtgesellschaftlichen Veränderungen kann man auf weitere, für moderne Gesellschaften typische Prozesse und Faktoren verweisen, die die Dynamik sozialer Eigenschaften des Marktes *unmittelbar* betreffen, ohne dass sie als Motor von Marktveränderungen den »Umweg« über den Wandel anderer Institutionen gehen, wie z. B. durch die Rückkoppe-

25 Inwieweit die Extension gesetzlicher Normen und staatlicher Vorschriften nur Ausdruck eines dem Konsumenten prinzipiell zugeschriebenen Defizits an Informationen oder seiner unüberwindlichen Ohnmacht ist und er somit mit Hilfe staatlich sanktionierter Regelwerke vor der eigenen Inkompetenz zu schützen ist, sei dahingestellt. Es gibt auf jeden Fall gewichtige Stimmen unter Ökonomen, die die Funktion staatlicher Eingriffe in das Marktgeschehen genau in diesem Licht interpretieren (Chase und Schlink 1934; Galbraith [1958] 1963; Packard 1960; ablehnend dagegen: Stigler 1961). Auf jeden Fall ist die Macht moderner Konsumenten und ihre unabhängige Fähigkeit, die Folgen ihres Handelns selbst realistisch einzuschätzen, eine nur selten in dieser radikalen Form zum Ausdruck gebrachte Sichtweise auf die Welt des heutigen Konsums.

lung gesellschaftlicher Reaktionen auf ihren wachsenden kollektiven Wohlstand oder ihren ungleich größeren Wissensstand. Ich werde die Beobachtung der Bedeutung weiterer relevanter Prozesse mit dem Verweis auf eine Reihe von Entwicklungen illustrieren, die ich zunächst nur in Thesenform auflisten kann:

(1) Für Veränderungen des Marktes können die materiellen *Erfolge der Marktwirtschaft* selbst verantwortlich sein, d. h., es müssen keine Rückwirkungen über soziale Transformationen in anderen gesellschaftlichen Institutionen erkennbar sein. Beispielsweise kann man eine endogen gesteuerte Interessenveränderung der Konsumenten und Produzenten aufgrund eines kontinuierlich wachsenden Marktertrags erwarten. Es ist zweifellos schwer, das Profitstreben als Motor der wirtschaftlichen Entwicklung zu bestreiten; dennoch kann der wachsende Durchschnittswohlstand in den entwickelten Gesellschaften Mitauslöser einer marktimmanenten normativen Neuorientierung sein und somit einen Beitrag dazu leisten, dass ökonomische Ziele nicht mehr ausschließlich, sofern dies in der Vergangenheit überhaupt der Fall war, hedonistische Ziele sein müssen. Darüber hinaus mögen die Erfolge des Marktsystems dazu beitragen, dass die einstige Vorherrschaft der Angebotsseite am Markt durch das wachsende Gewicht der Nachfrageseite abgelöst wird (vgl. Featherstone 1991; Shields 1992) und dass sich auf diese Weise die Machtstrukturen des Marktes fundamental verändern.

(2) Angebliche systematische *Fehlentwicklungen*, nicht antizipierte Ergebnisse des Marktgeschehens, aber auch das (kriminelle) Fehlverhalten einzelner Marktteilnehmer (wie z. B. die Bilanzskandale im Sommer 2002 in den USA) können für langfristig wirksame Veränderungen im Marktsystem, z. B. im Prozedere, nach dem Austauschprozesse ablaufen, verantwortlich sein. Risiken, die sich aus der Zerbrechlichkeit der Märkte ergeben, z. B. aus den fragilen internationalen Finanzmärkten, führen zu neuartigen Reaktionen und Regeln von Austauschbeziehungen. Änderungen dieser Art werden auch durch Marktexterne bestimmt, indem der Staat oder transnationale Organisationen wie etwa die Europäische Kommission neue Handlungsbedingungen für Transaktionen setzen oder auf andere Weise versuchen, das Marktverhalten und damit mögliche Marktresultate zu disziplinieren und mitzubestimmen. In diesen Kontext gehört auch das Fehlverhalten unterschiedlichster Marktteilnehmer insbesondere auf der Seite der Produzenten von Waren und Dienst-

leistungen, das den Trend zur Moralisierung der Märkte verstärkt und das Kaufverhalten nicht nur temporär, sondern nachhaltig verändern kann.[26]

(3) Signifikante Veränderungen in der für moderne Gesellschaften einstmals typischen *Bevölkerungszusammensetzung* wie auch im Umfang ihrer Bevölkerung – und damit in der demographischen Struktur der typischen Marktteilnehmer – beeinflussen letztlich das Marktverhalten und die moralischen Ansprüche und Erwartungshaltungen aller am Markt aktiven Akteure. Dies gilt auch für signifikante gesellschaftliche Umbruchprozesse in Form einer Verschiebung der quantitativen Bedeutung bestimmter demographischer Gruppen (z. B. ländlich/städtisch, männlich/weiblich, jung/alt). In den entwickelten westlichen Gesellschaften haben sich in den vergangenen Jahrzehnten nicht nur die Durchschnittseinkommen erheblich erhöht, sondern es hat sich auch die Zeit des beruflichen Ruhestandes verfünffacht und der Anteil einer Geburtenkohorte, die das Rentenalter erreicht, in den vergangenen Jahrzehnten versiebenfacht (vergleiche Fogel 1997: 1905). Wie schon erwähnt, gehört zu diesen demographischen Veränderungen schließlich noch die Tatsache, dass sich der Anteil der Wohlhabenden einer Bevölkerung durch die veränderte Altersstruktur der Gesellschaft erhöht. Zu diesen relevanten gesamtgesellschaftlichen Veränderungen gehört aber auch der wachsende Anteil der weiblichen Beschäftigen an der Erwerbsbevölkerung sowie das generell größere gesellschaftliche Gewicht von Frauen in modernen Gesellschaften (vgl. Zelizer 2005b: 333).

Vor dem Hintergrund insbesondere der von mir in diesem Abschnitt beschriebenen gesamtgesellschaftlichen Veränderungen möchte ich in den folgenden Abschnitten genauer prüfen, ob und wie ge-

26 Ein aktuelles Beispiel für den fraglichen Zusammenhang ist die Entdeckung von gefährlichen Farbstoffen (red dye Sudan 1) in einer Vielzahl von Lebensmitteln in England (Ende Februar 2005 hatte sich die Zahl der kontaminierten Lebensmittel auf 575 erhöht). Die fraglichen Farbstoffe gelten als krebserregend (vgl. »Cancer dye crisis spread to 12 EU countries«, The Guardian, 25. Februar 2005). Der Farbstoff befand sich nach britischen Medienangaben in einer Fünf-Tonnen-Ladung Chilipulver aus Indien, die monatelang vom britischen Hersteller Premier Foods zur Erzeugung von Worcestersauce verwendet worden ist. Diese wiederum wurde als Zutat für Hunderte von Produkten, von Suppen bis zur Fertigpizza, verwendet, die an alle großen Supermarktketten in Großbritannien geliefert und laut »Times« in mindestens 15 andere Länder exportiert worden seien (laut dpa vom 25. 2. 2005).

genwärtig eindeutig nicht-ökonomische Motive bzw. moralische Tatsachen zu ökonomischen Motiven mutieren, die dann ihren Niederschlag in Produktionsprozessen und der Zusammensetzung der am Markt nachgefragten und erhältlichen Waren und Dienstleistungen finden und nicht zuletzt auch die Rahmenbedingungen der Tauschprozesse selbst nachhaltig beeinflussen. Im Vordergrund steht natürlich die Frage, inwieweit der von mir beschriebene existenzielle Wandel in modernen Gesellschaften Motor des Wandels der moralischen Logik ökonomischen Verhaltens ist.

Die Tugenden des Marktverhaltens

Eine Moralisierung der Märkte bedeutet, einfach formuliert, dass das Marktverhalten in modernen Gesellschaften nicht mehr vorrangig von den Eigeninteressen der Marktteilnehmer bestimmt und dieser Wandlungsprozess schließlich zu einem sich selbst aktualisierenden und verstärkenden Prozess wird.

Ein solches Verständnis des gegenwärtigen ökonomischen Handelns und seiner ihm dann zugrunde liegenden Motive ist, wie schon betont, strittig. Entweder wird die Möglichkeit einer solchen Entwicklung grundsätzlich in Frage gestellt oder man behauptet kurz und bündig, eine Moralisierung der Märkte sei nicht neu, da es in der Praxis wohl kaum jemals ein ökonomisches System auf der Basis rein individuell geprägter Handlungspräferenzen gegeben habe (z. B. Wilber 1986).

Ich möchte diese Zweifel an der Realitätskonformität eines reinen ökonomischen Systems zumindest vorläufig beiseite lassen, um dieses theoretische und idealtypische Modell und seine Entstehung genauer charakterisieren zu können. Folgt man dem verbreiteten, akzeptierten und damit theoretisch einflussreichen Modell ökonomischen Handelns, so ist eine Moralisierung der Märkte undenkbar.

Ein ökonomisches System ganz anderer Art wird von Karl Polanyi (1886-1964) in seiner Studie *The Great Transformation* – auf die ich näher eingehen werde – überzeugend dargestellt. Polanyi bezieht sich in seiner von Ökonomen weitgehend vernachlässigten Arbeit auf von Bronislaw Malinowski (1930) und Richard Thurnwald (1932) gesammelte ethnographische Beobachtungen (vgl. North 1977). Polanyi ([1944] 1978: 76-77) betont, dass die ökonomischen Beziehungen früherer Zivilisationen vom Fehlen »des Gewinnstrebens, dem Fehlen des Prinzips von Arbeit gegen Entlohnung, dem Fehlen des Prinzips des geringsten Aufwands und insbesondere dem Fehlen jeglicher separaten und spezifischen, auf wirtschaftlichen Motivationen beruhenden Institutionen« gekennzeichnet waren.

Die von Polanyi ([1944] 1978: 75) hervorgehobene Charakterisierung ökonomischer Beziehungen in archaischen Wirtschaftssystemen, die noch relativ undifferenziert operieren und somit sehr viel enger in die allgemeinen gesellschaftlichen Handlungsumstände eingebettet sind, geht davon aus, dass in diesem Kontext das Handeln des Individuums »nicht der Sicherung seines individuellen Interesses an materiellem Besitz, sondern der Sicherung seines gesellschaftlichen Ranges, seiner gesellschaftlichen Ansprüche und seiner gesellschaftlichen Wertvorstellungen [gilt]. Er schätzt materielle Güter nur insoweit, als sie diesem Zweck dienen.«

Eine Moralisierung der Märkte in modernen Gesellschaften mag deshalb, analog zu archaischen Wirtschaftsformen, auf eine »Erneuerung« vormarktlicher Handlungsbedingungen und Präferenzen hinauslaufen, die dann zur wesentlichen Eigenschaft moderner Märkte werden können. Allerdings ist kaum zu erwarten, dass alle von Polanyi beschriebenen Merkmale vormarktlicher Sozialbeziehungen eine Neuauflage in modernen Gesellschaften erfahren werden.

Das reproduktive und distributive System früherer Gesellschaften – sein Einfluss verschwindet mit dem Zerfall der feudalen europäischen Herrschaftsbedingungen – basiert auf den Prinzipien der *Reziprozität*, *Redistribution* und *Haushaltung* oder einer wie auch immer gearteten Kombination der drei Handlungsmuster sowie einer Vielzahl von durch Individuen repräsentierten Motiven. Was aber fehlt, ist das Motiv des privaten Gewinnstrebens, bzw. es spielt in archaischen Gesellschaften allenfalls eine untergeordnete Rolle.

Ich bin nicht der Ansicht, dass der Trend zur Moralisierung der Märkte in modernen Gesellschaften so etwas wie eine »Rückkehr« zu einem Zeitalter der Ethik bedeutet. Sofern überhaupt zutrifft, dass es ein Zeitalter der Ethik jemals gab, ist eine Generalisierung dieser Art zu undifferenziert und unhistorisch. Eine generelle Renaissance der Ethik müsste heißen, dass sie alle sozialen Schichten und Gruppen der Gesellschaft in einer Art »linearer« Transformation der Werte in gleichem Maß erfasst. Das ist sicher nicht der Fall. Außerdem müsste man fragen, welche Beweggründe oder Voraussetzungen es geben mag, die zu einem allgemein wachsenden gesellschaftlichen Stellenwert der Ethik in der Gesellschaft führen. Wenn es denn eine Renaissance der Ethik, der bewussten Reflexion und der bewussten Umsetzung der als normativ richtig erkannten Handlungsmaximen geben mag, dann sind dafür die oben angeführten gesamtgesellschaftlichen Prozesse mitverantwortlich. Allerdings handelt es sich um gesellschaftliche Prozesse, die nicht unbedingt auf eine generelle Rückkehr der Ethik deuten, sondern allenfalls auf einen veränderten Stellenwert moralischen Handelns in bestimmten sozialen Milieus und nicht in der Gesamtgesellschaft.

Allerdings kann das Verhalten auch numerisch kleiner sozialer Schichten in modernen Gesellschaften auf längere Sicht wie das von Multiplikatoren wirken, einschließlich der globalen Verbreitung der von ihnen angestoßenen Trends, die dann das Konsumverhalten, die Produktionsregime, die technische Entwicklung und Handlungsbedingungen am Markt wesentlich größerer sozialer Schichten von Konsumenten und Gruppen von Produzenten zumindest mitbestimmen, wenn nicht sogar dominieren. Ich unterstelle, dass genau dies in dem Trend zu einer Moralisierung der Märkte eine gewichtige Rolle spielen wird.[27]

Es ist ein empirisch gut abgesicherter makroökonomischer Befund, dass der Umfang der persönlichen Konsumausgaben mit wachsendem Wohlstand (in Ländern wie Kanada, Großbritannien, den USA oder Japan) ansteigt.[28] In den Vereinigten Staaten z. B. steigen die individuellen Konsumausgaben zwischen zwei und drei Cent für jeden Dollar Vermögenszuwachs. Umgekehrt gilt auch, dass ein Rückgang der Vermögenswerte mit einem Rückgang der Konsumausgaben der Haushalte verbunden ist. Die Veränderungen der Konsumausgaben

27 Vgl. in diesem Zusammenhang Ruth Schwartz Cowans (1987) Essay zur gegenseitigen Koppelung von sozialen Beziehungen, insbesondere der sich in bestimmten Konsumtionsmustern manifestierenden Sozialbeziehungen mit technologischen Entwicklungen.

28 Dieser Befund gilt nicht in diesem Maß für die zentraleuropäischen Länder. Die Bedeutung des (direkten oder indirekten) Aktienbesitzes eines durchschnittlichen Haushalts in Zentraleuropa ist im Vergleich zu Ländern wie Kanada, den USA oder Großbritannien gering. Der gemessene »Wohlstandseffekt« in den 90er-Jahren bis Anfang 2000 war in den USA und in den anderen Ländern vor allem Resultat der stark gestiegenen Börsenwerte. Der Rückgang in den Vermögenswerten war ebenfalls Ergebnis von Börsenbewegungen.

in Relation zum Vermögen sind die eine Seite, die andere Seite der Dynamik der Konsumausgaben wird wohl von eher subjektiven Befindlichkeiten bestimmt, z. B. vom sich ändernden Vertrauen in die zukünftige Wirtschaftsentwicklung, insbesondere durch die Arbeitsmarktlage bzw. unmittelbarer durch einen Anstieg/Verfall des Zinsniveaus (vgl. Bertaut 2002: 1).

Allerdings kann man aus diesen empirisch zuverlässig nachweisbaren Erkenntnissen einer Koppelung der Konsumausgaben der Haushalte an den sich verändernden Wohlstand keineswegs einen Trend zu einer Moralisierung der Märkte ableiten, und sei es in Zeiten guter wirtschaftlicher Bedingungen oder in Zeiten des Rückgangs. Um einen solchen Trend bestimmen zu können, muss zunächst der Begriff der Moralisierung der Märkte diskutiert werden. Dass dies keine einfache Aufgabe ist, erklärt sich von selbst. Der Begriff der »Moral« ist ein äußerst strittiger Begriff mit einer langen, wechselhaften Geschichte, in deren Verlauf er sich immer wieder in unterschiedliche Richtungen entwickelt hat. Dennoch sollte man sich dieser Aufgabe trotz der inhärenten Schwierigkeiten erneut stellen. Es ist schon deshalb notwendig, den Begriff der *Moralisierung* der Märkte näher einzukreisen, um sich nicht mit der Diagnose seiner prinzipiellen Strittigkeit zufrieden zu geben. Eine Klärung des Begriffs Moralisierung der Märkte soll im folgenden Abschnitt geschehen.

Der Begriff der Moralisierung der Märkte

> How selfish soever man may be supposed, there are evidently some principles in his nature, which interest him in the fortune of others, and render their happiness necessary to him, though he derives nothing from it except the pleasure of seeing it.
>
> Adam Smith ([1777] 2002: 1)

Es gibt kaum einen Begriff, der umstrittener ist als der der Moral oder der des moralischen Handelns. Diese prinzipielle Strittigkeit gilt auch für jede Diskussion, die sich mit den Grundlagen der Möglichkeit moralischen Verhaltens auseinandersetzt. Ich kann an dieser Stelle weder die umfassende begriffsgeschichtliche Debatte noch die vielfältigen konkurrienden Theorien der Möglichkeit moralischen Handelns rezipieren (wie z. B. die des *Utilitarismus*, *Liberalis-*

mus oder *Egalitarismus*). Ich muss mich auf dem Weg zu einer Einkreisung des Begriffs der Moralisierung der Märkte auf eine heuristische Abkürzung beschränken.

Moralphilosophische Probleme wie die qualitative Unterscheidung moralischen Handelns vom Handeln, das die Befriedigung bestimmter *Wünsche* oder *Präferenzen* zum Ziel hat, die Abwägung moralischer *Überzeugungen* gegen nicht-moralische *Vorlieben*, der Versuch der Trennung des Strebens nach Befriedigung lebensnotwendiger *Bedürfnisse* von moralischem Verhalten oder der Suche nach *universellen moralischen Codes* oder einer Pluralität von Motiven sind nur ein bescheidener Ausschnitt der in einem solchen Zusammenhang kontrovers diskutierten Themen (vgl. Fleurbaey 2004). Ich werde mich folglich bei meiner Bestimmung des Konzepts der Moralisierung der Märkte nicht von traditionellen, abstrakten moralphilosophischen Prämissen und miteinander im Wettbewerb stehenden Positionen leiten lassen.

Ich möchte meine Umschreibung des Begriffs der Moralisierung der Märkte demgegenüber mit der moralphilosophisch vereinfachenden Feststellung beginnen, dass ich eine radikale Trennung von moralischen oder ökonomischen *Intentionen* bzw. Urteilen über die *Folgen* wirtschaftlichen Handelns, die sich ausschließlich an ökonomische oder ethische Kategorien halten, für kurzsichtig halte.

Eine Mischung von moralischen und wirtschaftlich-materiell bestimmten Handlungsvorgaben und Bewertungen von Handlungsfolgen lassen sich in einer Analyse der gesellschaftlichen Dynamik moderner Märkte, d. h. einer Betrachtung der Märkte, die sich nicht von vornherein von gesamtgesellschaftlichen Veränderungen abkoppelt, kaum vermeiden (vgl. Khalil 1997). Soziales Handeln impliziert immer abgelehnte Optionen und somit Kosten, sei es als Resultat bewusster Entscheidungen oder als Folge nicht-gewollter Konsequenzen absichtvollen Handelns. Allerdings bleibt die genaue Verbindung der Gründe des Handelns und beabsichtigter, nicht-intendierter bzw. tatsächlicher Folgen immer ambivalent, unsicher und kaum definitiv bilanzierbar.

Eine Kompartmentalisierung moralisch verstandener und materieller Handlungsdimensionen ist in der Praxis nur sehr schwer vorstell- oder gar durchsetzbar. Unvorstellbar ist auch, dass Entstehung, Verbreitung und Transformation moralischen Handelns sozusagen aus dem Nichts auftauchen, dass moralisches Handeln kein soziales Substrat besitzt oder sich, wenn überhaupt, in einer Art gesellschaftlichem Vakuum verändert.

Mit den von mir vorrangig betonten gesamtgesellschaftlichen Veränderungen als Motor der Moralisierung der Märkte möchte ich deshalb unterstreichen, dass man die strittige Frage, wie und ob Wirtschaftswissenschaften und Ethik in einer bestimmten Relation zueinander stehen oder etwa unabhängige Diskursformen repräsentieren, nicht losgelöst von tatsächlichen Veränderungen des ökonomischen Systems und der Gesellschaft analysieren kann – zumindest nicht zufriedenstellend (Titmuss 1970; Hirsch 1978).

Bevor ich jedoch versuche, den Begriff der Moralisierung der Märkte näher zu bestimmen, möchte ich auf einige *gesellschaftliche* Trends und Interpretationsmöglichkeiten verweisen, von denen man sehr wohl annehmen kann, dass sie mit dem Konzept der Moralisierung der Märkte in Zusammenhang stehen können. Ich habe aber *nicht* die Absicht, diese Überlegungen in meine Kennzeichnung der Metapher der Moralisierung der Märkte aufzunehmen.

So lebt meine These von der Moralisierung der Märkte nicht von dem häufig beobachteten Widerspruch zwischen dem modellbestimmten und dem tatsächlichen Verhalten von Marktteilnehmern. Das gängige Modell des wirtschaftlichen Verhaltens beschreibt sowohl individuelle Marktteilnehmer – den Verbraucher, den Investor, den Produzenten, den Arbeiter, etc. – als auch kollektive Akteure als rational, bewusst handelnd, zukunftsorientiert, gut informiert, frei von Impulsivität, findig, zielorientiert und fähig, eine Bedürfnisbefriedung aufzuschieben.

Kurz, der typische Marktteilnehmer des neoklassischen Modells handelt, wie ich nicht ausführlicher darstellen werde, mit einem stark verengten, einem einer »*tunnel vision*« vergleichbaren Bewusstsein (vgl. Seabright 2004: 11-26). Insofern sich in der Realität nur wenige, wenn überhaupt irgendwelche Individuen und korporative Akteure finden lassen, die diesem Bild des sicheren, wohl informierten Wählers am Markt entsprechen (vgl. Ameriks, Caplin und Leahy 2004), könnte man natürlich schließen, schon damit sei der signifikante, obwohl nur indirekte Beweis erbracht, dass es einen nicht unerheblichen Einfluss von moralischen Handlungsmotiven und deshalb ein moralisches Verhalten an tatsächlich existierenden Märkten geben muss.

Aber eine solche Schlussfolgerung wäre zu einfach und vorschnell.

Der Schluss, der aus einer Spaltung zwischen Modell- und tatsächlich beobachtbarem Verhalten folgen würde, mag die Vorstellung stützen, dass Marktteilnehmer ein insgesamt sehr viel komplexeres Verhalten an den Tag legen, als es das Modell zu erlauben scheint. Zur Verteidigung des herkömmlichen Modells des Marktverhaltens wird dann aber argumentiert, der in der Praxis beobachtbare Mangel an vielen idealisierten Eigenschaften zeige lediglich, dass die Marktteilnehmer tatsächlich nicht so rational seien, wie sie nun einmal in den Modellen der Ökonomen porträtiert werden.[29] Ein Abweichen vom erwarteten Verhalten bedeutet weder, so die Argumentationskette, dass es sich um ein irrationales, noch, dass es sich um ein irgendwie moralisch bestimmtes Verhalten handelt.

Darüber hinaus verbinde ich mit der These von der Moralisierung der Märkte in der modernen Gesellschaft nicht die Forderung, dass Konsumenten ihren Konsum freiwillig beschränken sollten. Forderungen dieser Art sind Ziel von zivilgesellschaftlichen Bewegungen, die unter anderem unter dem Vorzeichen der »freiwilligen Einfachheit« antreten (Paehlke 1989). Die für dieses Ziel Partei ergreifenden Personen entscheiden sich aus freien Stücken, »to limit expenditures on consumer goods and services and to cultivate non-materialistic sources of satisfaction and meaning« (Etzioni 2004: 408). Ich schließe Motive dieser Art aus meinen Betrachtungen nicht völlig aus, habe allerdings nicht den Eindruck, dass das Ziel eines freiwillig gewählten, einfachen Lebens oder Konsumierens die zentralen, gesellschaftlich relevanten Trends zu einer Moralisierung der Märkte besonders gut trifft.

Dagegen sensibilisiert die theoretische Prämisse der notwendigen Koppelung von Reflexionen über gesellschaftliche Veränderungen und (moralisch bestimmtes) Marktverhalten den Beobachter z. B. für das Nebeneinander von gesellschaftlichen Prozessen und Trends (*Gleichzeitigkeit des Ungleichzeitigen*), die einerseits einer Moralisie-

29 Juliet Schor (1999) interpretiert die empirischen Erkenntnisse über den Widerspruch zwischen tatsächlichem Marktverhalten und den aus ökonomischen Modellen abgeleiteten Verhaltensweisen von Konsumenten wie folgt: »There is a significant dimension of consumer desire which operates at the non-rational level. Consumers believe their brand loyalties are driven by functional dimensions, but a whole host of other motivators are at work – for example, social meanings as constructed by advertisers; personal fantasies projected into goods; competitive pressures.«

rung des Marktes trotzen, andererseits den Trend zur Moralisierung der Märkte mitbestimmen und bestärken, zumindest innerhalb spezieller Abschnitte des Gesamtmarktes. Diese Prämissen gelten für einen Ausschnitt, nicht aber für den Gesamtkatalog der *Produkte und Dienstleistungen*, die zudem nicht von allen Marktteilnehmern in gleichem Maß nachvollzogen und bestärkt werden.

Weder Märkte noch Marktteilnehmer sind homogen. Letztere unterscheiden sich nicht nur anhand der Geldbeträge, die sie ausgeben können. Wir treffen auf höchst unterschiedliche Akteure, die sich nicht unbedingt konsistent verhalten. Die Markteilnehmer interpretieren am Markt erhältliche Dienstleistungen und Waren auf die unterschiedlichste Art und Weise. Weder entwickeln sich am Markt beobachtbare Trends nur in eine Richtung – gegensätzliche Veränderungen sind durchaus an der Tagesordnung –, noch kann man einfach unterstellen, dass der Markt, insbesondere ein im Umfang ständig sich erweiternder Markt, eine homogene Gesellschaft produziert (vgl. Baudrillard [1970] 1988: 76-77).

Die Moralisierung der Märkte manifestiert sich auch nicht ausschließlich in Änderungen des Verhaltens und der Orientierungen der Marktteilnehmer, sondern *insbesondere* in den an Märkten gehandelten Produkten und Dienstleistungen; d. h., die Moralisierung der Märkte bezieht sich nicht nur auf Produkte und Dienstleistungen, nachdem diese gefertigt worden sind und am Markt auftauchen, sondern sie beeinflusst ganz unmittelbar die Art und Konstitution der angebotenen Waren und Dienstleistungen (vgl. Wallendorf und Arnould 1988; Weatherhill 1993: 211; Bourdieu 2001: 262 f.; Aggarwal und Law 2005).[30]

Eine Art »*Culturalization*« (d. h. eine Koppelung von kulturellen, verpflichtenden Orientierungen und am Markt gehandelten Sachen und Dienstleistungen) wird zu einem kennzeichnenden Merkmal und zur Eigenschaft der Produktions- und Konsumtionsprozesse und schließlich auch der am Markt geltenden Prozedere. Produzenten von Waren und Waren selbst werden somit nicht nur zu Transmissionsriemen von kulturellen Orientierungen, sondern auch zu kulturellen Akteuren (vgl. auch Priddat 2000: 138).

30 Einige Waren haben schon immer moralische Eigenschaften gehabt und werden gekauft, weil sie einen bestimmten moralischen Gehalt symbolisieren. Diese Tatsache trifft beispielsweise auf Literaturprodukte und andere ästhetische Medien zu (vgl. Priddat 1996).

Der Anthropologe Orvar Löfgren (2003: 244) charakterisiert die typischen Eigenschaften der »neuen Ökonomie« in den ausgehenden Jahrzehnten des vergangenen Jahrhunderts und beschreibt die sie kennzeichnenden Bemühungen als »devoted not only to producing material commodities and services but also to producing atmosphere, symbols, images, icons, auras, experiences and events«. Der Prozess der *culturalization* manifestiert sich immer dann, wenn eine kulturelle Tradition zu einer Marke mutiert, »when a city is turned into an event, a commodity into an experience, a way of life into a style, ethics into icons, or everyday life into a design« (Löfgren 2003: 244). Löfgren (2003: 244) verweist darauf, dass sich die *culturalization* der Welt des Marktes außerdem auf Bemühungen erstreckt, »to give tangible and concrete forms or manifestations to exclusive qualities, and also to find new ways of thinking the unthinkable, reaching the unreachable, selling the unsaleable«. Es überrascht deshalb nicht, dass sich die Moralisierung der Märkte auch im *Ruf* eines Unternehmens und seiner Produkte manifestiert.[31]

Eine Konzeption der Moralisierung der Märkte sollte demzufolge auf diese Prozesse der »Einbettung« sowohl von Orientierungen als auch von Ängsten in neuartige Produkte und Dienstleistungen, auf die verpflichtenden Prozedere sowie die Reputation von Firmen verweisen und damit auf eine verbreitete *culturalization* des Marktgeschehens, der Marktstrukturen und Marktentscheidungen sowohl der Konsumenten als auch der Produzenten.

Die Moralisierung der Märkte spielt sich demnach zu einem nicht unerheblichen Teil hinter dem Rücken der Konsumenten ab, denn die Entscheidungen der Marktteilnehmer haben, sofern die Moralisierung ein unverrückbarer Teil der Produkte und der Rahmenbedingungen des Marktkontextes wird, in einem solchen Fall zumindest *nachgelagert* keine entscheidende Bedeutung mehr. Man kann letztlich nur noch *Produkte moralischen Gehalts* erwerben.

Produzenten und Konsumenten wären auch ohne die Intention, sich moralisch zu verhalten, indem sie etwa einen Beitrag zum »moralischen Wachstum« der Wirtschaft leisten wollen, Verstärker oder Selbstläufer des Trends zur Moralisierung der Märkte.[32] Der verpflich-

31 Aus der begrenzten Warte einer Firma kann die moralische Reputation einzelner ihrer Produkte oder einer Palette ihrer Waren sowohl im positiven als auch im negativen Sinne insgesamt auf die Reputation des Unternehmens ausstrahlen.

32 Der Begriff des moralischen Wachstums der Wirtschaft wird z. B. von Joseph Sti-

tende Charakter gesellschaftlicher Normen bleibt auf diese Weise nicht äußerlich, er wird individuell internalisiert und steuert darüber hinaus das zukünftige Marktverhalten der Akteure. Der Markt wird somit zur Quelle moralischer Normsetzung und verstärkt die gesellschaftliche Bedeutung der fraglichen Normen. In diesem Sinne könnte man auch in Abwandlung des Veblen'schen Begriffs des Geltungskonsums von einem Geltungskonsum von Waren und Dienstleistungen mit »moralischen Attributen oder Inhalten« sprechen.

Löfgrens Perspektive der *culturalization* versteht sich nicht zuletzt als Kritik des Marktes in modernen Gesellschaften, eines Marktes, der von bestimmten, mächtigen Klassen von Akteuren bevölkert wird: von Produzenten und ihren Agenten, welche den Konsumenten erfolgreich manipulieren, indem sie ihre Produkte und Dienstleitungen geschickt verpacken, um etwa einem bestimmten Zeitgeist Rechnung zu tragen. Es gibt kaum einen Zweifel daran, wer nach Löfgren die Macht am Markt besitzt, wer für die Trivialisierung und Routinisierung der Marktbeziehungen im eigenen Interesse verantwortlich ist und die flüchtigen Ideen des Zeitgeistes für sich ausbeutet.

Der in dieser Studie verwendete Begriff der Moralisierung der Märkte impliziert weder ein Vorurteil über die am Markt beobachtbare Verteilung der Herrschafts- und Machtbeziehungen, noch schließt dieser Begriff die Möglichkeit aus, dass es massive Ängste, vage Bedenken und ambivalente, zukünftige Risikoabwägungen der Akteure – und nicht die unmittelbar wahrnehmbaren, manifest intendierten Folgen des Handelns der Marktteilnehmer – sind, die zum eigentlichen Motor der Dynamik der Marktes werden.

Ein Trend zur Moralisierung der Märkte impliziert, dass die ökonomischen Akteure Mittel verwenden bzw. Ziele verfolgen, die aus der Sicht oder nach dem Kalkül einer materiellen Maximierung genau solche Wege oder Resultate nicht erreichen. Eine Moralisierung der Märkte involviert *komparative Urteile*. Die Moralisierung der Märkte soll weiter heißen, dass die Entscheidungen anderer Akteure, die im Verlauf einer Kette von Entscheidungen auf einem oft langen Weg von schließlich marktreifen Produkten und Dienstleistungen getroffen wurden und womöglich in am Markt vorhandene Produkte

glitz (2005) verwendet. Er versteht darunter ein Wirtschaftswachstum, das nicht nur nachhaltig ist und somit unseren Lebensstandard heute und für zukünftige Generationen sichert, sondern auch zu einer toleranteren Gesellschaftsform führt.

eingebettet sind, nicht rückgängig gemacht werden können. Infolgedessen werden auch fremdbestimmte Entscheidungen über entgangenen Nutzen oder Vorteil – etwa im Sinne einer Verbesserung des materiellen Status – in Kauf genommen. Zumindest werden so fremdbestimmte moralische Entscheidungen einfach Element der Nützlichkeitsfunktion (Khalil 1997: 493).

Jede Entscheidung am Markt involviert eine Wahl. Die *primäre* (d. h. nicht die oben beschriebene) Wahl im Kontext einer Moralisierung der Märkte involviert die Bereitschaft, bestimmte Kosten auf sich zu nehmen, die im Vergleich zu vorrangig materiellen oder ökonomischen Mitteln und Zielen einen ökonomischen Verlust bedeuten (vgl. de Jonge 2005: 123) und die Bereitschaft des Akteurs implizieren, »to put community interests ahead of one's own at least some of the time« (Frank 2004a: 57).

Da man aber immer von einer *Kette* und Verkettung von Entscheidungen ausgehen muss, ist die Moralisierung der Märkte – und dies möglicherweise in wachsendem Maße und insbesondere im Fall von Entscheidungen, die unlösbarer Teil von Produkten und Dienstleistungen werden – eine Frage des Konsumenten- und Produzentenverhaltens, das durch die Realitäten des Marktes regelrecht erzwungen wurde. Die Entscheidungen stützen somit oft völlig unbeabsichtigt den Trend zur Moralisierung der Märkte, obwohl einzelne Konsumenten und Produzenten mit dieser Entwicklung nicht explizit einverstanden sein müssen. Kurz, die Wünsche, die Ideen oder aber auch die innovative Kraft des Nutzers (Konsumenten) werden zu einem wichtigen Bestandteil neuer, am Markt vorhandener Produkte und Dienstleitungen (vgl. von Hippel 2005) und der sich entwickelnden Rahmenbedingungen moderner Tauschprozesse. Mein Versuch, den Begriff der Moralisierung der Märkte näher zu bestimmen, verweist darauf, dass das, was man einst als gemeinsame Interessen und Handlungsmaximen begreifen mag, auf der Möglichkeit nicht intendierter Folgen absichtsvollen Handelns beruht. Die emergenten Handlungsmaximen werden durch einen bestimmten gesamtgesellschaftlichen, soziostrukturellen Wandel gestützt. Die Entwicklung zu einer Moralisierung der Märkte handelt demnach nicht unbedingt ausschließlich von der erfolgreichen Exekution bewusst reflektierter Marktentscheidungen einzelner Produzenten und Konsumenten. Die Märkte sind selbstverständlich nicht nur von Menschen bevölkert, die bewusst *Verantwortung* jenseits ihrer unmittelbaren Eigeninteressen übernehmen, sondern auch von Verbrauchern, Produzenten und Distributoren, die durch die »Logik« des Marktes gezwungen werden, sich verantwortlich zu verhalten.

Soweit ich Khalil (1997) verstehe, schlägt er in der Tradition der neoklassischen Sichtweise genau diese Lösung der Differenz von materiellen Interessen und moralischen Verpflichtungen in marktrelevanten Handlungszusammenhängen aus der Perspektive aktiver *individueller* Akteure vor. Khalil betont zwar immer wieder, dass eine strikte Trennung oder Unabhängigkeit von Interessen und »Wohlwollen« problematisch ist. Um die Dichotomie von Interessen und Verpflichtungen zu überwinden, schlägt Khalil vor, dass sich Verpflichtungen und Interessen auf der gleichen Nützlichkeitsebene lokalisieren lassen und das Wohlwollen eine Art Nebenprodukt des Bemühens der Akteure ist, Interessen zu realisieren.

Die angebotene Lösung konzentriert sich auf von aktiven Individuen hier und jetzt bewusst getroffene Entscheidungen. In diesen Entscheidungen treffen sich Interessen und Wohlwollen. Der Markt ist in diesem Argumentationszusammenhang zwar kein kulturfreier Raum, aber immer noch ein Kontext, der weitgehend frei ist von Geschichte und Gesellschaft.

Wie Khalil (1999: 501) betont, ist die Entscheidungen treffende *Person* »constantly pulled in different directions by competing ethical commitments and economic interests toward different constituencies.« Infolgedessen sollte man eine »materielle« Handlung wie den Austausch von Waren zwischen zwei eigenständig motivierten Personen auch als eine Form der Interaktion verstehen, in der bestimmte moralische Überlegungen ihren Ausdruck finden (Khalil 1999: 501); zumal selbst ein einfacher Tauschvorgang einen gegenseitigen Vertrauensvorschuss als unablösbaren Teil der sozialen Beziehung beinhaltet.

Im Gegensatz zu Khalils individualistischem Ansatz soll nochmals betont werden, dass die Moralisierung der Märkte mehr ist als das Ergebnis der unablässigen und bewussten Entscheidungen einzelner Akteure: Staatliche Regeln und Sanktionen verbieten beispielsweise die Produktion bestimmter Waren, untersagen bestimmte Produktionsprozesse und die Teilnahme bestimmter Personengruppen an der Produktion oder beschränken die Einfuhr von bestimmten für den Konsum vorgesehenen Produkten. Die Entstehung und Ausgestaltung solcher Vorschriften verstehen sich keineswegs als Resultate von Überlegungen, die dem Konsumenten einen Zugang zu den preiswertesten Kategorien einer Ware oder einer Warengruppe sicherstellen sollen. Ursprung und Legitimation restriktiver Vorschriften, die unmittelbar in den Marktmechanismus eingreifen, können sich in der Regel auf ein breites Spektrum von Gründen berufen, die allerdings – und dies ist völlig legitim – in der Regel »politische« Eltern haben.

Dennoch kann man wohl davon ausgehen, dass moralische Bedenken, Verweise und Verpflichtungen zu den wichtigsten Legitimationsgrundlagen für Markteingriffe, für restriktive Vorschriften, Verbote und Regeln gehören dürften. Regeln dieser Art kann man zwar im ökonomischen Sinn als generelle Transaktionskosten bezeichnen, die von allen Marktteilnehmern getragen werden müssen. Es bleibt aber nicht aus, dass moralische Bedenken und Beweggründe Teil der gehandelten Produkte, Dienstleistungen und auch Handlungsumstände werden, mit denen die Marktakteure zu rechnen haben. Allerdings sind diese vitalen moralischen Gesichtspunkte alsbald unablösbarer Teil von Produkten und Dienstleistungen, die für große Teile der Marktteilnehmer unsichtbar bleiben, aber dennoch das Marktgeschehen in signifikanter Weise verändern.

Robert Merton (1957: 27-29, 35-38) erkennt einen parallelen Prozess in der Wissenschaft: Wissenschaftliche Erkenntnisse werden durch ihre Aufnahme in den Kanon der Wissenschaftsgeschichte (*obliteration by incorporation*) unkenntlich als solche Ideen und Entdeckungen.[33] Dieser formale Prozess übt auch im Fall der Moralisierung der Märkte eine entscheidende Funktion aus.

33 Im Vorwort zu einer Arbeit von Eugene Garfield, »Citation Indexing – Its Theory and Application in Science, Technology, and Humanities«, beschreibt Merton (‹http://www.garfield.library.upenn.edu/cifwd.html›) das Phänomen des Unkenntlichwerdens genauer: »Certain patterns of referencing behavior would seem to set limits on the use of citation counts for tracing the long-term genealogy of ideas. One of these patterns has been described as ›obliteration by incorporation‹: the obliteration of the source of ideas, methods, or findings by their incorporation in currently accepted knowledge. In the course of this hypothesized process, the number of explicit references to the original work declines in the papers and books making use of it. Users and consequently transmitters of that knowledge are so thoroughly familiar with its origins that they assume this to be true of their readers as well. Preferring not to insult their readers' knowledgeability, they no longer refer to the original source. And since many of us tend to attribute a significant idea or formulation to the author who introduced us to it, the altogether innocent trans-

Teil 2. Die Genealogie des Marktes: Warum gibt es Märkte?

> Nicht vom Wohlwollen des Metzgers, Brauers und Bäckers erwarten wir das, was wir zum Essen brauchen, sondern davon, daß sie ihre eigenen Interessen wahrnehmen. Wir wenden uns nicht an ihre Menschen- sondern an ihre Eigenliebe, und wir erwähnen nicht die eigenen Bedürfnisse, sondern sprechen von ihrem Vorteil.
>
> Adam Smith ([1776] 1978: 13)

In seiner von Ökonomen oft zitierten klassischen Synopsis seiner Philosophie verweist Adam Smith auf anscheinend strikt gegensätzliche Motive, die Transaktionen zwischen Akteuren regeln können: *Wohlwollen* bzw. *Eigeninteresse.* Ich werde hier vertiefen, was ich im vorangehenden Abschnitt umrissen habe: dass der Unterschied zwischen den Motiven Wohlwollen und Eigeninteresse in *ökonomischen* Handlungszusammenhängen nicht unbedingt festgeschrieben ist.

Der Marktbegriff ist zwar die primäre, angebliche neutrale *Erklärungs*grundlage der Ökonomie; aber trotz der angeblichen normativen und politischen Neutralität des Marktbegriffs finden sich in vielen Diskussionen (auch in der Ökonomie) immer wieder Verweise auf den gesellschaftlichen Stellenwert des Marktes, die nicht selten mit großer polemischer Anstrengung und politischer Überzeugungskraft vorgetragen werden. Daran hat auch das Ende des Kalten Krieges kaum etwas geändert.

Eine kurze Darstellung unterschiedlicher Ansätze der »Natur« des Marktes ist hilfreich, um eine Moralisierung des Marktes in modernen Gesellschaften besser zu verstehen. Dies gilt auch für eine Diskussion der begrifflichen Evolution des Marktkonzepts, obwohl Ökonomen bisher kaum Interesse an der eigentlichen Geschichte dieses Begriffes gezeigt haben (Barber 1995).

mitter sometimes becomes identified as the originator. In the successive transmission of ideas, repeated use may erase all but the immediately antecedent versions, thus producing an historical palimpsest in which the source of those ideas is obliterated.«

Die sozialen Ursprünge des Marktes

> Die intensive Expansion der Tauschbeziehungen geht überall parallel mit einer relativen Befriedung. Die Landfrieden des Mittelalters stehen alle im Dienst von Tauschinteressen, und deren Aneignung von Gütern durch freien, rein ökonomischen rationalen Tausch ist in der Form ... der begriffliche Gegenpol der Aneignung von Gütern durch Zwang irgendwelcher Art, am meisten physischen Zwang.
>
> Max Weber ([1921] 1964: 493)

Es ist eine unstrittige sozialwissenschaftliche Generalisierung, auf die auch gern in nostalgischen normativen Urteilen über die moderne Ökonomie verwiesen wird, dass es in typisch archaischen Gesellschaften kein ausdifferenziertes Wirtschaftssystem gibt. Jedwedes wirtschaftliches Handeln ist in diesen Gesellschaftsformen an die Funktion der Familie, der Religion oder der Verteidigung gekoppelt. Tatsache ist, dass die Familie »die älteste wirtschaftliche Gemeinschaft [ist]. Sie brachte in gemeinsamer Arbeit die Güter hervor und verzehrte sie gemeinsam. Und zwar verzehrte sie nur, was sic sclbst hervorgebracht hatte – weil sie nichts anderes zu verzehren hatte –, und brachte nur das hervor, was sie verzehren wollte, weil sie für das Mehr keine Verwendung hatte« (Weber [1894] 1988: 257).

Unter Urvölkern ist das Motiv des Eigeninteresses demnach kaum verbreitet. Das Eigeninteresse als Motiv des Austauschhandelns setzt sich erst durch, nachdem die Idee des Individuums gegenüber der der Gemeinschaft zunehmend privilegiert wird. Urgesellschaften sind relativ klein und segmentiert. Lebensmittel und Vorräte von lebensnotwendigem Proviant sind Ergebnis einer rudimentären Arbeitsteilung, reziproker Solidarität und der begrenzten Fähigkeit, Ressourcen für den zukünftigen Bedarf zu horten.

Die von den Mitgliedern einer Gemeinschaft erwartete Solidarität, beispielsweise durch die Distribution von Überschüssen an andere Mitglieder der Gemeinschaft in Form von Geschenken, Gastfreundschaft, Festen und Hilfeleistungen in Notfällen als Gegenleistung (aber nicht unbedingt Zug um Zug) für ein ausgleichendes Sozialprestige, politische Macht, sozialen Status und Reputation, hat die Funktion sicherzustellen, dass die »Ökonomie« funktioniert, obwohl sie nicht als ausdifferenziertes Sozialsystem institutionalisiert ist (Malinowski 1921; Belshaw 1965; Godelier [1973] 1973).[1]

Auch in Urvölkern findet soziales Gemeinschaftshandeln statt. Max Weber ([1920] 1978: 44) muss einfache, segmentäre Gesellschaften dieser Art im Sinn gehabt haben, wenn er betont, dass der Mensch von »Natur aus ... nicht mehr und mehr Geld zu verdienen [wünscht], sondern einfach so zu leben, wie er es gewohnt ist, und so viel zu verdienen, wie dazu nötig ist.«

Sofern sich dieser Grundsatz Webers verallgemeinern ließe und er einen gesellschaftlichen Ist-Zustand repräsentiert, der auch gegenwärtig nicht überwunden werden kann, würde es wohl kaum die uns bekannten Märkte in modernen Gesellschaften geben. Deshalb muss Webers Beobachtung so interpretiert werden, dass ausdifferenzierte Märkte historischer Natur sind. Und dies bedeutet selbstverständlich auch, dass Märkte oder bestimmte Marktordnungen wie die des Kapitalismus nicht etwa natürliche Gesellschaftsformen sind.

1 Im Rahmen seiner ethnographischen Studien in Algerien sah sich Pierre Bourdieu (2000) in der Lage, die auf eine Generation komprimierte Transformation einer traditionellen Wirtschaftsform (er nennt sie die vorkapitalistische Ökonomie) in eine kapitalistische Wirtschaftsform zu beobachten. Bourdieu (2000: 19) beschreibt, wie im Verlauf dieser Entwicklung die ursprünglich komplexen sozialen Beziehungen auf rein ökonomische Attribute reduziert wurden und diese Beziehungen von den betroffenen Menschen als »Kriegsbeziehungen«, die eigentlich nur unter Fremden zu finden sind, verstanden werden: »The site par excellence of economic warfare is the market place, not so much the small market of the village nor tribe, a place where one is still among people one knows, as the bigger markets of small towns further afield ... where one comes up against strangers, including the most dangerous, the professional dealer.« Bourdieus Beobachtungen einer komprimierten Konversion zu autonomem ökonomischem Handeln in Algerien hat eine gewisse Verwandtschaft mit E. P. Thompsons ([1971] 1980) Darstellung des Untergangs der Ökonomie des 18. Jahrhunderts in England und der sie begleitenden sozialen Konflikte, die durch die gesellschaftliche Transformation in ein autonomes Wirtschaftssystem hervorgerufen wurden. In dem Kontext dieser Darstellung des Entstehens einer autonomen Ökonomie entwickelt Thompson ([1971] 1980: 69) den Begriff der »moral economy« als Ausdruck weithin geteilter Überzeugungen unter Marktteilnehmern, wie sich legitime von nicht-legitimen wirtschaftlichen Aktivitäten unterscheiden (vgl. auch Kohli 1987); dieser »Konsens wiederum beruhte auf einer in sich geschlossenen, traditionsbestimmten Auffassung von sozialen Normen und Verpflichtungen.« Die von Thompson beschriebenen Lebensmittelunruhen am Ende des 18. Jahrhunderts sind Sanktionen der Verletzung gesellschaftlich verbindlicher Moralvorstellungen.

Die Entstehung von Märkten (sowie eines monetären Systems)[2] – zunächst noch neben der Verteilung von Überschüssen als Geschenke bei Feierlichkeiten und im Zuge der nachbarlichen Hilfe – ist ein gradueller Prozess. Unter den Urvölkern erscheint, wie Eduard Heimann (1963: 12) herausstreicht, die Überschussarbeit vom Standpunkt der ökonomischen Vernunft als Verschwendung; sie wird nicht geschätzt, sondern dient »sozial erwünschten ästhetischen Zwecken«.

Die Wirtschaft erhält dann einen eigensinnigen Code, sich verselbständigende Regeln und eine Logik des Entscheidens einschließlich der Ausgrenzung verhaltensirrelevanter Eigenschaften von Akteuren. Der Wandel zu einer autonomen Ökonomie wird besonders durch das ihr eigene Kommunikationsmedium Geld befördert. Mit Hilfe des Geldmechanismus und einer unmissverständlichen Sprache »bildet die Wirtschaft eigene Werte, eigene Zwecke, Normen, Rationalitätskriterien und eigene Abstraktionsrichtungen aus, an denen sich die Verhaltenswahlen in ihrem Bereich orientieren« (Luhmann 1970a: 210).

Die funktionale Differenzierung des Wirtschaftssystems darf aber auch aus dieser Sicht nicht so verstanden werden, dass die Institution Ökonomie in Relation zu *anderen* gesellschaftlichen Systemen in modernen Gesellschaften eine umfassende Autonomie erlangt. Es gibt weitere Verbindungen zu anderen Gesellschaftssystemen, aber dennoch erlaubt es der ökonomische Erfolg z. B. nicht, ihn zweifelsfrei in soziale Reputation, politische Macht, sozialen Status oder gesellschaftliche Anerkennung zu tauschen. Darüber hinaus kann unter Bedingungen der funktionalen Ausdifferenzierung von Märkten davon ausgegangen werden, dass ökonomisches Handeln nicht mehr an Wertvorstellungen gekoppelt ist, die ihrerseits Teil eines anderen gesellschaftlichen Systems sind, wie dies z. B. für religiöse Motive gilt.

Eine reife, hoch differenzierte Gesellschaft erarbeitet sich Wege der sozialen Anerkennung von Verhaltensmaximen, die vorrangig einem bestimmten Gesellschaftssystem wie dem der Ökonomie zugerechnet werden. Die gesellschaftliche »Toleranz« und Anerkennung der besonderen, ausdifferenzierten Verhaltensregeln ökonomischen Handelns

2 Georg Simmel ([1900] 1907: 175-177) ist der Überzeugung, dass die Entstehung des monetären Systems nicht Ergebnis einer bewussten Planung etwa durch den Staat, sondern das nichtintendierte Nebenprodukt des zivilisatorischen Wandels war (vgl. auch Laidler und Rowe 1980).

sind aber nur dann zu erwarten, wenn »gesichert ist, dass wirtschaftliche Entscheidungen nicht eo ipso politische, familiäre, erzieherische und militärische Funktionen erfüllen und sich Veränderungen in der Wirtschaft daher nicht ohne weiteres in andere Funktionsbereiche der Gesellschaft übertragen, sondern von diesen als Umweltveränderungen wahrgenommen und adaptiv verarbeitet werden können« (Luhmann 1970a: 211).

Es wird das doppelte Ziel meiner Studie zur Moralisierung des Marktes in *modernen* Gesellschaften sein, dynamische gesellschaftliche Bedingungen zu bestimmen und zu erläutern, die einerseits das ausdifferenzierte Sozialsystem Wirtschaft *festigen* mögen, andererseits aber neuartige gesellschaftliche Prozesse repräsentieren und damit mitverantwortlich dafür sein dürften, dass ein einmal so entwickeltes, separates Wirtschaftssystem *nicht* unbedingt in einer Art reifem und endgültigem Entwicklungszustand verharrt.

Ich werde zu zeigen versuchen, dass sich die Struktur und die Handlungsnormen des Wirtschaftssystems in der Tat weiterentwickelt haben, und zwar in eine Richtung, die seine Beziehungen zu anderen sozialen Institutionen mitbestimmen und verändern. Ein bemerkenswertes Ergebnis dieser Entwicklungen wäre somit eine Abkehr von der Art der gesellschaftlichen Formation, die immer noch, insbesondere in vielen Beschreibungen der »Natur« des modernen Wirtschaftssystems, als paradigmatisch und unverrückbar anerkannt wird.

Auswirkungen neuerer historischer Trends in der keineswegs abgeschlossenen Entwicklung des Sozialsystems Ökonomie sind z. B. neue soziale Rollen (innerhalb der Wirtschaft), von denen man bisher annahm, dass es sich dabei um stark differenzierte, mit verschiedenen, dominanten Werten ausgestattete Rollen handelt, die nun als konvergente, hybride soziale Rollen praktiziert werden, wie sie z. B. aus den vormals getrennten Rollen des Kunden und des Bürgers entstanden sind.

Die Freiheit als Tochter des Marktes

> Wenn daher jeder einzelne soviel wie möglich danach trachtet, sein Kapital zur Unterstützung der einheimischen Erwerbstätigkeit einzusetzen und dadurch diese so lenkt, daß ihr Ertrag den höchsten Wertzuwachs erwarten läßt, dann bemüht sich auch jeder einzelne ganz zwangsläufig, daß das Volkseinkommen im Jahr so groß wie möglich werden wird. Tatsächlich fördert er in der Regel nicht bewußt das Allgemeinwohl, noch weiß er, wie hoch der eigene Beitrag ist. Wenn er es vorzieht, die nationale Wirtschaft anstatt die ausländische zu unterstützen, denkt er eigentlich nur an die eigene Sicherheit und wenn er dadurch die Erwerbstätigkeit so fördert, daß ihr Ertrag den höchsten Wert erzielen kann, strebt er lediglich nach eigenem Gewinn. Und er wird in diesem wie auch in vielen anderen Fällen von einer unsichtbaren Hand geleitet, um einen Zweck zu fördern, den zu erfüllen er in keiner Weise beabsichtigt hat.
>
> Adam Smith ([1776] 1978: 370-371)

Die Vertreter der sich herausbildenden *scientific community* in England, die den sich rapide ausweitenden Handel sowie die sich entwickelnde Industrie und ihre in Entstehung begriffenen modernen Märkte seit den Anfängen im 16. Jahrhundert – aber besonders im 18. Jahrhundert – als Beobachter begleiteten, entdeckten nicht nur die Idee der nicht-antizipierten Folgen absichtsvollen Handelns, wie das Zitat von Adam Smith deutlich macht, sondern waren fest davon überzeugt, dass die wirtschaftliche Dynamik zu einem historisch unvergleichlichen gesellschaftlichen Wandel führen wird.

Dieser gesellschaftliche Wandel wird darüber hinaus, so ihre Überzeugung, von den Menschen zunehmend als Ergebnis sozialer und nicht als Resultat vom Menschen unbeeinflussbarer natürlicher Umstände oder Prozesse verstanden. Das soziale Konstrukt Gesellschaft und die expandierenden wirtschaftlichen Aktivitäten werden schließlich tief greifende, aber in der Bilanz insgesamt positive Auswirkungen auf das moralische Bewusstsein der Gesellschaft, die Qualität der persönlichen Beziehungen der Menschen zueinander, ihr materielles Wohlergehen, ihren Zusammenhalt und die politische Verfassung der Gesellschaft haben.

Die Autoren dieser optimistischen Geschichtsphilosophie, die Philosophen der französischen und der schottischen Aufklärung, Montesquieu, Concordot, Adam Smith, David Hume oder Thomas Paine, aber auch Alexis de Tocqueville,[3] sind fest davon überzeugt, dass der wachsende Handel und Wandel eine mächtige, moralisierende Wirkung auf die im Entstehen begriffene Gesellschaftsordnung ausüben wird (vgl. Simmel [1903] 1995: 226-227; Hirschman 1982: 1463-1466; auch Hirschman 1986: 105-141).

Das sich im Rahmen dieser gesellschaftlichen Evolution weithin durchsetzende Bewusstsein sozialer Gegenseitigkeit aufgrund der am Markt praktizierten Austauschbeziehungen erzwingt letztlich – als nicht intendierte Folge eigensinnigen Verhaltens – eine Zivilisierung mentaler Muster und führt somit zur Überwindung früherer nicht-ziviler Umgangsformen und Verhaltensweisen. Zu dieser Zivilisierung gesellschaftlicher Umgangsformen gehört z. B. der sich durch den (Außen-)Handel entwickelnde Respekt für andere Kulturen (vgl. Muller 2006: 13-14).

Man kann deshalb mit Recht von der Hoffnung der Aufklärung auf eine kurz bevorstehende Erlösung des Menschen von vielfältigen gesellschaftlichen Übeln durch den Markt sowie von der alle Schichten der Gesellschaft erfassenden Freiheit als Tochter des Marktes sprechen. Es sind aber keine durch den Markt verdrängten moralischen Übel, von denen die Menschen befreit werden, sondern es ist vor allem eine Form der Befreiung von existenziellen materiellen Leiden (Not, Hunger, Krankheit) durch die Märkte. So werden viele der herausragenden Verbesserungen in vielen existenziellen Bedingungen der Menschen, z. B. die wachsende Lebenserwartung, die geringere Anfälligkeit für spezifische Armutskrankheiten oder der Rückgang der Kindersterblichkeit, schon dann erreicht, wenn der Lebensstandard der Menschen noch lange nicht das Niveau der heute wohlhabenden Gesellschaften erreicht hat (vgl. auch Friedman 2006: 15).

Unter allen gesellschaftlichen Prozessen gebührt dem Wettbewerb in den Augen seiner Befürworter schließlich eine Sonderstellung (vgl. Stigler 1957). Die ungewöhnliche, symmetrische Kombination der

3 Alexis de Tocqueville ([1835-1840] 1962: 273) betont z. B.: »Der Handel ist von Natur ein Feind aller gewalttätigen Leidenschaften. Er liebt die Mäßigung, gefällt sich in Zugeständnissen, flieht sorgfältig den Zorn. Er ist geduldig, einschmeichelnd, und er greift zu äußersten Mitteln nur, wenn die unbedingteste Notwendigkeit ihn dazu zwingt. Der Handel macht die Menschen voneinander abhängig ...; er treibt sie dazu, ihre eigenen Geschäfte selber besorgen zu wollen, und er lehrt sie, darin Erfolg zu haben; er macht sie freiheitsliebend, aber revolutionsfeindlich.«

Befriedigung subjektiver Ziele mit der Realisierung objektiver oder kollektiv geschätzter Ziele durch den Wettbewerb am Markt führt fast immer zur Wertsteigerung.[4] Die Harmonie des reinen Wettbewerbs drückt sich vor allem darin aus, dass das individuelle Motiv zum Mittel des kollektiven Ziels und umgekehrt wird.

Allerdings sind diese fast schon religiösen Überzeugungen über die segensreichen und von einzelnen Marktteilnehmern nicht-intendierten Folgen der sich rasch entwickelnden autonomen Märkte und ihrer Konkurrenzformen keineswegs kritiklos geblieben. Im Gegenteil, schnell wird auf die negativen Folgen des Wettbewerbs verwiesen: »Man pflegt von der Konkurrenz ihre vergiftenden, zersprengenden, zerstörenden Wirkungen hervorzuheben« (Simmel [1903] 1995: 226).[5]

Die Anhänger unregulierter Märkte, und dies gilt noch heute, erkennen zwar an, dass es Opfer unregulierter Sozialbeziehungen gibt, halten dies aber für den Preis, den die Gesellschaft für die Freiheit zahlen muss. Die Gegner auf sich selbst gestellter, unregulierter Märkte betonen dagegen seine sich selbst zerstörenden Eigenschaften und antizipieren im Gegenteil den Verlust der Freiheit als Folge der Verbreitung der gesellschaftlichen Autonomie der Märkte und eine Ausweitung der Märkte auf immer neue gesellschaftliche Prozesse.

4 Georg Simmel ([1903] 1995: 224) betont genau diese Funktion der von anderen Momenten gesellschaftlicher Auseinandersetzungen freien Form des Wettbewerbs: Die Konkurrenz wirkt, »wo sie sich von der Beimischung der anderen Kampfformen frei hält, meistens wertsteigernd; da sie, vom Standpunkt der Gruppe aus gesehen, subjektive Motive als Mittel darbietet, um objektive soziale Werte zu erzeugen und, vom Standpunkt der Partei, die Produktion des objektiv Wertvollen als Mittel benutzt, um subjektive Befriedigungen zu gewinnen.«

5 Es sind nicht nur in der Vergangenheit radikale Gegner marktwirtschaftlicher Wirtschaftssysteme, sondern auch gegenwärtige, liberal gesinnte Beobachter der Folgen für das Moralsystem moderner Gesellschaften eines weitgehend ausdifferenzierten eigensinnigen Wirtschaftssystems, die zu einem ähnlichen Schluss kommen: »The market contributes more to the erosion of our moral sense than any other modern social force« (Schwartz 1999: 37).

Der Verlust der Freiheit durch die Freiheit

Die im 18. Jahrhundert in der Öffentlichkeit und unter den Begründern der ökonomischen Wissenschaft verbreitete Überzeugung vom progressiven Einfluss des sich ausweitenden Handels, der sich entwickelnden Industrie, des Privateigentums, der verstärkten Konkurrenz und multipler Marktformen verkehrte sich im 19. Jahrhundert in eine massive und grundsätzliche Kritik der gleichen gesellschaftlichen Strukturen und in die laute Anklage, das moralische Rückgrat der Gesellschaft werde zerstört.

Die immer lauter werdende Kritik an der kapitalistischen Wirtschaft war schon in Ansätzen in der zeitgenössischen konservativen Reaktion auf emergente Marktgesellschaften erkennbar. Der sich im 19. Jahrhundert verstärkende Widerspruch lässt sich am ehesten auf die summarische Formel reduzieren, dass unregulierte Wirtschaftsabläufe selbstzerstörerische Eigenschaften haben, die auf einen Verlust der Freiheit *durch* die Freiheit hinauslaufen.

Die »blinden Kräfte« der Märkte in kapitalistischen Gesellschaften führen dazu, dass die moralischen Grundlagen – insbesondere die religiösen Grundlagen, die einst die Solidarität, Selbstdisziplin, Gegenseitigkeit und kollektive Verantwortlichkeit stützten – unterminiert werden. Die moralischen Traditionen der vorkapitalistischen und der vorindustriellen Gesellschaftsordnungen verlieren sich mit der Zeit, wie Hirsch (1978: 117-118) beschreibt: »As individual behavior has been increasingly directed to individual advantage, habits and instincts based on communal attitudes and objectives have lost out«. Es muss hier nicht weiter betont werden, dass die Kritiker der psychologischen und sozialen Folgen einer liberalen Marktgesellschaft genau die durch sie gefährdeten Eigenschaften und Werte als Grundlage einer humanen Zivilgesellschaft begreifen. Die widersprüchlichen Positionen der Beobachter des Wirtschaftsgeschehens im 18. und 19. Jahrhundert zu allfälligen gesellschaftlichen Folgen und psychologischen Wirkungen ungeregelter Märkte sind auch heute noch Anlass und Prämisse strittiger Auseinandersetzungen über die Funktion der Märkte in modernen Gesellschaften (Kuttner 1996; Gregg 2004).

Der typische professionelle *ökonomische* Diskurs verteidigt in diesen Auseinandersetzungen nur eine Position: Professionelle Ökonomen setzen sich mit wenigen Ausnahmen für die Autonomie, die

Eigendynamik und die allokative Effizienz des ökonomischen Systems und die Tugenden der Eigensinnigkeit der Märkte ein. Ökonomen haben infolgedessen ein nur sehr geringes Interesse an Fragen der sozialen Kosten des freien, autonomen Marktes, seiner möglichen destruktiven Folgen oder an den manifesten systemspezifischen oder gesellschaftlichen Nachteilen des Markwirtschaftssystems.

Argumente, die aus der Perspektive der professionellen Ökonomie besonders eindeutig für die Autonomie des Wirtschaftssystems sprechen, sind, wenn man so will, anscheinend altruistisch. Sie wenden sich natürlich gegen eine Intervention anderer, insbesondere staatlicher Institutionen in den Ablauf ökonomischer Prozesse im Allgemeinen und der Märkte im Besonderen, und zwar im Interesse der umfassenderen materiellen und nicht-materiellen Früchte, die eine solche Abstinenz für die Allgemeinheit trägt. Die Freiheit der Ökonomie bringt den größeren Wohlstand für alle.

Während man heute vielleicht allgemein akzeptiert, dass die Wirtschaft am besten auf sich selbst gestellt sein sollte oder prinzipiell gar nicht von außen reguliert werden kann,[6] sind Bedenken und Ängste, sie greife massiv in das Leben anderer gesellschaftlicher Institutionen ein, ähnlich verbreitet wie schon vor Jahrzehnten. Die Freiheit der Ökonomie bleibt auch heute in den Augen ihrer Kritiker eine Gefahr für die Freiheit in der Gesellschaft: Während die Gesellschaft insgesamt die Wirtschaft sich selbst überlässt, ist es umgekehrt nicht so. Die professionelle Wirtschaftswissenschaft reduziert mit ihrer dringlichen Forderung nach Autonomie der Ökonomie die Funktionen des Staates auf rein administrative Funktionen, wie dies schon in den Positionen der klassischen politischen Ökonomie zum Ausdruck kam. Ob das Konkurrenzverhalten den ausgeprägten Individualismus in modernen Gesellschaften bändigen kann, wird gleichwohl von vielen bezweifelt, von anderen Beobachtern unter dem Strich aber bejaht. Der essenzielle Streit über die Folgen und den Stellenwert der Wirtschaft in der modernen Gesellschaft wird sich also nicht so schnell verflüchtigen.

Die andererseits wohl kaum zu bremsende oder zu verhindernde

6 John Dewey ([1936] 1987: 136-137) fasst Beobachtungen dieser Art präzise zusammen, wenn er darauf verweist, dass »economic power has now become ... an organized social institution that resists all further social change that is not in accord with itself, that does not further and support its own interest as at present existing.«

Intervention der Wirtschaft in den Alltag der Gesellschaft und ihrer Lebensformen und die Herrschaft des Ökonomischen lässt sich nicht nur auf der Ebene der materiellen Versorgung der Haushalte beobachten, sondern auch mittelbar auf das politische, demographische und kulturelle Leben der Gesellschaft übertragen. Das (kapitalistische) Wirtschaftssystem ist Komplize bei der Ausbeutung, der Entfremdung und der Ungleichheit vieler Bevölkerungsteile moderner Gesellschaften.

Die Mehrzahl der dem ökonomischen System zugerechneten gesellschaftlichen Übel ist eine feste Funktion seiner unverrückbaren Autonomie und seines rücksichtslosen Wachstums. Es ist diese Dissonanz, die zum Verlust der Freiheit durch die Freiheit im Wirtschaftssystem führt. Kritiker der expansiven Rolle der Ökonomie sehen sich außerstande, gesellschaftliche Kräfte zu nennen, auf die das Wirtschaftssystem reagieren würde, es sei denn eine revolutionäre Überwindung des Systems selbst. Die Demokratie lässt sich nicht in die Wirtschaft exportieren.[7]

Die Summe der Nachteile in der gesellschaftlichen Konkurrenzbilanz im Wirtschaftssystem und an anderen Orten der modernen Gesellschaft lässt ihre Befürworter aber nicht resignieren. Georg Simmel sieht in der Konkurrenz – in Analogie zur Funktion der Durkheim'schen Arbeitsteilung in modernen Gesellschaften und trotz ihrer Nachteile – die Basis für den sozialen Kitt, der die Gesellschaft letztlich zusammenhält: Alle Passiva der Konkurrenz in der sozialen Bilanz, so betont Simmel ([1903] 1995: 227),

> stehen doch nur *neben* der ungeheuren synthetischen Kraft der Tatsache, daß die Konkurrenz in der Gesellschaft doch Konkurrenz um den Menschen ist, ein Ringen um Beifall und Aufwendung, um Einräumungen und Hingebungen jeder Art, ein Ringen der Wenigen um die Vielen wie der Vielen um die Wenigen; kurz, ein Verweben von Tausend soziologischen Fäden durch die Konzentrierung des Bewußtseins auf das Wollen und Fühlen und Denken der Mitmenschen, durch die Adaptierung der Anbietenden an die Nachfragenden, durch die raffiniert vervielfältigten Möglichkeiten, Verbindung und Gunst zu gewinnen.

7 Sheldon Wolin (2004: 518) unterstreicht z. B. diesen grundsätzlichen Widerspruch, indem er mahnt, »science, technology and corporate capital are essentially impenetrable to, and unincorporable with, democracy. Paradoxically, modern capital, with its appeals to ›consumer sovereignty‹ and ›investor democracy‹, has drawn the line indicating the kind of feckless democracy it accepts.«

Der vielfältige Wettbewerb, gerade auf den Märkten der modernen Gesellschaften, kompensiert demnach in stark dezentralisierten Gesellschaften die verschwundene, naturwüchsige Solidarität »primitiver« Sozialordnungen. Solidarität in modernen Gesellschaften ist nach Simmel im Gegensatz zu den Kritikern der Marktgesellschaften nur um den Preis der Konkurrenz möglich.

Homo rationalis

Es ist das Image des *homo rationalis*, dessen Ursprünge nur sehr schwer auszumachen sind, der zum Idealtypus des *homo oeconomicus* als dominante Metapher und Norm im gegenwärtigen ökonomischen Diskurs führt. Talcott Parsons (1937: 51-60) verweist in seiner kurzen Geschichte des Utilitarismus auf eine ihrer selektiven Perspektiven, die er »Atomismus« nennt. Der Atomismus beinhaltet eine bestimmte Konzeption sozialen Verhaltens. Als bevorzugter Rahmen sozialen Handelns gilt im Atomismus, wie schon der von Parsons gewählte Begriff andeutet, die isolierte Handlung. Zentrum der Aufmerksamkeit ist der einzelne oder sogar vereinzelte Akteur. Radikal neu an dieser sozialphilosophischen Sichtweise des ökonomischen Akteurs ist eine »conception of society as a network of activities carried out by actors who knew no principle of authority. Society represented not only a spontaneous and self-adjusting order, but a condition untroubled by the presence of authority« (Wolin 2004: 270). Es folgt daraus, dass es keiner (politischen) Macht bedarf, um die soziale Ordnung zumindest im ökonomischen System zu garantieren.

Das in dieser gesellschaftstheoretischen Perspektive manifeste Erkenntnisinteresse steht mit seinem Fokus auf das »Ganze« im Widerspruch zu organisch argumentierenden Theorien der Gesellschaft. In diesem Zusammenhang ist bemerkenswert, dass sich das Verständnis der Person als *homo rationalis* aus einem bestimmten moralischen Vorverständnis speist, dem Bemühen um die ethische Autonomie und die Eigenverantwortung gegenüber den Autoritäten (Parsons 1937: 53). Eine derartige, unkomplizierte Verbindung von rationalen und moralischen Elementen des Verständnisses handelnder Personen deutet schon an, dass die explizite Trennung und Distanz dieser Attribute sozialen Handelns neueren Datums ist und die komplementäre, ursprüngliche Bindung paradoxerweise durch ihre feste Einbettung in die Konzeption des *homo rationalis* verloren ging.

Es ist in der Tat der Fall, dass die heute gültige Vorstellung von der Eigenständigkeit von Produktion und Konsumtion, der Formation von Preisen und der Realität der Märkte als soziale Felder, die losgelöst von ethischen Prinzipien, der Ästhetik oder der Religion operieren oder durch politische Interventionen nur beschränkt beeinflusst werden können, erst im Zeitalter des Liberalismus zu einer selbstverständlichen Doktrin wurde. Man kann deshalb seit Ende des 18. Jahrhunderts und zu Beginn des 19. Jahrhunderts mit Recht von einer liberalen Doktrin der Polarität von Ethik und ökonomischem Handeln sprechen. Bis zu diesem Zeitpunkt galt dagegen eine *Konvergenz* in den Vorstellungen von moralischem und wirtschaftlichem Fortschritt – eine Konvergenz der Auffassungen, die sich auch aus den inhaltlichen Schwerpunkten der Lehrveranstaltungen der klassischen politischen Ökonomen ablesen lässt. Die politischen Ökonomen dieser Zeit hielten neben ihren Lehrveranstaltungen in der Ökonomie auch Veranstaltungen auf den Gebieten der Theologie, der Moralphilosophie, des nationalen und internationalen Rechts sowie der Logik ab. Die Welt der Industrie und des Handels war ihrem Selbstverständnis nach der Motor der gesellschaftlichen Entwicklung hin zu Freiheit, Perfektion und Rationalisierung und damit eine Opposition zu Feudalismus, kriegerischen Auseinandersetzungen, zu Polizeistaat und anderen reaktionärer Bewegungen.

Diese Koalition begann, als sie zumindest teilweise Erfolge aufzuweisen hatte, auseinander zu brechen und sah sich mit vielen energischen Opponenten konfrontiert, so z. B. mit denjenigen, die, wie bereits kurz geschildert, nicht davon überzeugt waren, dass die Freiheit als Tochter der wirtschaftlichen Entwicklung oder des technischen Fortschritts zugleich auch Rückgang der Armut und Anstieg des menschlichen Wohlbefindens bedeute.

Vor dem Hintergrund der stark individualistischen Sichtweise des Menschen und gestützt auch durch den Protestantismus, entwickelte sich eine Affinität zur Mittel-Zweck-Analyse, die für den Utilitarismus typisch ist. Teil dieser sozialphilosophischen Perspektive ist natürlich die Betonung der Rolle des einzelnen Akteurs wie auch eine Betonung der Effizienz sozialen Handelns.

Die Beziehung von Mittel und Zweck individuellen Handelns wird ausschließlich als Effizienzgarantie verstanden, wenn es um die Wahl der Mittel als Instrument gegebener Handlungsziele geht. Abweichungen jeder Art von diesem effizienten Standard werden dann als »nicht-rational« und ineffizient eingestuft. Anhand dieser strengen, restriktiven Annahmen kann Talcott Parsons (1937: 58) *rationales* Handeln dann auch als ein Handeln definieren, das »pursues ends possible within the conditions of the situation, and by means which, among those available to the actor, are intrinsically best adapted to the end for reasons understandable and verifiable by positive empirical science.«

In der Praxis agiert und orientiert sich der *homo rationalis* an den rationalen Erkenntnissen der Wissenschaft. Der Akteur hat darüber hinaus relevante Handlungsumstände unter Kontrolle und die Folgen seines Handelns sind aufgrund seiner Kenntnisse des in bestimmten Kontexten notwendigen Wissens voraussehbar. Die Konzeption eines aus reinen Nützlichkeitserwägungen handelnden Akteurs hat somit eine enge Affinität zu oder ist sogar identisch mit der Idee des *homo oeconomicus*, wie wir ihn in der neoklassischen Sichtweise ökonomischen Handelns und der Marktdynamik kennen lernen werden. Ökonomische Theorien bauen auf der Grundlage höchst rationaler Akteure auf und gehen darüber hinaus von ganz bestimmten Annahmen über deren Ansichten und Informationssuche aus.[8]

Für die Vielzahl der Kritiker der Idee vom *homo rationalis* ist eine formale Rekonstruktion menschlichen Handelns allerdings nur der Beweis für eine unbarmherzige Reduktion der Ratio auf die instrumentelle Vernunft. Die in der Praxis der Marktgesellschaften dominante instrumentelle Vernunft unterminiert oder vermindert die Fähigkeit des Menschen, rational über die Ziele seines Handelns zu reflektieren (Horkheimer [1947] 1991).

In einem grundsätzlichen Dissens gegenüber den pessimistischen Ansichten Horkheimers oder anderer Kritiker der Marktgesellschaft ist Emile Durkheim ([1893] 1988) ebenfalls über die Erosion der Moral der vorindustriellen Gesellschaft durch die schnell wachsende gesellschaftliche Arbeitsteilung besorgt. Allerdings kommt Durkheims weit weniger oberflächliche Analyse der sozialen Folgen des grundlegenden strukturellen Wandels moderner Gesellschaften zu

8 Eine kritische Sicht auf die impliziten Annahmen des neoklassischen Bildes des isoliert lernenden und denkenden ökonomischen Akteurs findet sich in der Arbeit von Knight und Norths (1997), die dort die Bedeutung der Koppelung von sozialen Institutionen und kognitiven Prozessen betonen.

dem Schluss, dass das einstmals dominante moralische Bewusstsein durch eine neues Moralbewusstsein ersetzt wird. Neue Formen der Solidarität mit einem weniger gemeinschaftlichen Charakter bilden sich aufgrund der veränderten gesellschaftlichen Arbeitsteilung heraus. Es handelt sich um Solidaritätsmuster, die der neuen, modernen Gesellschaft entsprechen. Durkheim vertritt die Ansicht, wie Hirschman (1982: 1472) es formuliert, dass »social bonds can be grafted onto economic transactions if conditions are favorable«. Und damit repräsentiert Durkheims Sichtweise ein sehr viel konstruktiveres Bild der gegenseitigen Beziehungen zwischen Moral, Vernunft und Ökonomie als im idealtypischen Bild des *homo rationalis*, wie auch in der Kritik der angeblichen praktischen Dominanz der instrumentellen Vernunft, die dadurch nur ihre Bestätigung findet.

Teil 3: Die Konkurrenz von Theorien des Marktes

Meine Untersuchung der Frage nach der Moralisierung der Märkte in entwickelten Gesellschaften hat begrenzte Ziele. Meine Studie ist keine umfassende Analyse des Marktes als ökonomisches oder soziologisches Phänomen. Dennoch lässt es sich zum besseren Verständnis der Veränderungen und Gründe für den Wandel des Marktes in modernen Gesellschaften nicht vermeiden, eine kurze Darstellung der unterschiedlichen theoretischen Bemühungen um das Phänomen Markt als soziales Konstrukt zu geben.

Die klassische Konzeption des Marktes

Der französische Ökonom Jean-Baptiste Say (1767-1832), dessen Leben sich sowohl mit der politischen Revolution in Frankreich als auch mit der industriellen Revolution in England überschneidet und dessen Beiträge zum klassischen ökonomischen Diskurs sich von Adam Smiths (1776) *An Inquiry into the Nature and Causes of the Wealth of Nations* ableiten lassen, hat auch einen wichtigen, eigenständigen Beitrag zum ökonomischen Denken geleistet.[1] Es handelt sich um Says Gesetz des Marktes (*loi des débouchés*): »Produkte werden immer von Produkten« gekauft.[2]

Von besonderem Interesse sind die folgenden spezifischen Überlegungen und Thesen von Jean-Baptiste Say: Erstens führt er als Erster die bis auf den heutigen Tag geltende dreipolige Unterscheidung von Produktion, Distribution und Konsumtion ein.

Zweitens ist Say der Autor der optimistischen These, dass es prinzipiell keine Überproduktion von Waren und Dienstleitungen geben kann.[3] Eine Überproduktion ist aus einem einfachen Grund unwahr-

1 Eine Darstellung der französischen politischen Ökonomie des 17. Jahrhunderts findet sich in Whatmore 2004.

2 Zitiert nach einem Brief, den Jean-Baptiste Say 1821 an Robert Malthus schrieb; der ungekürzte Text des Briefes findet sich im Internet auf der folgenden Seite: ⟨http://www.marxists.org/reference/subject/economics/say/letter2.htm⟩.

3 Die pessimistische These von der Möglichkeit einer Überproduktion (und den

scheinlich: Jeder Produzent ist gleichzeitig Konsument und auch jeder Arbeiter ist jemand, der auf der Nachfrageseite auftaucht. Daraus ergibt sich nach Say, dass der Umfang der Nachfrage eine Funktion des Angebots der Waren und Dienstleistungen ist.[4] Anders formuliert, die Kaufkraft ist identisch mit dem Gesamtvolumen der Produktion, weil die Kaufkraft den Einnahmen der Produktionsakteure in Form von Löhnen, Zinsen und Renten entspricht. Je größer das Angebot ist, desto größer ist die Nachfrage nach Waren und Dienstleistungen. Die Marktgesetze umfassen infolgedessen das Gesetz des wirtschaftlichen Gleichgewichts. Es kann zu Disproportionalitätskrisen kommen, sofern es kein ausreichendes Warenangebot gibt oder bestimmte Produkte im Überfluss angeboten werden, allerdings sind dann nicht-ökonomische Ursachen für das Ungleichgewicht verantwortlich. Eine Wirtschaftskrise ist deshalb vor allem eine politische oder gesellschaftliche Krise. Sobald die gesellschaftlichen und politischen Hindernisse beseitigt sind, kommt es erneut zu einem »natürlichen« Gleichgewicht von Angebot und Nachfrage.

Drittens unterstellt das von Say formulierte Gesetz, dass es in der kapitalistischen Ökonomie zu einem fast unbegrenzten Wachstum kommen kann. Einerseits gibt es den unbegrenzten Appetit der Konsumenten, auf der anderen Seite die grenzenlose Fähigkeit der Produzenten, ihren Ausstoß zu erweitern.

Viertens, und dies ist im Kontext meiner Fragestellung mit Sicherheit am wichtigsten, wird die Motivation zur Produktion und Konsumtion durch die Summe des zur Verfügung stehenden Kapitals begrenzt. Je größer der Umfang des Kapitals, das den Konsumenten

Grenzen der Produktion) von Waren und Dienstleistungen in einer Volkswirtschaft stammt vom Schweizer Ökonomen Jean Charles de Sismondi (1773-1842). Sismondi war überzeugt, dass es zu einem Mangel an Kaufkraft kommen kann oder dass ein Teil des Mehrwerts (Gewinns) nicht konsumiert wird, sodass es zur Unterkonsumtion und Überproduktion kommen muss. Sismondis Kritik der klassischen Konzeption eines automatischen Gleichgewichts zwischen Konsum und Produktion geht auf seine direkten Beobachtungen einer Wirtschaftskrise in England Anfang des 19. Jahrhunderts zurück.

4 Das von Jean-Baptiste Say betonte Gleichgewicht am Markt ist einer der auch heute weiter geltenden, wichtigen Bezugspunkte ökonomischen Denkens, der diesen Diskurs beispielsweise dadurch signifikant von dem anderer sozialwissenschaftlicher Perspektiven unterscheidet: »Economists will almost invariably start by trying to show how optimizing individuals will drive the system toward its steady state. Sociologists rarely think in these terms« (Abell 2003: 6-7).

und den Produzenten zur Disposition steht, desto größer sei ihre Bereitschaft zu produzieren und zu konsumieren. Eine Überproduktion stellt im Rahmen der Say'schen Theorie nicht nur einen abweichenden Fall dar, sondern ist wie auch die Grenzen der Konsumtion und der Produktion durch marktfremde Prozesse bestimmt.

David Ricardo hat sich der Ansicht von Say, dass sich Angebot und Nachfrage automatisch in ein Gleichgewicht einpendeln, nachdrücklich angeschlossen. In seinen *Grundsätzen* bestätigt Ricardo ([1821] 1994: 245-247), Say habe scharfsinnig gezeigt,

> daß es keine Kapitalsumme gibt, die nicht in einem Lande verwendet werden könnte, da die Nachfrage nur durch die Produktion beschränkt wird. Niemand produziert außer mit der Absicht, zu konsumieren oder zu verkaufen, und er verkauft niemals, außer um eine andere Ware zu kaufen, die ihm entweder nützlich sein kann oder zur zukünftigen Produktion beizutragen vermag. Durch Produzieren wird er also notwendigerweise entweder Konsument seiner eigenen Ware oder Käufer und Konsument der Waren eines anderen ... Es kann also nicht sein, daß in einem Land eine Summe Kapital akkumuliert worden ist, die nicht produktiv angelegt werden kann ... Produkte werden immer von Produkten oder Diensten gekauft.

Ricardo ([1821] 1994: 247) fügt hinzu, dass es sich bei der Say'schen »Lehre von den Absatzwegen« um eine makroökonomische Aussage handelt: Es sei zwar denkbar, dass zuviel von einer bestimmten Ware produziert werde, aber das könne nicht in Bezug auf alle Waren der Fall sein. Ricardo ([1821] 1994: 249) beruft sich auf Adam Smith, der feststellt, »daß das Verlangen nach Nahrung bei jedem Menschen durch das beschränkte Fassungsvermögen des menschlichen Magens begrenzt ist, das Verlangen nach Annehmlichkeiten, nach Verschönerung von Gebäuden, nach Kleidung, Equipagen, und Wohnmöbeln aber ohne Ende und bestimmte Grenze zu sein scheint.« Die Natur habe die Grenzen der Kapitalinvestition gesetzt, mit der zu einem bestimmten Zeitpunkt in der *Landwirtschaft* Profite erwirtschaftet werden können, sie habe aber für die Höhe des Kapitals, das bei der Beschaffung »›der Annehmlichkeiten und Verschönerungen‹ des Lebens angelegt werden kann, keine Grenzen gezogen« (Ricardo [1821] 1994: 249).

Eine der am häufigsten zitierten historischen Arbeiten zu Ursprung und Eigenschaften des modernen Marktes im Kontext eines ausdifferenzierten ökonomischen Systems ist Karl Polanyis *The Great Transformation* ([1944] 1978). Polanyis Buch trägt den Untertitel »The Political and Economic Origins of Our Time«. Wie der Untertitel seiner Studie, die er zuerst im England der späten 30er-Jahre skizzierte und die er in den letzten Kriegsjahren in den Vereinigten Staaten abschloss und veröffentlichte, unmissverständlich signalisiert, umfasst sein Erkenntnisinteresse weit mehr als nur die in diesem Zusammenhang interessierende Problematik des Ursprungs des Marktes und der besonderen Eigenschaften der Marktkräfte (vgl. auch Block 2003).

Polanyis Untersuchung ist in erster Linie eine Diagnose seiner Zeit. Er verweist mit Nachdruck darauf, dass es sich um eine *Zeitenwende* handele, die dringend einer Analyse harre. Polanyis These von *The Great Transformation* betrifft das Ende der Zivilisation des 19. Jahrhunderts. Zu den Institutionen, die seines Erachtens zu den Fundamenten dieser zivilisatorischen Epoche gehören und deren Funktion zu Ende geht, zählt der sich »selbst regulierende Markt«. Als weitere Fundamente dieser historischen Periode, die den Weltfrieden für ein Jahrhundert garantierten, nennt er das System des politischen Gleichgewichts der größeren Nationen, den internationalen Goldstandard und den liberalen Staat.

Polanyi vertritt die These, dass der sich selbst regulierende Markt mehr als die anderen Fundamente für die Besonderheiten dieser historischen Epoche verantwortlich war.[5] Die dramatischen Ereignisse Mitte des vergangenen Jahrhunderts hätten den Zusammenbruch der fundamentalen Institution der Weltordnung, also des sich selbst regulierenden Marktes, verschleiert. Generell ist Polanyi ([1944] 1978: 21)

5 Polanyis These von der Entstehung eines ausdifferenzierten und damit eigensinnigen ökonomischen Systems im 19. Jahrhundert hat in der Literatur einen nicht zu unterschätzenden Einfluss auf die übliche Datierung des Beginns einer separaten, institutionalisierten Ökonomie in modernen Gesellschaften gehabt. Jüngste Diskussionen datieren den Beginn der professionellen Beobachtung eigensinniger ökonomischer Systeme in modernen Gesellschaften dagegen auf die Mitte des vergangenen Jahrhunderts, etwa mit dem Werk von John Maynard Keynes, und zwar als Reaktion auf bestimmte ökonomische Ereignisse dieser Zeit; zumindest gilt, dass der Begriff der »Ökonomie« im heutigen Sinn im ökonomischen Diskurs des 18. und 19. Jahrhunderts noch nicht auftaucht (vgl. Mitchell 2005).

deshalb davon überzeugt, dass der »gegenwärtige Zustand der Menschheit von den institutionellen Wurzeln der Krise bestimmt wird.«[6]

Meine Darstellung der Studie Polanyis konzentriert sich auf seine Aussagen über die Ursprünge des Marktes und die von ihm herausgearbeiteten Besonderheiten der Marktgesellschaft: Die Entstehung des Marktes ist nach Polanyi nicht nur Kern, sondern Grundlage und Motor der industriellen Revolution. Die besonderen Eigenschaften der Marktgesellschaft und ihre Entstehung stehen in einem engen Zusammenhang mit der Erfindung der industriell genutzten Maschine. Die Maschine ist zwar nicht verantwortlich für die Entwicklung der Institution der Marktwirtschaft, sobald aber größere Maschinen und Produktionsanlagen in einer kommerziell orientierten Gesellschaft existierten, war es unvermeidlich, dass es zu einem sich selbst regulierenden und organisierenden Marktsystem kommen musste (Polanyi [1944] 1978: 43).

Spezialmaschinen waren für die Produktion großer Mengen von Waren verantwortlich, die wiederum Käufer finden mussten. Und die Produktion großer Warenmengen erforderte den Einsatz umfassender Ressourcen. Sobald sowohl Input als auch Output zum Verkauf standen, konnte der Prozess der Marktformation zu einem nachhaltigen Entwicklungsprozess werden (vgl. auch Weber [1923] 1991).[7]

In Agrargesellschaften waren die Bedingungen für die Entstehung einer Marktgesellschaft nicht vorhanden, sondern mussten erst geschaffen werden. Zu den notwendigen Veränderungen gehört auch ein Wandel in den fundamentalen *Handlungsmotiven* der Menschen; die lebensnotwendige Existenzsicherung gilt nicht mehr als Motiv, sondern die Gewinnerzielung (Polanyi [1944] 1978: 44).[8] Die sich

6 Karl Polanyi bedankt sich in seinem Vorwort für die Hilfe Peter Druckers bei der Abfassung seines Manuskripts (Polanyi [1944] 1978: xxxv). Die an anderer Stelle diskutierte Darstellung der Arbeit Druckers über The End of Economic Man macht deutlich, dass auch er von einer breiten historischen Darstellung der zeitgenössischen politischen und ökonomischen Krise fasziniert war.

7 Karl Polanyi ([1944] 1978: 44) fügt aber kritisch hinzu: »Machine production in a commercial society involves, in effect, no less a transformation than that of the natural and human substance of society in commodities ... [and] the dislocation caused by such devices must disjoint man's relationships and threaten his natural habitat with annilation.«

8 Im Gegensatz zu Polanyi sind für Chandra Mukerji (1983) materielle Artefakte Modell und Vorbild für die Entstehung der materialistischen Weltanschauung und der rationalen Technologie, während Fred Block (1994) die Rolle der staatlichen Poli-

herausbildenden Einstellungen waren rein materialistisch ausgerichtet. Polanyi unterstreicht aber, dass dieser Wandel in den Handlungsmotiven keinesfalls eine Abkoppelung von moralischen Vorstellungen bedeutete. Das Ethos der Marktgesellschaft war zwar an materielle Anreize gekoppelt, die Möglichkeit, Profite zu erzielen, spielte aber in vorangehenden Zivilisationen selten eine signifikante Rolle.[9] Der Ehrgeiz, Profite zu realisieren, ist, wie Polanyi betont, keine Art Naturzustand. Daraus folgt, dass Tauschbeziehungen nicht nur in Urgesellschaften, sondern auch in zukünftigen Zivilisationen an ein bestimmtes Ethos gebunden sein werden, das nicht ausschließlich materielle Anreize zum Handlungsziel hat.[10]

Dieser Schluss wird noch durch Polanyis ([1944] 1978: 48) grundsätzliche Sichtweise auf das ökonomische System in der Gesellschaft verstärkt: Die Wirtschaft ist danach kein isoliertes Sozialsystem, sondern in gesamtgesellschaftliche Prozesse eingebettet (Polanyi [1947] 1971: 66-67), und genau diese Einbindung der Ökonomie in gesamtgesellschaftliche Bedingungen erachtet Polanyi als entscheidend

tik und des Rechtssystems für die Entstehung der modernen Marktorganisation herausstreicht.

9 Polanyi kritisiert eine Anzahl von Sozialwissenschaftlern einschließlich klassischer politischer Ökonomen, die den Ursprung und das Ethos des Marktes an die Entstehung der gesellschaftlichen Arbeitsteilung koppeln. Die Arbeitsteilung sei schließlich so alt wie die Gesellschaft selbst. Adam Smith, Herbert Spencer oder Ludwig von Mises seien deshalb nicht in der Lage zu erkennen, dass das Marktsystem historisch gesehen jüngeren Datums und dass das Interesse, maximale monetäre Erfolge zu erzielen, nicht etwas Natürliches ist.

10 Talcott Parsons (1940a) hat in einem seiner frühen Essays ebenfalls die These betont, dass ein von »ökonomischen Motiven« bestimmtes Handeln weder natürlich oder instinktiv noch eindimensional oder statisch sei. Parsons gesteht zwar zu, dass der so genannte »utilitaristische Geist« verbreitet sei, allerdings sei eine solche Ethik aller Wahrscheinlichkeit nach mit einer Vielzahl von weiteren spezifischen handlungslenkenden Motiven von Individuen in verschiedenen Gesellschaften vereinbar. Die bemerkenswerte Häufigkeit und Verbreitung ökonomischer Motive ist nach Parsons demnach nicht etwa Ergebnis einer korrespondierenden Einförmigkeit der »menschlichen Natur«, etwa eines universellen Egoismus oder Hedonismus, sondern Ausdruck bestimmter sozialer Eigenschaften einer aber keineswegs gleichförmigen Sozialstruktur in unterschiedlichen Gesellschaften (Parsons 1940a: 879). In einer unmittelbaren Antwort auf Parsons Thesen konstatiert und verteidigt der Ökonom Frank Knight (1940: 462) die weitaus farblosere Konzeption des Motivationsbegriffs in der ökonomischen Theorie und unterstreicht, dass man die wie auch immer gearteten Präferenzen der Akteure einfach urteilsfrei akzeptieren sollte, und zwar so, wie sie sind.

für die Dynamik des Wirtschaftssystems (z. B. Polanyi [1957] 1971: 250).

So ist die Marktwirtschaft in eine Markt*gesellschaft* eingebunden (Polanyi [1944] 1978: 74). Die Gesamtheit der in Marktwirtschaften exekutierten Tauschbeziehungen findet unter den gleichen gesellschaftlichen Rahmenbedingungen statt. Das Geld wird zum allgegenwärtigen Transmissionsriemen der sich entwickelnden Marktsysteme. Und alle unter diesen Bedingungen realisierten Einkommen sind an einen Tausch irgendeiner Art gebunden. Unter Bedingungen dieser Art ist es dann auch nicht ungewöhnlich, dass sich der Eindruck durchsetzt, soziale Beziehungen würden insgesamt durch ökonomische Motive bestimmt bzw. wir hätten es anscheinend mit einem Naturzustand zu tun. Anscheinend dominiert die Ökonomie die Welt des Menschen.

Unter Bedingungen der gesellschaftlichen Dominanz des Wirtschaftssystems gilt, dass »honor and pride, civic obligation, and moral duty, even self-respect and common decency, were now deemed irrelevant to production, and were significantly summed up in the word ›ideal‹ (Polanyi [1947] 1971: 69-70). Mit der Marktgesellschaft war zugleich die strikte Trennung von rationalen und nicht-rationalen Handlungsintentionen geboren.

Die herausstechende Eigenschaft eines etablierten, ausdifferenzierten und reifen Systems der Tauschprozesse ist nach Polanyi seine Selbstregulierung. Die Gewinne und die Preise aller am Markt gehandelten Objekte (Waren, Arbeit, Geld und Boden) stehen nicht von vornherein fest, sondern ergeben sich aus der Dynamik der jeweiligen Tauschbeziehungen. Daraus folgt, dass es sich bei der Marktwirtschaft um ein sich selbst regulierendes System von Märkten handelt (Polanyi [1944] 1978: 44). Märkte dieser Art kamen in der vormarktgesellschaftlichen Vergangenheit allenfalls auf zufällige Weise zustande. In einer kapitalistischen Marktgesellschaft kann man dagegen davon ausgehen, dass der »farmer and the manufacturer can no more live without profit, than the labourer without wages« (Ricardo 1951-1973 I: 122). Folgt man Polanyi ([1944] 1978: 292), dann ist es der sich selbst regulierende Markt, der die charakteristischen Motive der Marktwirtschaft und die Trennung von Motivformen hervorbringt.

Nackte Marktresultate werden häufig, aber fälschlicherweise dem besonderen Einfluss von ökonomisch motivierten Entscheidungen einzelner Marktteilnehmer zugerechnet. Der Markt bzw. das Angebot-

Nachfrage-Preis-System ist *unabhängig* von den Motiven der Marktteilnehmer immer in einem Gleichgewichtszustand. Ein Scheitern bzw. ein mangelhaftes Funktionieren der Selbstregulierung des Marktsystems ist Ergebnis der extern gesteuerten Intervention in den Marktmechanismus. Damit zeigt sich, dass Polanyis Analyse der Ursprünge und Eigenschaften der Markwirtschaft zugleich eine kritische Stellungnahme zu zeitgenössischen politischen und ökonomischen Realitäten ist. Seine Kritik ist zugleich ein Plädoyer für eine Koppelung von in der Markgesellschaft getrennten ökonomischen und nichtökonomischen Motiven (vgl. Polanyi [1947] 1971: 72-74).

Die Expansion und Institutionalisierung des sich selbst überlassenen Marktes trifft Ende des 19. und Anfang des 20. Jahrhunderts auf eine Gegenbewegung, die die Selbstregulierung der Marktwirtschaft stört (vgl. auch Hirschman 1970). Die Gegenbewegung ist, wie Polanyi, aber auch Peter Drucker unterstellt, im Kern eine Reaktion auf das Versagen der Marktutopien. Der Widerstand oder die Gegenreaktion manifestiert sich vor allem im Protektionismus auf verschiedensten ökonomischen Feldern, wie etwa dem monetären Protektionismus; insgesamt aber umfasst der Protektionismus die Arbeit aller Produktionsfaktoren. Schutzzölle, Sozialgesetze und Geldpolitik sind weitere konkrete Beispiele dieser vom politischen System eingeleiteten Gegenbewegung. Die institutionelle Trennung von Politik und Ökonomie, die zum »Wesen« der Marktgesellschaft (Polanyi [1944] 1978: 292) gehört, ist somit auf das Schwerste gestört.[11]

In den folgenden Abschnitten werde ich die von vielen Seiten immer wieder kritisch hinterfragte, aber in der Ökonomie weiter dominante *neoklassische* Sicht der Marktbeziehungen unter Konsumenten und Produzenten darstellen (vgl. auch Wilhelmer 2000; Mueller 2004). Das neoklassische Modell ökonomischen Verhaltens tendiert dazu, wie Polanyi ([1957] 1971) es nennt, formale und inhaltliche Aspekte des Begriffs »ökonomisch« zu vermischen. Der formale Begriff des Ökonomischen betont die logischen Eigenschaften von Mittel-Zweck-Beziehungen, während der inhaltliche Begriff des Ökonomischen die Abhängigkeit des Menschen in seinen Bedürfnissen

11 Eine Untersuchung des alltäglichen und wissenschaftlichen Gebrauchs des Begriffs »Widerstand« und eine Analyse des Einflusses des Widerstands gegen neue Technologien, insbesondere seine Folgen für die Atomenergie, die Informationstechnologie und die Biotechnologie, findet sich in einer Arbeit von Martin Bauer (1995).

und deren Befriedigung von anderen Menschen und der Natur unterstreicht.

Die neoklassische Sicht des Marktverhaltens

Der Markt hat kein Herz, der Markt hat kein Gehirn. Er tut, was er tut.
Paul Samuelson (2005)[12]

Im Verlauf der nächsten Abschnitte werde ich die vielfach kritisierte, unter Ökonomen aber dennoch dominante neoklassische Sicht des Marktverhaltens von Produzenten und Konsumenten vorstellen. Hierbei handelt es sich um die Ideengeschichte vom Abstraktwerden des Marktes. Außerdem werde ich auf nicht nur von Ökonomen vertretene alternative Perspektiven verweisen, die sich wie beispielsweise der so genannte evolutionäre Ansatz und die mit den Namen Friedrich Hayek und Kenneth Boulding verbundenen Theorien bemühen, das neoklassische Paradigma radikal zu überwinden oder doch zumindest durch bestimmte Annahmen massiv zu ergänzen und zu verändern.

Die neoklassische Perspektive der Ökonomie (oder *mainstream economics*) hat sich seit den 30er-Jahren des vergangenen Jahrhunderts konsolidiert.[13] Eine Datierung dieser Art ist strittig, und strittig ist auch, ob es sich dabei in der Tat um eine Revolution im ökonomischen Denken handelt und durch welche besonderen Eigenschaften sich die neoklassische Sichtweise auszeichnet. Unbestritten ist aber, dass sich die Perspektive der Ökonomie grundsätzlich verschiebt, und zwar weg von der singulären Betonung der Produktion in der klassischen Ökonomie hin zu Fragen der Konsumtion.[14]

12 Paul Samuelsons Charakterisierung der Eigenschaften tatsächlich operierender Märkte in einem Spiegel-Gespräch am 17. September 2005, Nr. 38, S. 86-90 (Zitat auf Seite 87).

13 Wie Viktor Vanberg (2005) herausgearbeitet hat, datieren einige Ökonomen den Beginn der neoklassischen Ökonomie auf die »marginalistische Revolution« des 1870er-Jahrzehnts; andere wiederum verweisen auf die Mathematisierung des ökonomischen Diskurses, geschult am Beispiel des mechanistischen Weltbilds der Physik des 19. Jahrhunderts als erstem Kristallisationspunkt der neoklassischen Gleichgewichtsperspektive.

14 Dies gilt auch für die von Alfred Müller-Armack (1947) in der unmittelbaren Nachkriegszeit konzipierte Soziale Marktwirtschaft (vgl. auch Hesberg 1961).

Die ideengeschichtlichen Kontroversen sind im Rahmen dieser Untersuchung nicht unmittelbar von Gewicht, genauso wenig wie die berechtigte Frage nach den Gründen für die Durchsetzungskraft der *kulturfreien Welt* der neoklassischen Perspektive sowohl in der Ökonomie (wie auch auf anderen sozial- und naturwissenschaftlichen Gebieten: z. B. Coleman 1990; Becker 1993; Landa 1999; zur Kritik dieses Anspruches z. B. Fine 1998)[15] als auch als normatives Modell in der Welt der praktischen Politik.[16]

15 Der weit über die Grenzen des ökonomischen Systems reichende intellektuelle und praktisch-politische Anspruch, dass ökonomische Gesetze die Gesetze menschlichen Handelns seien (so lange menschliche Tätigkeit immer auch eine Ökonomie der Mittel verlangt), ist keineswegs erst von der gegenwärtig kontrovers diskutierten rational choice theory (vgl. Becker 1976, 1981: xi; Goode 1997; Kiser und Hechter 1998; Zafirovski 2001; Whitford 2002; Boudon 2003; Foucault [1979] 2004) vertreten worden. So bedient sich etwa Ludwig von Mises ([1949] 1996: 3) dieser Generalisierung und verweist auf ihre umfassenden gesellschaftlichen Konsequenzen: »The general theory of choice and preference goes far beyond the horizon which encompassed the scope of economic problems as circumscribed by the economists from Cantillon, Hume, and Adam Smith down to John Stuart Mill. It is much more than merely a theory of the ›economic side‹ of human endeavors and of man's striving for commodities and an improvement of his material well-being. It is the science of every kind of human action.« Ludwig von Mises (1922: 98-99) formuliert diesen universellen Anspruch in seinem früheren Werk Die Gemeinwirtschaft noch präziser bzw. in einem tautologischen Sinne. Er verteidigt die Behauptung, »alles rationale Handeln ist Wirtschaften, alles Wirtschaften ist rationales Handeln.« Angesichts dieser liberalen Ausweitung der Zuständigkeit ökonomischen Denkens, Entscheidens und Handelns bleibt die mögliche Besonderheit menschlichen ökonomischen Handelns (Knappheit, alternative Mittel) völlig auf der Strecke (vgl. auch Godelier [1966] 1972: 23). Noch ist es im Rahmen einer solchen extensiv ausgelegten Theorie menschlichen Verhaltens möglich – oder sinnvoll – zu erklären, wie es überhaupt erst dazu kommt, dass sich die Menschen in ihrem Verhalten durchgängig an einer rational geprägten Einstellung orientieren.

16 Mit diesem Verweis auf die normative Kraft des neoklassischen Modells des Marktes möchte ich auf seine moralische Wirkung in politischen Diskussionen aufmerksam machen: Die politische Forderung, dass man den Marktmechanismus auf weitere gesellschaftliche Felder ausdehnen muss, dass Marktgesetze umfassender durchgesetzt werden sollten bzw. dass man andererseits Marktergebnisse korrigieren sollte, verweist ganz explizit auf bestimmte moralische Ansprüche und Erwartungen, z. B. die Betonung der Durchsetzung von Eigeninteressen oder die These, dass marktgenerierte Ergebnisse und nicht Transferleistungen den materiellen Wohlstand einer Person oder eines Haushalts bestimmen sollten und dass der Markt das Verhalten der Menschen moralisch diszipliniere.

Trotz des nicht zu unterschätzenden Einflusses des neoklassischen Paradigmas in den heutigen Sozialwissenschaften wäre die Behauptung übertrieben, dass der »influence in other social sciences of the economist's deductive style of thinking and sensitivity to quantities has been so fundamental and wide ranging that we are beginning to see a theoretical integration of the social sciences under one overarching paradigm«, wie dies z. B. in den Aussagen von Mancor Olson und Satu Kähkönen (2000: vii) zum Ausdruck kommt.[17]

So viel sei dennoch angemerkt: Die Attraktivität neoklassischen Denkens ergibt sich unter anderem aus bestimmten theoretischen und praktischen Eigenschaften des Modells.[18] Dazu zählt sicher auch die quantitative Genauigkeit, mit der ökonomische Modelle Verhaltensprognosen generieren können.[19] Allerdings sind der Preis für diese Genauigkeit oft *statische* Annahmen über die zugrunde liegenden Verhaltensweisen ökonomischer Akteure.

Die statische, ahistorische Sichtweise des neoklassischen Ansatzes

17 Ob es in der Tat zutreffend ist, dass ökonomisches Denken bzw. materiell geprägte Eigeninteressen die politischen Einstellungen (die ideologischen Präferenzen und die Einschätzung politischer Kandidaten) der Öffentlichkeit determinieren, ist eine strittige These; Sears und Funk (1990: 267) stellen demgegenüber anhand von Umfrageergebnissen (in den Vereinigten Staaten) fest, dass die Öffentlichkeit »seems to think about most political issues, most of the time, in a disinterested frame of mind«.

18 Talcott Parsons (1949: 47) fügt den Eigenschaften des neoklassischen Modells, die dessen verbreitete wissenschaftliche Akzeptanz erklären, ein weiteres, angeblich attraktives wissenschaftstheoretisches Attribut hinzu, und zwar die logische Geschlossenheit und Einfachheit des Modells. Parsons verweist noch genereller auf die Postulate des Utilitarismus und merkt an, »it was a simple – in some respects, as we see it now, quite naïve – way of thinking about human beings ... But it was simple and in certain respects clear and could give a certain coherence and unity and integration to analyses of social phenomena.« Charles Smith (1981:108-109) führt den praktisch-politischen Einfluss der Theorien von John Maynard Keynes in der Nachkriegszeit (in den USA) auf den emergenten Konsens (unter Ökonomen) über wirtschaftspolitische Maßnahmen, die sich aus der Keynes'schen Theorie (wie genau funktoniert die Wirtschaft in der Praxis?) ableiten lassen, zurück.

19 Da modellgenerierte Prognosen in der Praxis oft sehr ungenau oder schlicht unzutreffend sind, erkennt man in dieser so genannten »guten Seite« auch einen der gravierenden Nachteile der neoklassischen Perspektive, nämlich die fragwürdige Distanz des Modells zur sozioökonomischen Praxis (vgl. Mueller 2004: 62-63; vgl. auch Joseph Schumpeters [1939: I, 13] Überlegungen zur mangelnden Fähigkeit der Ökonomen, zutreffende Prognosen zu formulieren).

des auch von »freien« (wohl auch maskulinen, anscheinend ohne Anhang und ohne Verantwortung für die Gesellschaft handelnden) und eigenverantwortlichen Menschen[20] bevölkerten Marktes manifestiert sich z. B. darin, dass der Beobachter *zukünftige* Erwartungen der Marktteilnehmer einfach aus unveränderten, dann der Vergangenheit zuzurechnenden Handlungsumständen ableitet (Keynes 1936: 95, 315-317; Katona 1951).

Die Attraktivität des neoklassischen Marktmodells steht darüber hinaus in einem Zusammenhang mit der Behauptung, das Modell sei in der Lage, den optimalen Einsatz von ökonomischen Ressourcen zu bestimmen und zu spezifizieren, mit denen sich der Markt an wichtige gesellschaftliche Veränderungen anpasst (Block 1990: 47). Sofern es so etwas wie ein Ideal der »öffentlichen Vernunft« gibt, das an ein bestimmtes Verständnis der Wissenschaft gekoppelt ist, dann ist es dieses Bild einer objektiven Wissenschaft, das das herrschende Selbstverständnis der neoklassischen Ökonomie verstärkt, und zwar in Richtung einer standardisierten, quantitativen Version von Objektivität (vgl. Porter 2004: 171).

Schließlich gibt es eine nicht zu unterschätzende politische Attraktivität des neoklassischen Modells, das gegenwärtig ein enger Parteigänger des politischen *Neoliberalismus* ist; eine Attraktivität, die sich aus seinem Plädoyer für eine bewusste Selbstbegrenzung der gesellschaftlichen Macht des Staates ergibt sowie aus der Extension der Marktlogik auf andere gesellschaftliche Institutionen und der Ausweitung einer konkurrenzbestimmten Globalisierung.

Die *mainstream economics* untersuchen nicht mehr, wie noch in der *klassischen* Wirtschaftstheorie seit Adam Smith üblich, die Bedingungen wirtschaftlichen Wachstums und das *Überwinden* der Knappheit, sondern gehen von der permanenten *Knappheit* wirtschaftlicher Güter aus (vgl. auch Luhmann 1972). Die Menschen sind gezwun-

20 Dass die im Rahmen des neoklassischen Modells des Marktes handelnden Menschen wohl freie Persönlichkeiten sein müssen, hat auch Max Weber vermutet. Weber ([1903-1906] 1922: 132) unterstreicht z. B., »je ›freier‹, d. h. je mehr aufgrund ›eigener‹, durch ›äußeren‹ Zwang oder unwiderstehliche ›Affekte‹ nicht getrübter »Erwägungen‹, der ›Entschluß‹ des Handelnden einsetzt, desto restloser ordnet sich die Motivation ceteris paribis den Kategorien ›Mittel‹ und ›Zweck‹ ein, desto vollkommener vermag also ihre rationale Analyse und gegebenenfalls ihre Einordnung in ein Schema rationalen Handelns gelingen.« Allerdings ist der Anlass Webers, über die »Freiheitsgrade« der Motive des Handelnden zu spekulieren, komplizierter, als es dieses kurze Zitat erkennen lässt (vgl. dazu Radkau 2005: 406-407).

gen abzuwägen. Wir sind »verdammt«, in einer Welt zu leben, in der sich nicht alle unsere Wünsche zu allen Zeiten und an allen Orten befriedigen lassen.[21]

Vor diesem Hintergrund lässt sich die neoklassische Perspektive des Marktes auf einen einfachen analytischen Nenner bringen – und diese elementare Grundüberzeugung operiert als Prämisse des ökonomischen Diskurses; sie wird von der Mehrheit der Ökonomen akzeptiert und deshalb auch nicht als weiter diskussionswürdig empfunden (vgl. Heap 2004). Diese Prämisse neoklassischen Denkens verweist auf einen bestimmten kalkulierenden (rationalen) Denkstil des handelnden Subjekts,[22] sei es der in Modellen agierende fiktive Akteur oder die empirisch beobachtbare Person:[23] Das neoklassische

21 Sofern man unterstellt, dass wir tatsächlich in einer wohlhabenden Gesellschaft leben, folgt daraus, wie Helmstaedter (2004) unterstreicht, das moralische Dilemma, dass moralische Überlegungen, vor allem solche, die mit dem Problem der Knappheit in Verbindung stehen, nicht länger existieren.

22 Die Begriffe der »Rationalität« oder des »rationalen Handelns« sind natürlich strittige Konstrukte. Ökonomen definieren »rational« in einem relativ engen Sinn. Der Akteur bemüht sich, ein Ziel möglichst optimal zu realisieren. Der optimierende Handlungsablauf oder das rational entscheidende Individuum stellt sicher, dass das angestrebte Ziel möglichst effizient erreicht wird. Aber selbst diese Definition bleibt ambivalent und ist an unterschiedliche, strittige Interpretationen gekoppelt (Foley 2004: 331-341). So verweist Nancy Folbre (2004: 343) etwa auf die Tatsache, dass »the pursuit of individual self-interest has focused, for the most part, on men in search of money«. Eine die Dominanz dieser eingeschränkten Perspektive überwindende Sichtweise ökonomischen Handelns stößt mit Sicherheit auf einen sehr viel komplizierteren Narrativ des Eigeninteresses der Akteure.

23 Meine Betonung der Rolle des Individuums als handelndes Wirtschaftssubjekt soll auf das besondere Erkenntnisinteresse des neoklassischen Ansatzes aufmerksam machen: Das Forschungsinteresse wird vom methodologischen Individualismus (ein von Schumpeter [1908] geprägter Begriff) bestimmt. Ausgangspunkt und Ziel der Analyse sind mehr oder weniger isoliert (aber wissend) und eigenständig agierende Akteure. Die Präferenzen anderer Subjekte sind für sie nicht unmittelbar handlungsrelevant. Es liegt auf der Hand, dass sich an dieser Sichtweise oft bittere Debatten entzünden. Richard Nelson (2003: 698) knüpft z. B. an diese verengte Sichtweise des kanonisierten Modells des Marktes an und betont, dass es in der Praxis viele Waren und Dienstleistungen gibt, die kollektive und nicht individuelle Bedürfnisse decken. Kaum jemanden würde es überraschen, dass es in der Tat soziale Kontexte gibt, in denen sich ökonomische Akteure in ihrem praktischen Verhalten an den instrumentellen Normen des Idealtyps orientieren. Die eigentliche Frage ist natürlich, ob dies alle Akteure jederzeit tun. Insgesamt sind solche Verhaltensweisen unwahrscheinlich. Auch ist kaum denkbar, dass sich die Zahl der Individuen, die sich modellkonform verhalten, im Verlauf der Zeit wesentlich erhöht hat.

Paradigma unterstellt nicht nur, dass das Marktgeschehen von isoliert agierenden Produzenten und austauschbaren Konsumenten bestimmt wird, sondern auch, dass es sich bei den Transaktionen zwischen den Akteuren um voneinander unabhängige Ereignisse handelt.[24] Individuen handeln im Interesse der Befriedigung ihrer Bedürfnisse. Die dabei zum Einsatz kommenden Vernunftbemühungen gelten ausschließlich den Mitteln des Handelns und nicht dessen Zielen. Man kann deshalb mit Recht von einem instrumentellen Vernunftbegriff sprechen. Es ist die instrumentelle Vernunft, die im Rahmen des neoklassischen Modells ökonomischen Handelns regiert und in diesem Sinn Handeln diszipliniert. Der Preis einer Ware oder Dienstleistung ist eine Funktion des *Grenznutzens* eines Produktes für den Konsumenten oder Produzenten.[25]

Das neoklassische Modell unterstellt, dass Märkte andere soziale Rollen des Akteurs neutralisieren, genau wie sie die institutionellen Fundamente ökonomischen Handelns wie z. B. das Rechtssystem, auf dessen Arbeit und ordnenden Einfluss sich tatsächlich existierende Märkte verlassen, vernachlässigen (z. B. Sen 1999: 262-263). Die neoklassische Ökonomie ist somit extrem zögerlich, die Bedeutung interpersoneller Beziehungen und Sanktionen für das ökonomi-

24 Georg Lukács ([1923] 1970: 183) beschreibt in Geschichte und Klassenbewusstsein die wirklich existierende kapitalistische Gesellschaft und ihr ökonomisches System in ähnlichen, abstrakten Begriffen. Lukács spricht von einer »Atomisierung der Individuen«; die »unmittelbare, praktische wie gedankliche Auseinandersetzung des Individuums mit der Gesellschaft, die unmittelbare Produktion und Reproduktion des Lebens – wobei für das Individuum die Warenstruktur aller ›Dinge‹ und die ›Naturgesetzlichkeit‹ ihrer Beziehungen etwas fertig Vorgefundenes, etwas unanfechtbar Gegebenes ist – kann sich nur in dieser Form der rationellen und isolierten Tauschakte zwischen isolierten Warenbesitzern abspielen.« Die Arbeiter sind die »Besitzer« ihrer Arbeitskraft; und am Schicksal der Arbeiter ist nach Lukács »typisch, daß diese Selbstobjektivierung, dieses Zur-Ware-Werden einer Funktion des Menschen, den entmenschlichten und entmenschlichenden Charakter der Warenbeziehung in der größten Prägnanz offenbaren«.

25 Die Grenznutzentheorie basiert auf der Überlegung des abnehmenden Grenznutzens: Der abnehmende Grenznutzen setzt ein, sofern eine Person bestimmte Waren unablässig konsumiert. Dieses Verhalten führt schließlich zu einem Stillstand, wenn die Bedürfnisse des Konsumenten entweder befriedigt sind oder man nicht mehr gewillt ist, weitere monetäre oder andere Mittel für den Kauf einer zusätzlichen Wareneinheit einzusetzen (eine kritische Betrachtung des Grenznutzentheorems findet sich in Østerberg 1988).

sche Handeln anzuerkennen. Persönliche Beziehungen und Gesichtspunke sind unerwünscht und sogar schädlich (Hayek [1946] 1976: 122). Persönliche Beziehungen stören z. B. die Entwicklung kompetitiver Marktstrukturen. Deshalb kann Richard Emerson (1981: 35) betonen, dass die neoklassische Sicht der Marktbeziehungen davon ausgeht, dass es keine langfristig relevanten, sich gegenseitig beeinflussenden sozialen Beziehungen zwischen den beteiligten Personen gibt: »Obligations, trust, interpersonal attachment, or commitment to specific exchanges partners are all alien topics for neoclassical economic theory« (vgl. auch Akerlof 1970). Die so genannten Transaktionskosten in einem Markt dieser Provenienz, der ohne eingespielte Gewohnheiten oder gegenseitiges Vertrauen auszukommen scheint, tendieren aus dieser Perspektive gegen Null.

Demgegenüber kann man auf den allgemeinen Stellenwert von interpersonellen Beziehungen, Sitten und Gebräuchen, die gesellschaftlichen Sanktionen und deren Wirksamkeit in ökonomischen Handlungskontexten verweisen. Solche Verweise bilden das Fundament von Beobachtungen, die darauf bestehen, es sei nicht nur das normativ richtige ökonomische Handeln, das in modernen Gesellschaften immer mehr von Bedeutung ist (vgl. Vanberg 1994: 43), sondern es seien auch traditionelle soziale Gewohnheiten (vgl. Schlicht 1993), das symbolische Kapital oder andere gesellschaftliche Selbstverständlichkeiten, die auch im Kontext moderner Märkte keineswegs an Bedeutung verloren haben.

Die idealtypischen Vertreter der wichtigsten sozialen Rollen am Markt – Käufer und Verkäufer – handeln im Sinn der neoklassischen Theorie, wie Simmel ([1900] 1907: 492) es drastisch ausdrückt, ausschließlich im egoistischen Interesse. Simmel fügt hinzu: »Alle Motive der Selbstlosigkeit erscheinen nicht als ebenso natürliche und autochthone, sondern als nachträgliche und gleichsam künstlich angepflanzte.« Strittig ist allerdings, ob man historisch gesehen davon ausgehen muss, dass der für moderne Gesellschaften kennzeichnende Individualismus eine notwendige Bedingung für den wirtschaftlichen Fortschritt ist bzw. ob die wachsende sozioökonomische Arbeitsteilung typische ökonomische Entwicklungen moderner Gesellschaften voraussetzt.

Auf jeden Fall werden am Markt agierende Personen durch die angebliche Umstellung von normativen auf kognitive Einstellungen von einer wechselseitigen Kontrolle moralischer Vorstellungen der

Akteure entlastet (Luhmann 1970a: 210).[26] Kommunikationsinhalte sind idealtypisch auf rein wirtschaftliche Sachverhalte beschränkt.[27] Die Menschen wollen mehr für weniger; und die Mechanik des Marktes stellt sicher, dass dies geschieht.

Angesichts des unüberwindbaren Phänomens der Knappheit der am Markt angebotenen Waren und Dienstleistungen spezifiziert die neoklassische Sichtweise die Regeln, nach denen man sich unter diesen Bedingungen verhalten *sollte*, und kreiert damit eine aus ihrer Warte dann angeblich wertneutrale Logik des Wählens (Hausman und McPherson 1993: 679-683; Wilhelmer 2000: 186), nach der man dieses gewünschte Mehr mit weniger realisieren kann. Sofern wir alle marktrelevanten Informationen zur Hand haben und wir darüber hinaus von einer wohl etablierten Hierarchie von Präferenzen ausgehen, sind die zu treffenden Entscheidungen der Marktteilnehmer über die Wahl der zur Verfügung stehenden Mittel auf eine logische Frage reduziert. Die Antwort auf die Wahlentscheidung ergibt sich aus den Handlungsprämissen.

Sich unter diesen Handlungsbedingungen angemessen zu verhalten, heißt, sich *rational* zu verhalten, indem man seine begrenzten Mittel so einsetzt, dass das Ego den größten Nutzen erzielt (*homo oeconomicus*). Die individuellen Präferenzen des Akteurs werden also

26 Der Wegfall von an Personen oder korporative Akteure gekoppelten Orientierungsmöglichkeiten für Verhaltensentscheidungen der Marktteilnehmer (dieses Geschäft ist zuverlässig; dieser Verkäufer hat keine Ahnung; dieser Konsument ist vertrauenswürdig; bisher habe ich dort immer gut eingekauft etc.) führt zu einer erhöhten Komplexität der Entscheidungssituationen, die aller Wahrscheinlichkeit nach in der Praxis gerade durch solche Orientierungshilfen reduziert oder unterlaufen würde: »Auf komplexeren Märkten, an denen nicht mehr Personen, sondern Organisationen tauschen und Personalisierung deshalb nicht möglich ist, treten andere funktional äquivalente ›Aufweichungen‹ an ihre Stelle, vor allem Vereinbarungen zur Einschränkung der Konkurrenz« (Luhmann 1970a: 210).

27 Ganz ähnlich konzipiert Max Weber ([1921] 1964: 490) den autonomen Markt: »Wo der Markt seiner Eigengesetzlichkeit überlassen ist, kennt er nur Ansehen der Sache, kein Ansehen der Person, keine Brüderlichkeits- und Pietätspflichten, keine der urwüchsigen, von den persönlichen Gemeinschaften getragenen Beziehungen.« Auch Luhmann (1970a: 212) betont die Versachlichung der Sozialbeziehungen am Markt: Die »Mitteilung von Preisen, namentlich von feststehenden Preisen, bedarf keiner weiteren Erläuterung; durch Eindeutigkeit wird die wirtschaftliche Kommunikation indifferent gegen die Umstände, gegen biographische Details, gegen persönliche Bekanntschaft: Man braucht sich nicht zu kennen und sich nicht moralisch abzutasten, um sich zu verständigen.«

unter Berücksichtigung einer optimalen Nutzenmaximierung verfolgt. *Ökonomisches Denken* wird somit im alltäglichen wie auch im wissenschaftlichen Verständnis zum Inbegriff rationalen (technischen) Denkens. Die Ökonomie ist die Wissenschaft, so formulierte es Lionel Robbins ([1932] 1984: 16) Anfang der 30er-Jahre kurz und knapp, die das menschliche Verhalten als Beziehung zwischen Zielen und knappen Mitteln mit sich gegeneinander ausschließenden alternativen Verwendungsmöglichkeiten untersucht.[28] Individuelle Bewertungen ökonomischen Handelns konstituieren aus Sicht des ökonomischen Diskurses allenfalls die irrationalen Momente menschlichen Denkens (Robbins [1932] 1984).

Nutzen ist etwas Subjektives. Es geht im ökonomischen Denken in der Tat um die Befriedigung menschlicher Bedürfnisse, d. h. um den antizipierten Nutzen ökonomischen Handelns. Die Operationalisierung dessen, was maximiert werden soll, bezieht sich in der Regel auf einen engen Kreis von Handlungszielen (Profit, Wohlstand). Andere mögliche Ziele (bspw. Handlungsoptionen von Managern, die die Größe oder die Wachstumsrate ihres Unternehmens verbessern möchten, oder von Arbeitern, die versuchen, ihre Freizeit zu erhöhen) werden ad hoc als irrelevant eingestuft. Allerdings zieht sich der Ökonom ins Abseits zurück, wenn es um die Diskussion und Bestimmung des Nutzens im Sinne von Handlungs*zielen* geht. Infolgedessen geht es beim herkömmlichen ökonomischen Denkschema, wie Robbins zutreffend unterstreicht, um die Logik des Abwägens und des rationalen Einsatzes von (knappen) Mitteln.[29]

Es gibt eine Vielzahl von kritischen Ansätzen als Antwort auf die Prämissen des neoklassischen Paradigmas. Dies gilt auch für in jüngster Zeit und aus unterschiedlichsten Beweggründen stattgefundene Auseinandersetzungen mit dem neoklassischen Paradigma (z. B. Weiskopf 1977; Kamarck 2002; Fullbrook 2002). Ich kann an dieser Stelle nur auf wenige, meines Erachtens wichtige Ansätze eingehen.

28 Eine Diskussion des Knappheitsbegriffes aus soziologischer Sicht findet sich in Hahn (1987). Alois Hahn macht darauf aufmerksam, dass Knappheit kein natürliches, sondern ein von der Ökonomie produziertes Phänomen sei bzw. ein Zustand, der überwunden werden oder sogar zu Überschussbedingungen führen könne. Zu den wichtigen Funktionen der Ökonomie gehöre demnach die Konstitution einer »angemessenen« Knappheit.

29 Eine systemische (additive) Rationalität ist demzufolge Ergebnis einer nicht-intendierten Rationalität der Summe individuellen Verhaltens (vgl. Merton 1936; Godelier [1996] 1972).

Die kritischen Reaktionen lassen sich sinnvollerweise danach unterscheiden, ob ihre Versuche, die neoklassische Perspektive zu überwinden oder zu ergänzen, empirisch-historisch argumentieren oder ob sich ihre Argumente, ähnlich wie die der Neoklassik, auf intellektuelle, logische oder wissenschaftstheoretische Überlegungen stützen. Die kritischen Perspektiven, die in meinem Argumentationszusammenhang von Bedeutung sind und auf die ich näher eingehen werde, sind nicht so sehr radikale Versuche, die neoklassische Theorie zu überwinden oder sie als Handlanger der Herrschenden zu entlarven, sondern vielmehr als konstruktive Ansätze zu verstehen, die mich in der Frage der Moralisierung der Märkte theoretisch voranbringen können.

Da es mir in diesem Kontext um die Frage geht, wie sich ökonomische Akteure in der modernen Gesellschaft verhalten bzw. wie und weshalb sich ihr Verhalten geändert haben mag, ist die Gegenthese der neoklassischen Perspektive von der universellen Rationalität und der wie auch immer definierten eigensinnigen Nutzenmaximierung der Handelnden von besonderem Gewicht und kritisch zu hinterfragen. Meine Hilfsmittel sind dabei zunächst die vor allem, aber nicht ausschließlich von der Ökonomie selbst produzierten kritischen Reflexionen. Gleichzeitig stelle ich damit die Analyse tatsächlich existierender moderner Märkte in den Mittelpunkt meiner Betrachtung.

Ich gehe in meiner Darstellung der kritischen Analysen des neoklassischen Paradigmas des Marktes zunächst auf die Arbeiten von Friedrich Hayek ein. Meine Beschreibung der Position Hayeks hat ein eng umrissenes Ziel. Die Darstellung bezieht sich auf seine ökonomische Theorie des Marktes und umfasst nicht sein vielfältiges Werk, das sich mit psychologischen, philosophischen, juristischen und politischen Themen (z. B. Hayek 1958) beschäftigt, genauso wenig, wie ich an dieser Stelle auf andere Aspekte der ökonomischen Theorie Hayeks, etwa seine Arbeiten zu konjunkturellen Zyklen (Hayek 1931), eingehen werde.

Die Einheit des Marktes in seiner Verschiedenheit

Friedrich A. Hayeks (1899-1992) Arbeiten gehören zu den pointiertesten und interessantesten kritischen Reflexionen auf die neoklassische ökonomische Theorie. Sein Bemühen, eine von der Praxis abgekoppelte Theorie des Marktes zu dynamisieren und unser Verständnis des Marktes realistischer zu fassen, muss als theoretische Untersuchung des Marktgeschehens über die Grenzen der traditionellen Gleichgewichtsanalyse hinausführen.

Für Hayek bedeutet dies nicht nur, die Prämissen der neoklassischen Perspektive zu überwinden, sondern die Ökonomie von einer logischen in eine empirische Wissenschaft zu transformieren. Die Gleichgewichtsanalyse in ihrem neoklassischen Gewand kann dagegen nur heißen, dass die Erwartungen der Gesellschaftsmitglieder, insbesondere der Unternehmer, unter bestimmten Bedingungen »immer richtiger werden« (Hayek [1937] 1976: 64).

Sobald man die These der neoklassischen Theorie des Marktes in dieser Weise formuliert, wird die Prämisse eines zum Gleichgewicht tendierenden Marktes zu einer empirisch überprüfbaren Aussage. Und zwar ist es eine empirische Aussage, die sich hauptsächlich auf die Verteilung des fragmentarischen Wissens bezieht; genauer: Es ist das »Problem der Verwertung von Wissen, das niemandem in seiner Gesamtheit gegeben ist« (Hayek [1968] 1969: 104).

Warum und weshalb handeln ökonomische Akteure, wie sie handeln, und welche Folgen hat ihr Verhalten? Das einmal so formulierte Problem bedeutet aber, wie Hayek ([1937] 1976: 64) betont, dass wir weiter »ziemlich im Unklaren« sind über »a) die *Bedingungen*, unter denen angenommen wird, dass diese Tendenz [zum Gleichgewicht] besteht, und b) die Natur der *Vorgänge*, durch die das individuelle Wissen sich ändert.« Im Kontext der Prämissen der neoklassischen Theorie wird die Frage nach dem, was Käufer und Verkäufer eigentlich wissen, völlig unbedeutend, da man von einem perfekt transparenten Markt ausgeht. Ein perfekter Markt bedeutet, dass jeder Akteur all das, was er wissen muss, tatsächlich weiß (vgl. auch Geanakoplos 1992; Hayek ([1937] 1976: 65) und dass der *homo oeconomicus* deshalb – sozusagen durch die Hintertür – als quasi allwissender Einzelmensch wieder erschienen ist.

Wie lernen Verkäufer und Käufer das notwendige Wissen, unter welchen Bedingungen geschieht dies, wieviel und welches Wissen haben die verschiedenen am Markt handelnden Personen? Aus diesem Fragenkatalog lässt sich ersehen, dass es eine primäre Aufgabe des Marktes sein muss, den Erwerb neuen Wissens, seine Verteilung und Anwendung zu fördern oder zumindest doch für den partiellen Abbau des Nichtwissens der Marktteilnehmer zu sorgen. Somit ist es im Gegenentwurf zum neoklassischen Paradigma nicht die vorrangige Funktion des Marktes, die Allokation knapper Ressourcen zur Befriedigung unterschiedlicher Bedürfnisse sicherzustellen.[30] Darüber hinaus gibt es offensichtlich einen unmittelbaren Widerspruch zur These vom rationalen Akteur, da das tatsächlich verfügbare Wissen der ökonomischen Akteure nicht umfassend, sondern eher fragil, begrenzt, aber auch stark differenziert sein muss.[31]

30 In Analogie zur Arbeitsteilung gibt es für Friedrich Hayek eine parallele Wissensteilung im Wirtschaftssystem. Hayek unterstellt, dass die Wissensteilung im Wirtschaftssystem einen der Arbeitsteilung vergleichbaren Stellenwert hat. Während das Problem der Arbeitsteilung »seit den Anfängen [der Ökonomie] ... eines der Hauptuntersuchungsobjekte war, wurde das erstere völlig vernachläßigt, obwohl es mir als das zentrale Problem der Volkswirtschaftslehre als einer Sozialwissenschaft erscheint« (Hayek [1937] 1976: 71). Wie Hayek ([1937] 1976: 70) ausführt, weist das von ihm zuerst formulierte Konzept der Wissensteilung eine gewisse Verwandtschaft zu Überlegungen von Ludwig von Mises auf; und zwar macht von Mises (1922: 96) darauf aufmerksam, dass die »Verteilung der Verfügungsgewalt über die wirtschaftlichen Güter der arbeitsteilig wirtschaftenden Sozialwirtschaft auf viele Individuen ... eine Art geistige Arbeitsteilung (bewirkt), ohne die Produktionsrechnung und Wirtschaft nicht möglich wäre.« Jüngste empirische Beobachtungen und Untersuchungen, die sich mit der Frage »asymmetrischer Informationen« verschiedener ökonomischer Akteure (Sandler 2001: 110-129) oder der Idee des »unaufmerksamen Konsumenten«, der ex post über die Verteilung seiner Konsumausgaben nur wenig informiert ist (Ameriks, Caplin und Leahy 2004), befassen, nehmen Friedrich Hayeks These von der Bedeutung der Wissensteilung im ökonomischen System als relevantes Element des besseren Verständnisses wirtschaftlichen Handelns wieder auf.

31 Das von den Marktakteuren entdeckte und von ihnen verbreitete Wissen beschränkt sich nicht nur auf Informationen zu Preiserwartungen oder gegenwärtig geltenden Preisen. Die umfassendere Wissensteilung bezieht sich auf die Frage, wie es möglich ist, »daß die ineinandergreifenden Handlungen einer Anzahl von Personen, deren jede nur ein kleines Stück von Wissen besitzt, einen Zustand herbeiführen [kann], in dem die Preise den Kosten entsprechen usw. und der durch bewußte Lenkung nur von jemand herbeigeführt werden könnte, der das Wissen all jener Individuen zusammen besäße« (Hayek [1937] 1976: 71). Was demzufolge untersucht werden muss und nicht von vornherein als Prämisse in die theoretischen Überlegungen eingehen darf, ist die Frage: Wie kommt es überhaupt zu Überschneidungen von Teilinformationsmengen unterschiedlicher Akteure?

Friedrich Hayeks ([1968] 1969) Antwort auf die Fragen nach dem Mechanismus und dem Ausgleich von Kosten und Preisen in einer Volkswirtschaft, in der der einzelne Akteur nur über ein unvollkommenes, fragmentarisches Wissen verfügt, lautet: Der Markt operiert wie eine Art Entdeckungsreise. Er vermittelt und macht eine Vielzahl von Wissensformen und -inhalten zugänglich. Zu diesen Wissensformen und -inhalten gehören sowohl implizites Wissen als auch kodifizierte, abstrakte wissenschaftliche und technische Erkenntnisse. Ein nicht unerheblicher Anteil allen Wissens, das notwendig ist, um den Ablauf des Marktes sicherzustellen, besteht nicht aus alltäglichem Wissen. Die Vermittlung des Wissens, das nicht als organisches Ganzes existiert, sondern im Aggregat nur als Summe unvollkommener, oft sich widersprechender und verstreuter Erkenntnisse, durch den Markt erfolgt aufgrund der Verhaltensweisen einzelner Marktteilnehmer, die sich angesichts ihrer eingeschränkten Gestaltungsmöglichkeiten bemühen, ihre Interessen irgendwie, so gut es geht, zu realisieren.

Hayek verwendet eine Metapher von Adam Ferguson (1797: 187),[32] um die besonderen Eigenschaften dieses Marktprozesses zu charakterisieren: Die sich spontan herauskristallisierende *kollektive* Ordnung des Marktes ist zwar Ergebnis bewussten menschlichen Handelns, nicht aber Resultat absichtsvollen Verhaltens.

Hayeks Sichtweise der Funktion des Marktes war für ihn gleichzeitig eine Antwort auf den zeitgenössischen Streit über den planenden Staat und die Planwirtschaft: Aus Hayeks Analyse folgt zumindest implizit, dass man die am Markt zu findende spontane Sozialordnung nicht von oben oktroyieren kann. Eine Planbürokratie wäre nicht in der Lage, die Summe des Wissens einzelner Marktteilnehmer so zu organisieren, dass es zu einem vergleichbaren Ergebnis eines spontan sich selbst organisierenden Marktes kommen kann. Hayeks Kritik des neoklassischen Paradigmas ist zugleich eine Kritik der Planwirtschaft und der vergeblichen Versuche, eine wirklich funktionierende Gesellschaftskontrolle zu installieren.

Hayeks Kritik des Gleichgewichtsansatzes, wie er das neoklassische Paradigma nennt, zeichnet sich dadurch aus, dass er den Markt

32 Adam Ferguson formuliert die fragliche These selbst wie folgt: »Völker finden sich unerwartet im Besitz von Einrichtungen, die in der Tat zwar das Ergebnis menschlichen Handelns, doch nicht die Ausführung irgendeines menschlichen Entwurfes sind.«

als einen sich selbst organisierenden Prozess begreift, der der Vielfalt der unterschiedlichen und unvereinbaren Ziele der nicht miteinander in Verbindung stehenden Marktteilnehmer dient (Hayek 1978: 108). Er legt gleichzeitig Wert darauf, dass seine Sichtweise nicht auf einfache, abstrakte Marktregeln Bezug nimmt, denen sich alle Teilnehmer des Marktes, unabhängig von ihren individuellen und kollektiven Eigenschaften, unterwerfen müssen.

Aus Hayeks Sicht ist der Markt unendlich differenziert. Er ermöglicht die Realisierung einer nicht zu übersehenden Vielfalt von Intentionen. Die auf diese Weise gefasste essenzielle Offenheit des Marktes ist eine der systemspezifischen Voraussetzungen für die Möglichkeit eines Trends zur Moralisierung der Märkte. Der Marktzugang ist nicht blockiert und ist möglich aufgrund einer Vierzahl von denkbaren Eigenschaften. *Keine* Voraussetzung des Marktzugangs ist demnach das Vorhandensein von wohl organisierten Wissensbeständen oder der Gleichheit der sozialen Stellung der Akteure, obwohl auch dies denkbar ist.

Marktverhalten kann, muss aber nicht kooperativ sein. Die kollektiven Folgen intendierten Handelns sind nicht beabsichtigt (vgl. auch Hayek [1968] 1969). Sofern sich so etwas wie eine Rationalität des Marktes herausschält oder sie ihm zugerechnet werden kann, ist dieser Zustand nicht Ergebnis einer vorab existierenden Rationalität der Marktteilnehmer oder von Standards ihrer Urteilsfindung, mit denen sie sich von vornherein Zugang zum Markt verschaffen, sondern Resultat bestimmter institutioneller Randbedingungen ökonomischen Handelns.[33]

Die evolutionäre Perspektive des Marktes

Die im Kontext des professionellen ökonomischen Diskurses wohl am häufigsten zitierte Kritik des neoklassischen Paradigmas des Marktes und der zentralen Verhaltensprämissen der Marktteilnehmer ist die

33 Wie Hayeks Biograph Bruce Caldwell (2004: 339) deshalb auch betont, unterstreicht die von Hayek häufiger wiedergegebene Beobachtung, dass ökonomische Kenntnisse allein keinesfalls sicherstellen, ein guter Ökonom zu sein, die Bedeutung der Kenntnisse der jeweiligen institutionellen Rahmenbedingungen und Einflüsse für ein besseres Verständnis wirtschaftlichen Handelns als kontextbestimmtes Verhalten.

so genannte evolutionäre Perspektive. Dabei handelt es sich allerdings keineswegs um eine geschlossene Theorie, im Gegenteil, unter dem Dach dieses Begriffs findet man eine Anzahl von Perspektiven, die sich in eigenständiger Weise einer evolutionären Tradition verpflichtet fühlen. Ich verweise an dieser Stelle nur auf ihre wohl bekanntesten Vertreter:

Richard R. Nelson und Sidney G. Winter (1982) kritisieren in ihrer Studie *An Evolutionary Theory of Economic Change*, die zu den wichtigsten Grundlagen des neueren evolutionären Ansatzes gehört,[34] sowohl die Prämisse der neoklassischen Perspektive, nach der sich die einzelnen Marktteilnehmer grundsätzlich rational (im Sinne von Gewinn maximierend) verhalten, als auch die Annahme, dass ökonomische Marktprozesse, kumulativ gesehen, zum Gleichgewicht tendieren.[35]

Ihr Gegenvorschlag lautet, man solle diese (statischen) Annahmen durch den Verweis auf gewisse (insbesondere praxisnahe) routinehafte oder habituelle Verhaltensregeln (*rules of thumb*) der Akteure ersetzen. Diese Gruppe der Kritiker des neoklassischen Ansatzes verweist zwar auf typische Verhaltensweisen ökonomischer Akteure, die beispielsweise durch kumulative Lernprozesse in Organisationen gekennzeichnet und hervorgebracht sind, nicht aber, wie ich wiederum kritisch unterstreichen würde, auf durch *gesellschaftliche* Entwicklungen vermittelte neuartige Handlungsfähigkeiten von Wirtschaftsakteuren.

Nelson und Winter (zusammenfassend 2002) reklamieren in ihrer Kritik der neoklassischen Perspektive für die evolutionäre Theorie ökonomischen Verhaltens ein *dynamisches* Forschungsinteresse. Das spezifische Erkenntnisinteresse gilt also nicht den in einem kulturfreien sozialen Feld isoliert agierenden Individuen, sondern den in

34 Nelson und Winter (2002: 24) verstehen den evolutionären Ansatz als eine Rückbesinnung auf Themen und Probleme, die sowohl in der klassischen Ökonomie als auch in den Arbeiten der Ökonomen zu Beginn des 20. Jahrhunderts (z. B. Schumpeter) eine wichtige Rolle gespielt haben. Und zwar ist dieses gemeinsame Erkenntnisinteresse die Frage nach den Ursachen des wirtschaftlichen Wachstums (vgl. auch Hodgson 1993: 53-194).

35 Konventionell argumentierende Ökonomen sind durchaus bereit, die häufig wiederholte Kritik ihres Marktmodells zu akzeptieren, verweisen aber dennoch auf die erheblichen Nachteile vom Idealtypus abweichender realistischer Märkte. Wir wären kollektiv besser bedient, so wird betont, wenn sich tatsächlich existierende Märkte dem Idealfall annähern würden.

bestimmten sozialen Kontexten wie Firmen, Organisationen und Industriezweigen beobachtbaren Routinen.

Auslöser dieser Umkehr des Forschungsinteresses sind nach Nelson und Winter die in den vergangenen Jahrzehnten tatsächlich beobachtbaren Entwicklungen im Wirtschaftssystem, insbesondere das durch technischen Wandel mitbestimmte ökonomische Wachstum. Natürlich erstreckt sich das Forschungsinteresse der evolutionären Theorie auch auf die Frage nach den Entstehungsgründen routinehaften Verhaltens und dessen Verbreitung im Wirtschaftssystem.

Wie sich aus dieser skizzenhaften Darstellung des Erkenntnisinteresses der evolutionären Perspektive ökonomischen Handelns schon erkennen lässt, sind ihre Annahmen über die essenzielle Dynamik der modernen Ökonomie durchaus kompatibel mit einer Untersuchung der Moralisierung moderner Märkte. Zu diesen kompatiblen Postulaten gehört die Bedeutung exogener Faktoren als Auslöser eines Wandels des Marktes, die Betonung von nicht-antizipierten Folgen absichtsvollen Handelns, die Entwicklung und Ausweitung von gesellschaftlichen Handlungsmöglichkeiten (Wissen) und dazu gehören ferner Anpassungsstrategien der Akteure an sich verändernde Handlungsbedingungen, z. B. neue für den Markt geltende Spielregeln und deren Einfluss auf die Marktbilanzen.[36]

In meinen Darlegungen der wichtigsten Streitpunkte zwischen Ökonomen hinsichtlich der neoklassischen Sicht auf Ökonomie, Wirtschaftsakteure, die Natur des Marktes und die Dynamik des ökonomischen Systems wende ich mich nun abschließend Kenneth Boulding und seiner Ökonomie der Liebe und Angst zu. Bouldings Kritik der neoklassischen Perspektive ist vielleicht weniger bekannt als die Friedrich Hayeks oder die der Evolutionstheorie, aber sie repräsentiert nichtsdestotrotz einen formidablen Ansatz und Einwand gegenüber den konventionellen ökonomischen Theorien.

36 Aus der Relevanz dieser gesellschaftlichen Prozesse für das Verhalten von korporativen Akteuren im ökonomischen System folgt, so Nelson und Winter (2002: 26), dass »the broader currents of historical change in the socioeconomic system are forever imposing exogenous change in the economic subsystem, posing new and unfamiliar problems to firms. To capture the phenomena characteristic of this reality requires a fully dynamic analysis.«

Die Ökonomie der Liebe und der Angst

Der amerikanische Ökonom Kenneth Boulding (1910-1993) respektiert und beachtet die von dem neoklassischen Ansatz errichteten und verteidigten Grenzen ökonomischen Denkens genauso wenig wie die Vertreter der evolutionären Perspektive. Boulding beabsichtigt die Begrenzung der kognitiven Zuständigkeit der Ökonomie zu erweitern; mit seinem theoretischen Ansatz gelingt es ihm, auf eine wichtige Verbindung des moralischen mit dem ökonomischen Handeln aufmerksam zu machen. Von besonderem Interesse ist dabei Bouldings innovative ökonomische Theorie der Liebe und der Angst (1981).[37]

Boulding entdeckt mit seiner »grants economy« (der Unterstützungs- oder Subventionsökonomie) eine große, aber von den *mainstream economics* weitgehend vernachlässigte Region ökonomischen Handelns, die zudem nicht mit den herkömmlichen, von der Neoklassik sanktionierten Präferenzen, Motiven und Zielen ökonomischer Denkweisen vereinbar ist. Möglicherweise sind Ökonomen schon deshalb geneigt, diesem hybriden Handlungssystem das Prädikat »ökonomisch« zu verweigern. In der Tat stießen Bouldings Ideen auf keine große Resonanz unter professionellen Ökonomen.[38]

Wie dem auch sei, es handelt sich bei dem von Boulding analysierten »*grant* system« um die Summe einseitiger Ausgaben (und Einnahmen) und deren nicht zu leugnenden ökonomischen Folgen, die entweder die Form von *Geschenken* annehmen oder bei denen die Transaktion durch Androhung von Sanktionen initiiert und durchgesetzt wird. Denkbar ist aber auch, dass sich beide Motive vermischen. Dies gilt z. B., so unterstreicht Boulding (1981: xi), für Steuerzahlungen der Staatsbürger und der Unternehmen.

Aus anthropologischer oder soziologischer Sicht handelt es sich bei Geschenken nicht unbedingt um einseitige ökonomische Trans-

37 Bouldings Studie aus dem Jahr 1981 hat einen von ihm verfassten Vorläufer, dessen Haupttitel noch The Economy of Love and Fear war (Boulding 1973). Ich beschränke mich in meiner Darstellung des Ansatzes von Boulding auf die Motivationsstruktur von Transaktionen in der »grants economy«. Bouldings Thesen gehen sehr viel weiter, indem er in seiner Studie z. B. die unterschiedlichen ökonomischen Folgen der »grants economy« eingehend untersucht.

38 Vgl. die professionelle Organisation zur Untersuchung der »grants economy«: ⟨http://www.aeaweb.org/RFE/OrgsAssoc/Soc/ASGE.html⟩.

aktionen, da, wie die klassische Studie von Marcel Mauss ([1925] 1990) zur sozialen Konstitution von Austauschprozessen belegt, der Austausch von Geschenken in der Regel und notwendigerweise mit einer Reihe von Verpflichtungen verbunden ist. So löst ein Geschenk zumindest die Erwartung eines Gegengeschenks aus. Für Kenneth Boulding sind Geschenke wohl deshalb einseitige ökonomische Transaktionen, weil es sich nicht, wie im Fall einer Spende oder der finanziellen Unterstützung der Ausbildung der Kinder durch die Eltern, um Zug-um-Zug-Transaktionen handelt bzw. um eine Transaktion, die beide Seiten in etwa gleich stellt.[39]

Die von der »eigentlichen« Ökonomie relativ autonome und unabhängige Unterstützungs- und Subventionsökonomie unterscheidet sich zwar in den dominanten Motiven einer Transaktion, lässt sich andererseits aber sehr wohl als Teil des gesellschaftlichen Wirtschaftssystems fassen. Es leuchtet ein, dass »a large part of the study of grants falls within the boundaries of economics. It deals with the transfers of economic goods, and is dominated by the phenomenon of scarcity in that the total volume of grants in any particular segment of society is limited by the innumerable forces in society that in fact limit the amount of grants« (Boulding 1981: vi).

Die Unterstützungs- und Subventionsökonomie wirft nicht nur interessante Fragen über die Beziehungen zwischen angeblich gegeneinander abgeschotteten Sozialsystemen (Familie – Wirtschaft – Staat – Familie) auf, sondern macht nachdrücklich darauf aufmerksam, dass ökonomische Fragestellungen häufig nicht nur andere sozialwissenschaftliche Felder und gesellschaftliche Systeme implizie-

39 Kenneth Boulding (1981: 2) beruft sich in seiner Definition eines grants auf die Konventionen der doppelten Buchhaltung (obwohl diese nicht alle relevanten sozialen und psychologischen Phänomene der Unterstützungsökonomie umfasst): »An exchange is a rearrangement of assets of equal values among owners, but the total net worth of the parties share not changed ... [but] if A makes a grant of $ 100 to B, then A's net worth is diminished by $ 100 and B's net worth is increased by $ 100.« Ob es sinnvoll ist, zwischen Geschenken und »grants« zu unterscheiden, wird von Khalil (1997: 503-507) ausführlicher in Betracht gezogen. Khalil (1997: 506) spricht sich für ein Unterscheiden zwischen Geschenken und Subventionen aus: »The award of a grant is mainly an act of altruism or beneficence aimed at enhancing the substantive utility of the recipient. In contrast, the gift is primarily a symbolic gesture of affirming social bond and commitment.« In beiden Fällen besteht aber dennoch eine enge Verbindung von formaler und inhaltlicher Rationalität.

ren, sondern auch moralisch basierte Verpflichtungen und Intentionen.

Den Umfang der Unterstützungs- und Subventionsökonomie einer Volkswirtschaft zu quantifizieren, ist allerdings schwer. Der bekannte Begriff der Staatsquote, des Verhältnisses der Staatsausgaben zum Sozialprodukt, das in vielen Ländern der Europäischen Gemeinschaft zwischen 45 und 55 Prozent beträgt, wirft allenfalls ein erstes Licht auf den Umfang der *grants economy.*[40] Die Staatsquote enthält sowohl Unterstützungs- und Subventionszahlungen als auch reguläre ökonomische Transaktionen. Gleichzeitig spiegeln sich in der Staatsquote nicht die von privaten Haushalten und Unternehmen geleisteten Unterstützungszahlungen wider.

Vor dem Hintergrund der neoklassischen Annahmen über die ökonomische Transaktionen determinierenden Beweggründe des Nutzenkalküls der Akteure schenkt Boulding den Motivationen besondere Aufmerksamkeit, die für die Unterstützungs- und Subventionsökonomie bestimmend sind.[41] Wie es der Titel seines theoretischen Ansatzes zusammenfassend zum Ausdruck bringt, handelt es sich hierbei um zwei Motivationsstrukturen: Einmal – und dies ist für Boulding vorrangig – ist es ein Wohltätigkeitsmotiv oder das Motiv der Nächsten*liebe* (*benevolence*), das in der konventionellen Ökonomie völlig vernachlässigt wird. Zum anderen ist es ein Tribut (Steuer, Abgabe etc.), der aufgrund von *Angst* oder von Gewaltandrohung geleistet wird. Der Straßenräuber ist hier ein Paradebeispiel.

Bouldings Ökonomie der Liebe und der Angst ist eine für die Untersuchung der Moralisierung der Märkte wichtige theoretische Konzeption. Bouldings Ansatz verweist nicht nur auf Transaktionen, die eine signifikante ökonomische Dimension haben und die durch moralische Reflexionen ausgelöst und gestützt werden, die jenseits des Motivs des Nutzenkalküls neoklassischer Akteure angesiedelt sind, sondern er gibt auch einen ersten Hinweis auf eine mögliche

40 Eine Studie von James N. Morgan und Nancy A. Baerwaldt (1973) schätzt die Summe der »grants« im Jahre 1970 in den USA auf fast 400 Milliarden Dollar – bei einem Bruttosozialprodukt von insgesamt 977 Milliarden.

41 Rein formal argumentiert, lassen sich nicht nur die Konzepte der Nutzenmaximierung, des Grenznutzens und des Gesetzes vom fallenden Grenznutzen auf das Phänomen einseitiger Transaktionen (grants) anwenden, sondern auch verschiedene, der Marktlogik zugerechnete Funktionen wie die der Allokation von Ressourcen (vgl. Boulding 1981: 5-12).

Quantifizierung der Moralisierung der Märkte. Man muss versuchen, den Anteil der Unterstützungszahlungen an den Ausgaben eines Haushalts oder eines Unternehmens zu verschiedenen Zeitpunkten und unter unterschiedlichen Bedingungen zu messen. Die Gründe allfälliger Verschiebungen in der Höhe der Zahlungen und in Bezug auf den Kreis ihrer Empfänger kann man allerdings nicht unmittelbar aus den von Boulding angestellten theoretischen Überlegungen ablesen.

So einleuchtend und hilfreich die unterschiedlichen kritischen Auseinandersetzungen der Ökonomen von Hayek bis Boulding mit der in ihrem Wissenschaftsfeld dominanten neoklassischen Doktrin auch sein mögen (ich habe auf eine Reihe dieser Qualitäten aufmerksam gemacht), es gibt eine weitere, darüber hinausgehende Zugangsweise zur Kritik des neoklassischen Denkens, mit der ich mich jetzt ausführlicher beschäftigen möchte. Und zwar ist dies die vielschichtige, wenn auch widersprüchliche Kritik der Soziologie am herkömmlichen Verständnis des Marktgeschehens.[42]

Bevor ich auf die spezifische soziologische Kritik des kulturfreien neoklassischen Marktmodells eingehe, möchte ich auf verschiedene soziologische Beobachtungen aufmerksam machen, die, zwar nicht unbedingt in affirmativer Weise, eine Homogenisierung zivilisatorischer Trends und eine die moderne Gesellschaft insgesamt erobernde, säkulare Tendenz zum *berechnenden* Verhalten feststellen.

In den folgenden Abschnitten werde ich sowohl auf die These vom unablässig fortschreitenden Differenzierungsprozess moderner Gesellschaften eingehen als auch auf eine theoretische Konzeption verweisen, die man als Gegenentwurf zur vorherrschenden sozialwissenschaftlichen These von der wachsenden sozialen Differenzierung verstehen kann. Es handelt sich, genauer gesagt, um Beobachtungen, die von einer Annäherung der motivationalen Basis ökonomischen und gesellschaftlichen Handelns bzw. der gesamtgesellschaftlichen Dominanz traditioneller ökonomischer Handlungsmotive sprechen.

Allerdings werde ich in diesem Zusammenhang nicht unmittelbar

42 Auf die Bemühungen von Soziologen, ökonomische Prämissen und Perspektiven in die Soziologie einzugliedern, wie dies z. B. in der Nachkriegszeit von George C. Homans (1961) oder später von James S. Coleman (1990) versucht wurde, möchte ich nicht unmittelbar eingehen. Meine Kritik an ihren Modellen ergibt sich aber aus meiner Kritik am Standardmodell des Marktes des neoklassischen ökonomischen Diskurses.

auf häufig vorgetragene und verwandte Beobachtungen eingehen, die mit großer Selbstverständlichkeit davon ausgehen, dass die Wirtschaft nicht nur die Politik bewegt, sondern insgesamt die Gesellschaft und das Handeln ihrer Akteure nicht nur mitbestimmt, sondern determiniert. Besonders ausgeprägte Thesen dieser Richtung finden sich beispielsweise in Spielarten des Neo-Marxismus, aber auch in den theoretischen Annahmen der so genannten *new institutional economics*, der *rational choice theory* (Boudon 2003) oder in Immanuel Wallersteins (z. B. 1991) Weltsystemtheorie.

Die Wirtschaft bewegt die Gesellschaft

Die vielfältige Kritik am neoklassischen Modell des Markthandelns entzündet sich trotz großer Unterschiede in ihren einzelnen Aussagen und in der Richtung der Alternativen, die vorgetragen werden, immer wieder an der Frage der Grenzziehungen zwischen dem Wirtschaftssystem und anderen gesellschaftlichen Institutionen sowie gesamtgesellschaftlichen Veränderungen.

Mit anderen Worten, es kann nicht ausbleiben, dass man die Frage nach den Kernprozessen gesellschaftlichen Wandels aufwirft und fragt, ob es die Gesellschaft ist, die die Wirtschaft bewegt, oder ob die Wirtschaft die Gesellschaft bewegt.

Ich möchte diese grundsätzliche Problematik in Bezug auf zwei Überlegungen näher charakterisieren: einmal in Hinblick auf die verbreitete These, dass es in modernen Gesellschaften bestimmte übergreifende gesellschaftliche Entwicklungstendenzen gibt, z. B. die der unablässig wachsenden sozialen Differenzierung, zum anderen in Bezug auf die durch Max Weber repräsentierte Vorstellung, dass es bestimmte zivilisatorische Momente gibt, die auf einen gewissen langfristigen Trend zur Vereinheitlichung der Gesellschaft, z. B. in ihrer Motivationsstruktur, deuten.

Die Vorstellung, dass die Ökonomie und »rein« ökonomische Motive die Gegenwartsgesellschaft bestimmen,[43] steht in scharfem Kon-

43 In der politischen Verhaltensforschung gibt es z. B. eine jetzt schon über Jahrzehnte andauernde kontroverse Diskussion über den Stellenwert rein ökonomischer Motive, etwa über den Eigennutz, für die Ausprägung politischer Einstellungen und politischen Verhaltens. Während klassische Studien des Wahlverhaltens (z. B. Berelson, Lazarsfeld und McPhee 1954: 184) die zentrale Bedeutung des Selbst-

trast zu der in den Sozialwissenschaften weithin akzeptierten Idee, dass moderne Gesellschaften von einem fundamentalen sozioevolutionären Trend gekennzeichnet sind, der *sowohl* die Bedingungen für die Möglichkeit sozialen Wandels konstituiert *als auch* deren wichtigste Folge, nämlich die funktionale soziale Differenzierung.

Die funktionale Differenzierung und die operative Geschlossenheit der Sozialsysteme sind nach dieser Sichtweise auf allen Ebenen sozialen Verhaltens die wichtigsten Eigenschaften und Besonderheiten moderner Gesellschaften. Das Wirtschaftssystem kann sich von diesem gesamtgesellschaftlichen Trend nicht abkoppeln. Die politische und die ökonomische Inklusion der Akteure ist in modernen Sozialsystemen z. B. nicht notwendigerweise miteinander verbunden; in vielen Gesellschaften sind aber soziale und politische Trennungsmuster typischerweise an die wirtschaftliche Stratifikation gekoppelt (vgl. Hardin 2000).

Niklas Luhmann hat die Idee der unablässigen funktionalen Differenzierung in seiner Systemtheorie wohl am radikalsten herausgearbeitet. Für Luhmann ist ein System eine Kette von miteinander verbundenen Ereignissen oder Operationen. Im Falle lebender Systeme sind die miteinander verschränkten Operationen physiologische Prozesse, in psychischen Systemen sind es Ideen und in sozialen Systemen oder Beziehungen Kommunikationen. Systeme entstehen durch Differenzen, die sich in Bezug auf die im Umfeld stattfindenden Ereignisse und Operationen, die nicht in die interne Struktur integriert werden können, herausbilden (vgl. Bechmann und Stehr 2002).

Eine weitere, ebenfalls langfristig denkende gesellschaftstheoretische Perspektive befasst sich mit der entgegengesetzten sozialen Transformation moderner Gesellschaften. Diese theoretische Position möchte den Blick auf die Gesamtgesellschaft nicht aufgeben. Der generelle Trend, von dem sie spricht, bezieht sich – obwohl diese theoretischen Konzeptionen nicht mehr eng an den Determinismus

interesses – und nicht etwa ideologische Gründe – als Erklärungsgrund für das politische Verhalten amerikanischer Wähler betonen, kommen Studien jüngeren Datums zur entgegengesetzten Schlussfolgerung. Das ökonomische Interesse, so folgern etwa Sears und Funk (1990: 267) in einer umfangreichen empirischen Meta-Studie, »ordinarily does not have much effect upon the mass public's political attitudes«. Diese Untersuchung aus den USA spricht also dafür, dass die Ökonomie und die für sie angeblich typischen traditionellen Motive, zumindest in den USA und in Bezug auf das politische Verhalten, bestimmte gesellschaftliche Prozesse nicht mehr (oder nicht mehr vorrangig) bewegt.

intellektueller Traditionen wie etwa den des Marxismus anknüpfen – auf eine Entwicklung gesellschaftlichen Handelns, das immer mehr und immer enger von den jeweiligen ökonomischen Realitäten geprägt wird.[44] Es kommt zu einer von ökonomischen Vorzeichen durchdrungenen und geprägten Homogenisierung der sozialen Einstellungen, Verhaltensweisen und gesamtgesellschaftlichen Trends.

Die spezifischen Konklusionen, auf die in diesem Zusammenhang konkret Bezug genommen werden kann, sind die Erkenntnisse Max Webers, aber auch die einflussreicher Gesellschaftstheoretiker der Nachkriegszeit wie z. B. Barrington Moore (1966), Perry Anderson (1974) oder Robert Brenner (1977). Ich beschränke mich auf Weber, den wahrlich einflussreichsten Beobachter moderner Gesellschaften, für den die Gleichung gilt, dass Modernität identisch ist mit der kapitalistischen Wirtschaftsform.

Das neoklassische Modell der *besonderen* Eigenheiten und des Einflusses des Wirtschaftssystems, das, wie wir gesehen haben, häufig als unrealistisch abgelehnt wird, könnte in der von Weber vertretenen Konzeption seine empirische Rechtfertigung finden, indem betont wird, dass ein im engeren Sinne ökonomisch motiviertes Verhalten zunehmend in allen gesellschaftlichen Institutionen Platz findet und zur beherrschenden Weltanschauung wird.

Max Webers Interesse an der sich entwickelnden Industriegesellschaft, ihren sozialen Folgen und politischen Reaktionen veranlasste ihn als jungen Wissenschaftler zur engen Zusammenarbeit mit der evangelisch-sozialen Reformbewegung, die von christlichen Prinzipien ausgehend und unter der Führung evangelischer Geistlicher die soziale Reformpolitik im Deutschland des ausgehenden 19. Jahrhunderts stark unterstützte. Die Existenz der christlich-sozialen Reformbewegung und die Gründung des Evangelisch-Sozialen Kongresses im Mai 1890 in Berlin, der hauptsächlich den Gedankenaustausch zwischen Theologen und Sozialwissenschaftlern förderte, sind auch Anzeichen für eine Krise im Selbstverständnis der Evangelischen Kirche und für die wachsende Unzufriedenheit führender Mitglieder mit der Ohnmacht der Kirche angesichts der evidenten sozialpolitischen Probleme, mit der Unterwürfigkeit der Kirche gegenüber dem Staat und ihrer Entfremdung vom aufsteigenden Proletariat.

44 Ich verweise an dieser Stelle auch auf die Diskussion und die Analyse des Konsumverhaltens im Kontext unterschiedlicher theoretischer Perspektiven im folgenden Abschnitt unter der Überschrift »Der Markt als Gemeinschaftshandeln«.

Max Weber nahm von Anfang an aktiv an den Jahrestagungen des Evangelisch-Sozialen Kongresses teil, übernahm 1892 eines der Ämter im Kongress, hielt in Berlin für den Kongress mehrere Schulungskurse ab und leitete schließlich die empirische Studie über die Lage der deutschen Landarbeiter, die der Kongress 1892 bis 1893 durchführte.

Während dieser Zeit, in der Weber die empirische Studie für den Evangelisch-Sozialen Kongress lanciert, durchführt, deren Ergebnisse präsentiert und die praktisch-politische Relevanz der empirischen Untersuchung öffentlich verteidigt, betont er wiederholt mit Nachdruck die besondere Legitimität und Autorität sozialwissenschaftlichen Argumentierens im Gegensatz beispielsweise zur Rhetorik eines Redners, der eine begeisterte Rede oder Ansprache – den fachlichen Vortrag nimmt er hierbei aus – hält; er misst im akademischen oder quasi-akademischen Kontext der schriftlichen Mitteilung größere Bedeutung bei als der mündlichen – ausgenommen sind hierbei Zusammenkünfte, bei denen der Applaus als Zustimmung und allgemeine Pflichtübung gilt und man für ganz bestimmte sozialpolitische Ziele zu werben versucht, ideologische Ansichten vertritt oder politischen Gegnern arg zusetzt.

Ein Großteil seiner Bemühungen, seine Zuhörerschaft von den Vorteilen und Tugenden der sozialwissenschaftlichen Forschung zu überzeugen, besteht demnach ganz eindeutig aus Versuchen, diese Vorzüge anhand ihrer Bedeutung für die Praxis im Allgemeinen und die der Geistlichen im Besonderen zu rechtfertigen. Der sozialwissenschaftliche Diskurs ist für Weber keineswegs ein sich selbst rechtfertigendes Unterfangen.

Die von Weber gepriesene Form des Diskurses hat ähnliche, wenn nicht gar die gleichen Tugenden wie der asketische Rationalismus. Seine Bedeutung beschränkt sich allerdings nicht auf den akademischen Bereich. Eine Reihe von spezifischen Rechtfertigungen demonstriert zudem die Vorzüge des sozialwissenschaftlichen Diskurses für den politischen Bereich. Im Vordergrund der Überlegungen stehen dabei politikspezifische Bedürfnisse, denen die Sozialwissenschaft genau entsprechen kann.

Später beschreibt Weber in *Wirtschaft und Gesellschaft* ([1921 1964: 463-464) in fast analoger Weise, mit welcher (rationalen) Einstellung der moderne Politiker gezwungen ist, seine Aufgaben zu erledigen: »Ohne Ansehen der Person ... sine ira et studio, ohne Haß und deshalb ohne Liebe, ohne Willkür und deshalb ohne Gnade, als sachliche Berufspflicht und nicht kraft konkreter persönlicher Beziehung erledigt der *homo politicus* ganz ebenso wie der *homo oeconomicus* heute seine Aufgabe«.

Kurz, die Überlegungen Webers und sein Eintreten für ein stärkeres Engagement der Sozialwissenschaften in der politischen Praxis sind, zumindest in dieser Hinsicht, selbst-exemplifizierend. Gleichzeitig blieb auch die Art der sozialwissenschaftlichen Denkweise keineswegs von gesellschaftlichen Entwicklungen unbeeinflusst. Nicht nur sei, so unterstreicht Max Weber ([1895] 1921: 21), das öffentliche Interesse an sozialwissenschaftlichen Fragen gestiegen, sondern »auf allen Gebieten finden wir die ökonomische Betrachtungsweise im Vordringen. Sozialpolitik an Stelle der Politik, ökonomische Machtverhältnisse an Stelle der Rechtsverhältnisse, Kultur- und Wirtschaftsgeschichte an Stelle politischer Geschichte treten in den Vordergrund der Betrachtung.« Es ist nicht mehr die Religion, die die Wirtschaft bewegt, sondern es ist die Wirtschaft, die die Gesellschaft, aber auch die Wissenschaft bewegt.[45] Raue ökonomische Handlungszwänge werden zu gesamtgesellschaftlich realen Handlungszwängen und durchdringen somit jede Pore der Gesellschaft.

Die Ökonomen sind sich uneinig, warum ihre Wissenschaft in der Praxis nicht ähnlich erfolgreich und in der Lage ist, die jeweiligen ökonomischen Probleme der modernen Gesellschaft adäquat zu erfassen und zu lösen (Galbraith 1973: 1). Es stellt sich deshalb die Frage, ob die ökonomische Theorie, ihr Marktverständnis und ihr Verständnis der Marktkräfte eine ausreichende Kompetenz repräsentiert, um die tatsächlichen Probleme des 21. Jahrhunderts zu erfassen. Professionelle Beobachter melden Zweifel an, ob die Ökonomie dazu wirklich in der Lage ist, und verweisen als Ursache für ihre mangelnde Praktikabilität auf bestimmte traditionelle methodologische Eigenschaften der Wirtschaftswissenschaften (z. B. Whalen 1996; Tirole 2002). Ich wende mich im folgenden Teil einer kritischen Betrachtung der Kernpostulate der ökonomischen Theorie zu, und zwar in erster Linie der Prämissen der ökonomischen Theorie des Marktes.

45 Walter Benjamin (1991: 100) fügt dieser Erkenntnis eine weitere, historische Variante hinzu, indem er darauf verweist, dass das moderne kapitalistische System immanente religiöse Merkmale hat. Der Kapitalismus dient den gleichen Sorgen, Schmerzen und Ängsten, die von traditionellen religiösen Vorstellungen bedient werden (vgl. auch Deutschmann 2001).

Die kritische Betrachtung der ökonomischen Theorie des Marktes wiederum ist Ausgangspunkt für eine alternative Betrachtungsweise des Marktes, die sich eng an soziologische Gesichtspunkte anlehnt, die insbesondere von Soziologen entwickelt und gestützt werden, die sich für eine Soziologie der Wirtschaft interessieren.

Teil 4: Der Markt als Gemeinschaftshandeln

Ökonomen sind stolz auf die Effizienz eigensinniger Märkte und auf die unabhängig im Eigeninteresse handelnden Marktteilnehmer. Je größer die Eigensinnigkeit der Märkte, so wird behauptet, desto effizienter sind die von den Marktteilnehmern unter konkurrierenden Wahlmöglichkeiten getroffenen Entscheidungen. Und zwar sind es nicht nur die relativ einfach zu quantifizierenden *unmittelbaren* Funktionen des Marktes wie etwa die erzielten Preise der Waren und Dienstleistungen und die effiziente Allokation von Ressourcen, die die Besonderheit eigensinniger Märkte ausmachen, sondern auch die mittelbaren »Nebenwirkungen« für die Gesamtgesellschaft.

Über die genauen Nebenwirkungen oder »Externalitäten« effizient funktionierender Märkte kann man sich allerdings nur schwer verständigen – je nachdem, welche Folgen herausgestrichen werden, betont man beispielsweise die angeblich befreienden Wirkungen oder, im Kontrast dazu, die offenbar soziale Ungleichheiten stärkenden Konsequenzen eigensinniger Märkte (z. B. Bowles 1991; Strathern 2002).

Die Kritik an der typischen Darstellung der Hauptfunktionen der von Märkten geleisteten »Arbeit« und ihrer Folgen ist vielschichtig. Im Rahmen dieser Abhandlung konzentriere ich mich zunächst auf eine Beschreibung der wesentlichen Kritikpunkte des herkömmlichen Marktverständnisses durch die *moderne* Soziologie (vgl. auch Lie 1997). Die Kritik der modernen Soziologie wiederum steht auf den Schultern klassischer Theoretiker der Disziplin wie Karl Marx, Emile Durkheim oder Max Weber. Da die wichtigen Umrisse dieser Kritik bekannt sind, kann ich sie hier kurz zusammenfassen. Und zwar lassen sich bestimmte Gemeinsamkeiten der Kritik, aber auch starke innere Widersprüche erkennen. Zugleich möchte ich im Zusammenhang der Darstellung der verbreiteten Kritik des traditionellen ökonomischen Konzeptes der Märkte nochmals auf die eminent praktisch-politische Bedeutung der neoklassischen Sicht des Markthandelns verweisen.

Die widersprüchliche soziologische Kritik des Marktverständnisses in der Ökonomie gibt mir in den folgenden Abschnitten dieser Abhandlung Gelegenheit, eine darüber hinaus zielende Darstellung der Märkte als eine Form des *Gemeinschaftshandelns* zu formulieren.

Dies geschieht zunächst in fünf kurzen Stipulationen des Marktverhaltens in modernen Gesellschaften.[1] Diese Stipulationen werden anschließend ausführlicher charakterisiert. Ihr Ziel ist der Versuch, eine weniger einseitige, dafür dynamischere und kontextsensitivere Darstellung des Marktes als Form der Partizipation und Kommunikation, d. h. als Gemeinschaftshandeln, zu entwickeln, in dem auch der Einfluss eines signifikanten gesamtgesellschaftlichen Wandels auf die »Natur« des Marktes Berücksichtigung findet.

Zur Kritik und zur praktischen Bedeutung eigensinniger Märkte

Nicht nur Ökonomen, sondern auch Soziologen, Psychologen und Anthropologen haben die übliche ökonomische Konzeption des Marktes immer wieder auf das Heftigste kritisiert. Diese Kritik ist heute schon mehr als ein Jahrhundert alt. Es sei an dieser Stelle nur beispielhaft auf einen der Begründer der modernen Soziologie verwiesen.

Emile Durkheim ([1888] 1981: 32; vgl. auch Durkheim [1887b] 1986) moniert schon Ende des 19. Jahrhunderts, dass Ökonomen ein restriktives, wirklichkeitsfremdes begriffliches Verständnis dessen pflegen, was sie dann als »rationales Handeln« bezeichnen.

> Die Ökonomen haben die Realität eingeengt, um die Dinge zu vereinfachen. Sie haben nicht nur von allen Umständen der Zeit, des Ortes und des Volks abgesehen, um sich den abstrakten Typ des Menschen im allgemeinen vorstellen zu können, sondern sie haben außerdem in diesem Idealtyp selbst das alles vernachläßigt, was sich nicht strikt auf das individuelle Leben beziehen läßt, so daß ihnen von Abstraktion zu Abstraktion nichts weiter in Händen geblieben ist als das traurige Bild eines reinen Egoisten ... Der wirkliche Mensch, der, den wir kennen, und der wir selber sind, ist eben komplex: er

1 Der Begriff der »Stipulation« wird von mir in Anlehnung an den von Robert K. Merton ([1975] 1978) verwendeten gleichnamigen Begriff aus seinem Aufsatz »Strukturelle Analyse in der Soziologie« benutzt. Merton importiert den Begriff der »Stipulation« aus der Rechtswissenschaft und der Rechtspraxis in die Soziologie, um auf die nur vorläufig bleibende Stimmigkeit von Diskursergebnissen zu verweisen. Im vorliegenden Kontext handelt es sich bei den von mir formulierten fünf Stipulationen der Märkte als Gemeinschaftshandeln somit um eine Reihe von provisorisch formulierten Eigenschaften der Märkte als soziale Phänomene, die strittig bleiben, ergänzt werden müssen und somit allenfalls vorläufig sind.

entstammt einer Zeit und einem Land, er hat eine Familie, eine Stadt, ein Vaterland, einen politischen und religiösen Glauben.

Der fundamentale Einwand Durkheims (z. B. 1887b: 337) gegenüber ahistorischen Prämissen und rein egoistischen Motiven ökonomischen Denkens und Handelns illustriert einerseits die Grundprämisse seines eigenen Werkes: Die dominante Moral einer Gesellschaft ändert sich Hand in Hand mit einer grundlegenden Transformation der sozialen Milieus der Menschen; andererseits wehrt sich Durkheim gegen die Annahme, dass typische soziale Beziehungen auf rein ökonomischen Überlegungen und weithin geteilten materialistischen Motiven basieren.[2]

Sollte dies in der Tat der Fall sein, so der Einwand Durkheims [1893] 1988: 260), dann wäre die Gesellschaftsordnung dem von Thomas Hobbes beschriebenen brutalen »Naturzustand« nahe und wir hätten uns sehr weit von dem entfernt, was man eine Gesellschaft mit einem solidarischen Rückgrat nennen kann:

> Wenn man tiefer schaut, dann sieht man, daß jede Interessenharmonie einen latenten oder einfach nur vertagten Konflikt verdeckt. Denn wo das Interesse allein regiert, ist jedes Ich, da nichts die einander gegenüberstehenden Egoismen bremst, mit jedem anderen auf dem Kriegfuß, und kein Waffenstillstand kann diese ewige Feindschaft auf längere Zeit unterbrechen.

In der Tat bietet nicht nur die Ideengeschichte, sondern auch die Geschichte selbst viele Wege und reichhaltige Beispiele, wie Markt und Zivilgesellschaft sich *gegenseitig* verändernd beeinflussten (Bevir und Trentmann 2004).[3]

2 Die Durkheim'sche Kritik des restriktiven ökonomischen Diskurses wird in den klassischen empirischen Arbeiten zum komparativen Konsumverhalten in Europa von Maurice Halbwachs ([1913] 2001; 1933) aufgenommen. Diese Arbeiten von Halbwachs wiederum sind intellektuelle Vorläufer von Pierre Bourdieus ([1979] 1982) Untersuchungen zum Geschmack und Konsumverhalten unterschiedlicher sozialer Schichten in Frankreich in der Nachkriegszeit. Für Maurice Halbwachs ([1913] 2001) manifestieren sich soziale Klassen vorrangig in ihrem Konsumverhalten.

3 Eine der Durkheim'schen Kritiken der politischen Ökonomie, die sich der Universalität des maximierenden ökonomischen Modells und des sozialen Verhaltens insgesamt verschreibt, ließe sich auch aus Max Webers Kritik der Prämissen der Grenznutzenlehre ableiten (z. B. Weber [1908] 1922: 360-375; auch Breiner 1995; dagegen aber Weber [1895] 1921: 21, wie im vorangehenden Abschnitt schon ausgeführt). Die mit der Kritik Durkheims durchaus verwandten Einwände von Karl

In der Zwischenzeit haben Sozialwissenschaftler ihre Anstrengungen verdoppelt, um zu zeigen, dass »nicht-ökonomische« Werte und gesellschaftliche Entwicklungen das Marktgeschehen beeinflussen (vgl. Zelizer 1978; [1979] 1983). Allerdings stellt das bisherige Ergebnis der internen Kritik der Ökonomen oder der empirisch fundierten Kritik des vorherrschenden ökonomischen Modells durch Soziologen, Anthropologen und Psychologen kein einheitliches Gegenmodell des Marktes dar, auf das sich seine Kritiker verständigen konnten.[4] Darüber hinaus darf verbreitete und oft scharfe Kritik des idealisierten Marktmodells nicht darüber hinwegtäuschen, dass es sich, wie ich schon betont habe, bei diesem Modell um ein in der politischen und ökonomischen Praxis sowie im öffentlichen Bewusstsein – etwa als neoliberaler Diskurs – sehr einflussreiches Konzept handelt.[5]

Eine kurze Darstellung des praktischen Stellenwerts des Standardmodells des Marktes sowie der möglichen Gründe seines Erfolgs als

Marx finden sich z. B. in dem kurzen Abschnitt von Das Kapital, der sich mit dem Warenfetischismus befasst und in dem Marx moniert, dass die Konzentration der Ökonomie auf die Phänomene Preise und Märkte die zugrunde liegenden Sozialbeziehungen vernachlässigt. In der amerikanischen Soziologie der Zwischenkriegszeit ist es beispielsweise Robert S. Lynd (1933: 866) in seinen empirischen Studien des Konsumentenverhaltens, der seiner Überzeugung Ausdruck verleiht, dass wir uns nicht länger mit der Beobachtung zufrieden geben können, »to understand consumption habits by viewing the consumer simply as the rational, soberly constant being which classical economics and much of current popular thinking find it convenient to assume him to be. It is probably nearer to the truth to regard human beings as only partially rational bundles of impulses and habits shaped in response to an unsynchronized environment, with resulting tensions.« Eine sehr hilfreiche Übersicht der wichtigsten intellektuellen Traditionen zur Soziologie der Ökonomie findet sich in dem Beitrag von Richard Swedberg (1991).

4 Einen Überblick über eine Anzahl von neueren Ansätzen zu einer Theorie des Marktes als kulturelle Praxis findet sich in Zelizer (1988), während Holton (1992), Slater und Tonkiss (2001) eine Ideengeschichte der unterschiedlichen theoretischen Annäherungen an das Phänomen Markt bieten.

5 Talcott Parsons (1949: 49) hat versucht, den theoretischen Erfolg der klassischen politischen Ökonomie und ihre der Neoklassik ähnlichen restriktiven Postulate menschlichen Verhaltens zu analysieren. Parsons stuft das utilitaristische Denkschema der klassischen Ökonomie als eine äußerst erfolgreiche theoretische Innovation ein, da es die Basis für »a very important development in the analysis of human action« sei. Das Konzept des »economic man« ist zwar überholt, spielte aber in der Wissenschaftsgeschichte der Sozialwissenschaften eine entscheidende Rolle.

allgegenwärtiger Teil des politischen Diskurses mag erklären, warum es der sozialwissenschaftlichen Kritik bis dato nicht gelungen ist, die Vorherrschaft der neoklassischen Perspektive in der Praxis zu beschädigen.

Der Mythos des »guten« Marktes oder der ökonomischen »Wirklichkeit« mit mobilen und flexiblen Akteuren, die es zu realisieren gilt, ist von erheblicher Bedeutung in vielen politischen Auseinandersetzungen[6] und als Bezugspunkt von Forderungen der Wirtschaft (oder auch der Gewerkschaften) an Staat und Gesellschaft. Das neoklassische Modell des Marktes spielt darüber hinaus eine wichtige ideologische und praktische Rolle in der Globalisierungsdebatte. Dies gilt – als negativer Bezugspunkt – sowohl für ihre Gegner als auch – als positiver Bezugspunkt – für die Befürworter einer Ausweitung der kompetitiven Globalisierung.

Der Einfluss des dominanten Marktverständnisses als Weltsicht, die Schwierigkeit, in öffentlichen Diskussionen oder in den Medien Alternativen zu artikulieren, sowie der besonders in jüngster Zeit unablässig wiederholte Verweis auf die heilenden Kräfte eines in bestimmter Weise organisierten Marktes symbolisieren nicht nur die Bedeutung des Marktes als politische Ikone oder ideologische Software (vgl. Peck und Tickell 2002: 380; McFadden 2006), sondern deutet auch, wie ich schon kurz betont habe, auf den erheblichen Einfluss und den außergewöhnlichen Status hin, den der Ökonom

6 Es sei in diesem Zusammenhang an die mit Recht berühmte abschließende Formulierung aus John Maynard Keynes' (1936: 323-324) Allgemeiner Theorie erinnert: »Die Gedanken der Ökonomen und Staatsphilosophen, sowohl wenn sie im Recht, als auch wenn sie im Unrecht sind, [sind] einflußreicher, als gemeinhin angenommen wird. Die Welt wird in der Tat durch nicht viel anderes beherrscht. Praktiker, die sich ganz frei von intellektuellen Einflüssen glauben, sind gewöhnlich die Sklaven irgendeines verblichenen Ökonomen. Wahnsinnige in hoher Stellung, die Stimmen in der Luft hören, zapfen ihren wilden Irrsinn aus dem, was irgendein akademischer Schreiber ein paar Jahre vorher verfaßte. Ich bin überzeugt, daß die Macht erworbener Rechte im Vergleich zum allmählichen Durchdringen von Ideen stark übertrieben ist. Diese wirken zwar nicht immer sofort, sondern nach einem gewissen Zeitraum; denn im Bereich der Wirtschaftslehre und der Staatsphilosophie gibt es nicht viele, die nach ihrem 25. oder 30. Jahr durch neue Theorien beeinflußt werden, so daß die Ideen, die Staatsbeamte und Politiker und selbst Agitatoren auf die laufenden Ereignisse anwenden, wahrscheinlich nicht die neuesten sind. Aber früher oder später sind es Ideen, und nicht erworbene Rechte, von denen die Gefahr kommt, sei es zum Guten oder zum Bösen.«

als Experte in der Gesellschaft genießt. Ökonomen haben im Vergleich zu anderen professionellen »Wissensarbeitern« wie z. B. Ärzten, Rechtsanwälten oder Wissenschaftlern verschiedenster Disziplinen eine privilegierte gesellschaftliche Position, da ihr Herrschaftswissen weitaus seltener von den Medien, der Politik oder der Öffentlichkeit in Frage gestellt wird.

Die neoklassische Konzeption des Marktes wird in strittigen öffentlichen Auseinandersetzungen immer wieder affirmativ oder kritisch als Waffe verwendet, ohne dass die tatsächliche Existenz (oder die praktische Möglichkeit) eines solchen Marktes, der diesem Idealtypus nahe kommt, selbst in Frage gestellt wird. Dies gilt z. B. für wiederholt geführte Diskussionen über eine Flexibilisierung des Arbeitsmarktes, den Wunsch, den Einfluss des Marktes entweder zu verstärken oder seinen angeblich übermächtigen Einfluss zu mildern, das gilt auch für die Regulierung von anscheinend besonders effizienten oder ineffizienten Finanzmärkten, den Sinn oder den Unsinn von internationalen Verträgen wie dem *North American Free Trade Agreement* (NAFTA) oder für die Auswirkungen international verbindlicher Regeln des *General Agreement on Tariffs and Trade* (GATT). Die Idealvorstellung der gesellschaftlichen Arbeit, die Märkte leisten können, spielt eine gewichtige Rolle in theoretischen Diskussionen und Politikmaßnahmen auf dem Gebiet der Umweltpolitik sowie in jüngsten und wohl auch zukünftigen Bemühungen, die praktische Verwendung neuer wissenschaftlicher Erkenntnisse und technischer Artefakte zu regulieren (Stehr 2003).

Schließlich kulminiert die öffentliche Karriere als Politikinstrument des neoklassischen Modells (Campbell und Perdersen 2001; Fourcade-Gourinchas und Babb 2002) in dem von George Soros (1998) popularisierten Begriff des »Marktfundamentalismus«. Der Marktfundamentalismus argumentiert ähnlich wie der religiöse Fundamentalismus, der von der gesamtgesellschaftlichen Relevanz religiöser Glaubensvorstellungen überzeugt ist, und postuliert, dass eine Organisation aller Formen des gesellschaftlichen Lebens nach Marktprinzipien moralisch absolut überlegen sei.

Im folgenden Abschnitt werde ich die bisherige, typische kulturwissenschaftliche bzw. soziologische Kritik des herkömmlichen Modells des Marktes zusammenfassen und darauf aufmerksam machen, dass diese Kritik der Marktstruktur und des Marktverhaltens vor allem eine Kritik der gesellschaftlichen *Folgen* dieses Marktgeschehens ist, dass sich diese Kritik aber ausgesprochen neutral, wenn nicht sogar desinteressiert gegenüber den Wirkungen signifikanten gesamtgesellschaftlichen Wandels *für* den Markt zeigt.

Soziologische Perspektiven

›The market‹ is simply the freedom to chose among many existing or still-to-be created possibilities. Sowell (1980: 41)

Markets are where prices are established.
Stigler und Sherwin (1985: 555)

Eine triviale Begriffsbestimmung des Marktes wäre der elementare Verweis auf einen Ort, an dem, wie es die Autoren des obigen Mottos formulieren, Entscheidungen getroffen und Preise ausgehandelt werden. Bemühungen von Nicht-Ökonomen, eine weniger absolute, komplexere Sicht des Marktes zu entwickeln, sind vielfältig und strittig (Barber 1977). Unstrittig dagegen ist unter Ökonomen (z. B. Frank 1987) und Nicht-Ökonomen, deren Erkenntnisinteresse sich auf den *gesellschaftlichen* Stellenwert des ökonomischen Systems bezieht, die generelle Aussage, dass das tatsächliche Marktverhalten in modernen Gesellschaften vielfältiger und dynamischer ist, als es etwa in den Textbüchern der *mainstream economics* vereinfachend dargestellt wird (z. B. Block 1987; Campbell und Lindberg 1990).

Das Marktgeschehen ist, so kann diese allgemeine soziologische und kulturwissenschaftliche (und von wenigen Ökonomen geteilte) Kritik am herkömmlichen Bild des Marktes zusammengefasst werden, eine *kulturelle Veranstaltung* (Law 2002: 21), die sowohl auf der Angebots- als auch auf der Nachfrageseite (und ganz sicher in ihrem Zusammenspiel) eine Form des *Gemeinschaftshandelns* ist. Allerdings kann man aus dieser allgemeinen Aussage nicht ableiten, dass das tatsächliche Marktgeschehen frei von Konflikten und ungehindert von miteinander im Widerspruch stehenden Interessen oder Motiven abläuft. Marktverhalten ist eine moderne Art der konfliktgeladenen gesellschaftlichen Partizipation und Kommunikation. Marktverhalten ist schließlich an eine Vielzahl von oft strittigen institutionalisierten Praktiken oder Prozedere wie z. B. Eigentumsrechte und Verhaltensregeln gekoppelt. Dazu gehören etwa die häufigen Gegensätze von formaler Gleichheit und tatsächlicher Ungleichheit der Akteure, die die Marktentscheidungen, den Tausch von Waren und Dienstleistungen und die Preisbestimmung möglich machen und stabilisieren (Fligstein 1996a: 658).

Die Form des Gemeinschaftshandelns in modernen Marktgesellschaften ist durch, wenn auch ambivalent, verbindende und bindende Sinnbezüge und Werte mitbestimmt, ohne dass es sich dabei unbedingt immer um am Markt agierende *konkrete* soziale Gruppen wie etwa Konsumentenvereine oder Produzentenverbände (Firmen) handeln muss und ohne dass die institutionalisierten Praktiken in modernen Marktgesellschaften unbedingt identisch sein müssen (vgl. Davis 2004). Die imaginären, anscheinend als Gruppen am Markt auftretenden Gemeinschaften haben eher eine terminologische Verwandtschaft zum soziologischen Begriff der Generation oder der sozialen Klasse. Generationen tritt man weder explizit bei, noch kann man sie einfach verlassen (Mannheim [1928] 1964).[7] Dennoch ist ihr gemeinschaftliches, kumulatives Handeln von erheblicher systemspezifischer, aber auch gesamtgesellschaftlicher Bedeutung. Eine kritische Analyse des *homo oeconomicus*, des kulturellen und soziopolitischen Eingebettetseins ökonomischen Verhaltens, kann allerdings nicht durch ein Verständnis systemimmanenten ökonomischen Handelns ersetzt werden, in dem der Idealtyp des Akteurs des Wirtschaftslebens durch eine Art kulturellen Reduktionismus oder so etwas wie einen *homo sociologicus* ersetzt wird (Granovetter 1985).

Schließlich kann sich die Kritik des herkömmlichen Marktmodells darauf verständigen, dass eine sozialwissenschaftliche Analyse des ökonomischen Systems vor allem deshalb für ein Verständnis der modernen Gesellschaft relevant und signifikant ist, weil die Wirtschaft nicht zwangsläufig eine wie auch immer konkret definierte ultimative »*Basis*« gesellschaftlichen Handelns und sozialer Entwicklungen ist, sondern weil sie in vielfältiger Weise auf andere Gesellschaftssysteme einwirkt und deren Dynamik stark mitbeeinflusst.

Der Konsens der kritischen Analyse des herkömmlichen theoretischen Marktverständnisses endet jedoch in der Regel mit der ambiva-

7 Wie die Anthropologen Comaroff und Comaroff (1999: 288) berichten, gibt es nicht nur gewichtige ethnographische Erkenntnisse darüber, dass in der Post-Apartheid-Gesellschaft Südafrika verbreitete Ängste bezüglich der Produktion und Reproduktion von Wohlstand herrschen, sondern auch darüber, dass diese Ängste in bitteren Generationskonflikten Ausdruck finden.

lenten Betonung der gesamtgesellschaftlichen und transnationalen Bedeutung der Märkte. Sieht man von den wenigen von mir aufgelisteten Gemeinsamkeiten ab, dann ist das Bild des Marktes, was die genaue Bewertung seines gesamtgesellschaftlichen Stellenwerts und damit seiner sozialen Folgen angeht, aus soziologischer Sicht zugleich widersprüchlich und umstritten. Die über die unmittelbaren, eigensinnigen Funktionen des Marktes weit hinausreichenden Konsequenzen des Markthandelns sind allerdings nicht erst in jüngster Zeit auf unterschiedliche Weise ausgearbeitet worden.

Bis auf den heutigen Tag beschreibt eine traditionelle und oft dominierende (sich normativ gebende) Beobachtung der Marktfolgen den überwiegenden Teil der Marktteilnehmer, nämlich die Schicht der Konsumenten, als passive *Opfer* des Marktes. Die Schicht der Konsumenten sei unfähig, sich zu organisieren und Widerstand zu leisten. Gleichzeitig betont eine konkurrierende Bewertung der globalen Marktfolgen nicht nur die progressiv-konstruktiven wirtschaftlichen, sondern auch die zivilisatorischen, politischen und psychologischen Leistungen des Marktes für die große Mehrheit der Akteure und der Gesellschaftsordnung insgesamt.

Kurz, die Leistungen und die gesellschaftliche Ausstrahlung des Marktes für die Befindlichkeit der Gesellschaft und ihre zivilisatorische und moralische Entwicklung wird weiterhin in widersprüchlicher Weise wahrgenommen: Auf der einen Seite betont man die progressiven, wenn nicht sogar die emanzipatorischen Einflüsse des Marktes auf die Lebenswelt und die Lebensstile der Menschen, auf der anderen Seite werden die restriktiven, irrationalen und repressiven Konsequenzen des Marktgeschehens für die Mehrheit der Gesellschaftsmitglieder hervorgehoben, sei es in ihrer Rolle als Konsumenten, sei es als Arbeitnehmer, Staatsbürger, als Familienangehörige oder Bezieher von Transferleistungen.

Meine Kritik an beiden soziologischen Ansätzen, die das Dogma der herkömmlichen Marktverständnisse überwinden möchten, entzündet sich daran, dass sie, ebenso wie das neoklassische Paradigma, die *Kultur* wie auch die sich verändernde *gesamtgesellschaftliche Sozialstruktur* und, in ihrem Gefolge, die aus beiden Prozessen abgeleiteten Entwicklungen als extern und damit weitgehend unerheblich für die *Eigenart des Marktes* und des in ihm zu beobachtenden Marktverhaltens begreifen.

Wichtiger als die vorherrschende soziologische Kritik der konventionellen Theorie des Marktes ist deshalb der Befund von Robert S. Lynd (1933: 867), der schon in den 30er-Jahren darauf (in diesem konkreten Fall auf das Konsumentenverhalten) aufmerksam machte, dass wir »as consumers [live] in a shifting surrounding ›weather‹ of values and ideas that tends to affect our behavior as consumers«. Es ist aber nicht nur das sich verändernde (verrückte) gesellschaftliche »Wetter« der Wertvorstellungen und Ideen, die das Verhalten der Konsumenten beeinflusst, sondern es sind bestimmte gesamtgesellschaftliche Umbrüche, die das Marktverhalten und die Marktstrukturen selbst tangieren.

Nachdem ich die widersprüchlichen soziologischen Thesen zum Stellenwert des Marktes in modernen Gesellschaften genauer skizziert habe, werde ich meine Kritik an diesen gegensätzlichen Perspektiven in den folgenden Abschnitten näher erläutern.

Widersprüche der kulturwissenschaftlichen Marktkritik

Aus sozioökonomischer und soziologischer Sicht, so eine dieser widersprüchlichen kulturwissenschaftlichen Beschreibungen, sind Märkte fragile soziale Phänomene (vgl. Bowles und Gintis 1993). Konsumenten und Firmen müssen Wetten auf eine unsichere Zukunft abschließen. Firmen machen Vermutungen über den Geschmack von Konsumenten; Konsumenten müssen wiederum Annahmen über das Verhalten anderer Konsumenten machen. Investoren und Sparer schließen Verträge, die zum Totalverlust ihres Kapitals führen können. Arbeiter und Angestellte werden Mitarbeiter von Firmen, denen Bankrott drohen kann. Trotz der mit ungeheuren Unsicherheiten und Risiken verbundenen individuellen Teilnahme am Marktgeschehen sind die kollektiven Erfolge und Folgen des Marktes außerordentlich. Diese Effizienz des Marktes garantiert eine, wenn auch insgesamt fragile Eigensinnigkeit.

Der sich selbst regulierende, dezentralisierte Markt ist, um nur die wichtigsten Erfolge *dieser* Sichtweise zu erwähnen, für wachsenden Wohlstand einer Gesellschaft und deren Freiheit von staatlicher Planung verantwortlich. Der Markt dient nicht nur dazu, die vielfältigen individuellen Bedürfnisse der Menschen zu befriedigen, sondern generiert zudem noch eine gute Portion Wohlgefühl und Wir-Gefühl sowie verbesserte Chancen zur Entwicklung der eigenen Persönlichkeit.

Aus soziologischer Sicht ist der Markt andererseits, und dies ist die weit verbreitete Kritik, auch eine harsche, unpersönliche Institution, in der sich in reinster Form das verwirklicht hat, was manche klassischen Sozialwissenschaftler schon immer befürchteten: Der Markt repräsentiert in ihren Augen nichts anderes als eine soziale Machtbeziehung – eine ungleiche Machtbeziehung zwischen Produzenten und Konsumenten, Kapitaleignern und Arbeitnehmern oder Kreditgebern und Kreditnehmern. Der Markt expandiert eigengesetzlich und haltlos, er oktroyiert sozialen Beziehungen seine Logik, Beziehungen, die eigentlich von Beziehungsmustern, Normen oder Regeln bestimmt sein sollten, die marktfern sind. In dieser Vorstellung von der naturwüchsigen, grenzenlosen Macht des Marktes verschränken sich nicht nur die bekannten warnenden Bilder von Karl Marx über Georg Lukács, Walter Benjamin, Max Horkheimer bis hin zu den Vertretern der nächsten Generation der Frankfurter Schule, sondern auch vergleichbare Darstellungen konservativer Provenienz, wie etwa die von Werner Sombart bis zu Helmut Schelsky, und schließlich viele Urteile über die Folgen des Marktes in unseren Gesellschaften in heutigen sozialwissenschaftlichen Befunden.

Der Staat wird zum Handlanger der kapitalistischen Marktordnung. Der Ausbeutungscharakter des kapitalistischen Marktes wird durch die Herausbildung von Oligopolen und Monopolen nur noch intensiviert. Die das Leben der Menschen bestimmenden ökonomischen Verhältnisse, gerade in den höchstentwickelten Ländern, werden durch Faktoren beherrscht, über die die Menschen keine Kontrolle ausüben. Die Folgen der Herrschaftsverhältnisse und damit der Macht des Marktes sind eindeutig und einseitig. Sie reichen von seelischer Verkrüppelung, Vereinzelung, Instrumentalisierung der Arbeitskraft, von nachhaltigen, stark vertikalen Ungleichheitsstrukturen etwa in Form unterschiedlicher Lebenserwartung, dem Verlust der Lebensqualität, politischer Machtlosigkeit, der Zerstörung von Authentizität, von anerzogenem Konformismus und schmerzlicher Ausbeutung bis zur vorenthaltenen Bildung der Eigentumslosen. Man ist ohnmächtig und verdrängt, wie aussichtslos es ist, sich gegen die Machtfülle des Marktes zu wehren.

Eine diese psychologischen und sozialen Zwänge des Marktes kompensierende Sozialpolitik des Staates kann der Macht des Marktes nur begrenzt Einhalt gebieten. Aktuelle Reformen der Sozialpolitik sind nichts anderes als eine Kapitulation vor der Macht des Marktes. Eine Ökonomisierung der Gesellschaft verhindert die Entwicklung genuin solidarischer und partizipativer Demokratien. Der Markt wird als eine objektive, unverrückbare Realität wahrgenommen und die große Mehrheit der Marktteilnehmer ist unfähig, sich vorzustellen, dass es anders sein könnte. Der Markt ist wie eine schmerzhafte Zwangsjacke.

Wie André Gorz ([1988] 1994: 55 f.) als einer der wortgewaltigen und am differenziertesten denkenden Vertreter dieser Kritik des Marktes deshalb feststellt: Es ist der Markt, »der den Individuen von außen seine Gesetze aufzwingt. Sie sehen sich gezwungen, ihr Verhalten und ihre Pläne an einem äußerlichen, statistischen und völlig ungewollten Ergebnis auszurichten« (vgl. auch Merton 1946: 142-174).

Der Konsument, der Kleinanleger, der Lohnempfänger, der Kreditnehmer usw. wird im Kontext der Perspektive von der außerordentlichen gesellschaftlichen Macht des Marktes häufig als ein hilflos verstricktes, unmündiges, risikogefährdetes und manipuliertes Opfer der Werbung, der Kapitalinteressen und des von ihnen gestützten politischen Machtapparates porträtiert. Seine Motive sind, weil nicht authentisch, suspekt. Man konsumiert z. B. aus fadenscheinigen Statusgründen oder zur Befriedigung eines primitiven Narzissmus. Der Konsument ist nicht in der Lage, seinen Drang nach Befriedigung unerheblicher Bedürfnisse normativ zu zügeln.[8]

Die Mehrheit der Bürger wird deshalb von Anhängern einer Gesellschaftstheorie, die *genau wie* ihre Kontrahenten von der erbarmungslosen Übermacht des Marktes und seiner gesellschaftlichen

8 Der Soziologe Alfred Weber (1956: 151) argumentiert in einem Vortrag in diesem dezidiert kulturkritischen Sinn, wenn er sich mit den Folgen der Automatisierung der Warenproduktion beschäftigt und von einer unvermeidlichen Verstärkung des »Problems der Arbeitsfreizeit« spricht und fragt: Was »fängt die gesamte Masse der Arbeiterschaft mit der erweiterten Freizeit an?« Wie kann man vor allem verhindern, dass sie dem »Trunksuchtsgefälle der Zivilisationselemente«, d. h. insbesondere der »Sensationsapparatur« der Medien, verfallen? Alfred Weber (1956: 152) verlässt sich darauf, dass sich das Problem der wenig »sinnvollen« Freizeitverwendung, zumindest im Falle der wachsenden Zahl der »Pendler«, durch die weiten Wege zu den Arbeitsplätzen und durch die die Freizeit auffressende Priorität der Hausarbeit, die keine Zeit zur Konsumtion von Sensationen mehr erlauben, weitgehend erledigt.

Vorzugsstellung überzeugt sind, als weitgehend schutzloses »Opfer« umfassender, mächtiger, nicht nur am Markt agierender sozialer Kollektive porträtiert. Der Konsument, der Arbeitnehmer oder der Kreditnehmer in modernen Gesellschaften ist verwöhnt, bequem und gleichzeitig den unerbittlichen Herausforderungen des jeweiligen Marktes restlos ausgeliefert.

In Bezug auf ihr Alltagsleben sind solche Individuen einfach handlungsunfähig und ohne vorausschauende Sensibilität für eigene soziale Verstrickungen. Das Narrativ von der Macht des Marktes ist zugleich »fasziniert« von den oft äußerst repressiven Maßnahmen und Folgen der Politik des Staates, der Wissenschaft, des Erziehungswesens, der Kirchen, der Medien oder der Medizin. Der Einzelne wird insgesamt als weitgehend hilflose Person beschrieben, sei es in der Rolle des Staatsbürgers oder in der des Konsumenten, Arbeitnehmers, Wählers, Patienten, Touristen, Schülers usw. Man beklagt und bedauert, dass er sich nicht nur im Alltag den mächtigen Institutionen des Marktes hilflos unterwerfen müsse, sondern auch, dass sein Leben eine durchgehend entfremdete Existenz sei.[9]

Als eine erste Kritik dieser Porträts vom passiven Konsumenten sollte aber schon jetzt festgehalten werden, dass sie ohne Bezug zur tatsächlichen Erfahrungswelt des Konsumenten sind. Infolgedessen unterschätzen sie, wie frühe empirische Studien von Paul F. Lazarsfeld und Robert K. Merton zu Propagandakampagnen der amerikanischen Regierung in der Kriegszeit gezeigt haben, dass erfolgreiche

9 Es gibt zweifellos Unstimmigkeiten unter Sozialwissenschaftlern, die sich mit der außergewöhnlichen Macht des Marktes auseinandergesetzt haben; eine der mangelnden Übereinstimmungen umfasst beispielsweise die Frage, welche Motive in einer radikal anders organisierten Gesellschaftsordnung Handlungsmaximen der am Markt agierenden Akteure sein sollten. Wenn es schon nicht das von der neoklassischen Perspektive beschriebene rationale Kalkül ist, dann kommen beispielsweise als Motiv Zufriedenheit oder Glück (Lane 1991), Selbstrespekt, Anerkennung, Spaß, Freude oder Zuneigung in Frage. Talcott Parsons (1940a: 191-195) hat den Versuch unternommen, das abstrakte psychologische Motiv des Eigeninteresses der Ökonomen im Sinn umfassender Handlungsmaximen aufzulösen und ein »System moralischer Vorstellungen« zu entwickeln. Wie man an der möglichen Handlungsrelevanz einer Reihe gegenwärtig intensiv diskutierter Motive ökonomischen Handelns erkennen kann, dazu gehört etwa das Motiv der »Nachhaltigkeit«, der »Gesundheit«, der »precautionary principles« oder der gesellschaftlichen »Sicherheit« (etwa in der Form von »gated communities«), sind relevante moralische Vorstellungen keineswegs nur psychologischer Art bzw. unveränderlich, universell, gleichwertig und unumstritten.

Kampagnen eng mit der Erfahrungswelt der Adressaten der Propagandabemühungen verknüpft sein müssen (Merton 1957: 58).

Ist das aber nicht der Fall, kommt es zum so genannten »Boomerang Effect«. Er impliziert, dass das z. B. von der Werbung angesprochene Publikum potenzieller Käufer sich genau entgegen der intendierten Ziele der Werbebemühungen verhält. Der Boomerang Effect »results from an erroneous psychological appraisal of the state of mind of the audience ... [it] will not produce the expected response unless its content corresponds to the psychological wants of the audience« (Merton 1957: 519).

Ob es sich bei diesem Porträt der machtlosen Mehrheit aller Marktteilnehmer in modernen Gesellschaften um ein realitätskonformes Bild handelt, soll in den nächsten Abschnitten näher geklärt werden. Teil dieser Klärung ist eine konstruktive Kritik des neoklassischen Modells ökonomischen Handelns, aber auch der oft widersprüchlichen sozialwissenschaftlichen Kritik dieses Modells.

Fünf Eigenschaften des gemeinschaftlichen Marktverhaltens

Ich möchte die folgenden Eigenschaften moderner Märkte, auch als erstes Ergebnis der Diskussion der vielfältigen Kritik des neoklassischen Paradigmas des Marktes, nun in Form von fünf Stipulationen zusammenfassen.

Die fünf Stipulationen repräsentieren, wie bereits erwähnt, den Versuch, eine weniger einseitige, dafür aber dynamischere und kontextsensitivere Darstellung der Märkte als eine Form des Gemeinschaftshandelns zu entwickeln. Es lässt sich nicht vermeiden, dass einige dieser Aussagen, so z. B. die erste Stipulation der Eigenschaften des Marktes in modernen Gesellschaften – Märkte sind kein naturgegebenes, universelles Phänomen –, wie Klischees klingen.

Die Stipulationen sind selbstverständlich weder als empirische Aussagen noch als theoretische Postulate insgesamt neu. Der wechselseitige Einfluss von Gesellschaft, Kultur und Wirtschaft existierte auch in Gesellschaftsformationen, über die Sozialwissenschaftler noch häufig in Kategorien wie Unter- und Überbau, unterschiedlicher, undurchlässiger sozialer Klassen oder voneinander abgeschotteter Sektoren wirtschaftlicher Aktivitäten dachten.

Es gilt ebenfalls schon seit Urzeiten, dass sich die »Wirtschaft« der Gesellschaft ständig entwickelt und verändert. Die spezifischen Transformationen der *modernen* Ökonomie rechtfertigen es aber, dass bestimmte Eigenschaften gegenwärtiger Märkte betont werden, denen man als Resultat neuerer systemimmanenter sowie gesamtgesellschaftlicher Veränderungen größeres Gewicht hinsichtlich des Marktes als Form des Gemeinschaftshandelns geben muss.

Insgesamt gesehen ergeben die fünf Stipulationen das Bild eines *sozialen* Marktes:

1. Märkte sind keine transzendentalen Wesen. Sie sind infolgedessen auch keine naturhaften Phänomene oder isolierten Handlungszusammenhänge. Märkte sind weder immun gegenüber gesamtgesellschaftlichem Wandel, noch ist die Funktion der Märkte allein auf die Zuteilung (den Austausch) und die Preisbestimmung von Waren und Dienstleistungen beschränkt. Märkte definieren Personen, Waren und Dienstleistungen. Die Entscheidungen der Marktteilnehmer sind in ihren jenseits der oft als eher eng beschriebenen Marktgrenzen zu lokalisierenden sozialen Kollektiven verankert.[10] Märkte sind stratifizierte soziale Gebilde. Bestimmte Gruppen von Marktakteuren haben einen größeren Einfluss auf das Marktgeschehen als andere Gruppen. Die Unterschiede in der Macht und Herrschaft der Marktteilnehmer bewirken einen Wandel der Märkte. Mächtige Akteure haben eine multiplikative, nachhaltige Wirkung auf die Entwicklung der Märkte.

Die Motive der Marktakteure sind nicht einfach individuell bestimmt. Die Motive wie auch die Märkte und nicht zuletzt die am Markt angebotenen Produkte und Dienstleistungen sind soziale Konstrukte. Soziale Handlungsmotive haben beispielsweise eine multiple zeitliche und soziale Dimension: Sie sind sowohl nach vorn als auch in die Vergangenheit gerichtet und orientieren sich natürlich auch an zeitgenössischen Bedingungen. Die sich verändernden Lebensumstände der ökonomisch handelnden Personen haben einen Einfluss

10 Vgl. in diesem Zusammenhang die klassische Untersuchung der sozialen Organisation von Konsumentenentscheidungen in Personal Influence von Elihu Katz and Paul F. Lazarsfeld (1955). Katz und Lazarsfeld (1955: 43) heben die Relevanz von sozialen Normen und Netzwerken im Prozess der Beeinflussung des Konsumentenverhaltens und somit ganz allgemein die Bedeutung der Verankerung des Einzelnen in gesellschaftlichen Beziehungen hervor, im speziellen Fall in Kampagnen, die auf eine Beeinflussung großer Gruppen von Personen zielen.

auf ihre moralischen Vorstellungen, verdichten ein verändertes Marktverhalten und eine Neubewertung der Folgen des Marktes. Die Marktteilnehmer moderner Märkte verhalten sich z. B. in wachsendem Maß altruistisch; sie nehmen Rücksicht auf andere und auf eine bestimmte Zukunft.[11]

2. Die Marktdynamik als sozialer Prozess ist kein ahistorischer Prozess oder isoliertes soziales System, sie ist nicht immun gegenüber der Zukunft oder signifikanten sozialen Phänomenen, sie ist kein Prozess, in dem die Vergangenheit keine Spuren hinterlässt. Märkte und Marktakteure haben eine Geschichte[12] und sind offen gegenüber zukünftigen Absichten. Die gleichzeitige Existenz unterschiedlicher Generationen macht deutlich, dass es immer wieder zu neuen Kontakten mit der kulturellen Tradition kommt. Der Markt nimmt Einfluss auf gesamtgesellschaftliche Transformationen, genau wie gesamtgesellschaftliche Prozesse das Marktgeschehen mitbestimmen. Das neoklassische Standardmodell des Marktes lässt zwar keinen wesentlichen Wandel zu und interessiert sich deshalb auch kaum für einen fundamentalen Wandel des Marktes durch eine Emergenz neuer moralischer Handlungsmaximen. Deshalb kann es diesen Wandel auch nicht erklären. Doch selbst das theoretische neoklassische Modell eines Marktes ist nicht frei von eigenen moralischen Orientierungen.[13]

3. Der Markt ist nicht homogen; das Marktgeschehen und seine Folgen sind stratifiziert und keineswegs uniform. Die Konsumtionsmuster der Menschen wurden z. B. nicht nur in der Vergangenheit durch Momente wie Geschlechts-, Klassen- oder ethnische Zugehörigkeit mitbestimmt, sondern werden dies auch unter gegenwärtigen Bedingungen. Die neoklassische Sicht des Marktes versperrt und verbietet eine Analyse der Ungleichzeitigkeit von Marktformen. Die ungleiche Geschwindigkeit, mit der sich Märkte verändern, wie

11 Eine ausführliche Diskussion des strittigen Begriffs des Egoismus und des Altruismus aus soziologischer Sicht findet sich in Christopher Jencks (1990).

12 Pierre Bourdieu ([2000] 2005: 84) widerspricht infolgedessen dem verbreiteten Bild der historisch und gesellschaftlich abgehobenen Eigenschaften wie Nutzen, Kalkül oder Präferenzen, durch die sich Marktteilnehmer angeblich auszeichnen, indem er betont: »The economic behavior socially recognized as rational is the product of certain economic and social conditions« (vgl. auch Bourdieu 2000: 18).

13 Vgl. in Bezug auf diese These den Essay von Russell Arben Fox (2000: 93). Fox stellt klar: »it is impossible to articulate fundamentals without also articulating (and legitimating) a belief«.

auch das ungleiche Gewicht unterschiedlicher Gruppen von Marktteilnehmern ist eine bemerkenswerte Eigenschaft von Märkten. Märkte führen nicht unbedingt zu ökonomisch »effizienteren« Ergebnissen für die Gesamtheit der Marktteilnehmer.

4. Ökonomische Akteure sind aktiv und bewusst handelnde Personen; dies gilt auch für das Stratum der Konsumenten. Ökonomische Akteure sind keinesfalls zeitlich, räumlich oder sozial isolierte und autonome Personen. Man organisiert sich sowohl auf der Nachfrage- als auch auf der Angebotsseite. Der begriffliche Dualismus von moralisch relevantem (oder kulturell geprägtem) und strikt rationalem Verhalten lässt sich in der Praxis nicht aufrechterhalten. Der Markt ist weder zeitlich noch räumlich indifferent. Märkte halten sich nicht unbedingt an das neoklassische Drehbuch.

5. Es gibt – nicht erst in der Gegenwart – hybride Motive ökonomischen Handelns: Sie umfassen nicht nur die von Kenneth Boulding beschriebenen *Regionen* ökonomischen Marktgeschehens wie die der Unterstützungs- und Subventionsökonomie, sondern auch komplexe, genuin hybride Handlungsmotive, in denen sich in der Praxis idealtypisch konzipierte Motive *vermischen*, wie z. B. die in politischen Diskussionen nicht selten geforderte Verschmelzung des Profitmotivs mit dem des Patriotismus[14] oder das Motiv des Sparens,

14 Die oft rhetorisch vorgetragene Behauptung oder Forderung, dass dem Profit und dem Patriotismus geschuldete Motive wirtschaftlichen Handelns untrennbar miteinander verbunden sind, findet sich in der Regel in nationalen öffentlichen Diskussionen über die generelle Lage der Wirtschaft, den Arbeitsmarkt oder den drohenden Verkauf einer Firma bzw. die Verlagerung von Produktionsstätten an ausländische Standorte. Ob es in der Praxis solche hybriden Ziele gibt, ist eine empirische Frage, die bisher unerforscht blieb. Kontroverse normative Erwartungen über eine notwendige Koppelung dieser Motive oder Klagen, dass dies bisher nur ungenügend geschehe, werden fast nur von Politikern gemacht und eingefordert. So warf der damalige CDU-Generalsekretär Laurenz Meyer den Managern deutscher Großkonzerne z. B. einen eklatanten Mangel an Patriotismus vor: »Wir haben heute leider eine Vielzahl von Managern, denen es völlig egal ist, wo sie produzieren, wie viele Arbeitsplätze noch in Deutschland sind, und die keine emotionale Bindung an das Land haben. Das ist eine völlig falsche Grundeinstellung« (Financial Times Deutschland, 18. November 2004, S. 1). Die Zeitung kommentiert die Forderungen Meyers eher nüchtern und lakonisch, indem sie behauptet, dass »die Liebe zum Vaterland gutes Management nicht ersetzen« kann, denn die Aufgabe eines Managers ist es nicht, hybride Ziele zu realisieren, sondern »Gewinne zu erzielen und seine Firma in eine möglichst blühende Zukunft zu führen« (Financial Times Deutschland, 18. November 2004, S. 35).

das sich mit dem des Konsumierens verbindet, die Markt- mit der Planrationalität, die Ambivalenz und der gleichzeitige Stolz auf wirtschaftliche Erfolge, religiöse Glaubensvorstellungen mit materiellen Zielen oder Nachhaltigkeitsbestrebungen und altruistische Gedankenexperimente mit denen von politisch motivierten Zielsetzungen (vgl. auch Lynne 2006).

Eine Reihe wichtiger sozialer Institutionen der modernen Gesellschaft wie das Gesundheitswesen, das Bildungssystem, die Familie oder die Religion werden in ihrem Alltag zwar zunehmend von marktbestimmten Kriterien mit beeinflusst und man mag dies bedauern. Dennoch bedeutet es jedenfalls bisher nicht, dass wir es in diesen Institutionen als Folge ihrer Annäherung an das Wirtschaftssystem mit rein ökonomischen Verhaltensweisen zu tun haben. Forderungen nach Deregulierung und mehr Wettbewerb sowie einer Expansion marktwirtschaftlichen Denkens in diesen Institutionen hatten bisher nicht zur Folge, dass man dort idealtypische Formen ökonomischen Handelns antrifft. Marktwirtschaftlich bestimmte Handlungsmaximen, sofern sie in diese Institutionen vordringen, sind eingebettet in und angepasst an typisch systemimmanente, oft auch lokale, kulturelle und soziale Beziehungen dieser gesellschaftlichen Institutionen.

Zur Erläuterung der fünf Stipulationen

Die grundlegenden, von mir kurz skizzierten Eigenschaften des Marktes möchte ich in den folgenden Abschnitten – in der oben angeführten Reihenfolge der Charakteristiken moderner Märkte – näher erläutern:

1. Märkte sind kollektive Praktiken; d. h., sie repräsentieren eine Form des Gemeinschaftshandelns oder, um zunächst einen ähnlich offenen Begriff zu verwenden, *Netzwerke* (Rauch und Casella 2001; Zuckerman 2003; Granovetter 2005), die wiederum in bestimmte gesellschaftsspezifische (d. h. lokale, regionale, nationale) und transnationale Rahmenbedingungen und Prozedere eingebettet sind (Heinemann 1976: 49).

Diese Definition des Markthandelns steht in einer *ersten* Verwandtschaft zu dem von Max Weber ([1921] 1964: 489) formulierten Begriff des Marktes:

Von einem Markt soll gesprochen werden, sobald auch nur auf einer Seite eine Mehrheit von Tauschreflektanten um Tauschchancen konkurrieren ... Daß sie sich örtlich ... zusammenfinden, ist nur die konsequenteste Form der Marktbildung, welche allerdings allein die volle Entfaltung der spezifischen Erscheinung des Marktes: des Feilschens, ermöglicht.

Etwas umfassender formuliert, so fügt Weber ([1921] 1964: 489) hinzu, und hier findet sich der Begriff des *Gemeinschaftshandelns* im Zusammenhang mit der begrifflichen Bestimmung des Marktes, ist nicht nur das Feilschen ein Gemeinschaftshandeln, sondern »jeder Tausch mit Geldgebrauch (Kauf) ist überdies Gemeinschaftshandeln kraft der Verwendung des Geldes, welches seine Funktion lediglich kraft der Bezogenheit auf das potenzielle Handeln anderer versieht.«

Obwohl der Begriff der nicht-intendierten Folgen zielgerichteten sozialen Handelns (Merton 1936) keineswegs ohne seine terminologischen und praktischen Schwierigkeiten ist (Vernon 1979), konzipiert man makroökonomische Folgen individuellen Handelns am besten als nicht-intendierte Folgen absichtsvollen Handelns (vgl. Miller 2002b). Dass moralische Überlegungen im Sinne von sozial sanktionierten Normen Handlungsverläufe mitbestimmen, ist eine banale Feststellung. Infolgedessen gibt es eine unmittelbare Verbindung von moralischen Codes und ökonomischem Handeln.[15]

Märkte operieren nicht nur, um Preise von Waren und Dienstleistungen zu bestimmen und zuzuteilen. Marktbeziehungen stellen sicher, dass bestimmte Motive und Werte in nach Kunden suchende Waren und Dienstleistungen inkorporiert werden. Die Märkte definieren Waren und Dienstleistungen, die getauscht werden (Smith 2003). Die »Macht«, die Märkte in diesem Sinn ausüben, erfolgt auch *unabhängig* von der Zustimmung einzelner Marktteilnehmer

15 Daniel Hausman und Michael McPherson (1993) haben in einer umfangreichen ideengeschichtlichen Darstellung die verschiedenartigen Beziehungen von Ethik und Ökonomie beschrieben. Sie verweisen auf eine umfangreiche Literatur, Positionen und Personen, die zur Diskussion dieses Themas beigetragen haben. Wer an einem Überblick der gegenseitigen Einlassungen und Überschneidungen der Positionen von Ökonomen und Moralphilosophen zum Thema Ethik und Wirtschaft interessiert ist, dem sei dieser Beitrag empfohlen. Die Autoren dieser Ideengeschichte beobachten allerdings nicht die Veränderung gesellschaftlicher moralischer Standards aufgrund ökonomischer Entwicklungen oder den Wandel moralischer Zielvorstellungen in der Ökonomie als Reaktion auf gesellschaftliche Veränderungen.

oder dem Wissen der Marktteilnehmer, dass das Marktgeschehen Folgen einer bestimmten Art hat.

Die neoklassische Prämisse, dass es (hier wie überall) nur ein rational bestimmtes Handeln *isolierter* Personen sein kann, das eine erfolgreiche Koordination komplexer ökonomischer Prozesse möglich macht, erweist sich – empirisch hinterfragt – als äußerst kurzsichtig. Ganz abgesehen von der Frage, ob es auf Märkten, die von Akteuren des Standardmodells – etwa Konsumenten mit ihren zwar anonymen, aber *gemeinsamen*, d.h. einheitlichen Nützlichkeitserwägungen – bevölkert werden, überhaupt ein Koordinationsproblem geben muss (Kirman 1992: 117),[16] kann es durchaus mit Hilfe divergenter Motive gelöst werden (vgl. Koponen 2002).

Unterschiedliche Motive sind nicht, wie die neoklassische ökonomische Theorie unterstellt, zufälliger oder irrationaler Prägung. Konsumenten und Produzenten agieren nicht als gesellschaftlich isolierte Agenten, die sich aus Überzeugung, Unwissen oder aus Angst vor Sanktionen gezwungenermaßen an ein Drehbuch halten, das nicht aus ihrer Feder stammt (Granovetter 1985: 487; Swidler 1986).

Das Konsumverhalten einzelner Akteure orientiert sich, wie Thorstein Veblen ([1899] 1986: 41-44, 132-133) zwar kritisch, aber zutreffend als einer der ersten Beobachter des gesellschaftlich mitbestimmten Konsums in modernen Gesellschaften herausgearbeitet hat, keineswegs ausschließlich an absoluten, einfach zu quantifizierenden Maßstäben oder simplen materialistischen Erwägungen, sondern immer auch in Relation zu Nutzenvorstellungen, die sich an die besonderen sozialen Bezüge eines Akteurs (Handlungskontexte) – etwa den seines sozialen Status – anlehnen.[17] Sofern man Veblens Begriff des

16 Es handelt sich bei dieser Annahme des Standardmodells um den so genannten »repräsentativen Konsumenten«. Eine ausführliche Kritik dieser Prämisse findet sich beispielsweise in Lewbel (1989) und Kirman (1992).

17 Colin Campbell (1995) hat auf die Ambivalenz von Veblens Begriff des demonstrativen Konsums aufmerksam gemacht. Campbell macht deutlich, dass es zwei Deutungen dieses Begriffs gibt: einmal die subjektive Komponente des Begriffs (Motiv), zum anderen die funktionale Interpretation (Konsequenzen). Im ökonomischen Diskurs kommt dem Begriff des demonstrativen Konsums weiterhin eine eher marginale Rolle zu, gleichwohl er nicht völlig vergessen ist (Mason 2002). Man muss ihm einen geringen Stellenwert zubilligen, um nicht Gefahr zu laufen, den vorrangigen Sinn des rationalen Konsumverhaltens in Frage zu stellen. Dennoch sollte man Thorstein Veblen zugute halten, dass er einer der ersten Beobachter der modernen Ökonomie war, der sich von der dominanten Produzenten-

»demonstrativen Konsums« (vgl. Merton [1957] 1995: 56) bzw. des »Neid- oder Geltungskonsums« (*conspicuous consumption*) als Ausdruck der Tatsache interpretiert, dass es sich um *ein an anderen Akteuren orientiertes Verhalten* handelt, wird *jede* Form der Konsumtion notwendigerweise zum demonstrativen Konsum.[18]

Darüber hinaus ist das Argument fast selbstverständlich oder sogar banal, nach dem jede Art und Form der Konsumtion durch einen Menschen oder eine soziale Gruppe dazu dienen kann, wie auch Ethnologen immer wieder betont haben, sich ganz generell seiner/ihrer Rolle als Teil einer sozialen Gemeinschaft zu versichern oder sich als nicht dazugehörig zu bestätigen (vgl. Bourdieu ([1979] 1982; Appadurai 1986; Mayhew 2002; Warde und Tampubolon 2002). Dass das soziale bzw. kulturelle Kapital eines Akteurs sein Konsumverhalten entscheidend mitbestimmt, kann ebenfalls vordergründig unterstellt werden. Michèle Lamont und Virág Molnár (2001) haben beispielsweise anhand von Interviews mit von Schwarzen geführten Werbeagenturen untersucht, wie schwarze Amerikaner ihr Konsumverhalten nutzen, um eine bestimmte soziale Identität zu etablieren und ihre volle Mitgliedschaft in der amerikanischen Gesellschaft zu sichern.

Ferner lassen sich die Habseligkeiten einer Person, wie die Anthropologen Mary Douglas und Baron Isherwood (1979: 5) es viele Jahrzehnte nach Veblen ausdrücken, als »physical, visible statements about the hierarchy of values to which their chooser subscribes« verstehen. Der Sinn des Konsumierens beschränkt sich nicht nur vorrangig, wie noch von Thorstein Veblen unterstellt, auf die Stabilisierung des sozialen Status der Akteure in der Gesellschaft (vgl. Holt 1995; Campbell [1987] 2005: 49-57). Der Ökonom James Duesenberry (1949) wiederum formulierte die dafür zutreffende Relation von wohl universell gültigen oder aktivierten Bezugspunkten (irgendeiner konkreten Form) als Eigenschaft jeglichen Konsumverhaltens zu anderen sozialen Tatsachen als Ausdruck der so genannten *»relativen*

Orientierung abwandte und die Kategorie des Verbrauchs als ein sowohl gesellschaftliches als auch ökonomisches Phänomen entdeckte (vgl. Lears 1989).

18 Demonstratives Konsumverhalten kann daher auch Erfolge des Sparens umfassen. Wie der Leiter des BAT Freizeit-Forschungsinstituts, Horst W. Opaschowski, deshalb in Bezug auf das Konsumverhalten wohlhabender Personen unterstreicht, erreicht man »den Neid der anderen heute nicht mehr nur dadurch, dass man viel Geld hat, sondern vor allem dadurch, dass man viel Geld gespart hat« (vgl. Die Zeit, »Luxus+Askese=Luxese«, 16. Juni 2005, S. 61).

Einkommenshypothese« (vgl. auch Hirsch 1978). Die Beobachtungen über relative Einkommenseffekte ökonomischen Handelns sind in der Zwischenzeit empirisch sehr gut belegt (z. B. Frank 1989; Clark und Ostwald 1996).

Die tatsächliche gesellschaftliche Verbreitung oder Dominanz der Handlungsmaxime, die nicht nur das Marktverhalten nach gängigen Erwartungen neoklassischer ökonomischer Modelle dominieren sollte, ist möglicherweise, empirisch gesehen, keineswegs so umfassend, wie oft unterstellt wird; dies gilt insbesondere dann, wenn das Modell des rationalen Akteurs liberal auf eine Vielzahl von marktexternen sozialen Situationen ausdehnt wird. Aber selbst in den engen Grenzen des Wirtschaftssystems sind soziale Aktivitäten, beispielsweise zwischen Firmen, nicht ausschließlich von egoistischen Marktgepflogenheiten, sondern auch von kooperativen oder relationalen Momenten mitbestimmt. Enge Netzwerke und kooperative Aktivitäten werden über Vertrauen, Fairness,[19] Tradition, Freundschaft, Loyalität, feste Verpflichtungen usw. mitgesteuert.[20]

In einer zeitlichen und räumlichen Verlängerung der Tauschprozesse lässt sich beobachten, dass nur wenige Waren und Dienstleistungen (Wissen z. B.) unter der Kontrolle des Verkäufers verbleiben, sobald sie einen Käufer gefunden haben. Mit anderen Worten, wenige Produkte »can resist the power of the purchaser to ›singularize‹ them – that is, to remove them from the abstracted realm of the inventory or price list and insert them into a different, more restricted, and often quite personal hierarchy of valuation and circulation« (Agnew 2003: 16).

19 Man vergleiche etwa in diesem Zusammenhang die These von der Existenz angeblich marktferner Eigenschaften wie die der Fairness oder des Altruismus mit der Beobachtung Matthew Rabins (2002: 684), nach der Fairness und nicht-eigensinnige Motive eigentlich intrinsische menschliche Motive seien. Die Überzeugungskraft der These moralisch kodierter Märkte hängt allerdings nicht davon ab, dass man vom Postulat angeborener menschlicher Motive überzeugt sein muss, d. h. von Motivkonstellationen, die dann natürlich in allen sozialen Kontexten zu allen Zeiten wirksam sein sollten.

20 G. B. Richardson (1972: 886; vgl. auch Dore 1983) hat die Unterscheidung von marktbestimmten und kooperativen Transaktionen zwischen Firmen in die wissenschaftliche Literatur eingeführt: »The essence of co-operative arrangements ... would seem to be the fact that the parties to them accept some degree of obligation – and therefore some degree of assurance – with respect to their future conduct.«

2. Der Markt ist Teil gesamtgesellschaftlicher, zivilisatorisch-historischer Prozesse. Einst dominierte der munizipale Charakter des Marktes (vgl. Sherman 1933). Dann wurde er national und international. In der Gegenwart kann man sich den Markt fast nur noch als eine globale Veranstaltung vorstellen. Dies heißt aber nicht, dass unser Verständnis des Marktes nicht mehr von historischen Vorläufern beeinflusst wird und wir uns z. B. in nostalgischer Weise – als Erinnerung an den munizipalen Marktcharakter vergangener Epochen – an Wochen- oder Bauernmärkten erfreuen. Der soziale Stellenwert des Marktes in modernen Gesellschaften verändert sich nicht nur, seine Bedeutung in der Reproduktion einer bestimmten Gesellschaftsform, sei es die kapitalistische Gesellschaft oder, wie man zunehmend formuliert, die Wissensgesellschaft, nimmt sogar zu; z. B. wird Wissen in neuartigen Kontexten gesellschaftlich relevant und trägt mit zur Auflösung der Macht der primären sozialen Funktionen anderer gesellschaftlicher Institutionen bei. Wie aber besonders aus der evolutionären Theorieperspektive ökonomischen Denkens abgeleitet werden kann, sind es gesamtgesellschaftliche und zivilisatorische Trends, die das Handeln ökonomischer Akteure und das ökonomische System selbst beeinflussen. Politische Entscheidungen, die nicht nur als Rahmenbedingungen ökonomischen Verhaltens relevant werden, sind von unterschiedlichen Weltbildern und Wertvorstellungen mitgeprägt, die das Wirtschaftssystem auch auf dem Umweg über das Rechtssystem durch Regeln und Vorschriften beeinflussen.

Der reziproke Verkehr zwischen Ökonomie und den anderen gesellschaftlichen Systemen wird kaum jemals geleugnet. Allerdings konzentriert sich das Interesse häufig einseitig auf den Einfluss des Wirtschaftssystems auf den Rest der Gesellschaft und ihre Besonderheiten in Abhängigkeit von ökonomischen Entwicklungen. Dies gilt auch für den Verkehr zwischen ökonomischem Denken und den Denkvorstellungen in anderen sozialen Systemen. Zu dem Einfluss, den das Wirtschaftsgeschehen auf die Gesellschaft ausübt, gehört natürlich auch die sozialpsychologische Bedeutung konjunktureller Verläufe, sei es für ein verbreitetes Gefühl des Wohlbefindens oder das Gefühl eines grassierenden Pessimismus, wenn nicht sogar für Zukunftsangst in der Gesellschaft (Borgmann 2000: 418). Nicht nur, dass man von einer Ökonomisierung der Gesellschaft einschließlich der Weltanschauung ihrer Gesellschaftsmitglieder spricht (vgl. Lutz

1984; Callon 2000: 292; Agnew 2003; Williams 2005: 13-30),[21] sondern man verweist auch auf die dezidierten Auswirkungen ökonomischer Ideen auf die herrschende Moralphilosophie, wenn man z. B. an das Pareto-Optimum denkt, das Unmöglichkeitstheorem von Kenneth Arrow oder an das liberale Paradoxon von Amartya Sen und die damit eng verbundenen moralischen Implikationen. Die These eines scharfen Konfliktes von moralisch-ethischen Imperativen und der Wirtschaftsentwicklung wird ebenfalls häufiger thematisiert (z. B. Polanyi [1944] 1978; Hirsch 1978; Hirschman 1985; Sen 1977).

Andererseits werden viele der Besonderheiten des Marktes außerhalb des Marktes »gemacht«.[22] Das idealtypische neoklassische Mo-

21 Konkreter formuliert: Die These von der Ökonomisierung der Gesellschaft (Strümpel und Peter [1987] nennen die Beobachtung von der wachsenden Ökonomisierung der Industriegesellschaft die »Kolonialisierungsthese«) heißt z. B. die Verdrängung der Politik und ihres Gestaltungs- und Handlungsspielraums durch das Marktgeschehen (vgl. Habermas 1998) oder die Vermarktung kultureller Produkte (Keat 1999). Es wird im Rahmen dieses Argumentationskontextes davor gewarnt, dass sich – verlängert man die gegenwärtigen Trends in die Zukunft – die gesellschaftlichen Verhältnisse insgesamt nach denen des Wirtschaftssystems ausrichten müssen und von rein ökonomischen Gesichtspunkten bestimmt werden. Die Ökonomisierung bisher ökonomiefreier Räume, Objekte und Symbole verspricht zwar, so wird zumindest teilweise behauptet, größere soziale Gleichheit, in Wirklichkeit aber verstärkt sie nur den Standardisierungsprozess, den Prozess der Entwertung und Entfremdung (Agnew 2003). Andere gesellschaftliche Subsysteme (wie der Staat, das Bildungssystem der Gesellschaft oder die Wissenschaft) werden damit zu reinen Erfüllungsgehilfen der ökonomischen Rationalität, insbesondere durch außergewöhnlich einflussreiche und mächtige Wirtschaftsakteure wie die der multinationalen Konzerne. Die »neue« Eindimensionalität gesellschaftlichen Handelns muss infolgedessen, so die warnende Folgerung, durch gezielte ordnungspolitische Eingriffe des Staates oder »globaler Behörden« ausgebremst werden (eine Kritik dieser deterministischen Sichtweise der Warenökonomie findet sich bspw. in Touraine [1998] 2001: 8-23); Überlegungen zu den Grenzen der Ökonomisierung und der Organisation des Transfers von Waren und Leistungen jenseits der Warenökonomie aufgrund des Prinzips der generalisierten Reziprozität finden sich in Elwert 1987, auch 1985; Viviana Zelizer (2005a) trägt eine Reihe von überzeugenden Argumenten vor, die die dominante These von der prinzipiellen Zerstörung solidaritätsbestimmter personaler Beziehungen durch den Markt in Frage stellen.

22 Die sich mit unterschiedlichen Auswirkungen marktfremder Institutionen auf den Markt beschäftigende sozialwissenschaftliche Literatur ist Legion: Die Rolle des Staates bei der Entwicklung und Ausprägung des Marktes untersuchen z. B. Campbell und Lindberg (1990) sowie Dobbin (1994); Swaminathan und Carroll (1995) sowie Fligstein (1996b) beschäftigen sich mit dem Einfluss politisch-kultu-

dell des Marktes hat Ähnlichkeiten mit anderen gesellschaftlichen Utopien, die ebenfalls nicht erklären können, warum bestimmte soziale, kulturelle oder ökonomische Veränderungen überhaupt notwendig sind, in welche Richtung sich der Wandel des selbstgenügsamen Marktes bewegen mag oder warum es unter Umständen zu signifikanten Veränderungen im angeblich eigensinnigen Marktgeschehen kommen kann (Dahrendorf [1966] 1968: 227).

3. Eines der nicht nur in modernen Gesellschaften vorhandenen Probleme jeder Analyse des Marktes ist, dass »der« Markt nicht homogen ist (Samuels 2004). Eine riesige Anzahl von sozialen Beziehungen formen und strukturieren Märkte in verschiedenen Gesellschaften (Fligstein 1996a: 657); dazu gehören z. B. Märkte, auf denen Berufsgruppen (Ärzte, Rechtsanwälte) Wissen anbieten, oder Märkte, auf denen Wissen rein kommerziell erhältlich ist. Unterschiedliche, am Markt repräsentierte Gruppen mit unterschiedlichen Lebensstilen (Bourdieu [1979] 1982: 211-219), Zeithorizonten oder unterschiedlichem kulturellem Kapital, verschiedene am Markt beobachtbare Interaktionsformen und -konventionen (Campbell [1987] 2005; Biggart und Beamish 2003) von materiellen (Stahlmärkte) bis zu symbolischen Transaktionsbezügen (Heiratsmärkte) stellen sicher, dass Märkte nur selten ein homogenes Gemeinschaftshandeln generieren.[23] Die Kontrollmöglichkeiten der Marktteilnehmer unterscheiden sich signifikant, je nachdem, mit welcher Marktform man es z. B. zu tun hat (öffentliche Monopole, private Oligopole, intensiver Wettbewerb; vgl. auch Etzioni 1958). Die uneinheitlichen gesellschaftlichen Voraussetzungen und Rahmenbedingungen ökonomischen Handelns

reller Prozesse, Hamilton und Biggart (1988) verweisen auf die Bedeutung von Familienstrukturen und Guillén (1994) auf die Rolle professioneller Assoziationen für die jeweiligen Besonderheiten von Marktstrukturen.

23 Es liegt auf der Hand zu vermuten, dass die mögliche Vielfalt der an Märkten repräsentierten kulturellen Bezüge und Befindlichkeiten das Erkenntnisinteresse an kulturellen Eigenschaften auch in der Soziologie der Ökonomie als einen unabhängigen Faktor in der Analyse ökonomischer Realitäten schwächt; d. h., man kann sich trotz der reservierten Einstellung gegenüber universellen Ansprüchen des ökonomischen Diskurses nur schwer mit einer Perspektive anfreunden, die explizit die Tugenden der lokalen oder kontextsensitiven Sichtweise vertritt (vgl. auch Zelizer 2002); es besteht also unter den Soziologen der Ökonomie ein bemerkenswerter Mangel an Interesse daran, kulturelle Phänomene in einen Referenzrahmen zu integrieren und kulturelle Geschehnisse als einen integralen Teil der soziologischen Analyse konkreter ökonomischer Prozesse zu behandeln.

sind nicht nur zu unterschiedlichen historischen Abschnitten und in verschiedenen Gesellschaften präsent (Kay 2003), sondern auch zur gleichen Zeit in der gleichen Gesellschaft. Man denke in diesem Zusammenhang allein an die Vielfalt der Marktformen moderner Finanzmärkte, die ihrerseits intern stark differenziert sind, an Flohmärkte in Privathäusern (garage sales), Marktflecken, Dörfern und Städten, an Arbeitsmärkte, an die bereits angesprochenen Heiratsmärkte (vgl. Harknett und McLanahan 2004: 791-794), an Märkte für Adoptivkinder oder menschliche Organe (vgl. Healy 2004). Marktteilnehmer versuchen, das Marktgeschehen zu »manipulieren«, indem sie z. B. an den Staat appellieren oder mit der Macht des Rechtssystems drohen. Es gibt keinen einheitlichen Meta-Standard, auch nicht das Geld, um antizipierte oder tatsächliche Marktergebnisse vielfältigster Märkte vergleichbar zu machen, um sie endlich in ein umfassendes Kalkül der Nutzenfunktion zu pressen (Collins 2004: 144).

4. Genau wie die Anhänger der Planwirtschaft selten zögerten, die herausragenden moralischen Folgen der sozialistischen Wirtschaftsform hervorzuheben, haben Vertreter der Marktwirtschaft sie, wie schon betont, für eine Vielzahl positiver moralischer Entwicklungen und Eigenschaften der Marktteilnehmer verantwortlich gemacht (etwa Röpke [1958] 1998). Im Eigeninteresse handeln, so die These der Markt- bzw. Planwirtschaftler, dient der moralischen Qualifikation der Akteure. Eine realistische Analyse der Moral der Marktteilnehmer versucht aber nicht, dem ökonomischen Akteur *a priori* bestimmte moralische Codes zuzurechnen, sondern muss bemüht sein, die soziale Konstruktion unterschiedlicher handlungsrelevanter Motive aus der sich verändernden Praxis und dem Prozedere ökonomischer Aktivitäten abzulesen. Das ökonomische Handeln orientiert sich an den Verhaltenscodes einer Anzahl von Institutionen, aber auch an der Vergangenheit und antizipierten Zukunftschancen und somit nicht ausschließlich am angeblich eigensinnigen, systemspezifischen Code des Marktes.

Dagegen unterschätzen die in »Verschwörungstheorien« verhafteten Beobachtungen der Konsumentenkultur, die diese etwa als eine minderwertige Zwangskultur beschreiben, mit Sicherheit die Macht und Souveränität gerade dieser Marktpartei in modernen Gesellschaften. Narrative Theorien vom passiven, hedonistischen, gedächtnislosen, leicht manipulierbaren Konsumenten, die noch in der sozialwissenschaftlichen Literatur der zweiten Hälfte des vergangenen Jahrhunderts dominant waren, werden nicht nur, was ihre historische Gültigkeit angeht (z. B. Braudel [1979] 1982; McKendrick et al. 1982), immer häufiger in Frage gestellt, sondern auch als Abbild der gegenwärtigen Konsumkultur mehr und mehr angezweifelt (Campbell [1987] 2005; Agnew 1990).[24]

Konsum setzt Aneignung voraus. Der Konsument trägt selbst zur Konstitution des von ihm konsumierten Produktes bei (Bourdieu, [1979] 1982: 172), und zwar nicht erst, nachdem ein Produkt ent- und erstanden ist.

Die Kräfteverhältnisse haben sich verschoben: In der gegenwärtigen Welt sind Konsumenten sowohl als Individuen als auch als organisierte Akteure eine deutlich vernehmbare und fordernde Macht.[25]

24 Natürlich ist eine differenzierte Analyse des Konsumverhaltens angebracht: Dazu gehört beispielsweise, dass die Ungleichzeitigkeit gleichzeitiger Phänomene anerkannt wird und damit bestimmte Trends in den Verhaltensweisen der Konsumenten. Dies schließt deshalb nicht aus, dass herkömmliche Einstellungen in Teilmärkten und in Teilen der Konsumentenschicht weiter eine Rolle spielen. Sofern man aber Thesen wie die der »Konsumentensouveränität« oder die Emanzipation der Konsumenten von einmal existierenden Marktkontingenzen (vgl. Sayer 1995: 121-123) im Kontext einer Beschreibung der Marktbeziehungen in einem bestimmten historischen Ausschnitt des Marktgeschehens prinzipiell in Frage stellt, skizziert man mit Sicherheit ein falsches Bild komplexer emergenter und dynamischer Vorgänge auf modernen Märkten. Zu jedem Zeitpunkt koexistieren ganz unterschiedliche Marktstrukturen miteinander und dies in einem Spannungsfeld, in dem bestimmte Marktbeziehungen an Bedeutung gewinnen, während andere insgesamt an Einfluss verlieren.

25 Die Ursprünge des Konsumentenaktivismus lassen sich zumindest bis in die Anfänge des vergangenen Jahrhunderts zurückverfolgen, als etwa amerikanische Konsumenten zu einem Fleischboykott aufriefen oder deutsche Konsumenten vor dem Ersten Weltkrieg gegen überhöhte Preise protestierten (Friedman 1999; Nonn 1996). Ökonomen sind allerdings eher skeptisch, was die Effizienz von Konsumentenboykotts angeht, und verweisen auf das so genannte »free-rider«-Problem (Chavis und Leslie 2006: 1). Trotz gegenteiliger Erwartungen der Ökonomen trifft man aber immer wieder auf ein Konsumentenverhalten, das sich – möglicherweise sogar in zunehmendem Maß – für den Boykott bestimmter Produkte, Firmen oder Erzeugnisse aus bestimmten Ländern stark macht. Diese Tatsache wiederum verdeutlicht, dass die Erwartungen der Ökonomen durch unrealistische Annahmen über den Grad und die Bedeutung des Eigeninteresses der Konsumenten mitbestimmt sind. John und Klein (2003) schätzen, dass sich in den USA ungefähr die Hälfte aller auf der Fortune 50-Liste aufgeführten Konzerne mit einem Konsumentenboykott konfrontiert sehen. Die Autoren dieser Studie berichten außer-

Konsumenten und Produzenten treten nicht isoliert auf. Im Gegenteil, die tatsächliche soziale Isolierung ökonomischer Akteure im Gegensatz zum hypothetischen einsamen oder monastischen Verhalten der Akteure im Idealtypus des Marktes kann zu einem Rückzug von der Teilnahme am Markt führen (vgl. Miller 1995: 24).

Werte und Weltanschauungen führen ebenso wie Wissen als Handlungsfähigkeit zu organisiertem Marktverhalten. So wie die gesellschaftliche Umwelt, z. B. der Staat und andere gesellschaftliche Institutionen, auf Konsumenten reagiert, werden Märkte durch die von organisierten Konsumenten artikulierten Bedürfnisse, Rechtsvorstellungen und von ihnen eigenständig zugerechneten Verantwortlichkeiten mitbestimmt. Damit wirkt das Selbstverständnis der Produzenten und Konsumenten insgesamt und das bestimmter dominanter Schichten unter den Produzenten und Konsumenten nicht nur innerhalb, sondern auch außerhalb des Wirtschaftssystems (Maclachlan und Trentmann 2004).

Märkte sind nicht indifferent gegenüber ihrer eigenen Geschichte oder einer bestimmten Zukunft. Es gibt z. B. das Phänomen der sich über Generationen hinweg erhaltenden Konsummuster (Waldkirch et al. 2004) oder auch ein Konsumverhalten, das durch Generationskonflikte mitgeprägt ist. Auch in der Sozialdimension ist der Markt nicht indifferent. Märkte entstehen nicht aus dem Nichts. Märkte sind Produkte ihrer Sozialgeschichte. Sie kontrollieren zwar das Verhalten ihrer Teilnehmer, tun dies aber nicht einseitig.

5. Märkte sind hybride soziale Gebilde, weil sich in ihnen eine Vielfalt von subjektiven Einstellungen manifestiert und weil eine Vielzahl von Individuen mit Bindungen an unterschiedliche soziale Institutionen am Markt aktiv ist (vgl. Callon et al. 2002). Unterschiedliche Handlungsmotive und Konventionen als Grundlage der ökonomischen Koordination sind komplexe kulturelle und historische Konstrukte (vgl. Biggart und Beamish 2003). Das Profitmotiv z. B. ist fast immer an andere Motive gekoppelt (vgl. Lazarsfeld 1959a, 1959b).

So hat Max Weber auf die historisch begrenzte enge Verknüpfung von religiösen Motiven und dem Profitstreben aufmerksam gemacht. Die Chance, einen Gewinn zu erzielen, wird in der Regel kaum hinreichend sein, um eine Wirtschaftsform in ein anderes Wirtschafts-

dem von einer Umfrage, aus der hervorgeht, dass 18 Prozent der amerikanischen Konsumenten aktiv an Konsumentenboykotts teilnehmen.

system zu verwandeln – genau wie das Profitmotiv selten aus einem Geldverleiher einen Banker machen wird. Andererseits ist der Stolz auf wirtschaftliche Erfolge und Reichtum immer wieder an Gefühle der Ambivalenz oder sogar der Verlegenheit und Verwirrung gekoppelt.[26]

Handlungsmotive sind eng mit den jeweiligen kulturellen, sozialen und politischen Gegebenheiten einer Gesellschaft verbunden. Die idealtypische Formulierung von formaler und substanzieller Rationalität (von formalen Spielregeln und inhaltlicher Normierung) öffnet oder verknüpft sich in der Praxis in vielfacher Weise (vgl. auch Heinemann 1976). Aus praktischen Beobachtungen der Verknüpfung von Marktrationalität (Unsicherheit) und Planrationalität (Gewissheit) folgt, dass es Kräfte gibt, die eine Realisierung »rein« formaler oder substanzieller Rationalität verhindern. Die Omnipräsenz der Macht ist für Ralf Dahrendorf ([1966] 1968: 225) für die praktische Koppelung unterschiedlicher Handlungsmaximen verantwortlich. Es ist die soziale Macht, »that persistently interferes with the realization of market-rational principles. Something that makes it impossible to lay the market-rational game according to purely formal rules.« Macht verhindert etwa einen gleichen Zugang zum Markt bzw. soziale Ungleichheiten und Privilegien behindern uniforme Partizipationschancen am Marktgeschehen.

Allerdings ist eine unterschiedliche zeitliche Orientierung der Marktteilnehmer, also etwa an vergangenem Marktverhalten, und sei es an dem Verhalten vorangehender Generationen, noch kein Beleg für eine Moralisierung der Märkte. Diese erfordert natürlich, dass sich bestimmte, von herkömmlichen Orientierungen, Anreizen und Motiven abweichende Weltbilder durchsetzen. Der gesellschaftliche Einfluss auf die Entwicklung marktimmanenten Verhaltens hin zu einer Moralisierung der Märkte ist unter den am Markt präsenten sozialen Gruppen nicht gleich verteilt. Beobachtbare makroökonomische Resultate sind Ergebnisse des Marktverhaltens kollektiver Akteure; und oft handelt es sich um nicht beabsichtigte Folgen absichtsvollen Handelns. Subjektive, und das heißt soziale Zielvorstellungen schaffen objektive Tatbestände. Veränderte, transitive Lebenschancen der Menschen gehen Hand in Hand mit sich wandelnden mora-

26 Simon Shama (1987) hat die hybriden ökonomischen Motive der reichen holländischen Gesellschaft des 16. und 17. Jahrhunderts eindrücklich und ausführlich dargestellt (vgl. auch Agnew 1990).

lischen Überzeugungen der Marktteilnehmer. Es liegt nahe, dass sich verändernde soziostrukturelle Verhaltensumstände die moralischen Normen und somit die Zielvorstellungen der Akteure am Markt beeinflussen, wie auch ihre Beurteilung von Marktergebnissen und die Reaktionen des Umfelds der Wirtschaft auf die Wirtschaft. Marktteilnehmer handeln als Ergebnis solcher gesellschaftlichen Veränderungen nicht ausschließlich und rücksichtslos im Eigeninteresse und ohne Bezug auf die Folgen ihres Handelns für andere.

Aus der bisher dargestellten und erweiterten soziologischen und kulturwissenschaftlichen Kritik des neoklassischen Idealtyps des Marktes lässt sich die prinzipielle Möglichkeit eines Trends zur Moralisierung der Märkte ablesen. Der Trend zur Moralisierung der Märkte in modernen Gesellschaften ist eine »Tochter« moderner gesamtgesellschaftlicher Veränderungen. Es geht in den folgenden Teilen dieser Studie deshalb darum zu zeigen, wie der gesamtgesellschaftliche Wandel auf bestimmten Feldern moderner Märkte zum Motor oder Initiator der Moralisierung moderner Märkte wird.

Teil 5: Die Fundamente der Moralisierung der Märkte

> [Consumers are] merciless bosses, full of whims and fancies, changeable and unpredictable. For them nothing counts other than their own satisfaction. They do not care a whit for past merit or vested interests. If something is offered to them that they like better, or that is cheaper, they desert their old purveyors. In their capacity as buyers and consumers they are hard-hearted and callous, without consideration for other people. Ludwig von Mises ([1949] 1996: 270)

Das von Ludwig von Mises skizzierte Porträt des modernen, aktiven oder sogar »diktatorischen« Konsumenten, der souverän wie der Kapitän eines Schiffes auf hoher See handelt, widerspricht grundsätzlich einer Vielzahl von weit weniger positiven Darstellungen des Konsumenten in den in der Nachkriegsliteratur dominierenden Theorien der Gesellschaft.

Von Mises' souveräner Konsument ist in der zunächst als *Massengesellschaft* beschriebenen Nachkriegswelt kaum jemals zu entdecken. Von Mises' Konsumenten üben ihre umfassenden Handlungsfähigkeiten völlig zwanglos aus. Die Folge: »Neither the entrepreneurs nor the farmers nor the capitalists determine what has to be produced. The consumers do that ... Thus the owners of the material factors of production and the entrepreneurs are virtually mandataries or trustees of the consumers, revocably appointed by an election daily repeated« (von Mises ([1949] 1996: 270-271).

Die *Masse in der Massengesellschaft* ist, wie sie von Louis Wirth ([1947] 1949: 563) in den 40er-Jahren beschrieben wird, dagegen ohne »common customs or traditions, no institutions, and no rules governing the action of the individuals. Hence, it is open to suggestions, and its behavior, to a greater degree than that of organized bodies, is capricious and unpredictable.« Der über weite Abschnitte der Nachkriegsjahre in unterschiedlichen Gesellschaftstheorien als typisch beschriebene Konsument wird wie die Masse in der Massengesellschaft in genau diesem Licht gesehen.

Prominente Gesellschaftstheoretiker der Nachkriegszeit beschreiben ihn als passiv, entfremdet, apolitisch und machtlos. Der Konsument ist den mächtigen ökonomischen Anbietern von Waren und

Dienstleistungen fast hilflos ausgeliefert. Der typische Konsument in modernen »Massenkonsumgesellschaften« wird nicht nur als eine leicht manipulierbare Kreatur beschrieben, sondern auch als willenloser Motor unbändigen ökonomischen Wachstums, der durch sein Verhalten zudem noch für die dramatische Zerstörung der Umwelt mitverantwortlich ist (Redclift 1996; Stern et al. 1997). Die aus dem Ruder gelaufenen Konsumpraktiken der entwickelten Welt werden außerdem zum attraktiven Vorbild für den Rest der Welt (Wilk 1998) und verdrängen dort traditionelle Sinnbezüge des Konsums und indigene Produkte. Eine unmittelbare Folge global dominierender Konsumpraktiken ist die globale Klimaveränderung neben anderen gefährlichen Umweltfolgen (Myers 1997; Wilk 2002).

In den folgenden Abschnitten werde ich die zwei undifferenzierten Thesen von der mangelnden Souveränität bzw. der unbeschränkten Macht des modernen Konsumenten und der unbegrenzten Macht bzw. Ohnmacht der Produzenten kritisch analysieren, ohne dabei dem überschwänglichen »Optimismus« von Ludwig von Mises oder dem Pessimismus der Kritiker modernen Konsumierens zu folgen.[1]

Allerdings werde ich versuchen, diese Analyse voranzubringen, ohne eine detaillierte empirische Deskription der modernen Konsumentenkultur mit ihren unterschiedlichen Konsumentenrollen (Gabriel und Lang 1995) oder der sozialen Prozesse, die für ein divergentes Konsumentenverhalten verantwortlich sein mögen, anzubieten (Shove und Warde 2002).

Mit anderen Worten: In den folgenden Abschnitten sollen die gesamtgesellschaftlichen Fundamente der Moralisierung der modernen Märkte untersucht werden, und zwar auch in Hinblick auf die uns zur Verfügung stehenden Theorien der modernen Gesellschaft. Eine

1 Der Begriff »Konsumentensouveränität« (»the controlling power exercised by free individuals in choosing among ends« [Hutt 1940: 66]) im Singular (vgl. van Bömmel 2003: 11) bzw. »die Souveränität der Konsumenten« im Plural (was zumindest in diesem Untersuchungszusammenhang soziokultureller Praktiken als sinnvollerer Bezug erscheint) kann, sofern meine Interpretation zutrifft, bis in die ökonomische Literatur der 30er-Jahre zurückverfolgt werden; und zwar auf William H. Hutts (1936) Diskussion dieses Begriffs in seiner Monographie Economists and the Public. In einem Aufsatz verteidigt Hutt (1940) seinen Begriff der Konsumentensouveränität gegen Einwände, seine Idee sei identisch mit einer Doktrin und nicht mit der Beobachtung der Konsumentensouveränität in der amerikanischen Gesellschaft (Fraser 1939).

gesellschaftstheoretische Analyse der Moralisierung der Märkte erfordert, dass die wichtigsten kollektiven Marktakteure in einem bestimmten soziohistorischen Kontext verankert werden. Und zwar einem soziohistorischen Kontext, der über die engeren Grenzen der Märkte hinausreicht und nicht nur das typische Rollenverständnis von Konsumenten und Produzenten erfasst, sondern auch empirische Beobachtungen genereller, verhaltensrelevanter gesamtgesellschaftlicher Ereignisse und Entwicklungen umfasst, die wiederum einen bestimmbaren Einfluss auf das Selbstverständnis und das gemeinschaftliche Handeln dieser beiden Gruppen ausüben.

Märkte, Biotechnologie und Umwelt

Im Frühling des Jahres 1999 säte Terry Wolf auf etwa der Hälfte des Ackerlandes seiner in Zentral-Illinois gelegenen Farm genetisch veränderten Sojasamen aus. Dieser Samen, so betonte er, gäbe ihm die Sicherheit, im unermüdlichen Kampf gegen das Unkraut nicht länger der Unterlegene sein zu müssen. Im kommenden Jahr, so hoffte Wolf optimistisch, werde er sogar »High-Tech-Bohnen« säen können.

Während Wolf und gleichgesinnte Farmer in Illinois ihre Felder für die Frühjahrssaat vorbereiteten, entschieden sich andere nordamerikanische Farmer erstmals, seit 1995 genetisch modifiziertes Saatgut den Markt eroberte, dafür, kein Saatgut dieser Art mehr zu pflanzen.[2] Die z. B. von Lester Thurow geäußerte Überzeugung,[3] dass die wirtschaftliche Bedeutung der Biotechnologie als »Technologie der Zukunft« (OECD 1988) die des Internets bei weitem übertrifft, ist wahrscheinlich als Prognose ähnlich fragil wie die, dass die Herrschaft

2 Vgl. z. B. »Back to basics«, The Guardian, 1. Februar 2000.

3 Vgl. »Biotech fuelling latest evolution, economist says«, Globe and Mail, 24. November 1999. Wenige Jahre zuvor machten Analysten der Bioindustrie ähnlich weit reichende, wenngleich gezwungenermaßen ambivalent formulierte Vorhersagen über die wirtschaftliche Auswirkung der Biotechnologie: Bis zum Jahr 2025 wird die Biotechnologie zwischen 40 und 70 Prozent der wirtschaftlichen Aktivitäten der Welt in irgendeiner Form zugrunde liegen (zitiert in Hindmarsh, Lawrence und Norton 1998: 3). Bisher sind die »Erträge« von biotechnologischen Produkten, und dies gilt auch für die Landwirte, eher gering, während der Widerstand der Öffentlichkeit und juristische und politische Hindernisse in den vergangenen Jahren angewachsen sind. Außerdem gibt es nur wenige neue Produkte am Markt (vgl. Andrew Pollack, »Biotech's sparse harvest«, New York Times, 14. Februar 2006).

über biotechnologische Produkte stets in den Händen der Konzerne bleiben wird (Kloppenburg und Burrows 2001: 104).

Dennoch sind die Zukunftserwartungen und -hoffnungen, die sich unverändert an die Biotechnologie, insbesondere an die synergetische Konvergenz und Kombination von Nanotechnologie, Biotechnologie, Informationstechnologie und der kognitiven Wissenschaften knüpfen, enorm; dies zeigt z. B. ein zusammenfassender Überblick der National Science Foundation und des US. Department of Commerce (Roco und Bainbridge 2002) über die *potenzielle* Entwicklung dieser Forschungsfelder. Die Autoren des Berichts sind der festen Überzeugung, dass die fraglichen Technologien »could determine a tremendous improvement in human abilities, societal outcomes, the nation's productivity, and the quality of life« (Roco und Bainbridge 2002: ix).[4]

Einige Jahrzehnte früher veröffentlichte die Biologin Rachel Carson (1962: 97) ihre einflussreiche Studie *Silent Spring*. Man kann mit Recht davon sprechen, dass die *moderne* Umweltbewegung ihren Ursprung in dem hat, was Carson verurteilt, nämlich in der ungehinderten Verwendung von chemischen Pflanzenschutzmitteln. Durch das Vergiften der Erde mit Pflanzenschutzmitteln, so warnte Carson, werde der Tag kommen, an dem der Frühling in der Natur ausbleibt bzw. sich nur schweigend bemerkbar macht. Die moralischen Grundlagen moderner Umweltsorgen lassen sich zudem auf die breite Resonanz einer weiteren, heute schon klassischen Studie zurückführen, und zwar die der *Grenzen des Wachstums* (Meadows et al. 1972).

Schließlich muss auf den wesentlichen Anstoß in der kurzen Geschichte der Umweltbewegungen, den *Earth Summit* in Rio im Jahre 1992, verwiesen werden. Das in Brasilien verabschiedete Ziel einer nachhaltigen Gesellschaft, das nur aufgrund eines radikalen Wandels der Konsumgewohnheiten und des Lebensstils der Menschen insbesondere in den entwickelten Gesellschaften erreicht werden kann, ist ein weiterer Meilenstein. Darüber hinaus sind die Wertvorstellungen und Taktiken der Umweltbewegungen aber auch an die ihnen vorangehenden Antikriegsbewegungen, die *civil rights*-Bewegung, die Feminismusbewegung und die Antiatomkampagnen gekoppelt.

4 Spezifische Voraussagen zu möglichen biotechnologischen Produkten und Verfahren finden sich in den Einzelbeiträgen des Berichts der National Science Foundation; vgl. z. B. den Aufsatz von Patricia Connolly »Nanobiotechnology and life extension« in diesem Band (in Roco und Bainbridge 2002: 162-168).

Ich werde beide Ereignisse und Entwicklungen als exemplarisch für die Moralisierung der Märkte der modernen Ökonomien untersuchen. Es soll einerseits am Beispiel der an den Markt drängenden biotechnologischen Produkte und andererseits anhand der zum Wirtschaftsziel aufgestiegenen Umweltproblematik untersucht werden, wie diese Ereignisse und Entwicklungen nachhaltig zu einer Moralisierung der Märkte beitragen.

Präziser formuliert: Mein konkreter theoretischer und empirischer Bezugspunkt sind neue biotechnologisch basierte Nahrungsmittel (*GM foods*), Resultate der pflanzengenetischen Forschung, die auf den Markt drängen und die als Substitute wahrgenommen werden, weshalb sie mit herkömmlich produzierten, bereits eingeführten Nahrungsmitteln konkurrieren.[5] In der Lebensmittelproduktion werden GM-Produkte aufgrund von zwei umfassenden Methoden hergestellt: Eine der Methoden basiert auf der Verwendung von Pflanzenschutzmitteln und anderen chemischen Produkten, die verhindern sollen, dass unerwünschte Organismen die Pflanzen befallen. Die zweite Methode basiert auf der genetischen Selektion erwünschter Eigenschaften einer Pflanze durch einen Hybridisierungsprozess oder biotechnologische Techniken, die dazu führen, dass einzelne Gene ausgeschaltet bzw. andere Gene hinzugefügt werden.

Die international tätige, aber wohl auch industrienahe Agrobiotechnologie-Agentur ISAAA (⟨http://www.isaaa.org⟩)[6] veröffentlicht jährlich einen Bericht über die anscheinend rapide Entwicklung des

5 Ich beschränke mich ausdrücklich auf das Phänomen gentechnisch veränderte Lebensmittel (GM foods) und beziehe andere aus gentechnisch veränderten Pflanzen, z. B. gentechnisch veränderten Baumwollpflanzen, generierte Produkte nicht in die Analyse ein. Es ist allerdings wahrscheinlich, dass europäische Konsumenten Kleidungsstücke tragen, die aus den Erträgen genau solcher Pflanzen gewonnen wurden, ebenso wie sie pharmazeutische Produkte, die mit Hilfe von gentechnischen Verfahren gewonnen worden sind, konsumieren mögen (vgl. »The men in white coats are winning, slowly«, Economist, 7. Oktober 2004). Außerdem ist es im Kontext dieser Studie nicht möglich, zukünftige wissenschaftliche Entwicklungen zu diskutieren, die strittige Auseinandersetzungen über biotechnologisch modifizierte Produkte grundlegend ändern und insbesondere GM foods obsolet machen könnten (vgl. Strauss 2003; Buttel 2005: 319-320).

6 Der folgende Verweis macht dies deutlich: »The International Service for the Acquisition of Agri-Biotech Applications (ISAAA) is funded by Northern developers of GMOs, with the aim of helping developing countries in the South take up GM technology. Funders include Bayer CropScience, Monsanto, Syngenta, Pioneer Hi-Bred and the BBSRC.«

weltweiten Anbaus gentechnisch veränderter Nutzpflanzen. Danach haben 2004 weltweit 8,25 Millionen Landwirte genveränderte Pflanzen angebaut. Der absolute Flächenzuwachs (7,2 Millionen Hektar) war in den Entwicklungs- und Schwellenländern (China, Argentinien, Brasilien, Indien) erstmals größer als in den Industrieländern. 1996 wurden auf nur insgesamt 1,7 Millionen Hektar gentechnisch veränderte Pflanzen angebaut. Acht Jahre später, 2004, wurden gentechnisch veränderte Pflanzen auf ca. 80 Millionen Hektar angebaut. Allerdings repräsentiert selbst die zuletzt genannte Anbaufläche nur etwa fünf Prozent der globalen Gesamtanbaufläche der Agrarwirtschaft.

Die Reaktionen des Marktes auf biotechnologische Entwicklungen und Versprechungen in jüngster Zeit sind keineswegs einfach zu rekonstruieren und zu bewerten; auf eine Beschreibung der komplexen Details und Zusammenhänge verschiedener biotechnologischer Methoden, Kontroversen und Ausblicke in den *verschiedenen* Ländern muss ich verzichten. Allerdings ist die Komplexität der Untersuchungsfrage die Biotechnologie betreffend weit weniger diffizil als die der Umweltrelevanz ökonomischen Handelns. Sowohl die unmittelbaren Reaktionen von Produzenten und Konsumenten auf Umweltprobleme und die mittelbare Reaktion ökonomischer Akteure als Resultat der umweltrelevanten Einstellungen oder des Handelns anderer gesellschaftlicher Institutionen sind komplex.

Ich kann damit im Zusammenhang stehende Fragen nicht in aller Breite und Vollständigkeit diskutieren. Ich werde mich deshalb auf die Forderung nachhaltigen Wirtschaftens beschränken, insbesondere auf die Forderung nach einem nachhaltigen Konsum (Fuchs und Lorek 2002; 2005). Aber selbst diese Problematik ist vielfältig, strittig und kann nicht in allen historisch relevanten und komparativen Details erläutert werden. Sowohl im Hinblick auf die Rolle der Biotechnologie am Markt als auch im Fall der Umweltproblematik ökonomischen Handelns ist mein Untersuchungsziel begrenzt.

Mich interessieren der Wandel und die Gründe für den Wandel des Marktverhaltens wichtiger Akteure als Reaktion auf biotechnologisch veränderte Produkte und die angenommenen umweltrelevanten Folgen von Konsum und Produktion. Ich beginne exemplarisch mit der Frage der Biotechnologie und der Reaktion des Marktes auf biotechnologisch generierte Angebote. Die genaue Bedeutung biotechnologisch veränderter Produktion für die Moralisierung der

Märkte wird dann im folgenden Teil der Abhandlung näher untersucht werden. Es folgt eine ähnlich exemplarische Diskussion der Marktrelevanz der Umweltproblematik. Fokus dieser Abschnitte ist eine Diskussion verschiedener Attribute des *soziohistorischen* Kontextes der Moralisierung der Märkte, soweit diese sich auf biotechnologische Produkte und umweltrelevantes ökonomisches Verhalten bezieht.

Biotechnologisch veränderte Produkte

Eine Bewertung der Biotechnologie ist äußerst schwierig. Die Positionen der Befürworter bzw. der Kritiker biotechnologisch modifizierter oder generierter Produkte könnten nicht unterschiedlicher sein. Für viele Kritiker biotechnologisch modifizierter Produkte sind diese exemplarisch für einerseits nicht existierende Bedürfnisse der Käufer und andererseits dafür, wie biotechnologisch operierende Firmen und Konzerne die Nachfrage nach diesen Produkten künstlich fabrizieren (vgl. Shutt 2005: 59).[7]

Die in der Öffentlichkeit agierenden Befürworter der Biotechnologie sind dagegen fest davon überzeugt, dass biotechnologisch veränderte Lebensmittel den uralten Traum des Menschen von einem erfüllten und gesunden Leben garantieren werden und den Teufelskreis von Armut und Hunger endgültig brechen können. Eine biotechnologisch feindliche Einstellung ist danach ein »Zukunftskiller«.

Nicht nur angesichts dieser sich radikal voneinander unterscheidenden Einschätzungen der Folgen der Biotechnologie muss die Öffentlichkeit die Bewertung biotechnologischer Zukunftsvisionen mit ihren Versprechen und Projekten als eine beschwerliche und befremdliche Aufgabe empfinden. In den verschiedenen Gesellschaften sind die öffentlichen Vorstellungen über Biotechnologie auf ganz unterschiedliche Weise Reaktionen auf die jeweiligen gesellschaftlichen Verhältnisse (vgl. Fleising 1999: 98-100).

7 Ein relevantes Beispiel, das zwar nicht zur Gruppe der biotechnologisch generierten Produkte zu zählen ist, sich aber auf Dienstleistungen bzw. Produkte bezieht, für die es bisher keine Bedürfnisse gibt, findet sich in einer Schlagzeile des Economist (September 30, 2005): »Technology firms are pushing a futuristic vision of home entertainment not because consumers are desperate for it but because they themselves are.«

Wie Umfragen in verschiedenen Ländern zeigen, unterscheiden sich die Reaktionen der Öffentlichkeit auf biotechnologische Pharmazeutika und Nahrungsmittel erheblich (vgl. Conrad 1999; Brüggemann und Jungermann, 1998; Hampel, Pfennig und Peter 2000). Es ist deshalb auch sinnvoll, zwischen unterschiedlichen biotechnologisch geprägten Produkten zu differenzieren. Konsumenten als Patienten (und potenzielle Konsumenten) beurteilen z. B. biotechnologisch basierte medizinische Präparate – bisher jedenfalls – sehr viel positiver als etwa biotechnologische Nahrungsmittel.[8]

Man muss darüber hinaus zwischen den von Forschern und Unternehmen »versprochenen« biotechnologischen Produkten etwa auf dem Gebiet der medizinischen Genetik und den schon am Markt erhältlichen Produkten unterscheiden. Im Fall potenzieller Produkte wird die Diskussion über Vor- und Nachteile fast ausschließlich von Befürwortern dieser Produkte bestimmt. Allerdings gibt es keine Garantie, dass die öffentliche Diskussion über biotechnologisch basierte Pharmaka auch in Zukunft nur von Anhängern dieser Entwicklungen dominiert wird.[9]

Außerdem ist die biotechnologische Terminologie, ebenso wie die Forschung auf diesem Gebiet, in Fluss. Begriffe sind unterschiedlich besetzt, es gibt einen scharfen Wettbewerb um die Dominanz be-

8 In einer 1999 von der National Science Foundation durchgeführten Studie über die Einstellung zu und das Verständnis von Wissenschaft und Technologie in der Öffentlichkeit gaben z. B. mehr als 40 Prozent der Befragten an, sie seien im Allgemeinen an neuen wissenschaftlichen Entdeckungen und der Anwendung neuer Erfindungen und Technologien sehr interessiert; nur zehn Prozent zeigten kein, weitere 40 bis 50 Prozent ein geringes Interesse. Für neue Entdeckungen auf dem Gebiet der Medizin bekundeten jedoch zwei Drittel der Befragten großes Interesse. In keiner anderen wissenschaftsbezogenen Kategorie wurde eine derart hohe Prozentzahl bei dieser Antwort erzielt (National Science Board 2000: 8-4/8-5). Im internationalen Vergleich (Japan, Kanada, Vereinigte Staaten und Europäische Union) zeigt sich, dass das Interesse der Öffentlichkeit, vor die Wahl zwischen verschiedenen wissenschaftlichen und anderen politischen Neigungen gestellt, auch in anderen Ländern in der Tat vornehmlich den neuen medizinischen Entdeckungen gilt, wobei sich allerdings die unterschiedlichen Erhebungszeiträume der zitierten Studien auf die Resultate ausgewirkt haben mögen. (Bauer, Durant und Evans [1994] haben eine im Jahre 1989 in den damaligen zwölf Mitgliedsstaaten der Europäischen Gemeinschaft durchgeführte repräsentative Studie zur Einstellung der Öffentlichkeit zur Wissenschaft in diesen Ländern veröffentlicht).

9 Vgl. z. B.: »Financial ties in biomedicine get close look«, New York Times, 20. Februar 2000.

stimmter Inhalte wie z. B. im Fall der Genetik, genetischer Veränderungen, neuer Biotechnologie, genetischer Manipulation oder Modifikation usw. Der Verlauf der Diskussion oder der Disput über biotechnologische Produkte wird auch durch die Diskursfelder beeinflusst, an welche man die Produkte zunächst koppelt – ob es z. B. die Felder »Krankheiten, Gesundheit und Medizin«, »Wohlbefinden« oder »Nahrungsmittel« sind, obwohl diese Produktfelder natürlich in einer mehr oder weniger engen Beziehung zueinander stehen.

Schließlich spielt der Konsument in den *ersten* Äußerungen von Seiten der Wissenschaftler und Vertreter der Biotechnologieindustrie über die Auswirkungen genetischer Veränderungen auf die Landwirtschaft oder auf andere gesellschaftliche Bereiche in der Regel keine bedeutende Rolle, zumindest nicht als Handelnder (vgl. Brill 1986). Diese Rolle und diesen Einfluss müssen sich die Konsumenten erst noch erkämpfen.

Die von mir untersuchte Frage nach der Moralisierung der Märkte beschränkt sich auf die Motive und ihre Ursachen, die zu Kauf- und Produktionsentscheidungen beitragen, und die Rahmenbedingungen des Marktverhaltens. Infolgedessen werde ich der Frage der spezifisch politischen und rechtlichen Folgen des Angebots von biotechnologisch basierten Nahrungsmitteln an dieser Stelle nicht weiter nachgehen. Das gleiche gilt für die Frage, wie und in welchem Umfang der Konsument sehr viel aggressiver über die einerseits als marginal,[10] andererseits aber als gravierend und gefährlich eingeschätzten Risiken in Relation zu den potenziellen Vorteilen biotechnologi-

10 Fred Hassan, Vorstandsvorsitzender des Pharmakonzerns Upjohn, war sehr zuversichtlich hinsichtlich der Aussichten einer Fusion seiner Firma mit dem amerikanischen Biotechnologiekonzern Monsanto, obwohl er konzedieren musste, dass eine »Aufklärungskampagne« notwendig sei, um das öffentliche Image der Biotechnologieindustrie zu revidieren. Im Januar 2000 kündigte Hassan an, dass er bereit sei, das 600 Millionen Dollar umfassende biotechnologische Forschungsprogramm für genetisch modifizierte Lebensmittel Monsantos ersatzlos zu streichen, »in an attempt to pacify shareholder unhappy about its takeover of Monsanto« (»P & U offers to scrap $ 600 m GM plan research«, The Guardian, 1. Februar 2000). Der neue Konzern, so ließ Hassan bekannt geben, würde den Namen Monsanto nicht mehr verwenden, sondern, sofern die Aktionäre dem Zusammenschluss zustimmten, den Namen »Pharmacia« tragen. Im Jahr 2004 machte Monsanto gar nicht erst den Versuch, gentechnisch verändertes Weizensaatgut an den Markt zu bringen, nicht einmal in den Vereinigen Staaten (vgl. auch Specter 2000).

scher Produkte aufgeklärt werden sollte.[11] Der Themenkreis meines Interesses ist auch insofern begrenzt, als ich mich auf die Auswirkung genmanipulierter Nahrungsmittel in Europa und Nordamerika konzentriere, nicht aber in den Entwicklungsländern. Indirekt spricht meine Argumentation jedoch an, warum der Diskurs typischerweise so begrenzt ist (vgl. auch Lewontin 2001).

Ich möchte an dieser Stelle darauf aufmerksam machen, dass die öffentlichen Kontroversen über die planvolle genetische Modifikation von Nahrungsmitteln unauflöslich mit der rapiden Entwicklung neuer Erkenntnisse und mit weitreichenden gesamtgesellschaftlichen Veränderungen verbunden sind, in deren Rahmen dann strittig diskutierte und beurteilte zusätzliche technische Fertigkeiten und neues Wissen einen wichtigen Stellenwert haben (vgl. Stehr 2001).

Umwelt und Märkte

> The state of nature is not now just an economy of things; it has become, at the same time, the work of human beings. The fact is that we are dealing with a new nature. Serge Moscovici (1990: 7)

Der zweite Fall, der hier exemplarisch diskutiert werden soll, ist anscheinend vergleichsweise einfacher darzustellen, da der Einfluss eines sich verändernden gesellschaftlichen Umweltbewusstseins für das Marktverhalten der Menschen in Gegenwartsgesellschaften auf der Hand zu liegen scheint. Die natürliche Umwelt wird nicht mehr nur auf den Status eines Produktionsfaktors reduziert. Die radikale Umkehr im dominanten Naturverständnis führt z. B. zu einer verstärkten affektiven Verankerung der Natur in der Alltagswelt und einer Stärkung der Risikoperzeption, die sich aus unserem Verhalten zur Natur ableitet (vgl. Eder 2002).

Die Umweltproblematik wird nicht nur zu einem integralen Bestandteil der Alltagswelt, sondern auch der gesellschaftlichen Subsys-

11 In einem Artikel von Floyd Norris mit dem Titel »Public misinformed on genetically modified foods« (New York Times, 17. Dezember 1999) wird argumentiert, dass Konzerne wie Monsanto den strategischen Fehler begingen, in Kampagnen zwar die Farmer, aber nicht die Öffentlichkeit und die U. S. Food and Drug Administration von den angeblich »geringen Risiken« genetisch modifizierten Saatguts in Relation zu den potenziellen Vorteilen zu überzeugen.

teme Ökonomie, Politik, Wissenschaft und Bildung. Das gestiegene Umweltbewusstsein der Menschen hat nicht nur Folgen für das am Markt zu beobachtende Verhalten von Produzenten und Konsumenten, sondern auch für Art und Umfang der angebotenen Produkte und Dienstleistungen, sei es auf dem Gebiet der Touristik, des Finanzmarktes, des Verkehrs, der Energiegewinnung oder des Lebensmittelverzehrs.

Moderne und Moralisierung

Die These von einer Moralisierung von Kauf- und Produktionsentscheidungen[12] oder die Beobachtung, dass die Steuerungsfunktionen des Marktes für weite Bevölkerungskreise und damit nicht mehr nur, wie von Werner Sombart (1922) in *Luxus und Kapitalismus* eindringlich beschrieben, für wenige *nouveaux riches* in Europa in der Zeit zwischen 1300 und 1800 gelten, ausschließlich auf reine Nutzenkalküle beschränkt sind,[13] widerspricht einem gewissermaßen eisernen sozialwissenschaftlichen Gesetz der Moderne, und zwar der funktionalen Differenzierung der Gesellschaft sowie den dann unvermeidbaren und nur schwer überwindbaren Grenzen der gesamtgesellschaftlichen Reichweite des Einflusses systemspezifischer Kommunikationsmedien.

Max Weber ([1922] 1976: 636) hat z. B. die für das idealtypische, systemspezifische Marktverhalten kennzeichnenden nüchternen, distanzierten und indirekten persönlichen Beziehungen, die mit den am Markt vorherrschenden Nützlichkeitserwägungen verbunden sind, be-

12 Ein als Reaktion auf einen Artikel, der sich mit der Frage der Legebatterien in der Hühnerzucht befasste, an Der Spiegel (2. Juli 2001, S. 14) gerichteter Leserbrief, skizziert die von mir an dieser Stelle diskutierte Problematik sehr treffend: »Vielen Dank, dass Sie das so wichtige Thema Hühnerhaltung aufgegriffen haben. Ich selber kaufe seit Jahren gezielt und bewusst nur noch Eier von glücklichen Hühnern. Bei Nudeln etc. achte ich darauf, dass gar keine Eier enthalten sind, da ich deren Herkunft nicht kontrollieren konnte. Ich bin der Meinung, dass der Verbraucher eine Mitverantwortung hat, denn die Nachfrage regelt das Angebot. Es kann sich wohl jeder die paar Pfennige leisten, die Eier von glücklichen Hühnern mehr kosten.«

13 Die klassische begriffliche Differenz, die in diesem Rahmen allerdings keine Rolle spielen soll und die systemspezifische Autonomie der Marktwirtschaft in Frage stellt, bilden die Begriffe »Staat« und »Plan« (vgl. Dahrendorf [1966] 1968).

sonders treffend umschrieben: »Die Marktgemeinschaft als solche ist die unpersönlichste praktische Lebensbeziehung, in welche Menschen miteinander treten können ... [Der Markt ist] spezifisch sachlich, am Interesse an den Tauschgütern und nur an diesen, orientiert ... Wo der Markt seiner Eigengesetzlichkeit überlassen ist, kennt er nur Ansehen der Sache, kein Ansehen der Person, keine Brüderlichkeits- und Pietätspflichten, keine der urwüchsigen, von den persönlichen Gemeinschaften getragenen menschlichen Beziehungen.«

Was ich hier als die Moralisierung des Marktes – ohne über eine Invasion des Marktgeschehens durch neue moralische Erwägungen moralisieren zu wollen – oder als eine Entkommerzialisierung der Preise umschreibe, sehe ich unmittelbar als Resultat der Dynamik des Wirtschaftssystems selbst, und zwar in seiner Reaktion auf gesamtgesellschaftliche Veränderungen, für die das Wirtschaftssystem wiederum zu einem nicht unerheblichen Teil mitverantwortlich ist. Ich meine damit natürlich den ungemein gestiegenen gesellschaftlichen Wohlstand, wie ich ihn im folgenden Teil der Studie noch näher skizzieren werde.

Die Moralisierung der Märkte ist bis zu einem gewissen Grad das Ergebnis erfolgreicher Intervention in das Marktgeschehen durch soziale Bewegungen, die Politik, die Justiz oder andere gesellschaftliche Kräfte, insbesondere soweit dieser Trend durch von außen angestoßene Veränderungen im Marktprozedere verstärkt wird. Dazu gehört sicher auch der wissenschaftliche Streit über die profunden Gegensätzlichkeiten der Moderne, die versuchen, dem Marktgeschehen ihre eigene, strittige Logik und ihre regulativen Vorstellungen aufzuzwingen – und das tun sie alle unweigerlich. Die Moralisierung des Marktverhaltens umfasst mehr als nur das Vorhandensein größerer und kleinerer Ungewissheiten oder Risiken, wie sie mit menschlichem Verhalten verbunden sind.

Die von mir diskutierte Annahme, dass wir uns auf Märkte zubewegen, auf denen die Marktteilnehmer ihre Entscheidungen mehr und mehr aufgrund einer Moralisierung des wirtschaftlichen Handelns treffen, ist in zumindest zwei Punkten angreifbar: (1) Die Ökonomie und das ökonomische Handeln sind eigentlich noch nie von anderen Systemen, Diskursformen und von außen oktroyierten Prozedere völlig losgelöste Abläufe gewesen. (2) Was die Gegenwart betrifft, haben sich die Nachhaltigkeitsdebatte, die Forderung nach Gleichberechtigung, Gesundheits- und Sicherheitsvorschriften oder die Gesetzgebung zur Mitbestimmung bereits seit langem darum bemüht, das ökonomische Handeln – vorausgesetzt, es folgt mehr oder weniger seiner eigenen Logik – mit moralischem Diskurs und politischen Zielen zu verknüpfen und zu beeinflussen.

Die These, dass sich das moderne Wirtschaftssystem aufgrund endogener Entwicklungsprozesse von einer Produktions- oder Angebotsorientierung zu einer Konsumtionsorientierung entwickelt, ist in der Tat im vergangenen Jahrhundert wiederholt formuliert worden. Und zwar gilt dies insbesondere für Phasen anhaltenden wirtschaftlichen Wachstums. Dennoch unterscheiden sich diese Diskussionen von den Formen des ökonomischen Wandels, die hier zur Debatte stehen.

Gesellschaftstheoretische Überlegungen, die von einem Ende des Zeitalters der Knappheit sowie der schwindenden Funktion von durch den asketischen Protestantismus geprägten religiösen Motiven in der kapitalistischen Wirtschaftsordnung und damit von der wachsenden Bedeutung zwar moralisch bestimmter, aber eher weltlicher Erwägungen des Konsumverhaltens sprachen, wurden erstmals in den 20er-Jahren und dann wieder Ende des Zweiten Weltkriegs in den USA laut. Allerdings konzentrierte man sich in diesen Diskussionen auf das *quantitative* Wachstum des Konsums und auf seine möglichen kulturellen Folgen, insbesondere den generellen Verlust der Kontrollmöglichkeiten – und zwar nicht nur in Bezug auf die Existenz öffentlicher Monopole – durch den Konsumenten.

John K. Galbraith ([1967] 1968: 52) bringt die relevanten gesellschaftstheoretischen Ausgangsüberlegungen auf den Punkt, wenn er sagt: »Der einzelne dient dem Industriesystem nicht dadurch, daß er spart und zur Kapitalbildung beiträgt; seine Aufgabe ist vielmehr der Konsum.« Durch die Trennung von Konsumtion und Kontrolle (Etzioni 1958) wird der Verbraucher, so kann man diese Beobachtung ebenfalls charakterisieren, von den Anbietern von Waren und Dienstleistungen stillschweigend als selbstverständlich vorausgesetzt und als ein leicht zu manipulierendes Wesen verstanden, das fast unbegrenzt leidensfähig ist. Die Logik der (Massen-)Produktion wird damit auch zur herrschenden Logik des Konsums (vgl. Lynd 1934). In einer kritischen Diskussion dieser Überlegungen bezeichnet John Levi Martin (1999) mit Recht alle Versionen dieser Konsumtionsthese als »based on unwarranted exaggeration of theoretical trends, the over-generalization of empirical trends, and a credulous treatment of interest parties' claims« (z. B. von Werbekunden) (Martin 1999: 445).

Was sich im Verlauf der vergangenen Jahrzehnte in den entwickelten Gesellschaften in der Tat verändert hat, ist – einmal abgesehen vom gestiegenen Wissensstand – die Zunahme des umfassenden Wohlstands der Gesamtbevölkerung. Auf Diskussionen über den wachsenden Stellenwert und den Nutzen des Konsums in der modernen Ökonomie folgen allerdings meist unzählige Abhandlungen, die den *Konsumerismus* aus moralischer Sicht scharf angreifen und verdammen.

In diesen Arbeiten wird der Durchschnittskonsument zudem als angeblich vulgär, geizig, dumm und gefühllos bezeichnet und zugleich verurteilt. Diese Folgerungen über den modernen Konsumenten erinnern stark an die kritischen Urteile Thorstein Veblens aus dem 19. Jahrhundert und seine tiefe Verachtung des Geltungskonsums (vgl. Douglas und Isherwood 1979: vii-viii).

Eine weniger oberflächliche gesellschaftstheoretische Perspektive, die ich im Gegensatz zu diesen Bildern der Machtverteilung in modernen Märkten entwickeln möchte, verlangt aber zunächst, dass man auf die besondere Logik der Moderne eingeht, wie sie etwa in der theoretischen Perspektive der (gesellschaftlichen) funktionalen Differenzierung zum Ausdruck kommt, d. h. der allen modernen Gesellschaften innewohnenden zentrifugalen Kraft.

Eine zweite, rivalisierende gesellschaftstheoretische Perspektive, die in diesem Zusammenhang von unmittelbarer Bedeutung ist, behauptet das Gegenteil; und zwar, dass es die ökonomische Rationalität ist, die die Gesellschaft erobert und kontrolliert. Obwohl es sich hierbei um völlig entgegengesetzte Ansichten über das gesamtgesellschaftliche Gewicht der modernen Ökonomie handelt, zeugen beide von der wissenschaftlichen wie auch gesellschaftlichen Macht und Autorität ökonomischer Argumentation.

Der Differenzierungstheorie zufolge sollte das soziale System der Ökonomie – von den Merkantilisten zum ersten Mal als eine politische Forderung formuliert – sich selbst genügen und tut dies in der Tat: Es regelt seine eigenen Angelegenheiten, und zwar gemäß einer Logik oder einer Kodierung, die einzig diesem System eigen ist. Konsequenterweise müssen sich neue Entwicklungen innerhalb des ökonomischen Systems auch dieser Logik unterwerfen. Sofern die moderne Gesellschaft nicht von einer ungebändigten Differenzierung sozialer Codes dominiert wird, sondern vielmehr eine Ökonomisierung der Gesellschaft der herrschende Trend ist, folgt auch in diesem Fall, dass neue biotechnologische Entwicklungen vorrangig der Logik des Marktes unterliegen – eine Schlussfolgerung, mit der insbesondere die Hersteller von biotechnologisch veränderten Waren zufrieden wären.

Die kapitalistische Zivilisation[14]

> In der kapitalistischen Wirklichkeit jedoch, im Unterschied zu ihrem Bild in den Lehrbüchern, zählt nicht diese Art von Konkurrenz, sondern die Konkurrenz der neuen Ware, der neuen Technik, der neuen Versorgungsquelle, des neuen Organisationstyps.
>
> Joseph A. Schumpeter ([1942] 1973: 140)

Als Antwort auf die elementare Frage »Was ist die Wirtschaft?« oder sogar »Was konstituiert die *moderne* Ökonomie?« wird in der Regel

14 Ich habe den Titel dieses Abschnitts in Anlehnung an eine Formulierung Joseph A. Schumpeters gewählt, die sich in seiner Studie Kapitalismus, Sozialismus und Demokratie ([1942] 1973) findet. Schumpeter, dem der evolutionäre Charakter der kapitalistischen Wirtschaftsform sehr wohl bekannt war, hat, was die zukünftige Dynamik und die Überlebenskraft des Kapitalismus angeht, keine Hoffnungen: Der Kapitalismus werde an seinem eigenen Erfolg zu Grunde gehen (Schumpeter [1942] 1973: 198). Sowohl Karl Marx als auch Schumpeter haben die Fähigkeit des Kapitalismus, sich über seine angeblich inhärenten Grenzen hinaus zu entwickeln, unterschätzt. Der Titel der Schumpeter'schen Arbeit verweist aber gleichzeitig auf eine durch und durch marxistische Prämisse seines Denkens, und zwar auf die These, dass »all the features and achievements of modern civilization are, directly or indirectly, the products of the capitalist process«. Die Gesellschaft ist somit nicht – um nur auf eine aus einer Reihe von alternativen theoretischen Perspektiven zu verweisen – politisch konstituiert. Der Gesellschaftsbegriff wird in der Schumpeter'schen Sicht zu einem rein ökonomischen Begriff. Sofern man nicht willens ist, Schumpeters Unterordnung der Gesellschaftsformation unter ihr Wirtschaftssystem zu akzeptieren, wäre »Die Zivilisierung des Kapitalismus« eine angemessenere Überschrift dieses Abschnitts. Ein paralleles Postulat über die Gefangennahme der gesellschaftlichen Kontrollinstanzen und ihrer wichtigsten Funktionssysteme durch den Kapitalismus kennzeichnen die theoretischen Postulate der Kritischen Theorie. Prämissen dieser Art lassen sich z. B. in den Arbeiten von Jürgen Habermas (1981, 1987) finden, wenn er eine Kolonisierung der modernen Lebenswelt oder Zivilgesellschaft durch Kapitalismus, Bürokratie und Rechtssystem konstatiert.

auf zwei häufig zitierte Kernmerkmale ökonomischen Handelns verwiesen. Diese beiden Eigenschaften des Wirtschaftssystems sind auch in diesem Zusammenhang von besonderem Interesse. Und um Emil Lederer (1922: 18) zu zitieren, gibt es nichts Einfacheres, als die elementaren Eigenschaften der Ökonomie aufzuzählen:

Erstens ist offensichtlich, dass sich das moderne ökonomische System von den anderen gesellschaftlichen Institutionen unterscheidet, obwohl sich auch Kirchen, Familien, Gemeinderäte oder Universitäten mit wirtschaftlichen Fragen beschäftigen müssen. Ökonomisches Handeln als eine besondere Verhaltensweise dient dem Zweck, existenzielle menschliche Bedürfnisse zu befriedigen; die Wirtschaftswissenschaften untersuchen den Bereich individuellen und sozialen Handelns, »which is most closely connected with the attainment and with the use of the material requisites of well-being« (Marshall 1920: 1; auch Sombart [1916] 1921: 13).

Zweitens gilt, dass die herrschende professionelle Beobachtung der Ökonomie davon ausgeht, dass das ökonomische Handeln sowohl der Produzenten als auch der Verbraucher in der Regel friktionslos nach dem Rationalitätsprinzip abläuft. Ergebnis sollte sein, mit dem geringsten Aufwand den optimalen Ertrag zu erzielen. Da diese Verhaltensabläufe nicht in völliger Isolation vom Rest der Gesellschaft ablaufen, sind genuin idealtypische wirtschaftliche Aktivitäten allerdings nur innerhalb der Grenzen des Wirtschaftssystems beobachtbar,[15] d.h. an einem Ort, an dem rational bestimmte Entscheidungen und interessengeleitetes Verhalten ungestört praktiziert werden können. In diesen Überlegungen spielt der Verbraucher eine größtenteils derivative, wenn nicht sogar passive Rolle. Der Konsument folgt dem herrschenden Code oder der Logik ökonomischen Verhaltens blind und gewohnheitsmäßig.

Dieses Porträt der ökonomisch unerheblichen Rolle des passiven Verbrauchers wird auch in bemerkenswerter Übereinstimmung von »rechten« und »linken« Kulturkritikern der modernen Konsumtion und des modernen Konsumenten, wie z.B. C. Wright Mills (1956),

15 In seiner systemtheoretischen Perspektive ökonomischer Aktivitäten definiert Niklas Luhmann (1988: 94) den »Markt« als die innersystemische Umwelt der ökonomischen Subsysteme. Das ökonomische System schafft sich eine eigene interne Umwelt, um Komplexität zu reduzieren und in der Absicht, externe Umfelder wie den Staat, wissenschaftliche und technologische Entwicklungen oder ökologische Veränderungen beobachten zu können.

Vance Packard (1960) und Herbert Marcuse ([1964] 1989), Kuttner (1996), Rifkin (2002) und, besonders mit dem Verweis auf das Stratum der amerikanischen Verbraucher, von Juliet Schor (1999) akzeptiert. Sowohl in der traditionellen Darstellung der konstitutiven Eigenschaften des ökonomischen Systems als auch in kulturkritischen Reflexionen zur modernen Ökonomie ist der Konsument nicht wirklich Akteur, sondern nur Spielball seinerseits nicht beeinflussbarer Kräfte, die unablässig auf ihn einwirken und ihn manipulieren. Der Konsument hat keine ökonomische Macht.

Ob diese deprimierenden Bilder der Machtfülle von für den durchschnittlichen Verbraucher undurchsichtigen Konstellationen selbst unter anderen als den modernen ökonomischen Bedingungen dem tatsächlichen Verhalten der Mehrzahl der Konsumenten und ihren Entscheidungsmustern entsprechen, ist zweifelhaft. Markt- und Werbestrategien der angeblich mächtigen Marktakteure z. B. waren auch schon in der Vergangenheit häufig bewusst an Konsumenten gerichtet, die ihre *eigene* Wahl treffen (vgl. Miller und Rose 1997).[16]

Der affirmativen und der kritischen Perspektive der kapitalistischen Wirtschaftsform fehlt ein Verständnis nicht nur für die eigentliche Dynamik zentraler ökonomischer Prozesse des Kapitalismus, sondern auch für die Gründe der Beschleunigung des *Wandels* des kapitalistischen Wirtschaftssystems und die große Variabilität der Formen des Kapitalismus in verschiedenen modernen Gesellschaften. Die Variabilität kapitalistischer Formen bezieht sich dabei durchaus auf zentrale Elemente des Kapitalismus, beispielsweise die Rolle des Staates im Wirtschaftssystem in verschiedenen modernen Gesellschaften (Japan, USA, Deutschland oder Frankreich).

Zu den häufiger antizipierten Veränderungen des modernen Wirtschaftssystems – nicht nur aus kulturkritischer Warte, sondern auch aus der Sicht der professionellen Ökonomen – gehört die Annahme, dass sich das real existierende ökonomische System und seine in ihm

16 Wie es zu dieser weitgehenden Übereinkunft in der Kritik der modernen Konsumtion über die ideologischen Gräben hinweg gekommen ist, müsste in einer gesonderten Analyse untersucht werden. Daniel Miller (1995: 2-3) ist z. B. der Überzeugung, dass die Konvergenz in der Kritik der gesellschaftlichen Rolle des Konsumenten eine Folge der Dominanz der Ökonomie und der Abhängigkeit der Politik von der Wirtschaft sei. Sowohl die Politik als auch die Ökonomie, so unterstellt Miller, sperren sich gegen historische Veränderungen, die sie mehr und mehr machtlos gegenüber modernen Konsumtionsprozessen werden lassen.

dominanten Prozedere immer mehr den idealtypischen Standards der neoklassischen Theorie angleichen.

Kulturkritiker der Moderne teilen dagegen in der Regel nicht die optimistische Prognose, dass aufgrund der rapiden weltweiten Verbreitung der digitalen Technologien und des Internets ein Ende der bisher existierenden asymmetrischen Verteilung von Information und Wissen unter den Marktteilnehmern bevorsteht und dass es deshalb in modernen Gesellschaften über kurz oder lang, auch was die Wissensverteilung angeht, zu einer Art »friction-free economy« kommen wird (Kuwabara 2005; Cantell und Ericson 1999: 209-211).

Zu den tatsächlich grundlegenden Transformationen der modernen Ökonomie gehört dagegen, dass die Grenzen des Wirtschaftssystems als funktionales Subsystem mit angeblich eigenen, strengen autonomen Kommunikationsmedien sehr viel durchlässiger werden, als traditionell angenommen, und dass das Wirtschaftssystem gegenüber gesamtgesellschaftlichen Veränderungen nicht völlig immun ist. Zu diesen Veränderungen in der Wirtschaft zählen natürlich neue handlungsrelevante Kalküle, die sehr viel umfassender sind, als dies bisher, jedenfalls im traditionellen Verständnis wirtschaftlichen Handelns, möglich und sinnvoll war (vgl. auch Douglas und Isherwood 1979: 56-70).

Mit anderen Worten und um ein vereinfachendes marxistisches Vokabular zu verwenden, der Überbau verändert sich nicht nur genauso schnell wie der Unterbau, sondern auch unabhängig von ihm. Der komplexe gesellschaftliche Überbau ist nicht nur abhängig oder, wie Schumpeter ([1942] 1973) dies nennt, nicht nur kulturelles Komplement der derivativen Kultur des Kapitalismus, sondern Motor oder Ursache für die gesamtgesellschaftlichen Veränderungen einschließlich des immanenten Wandels des Kapitalismus. Marktbedingungen und -beziehungen reagieren und ändern sich als Reaktion auf alltägliche Lebenszusammenhänge.

Die Logik der Moderne

> Das Ergebnis der Forschung als solches soll wahr sein und absolut weiter nichts, die Religion schließt mit dem Heil, das sie der Seele bringt, ihren Sinn in sich ab, das wirtschaftliche Produkt will als wirtschaftliches vollkommen sein und erkennt insoweit keinen anderen als den wirtschaftlichen Wertmaßstab für sich an.
>
> Georg Simmel (1919: 236)

In der ersten Hälfte des 19. Jahrhunderts ist die Entdeckung, Entstehung und Entwicklung des ökonomischen Systems als unabhängiges Funktionssystem vielerorts, wie ich schon betonte, als moralische Leistung verstanden worden und galt gleichzeitig als eines der herausragenden Kennzeichen der Moderne. Im Interesse der dadurch gesicherten Effizienz sollte das Wirtschaftssystem ausschließlich aufgrund eigener Gesetzmäßigkeiten operieren, politische Intervention deshalb auf ein Minimum beschränkt sein und die Eigensinnigkeit und die Kontingenzen ökonomischen Handelns respektieren und unterstützen.

Die moralische Sphäre der Gesellschaft dagegen galt, zumindest in diesem historischen Zeitabschnitt, als der Teil der Gesellschaft, in dem die Politik legitimerweise durch bestimmte Programme und Regulierungsversuche zur Steuerung und Formung ihrer moralischen Subjekte eingreifen durfte (vgl. Rose 1999: 101-107). Was diese gesellschaftliche Entwicklung und die sie reflektierende theoretische Plattform, abgesehen vom besonderen Verständnis der moralischen Domäne der Gesellschaft, bis auf den heutigen Tag bedeutsam macht, ist demnach die strikte Trennung und Abschottung der sozialen Verhaltenssysteme.

Niklas Luhmann ist einer der radikalsten Vertreter der These von Differenzierungsprozessen als Logik der Moderne. Die funktionalistische Perspektive favorisiert generell Dichotomien und die sich ausschließende Logik unterschiedlicher Handlungssysteme. Luhmann definiert Gesellschaft als Sinnsystem, das sich aufgrund von Kommunikation integriert und reproduziert. Die Einheit der Gesellschaft ist die Autopoiesis der Kommunikation. Im Gegensatz zum gesamtgesellschaftlichen System kommunizieren seine Teilsysteme mit anderen Subsystemen, die ihre Umwelt darstellen. Die Identität der Teilsysteme beruht auf einem spezifischen Code.

Im Fall des ökonomischen Systems ist dies das Prinzip der Zahlung (und seine Entsprechung die Nicht-Zahlung). Zahlungen haben exakt die Eigenschaften von autopoietischen Prozessen: »Sie sind nur aufgrund von Zahlungen möglich und haben im rekursiven Zusammenhang der Autopoiesis der Wirtschaft keinen anderen Sinn, als Zahlungen zu ermöglichen« (Luhmann 1988: 52). Zahlungen in Form von Geld und Preisen reproduzieren das Wirtschaftssystem. Die von Luhmann beschriebenen Prozesse stellen sicher, dass das Wirtschaftssystem im Hinblick auf die Zukunft sowohl offen als auch geschlossen ist. Diese Überlegungen zielen darauf ab, all jene ökonomischen Kategorien, die bisher das Kernstück des ökonomischen Diskurses ausmachten, zu Derivativen des Zahlungsprozesses zu machen. Dies bedeutet allerdings auch, dass viele Aspekte, die üblicherweise als Teil des ökonomischen Systems angesehen werden, in Luhmanns ökonomischem Diskurs nicht vorkommen. Dies trifft auf Ressourcen zu, d. h. auf Güter und Dienstleistungen, für die Zahlungen getätigt werden, oder auf die psychologische Verfassung der Handelnden z. B. Diese Aspekte oder Prozesse sind Teil der Umwelt des ökonomischen Systems – jedoch im ökonomischen Subsystem, wo die Kommunikation über die Teilsysteme stattfindet.

Den Postulaten der Differenzierungstheorie gegenüber sollte aber festgehalten werden, dass sich konstitutive Merkmale der Ökonomie weiterentwickelt haben und weiterentwickeln können; das gilt beispielsweise für die Rangordnung bzw. Zusammensetzung der Produktionsfaktoren. Auf die dabei im Entstehen begriffene wissensbasierte Ökonomie gehe ich im nächsten Abschnitt näher ein. Das ökonomische System endete in der modernen Zeit nicht in einer vorrangig statischen und stabilen sozialen Institution. Diese Aussage über die anhaltende Dynamik der Wirtschaft gilt sowohl für das ökonomische System als Ganzes als auch für verschiedene Teilsaspekte der Ökonomie. Von besonderem Interesse sind z. B. Zahl und Gruppierungen der Entscheidungsträger, die heute für die Weiterentwicklung der Wirtschaft mitverantwortlich sind.

Thomas Sowell (1980: 164) ist demgegenüber der Ansicht, dass sich die Zahl der Entscheidungsträger in der Wirtschaft in Relation zur Gesamtbevölkerung mit der Herausbildung moderner Industriegesellschaften signifikant verkleinert hat: »The transformation of Western economies from agriculture to industry brought with it a reduction in the proportion of the population consisting of autonomous economic decisions makers.« Sowell will mit seinem Befund unterstreichen, dass zahlreiche ökonomische Akteure (insbesondere einst in der Landwirtschaft tätige Personen) im Verlauf der Entwicklung der Industriegesellschaft ihren Status als *Produzenten* und damit ihre soziale Position als, wie Sowell dies nennt, »residual claimant decision makers« verlieren. Dieser Personenkreis wird zu abhängigen Arbeitern und Angestellten, die sich in dieser neuen Position den Anweisungen ihrer Arbeitgeber zu beugen haben und somit bis zu einem gewissen Grad vom ummittelbaren Einfluss des Marktes auf ihr wirtschaftliches Schicksal isoliert sind.

Der Verlust jedes unmittelbaren und ungefilterten Feedbacks des Marktes als Reaktion auf von diesen Personen getroffene Entscheidungen, z. B. in der Produktion von bestimmten Waren und Dienstleistungen, muss aber nicht unbedingt bedeuten, so muss man Sowell entgegenhalten, dass der Status dieses Personenkreises als Teil des Produktionsprozesses und schon gar nicht in ihrer Rolle als Konsumenten so eingeengt ist, dass sie in *beiden* Fällen völlig von den Entscheidungen anderer Personen abhängig sind. Sowells Befund ist eine Fortschreibung der Kritik der Ökonomie als statische soziale Institution, wenn auch unter etwas anderen Vorzeichen, deren Folgen für einen Großteil der Bevölkerung wenig Erfreuliches zu bieten haben.

Ich möchte demgegenüber festhalten, dass sich das Wirtschaftssystem selbst in einem radikalen Wandel befindet. Es gilt nicht nur, dass nationale Wirtschaftssysteme eine sehr viel umfassendere Ausdehnung haben, was gegenwärtig vor allem unter der Überschrift Globalisierung kontrovers diskutiert wird, sondern dass sich immer deutlicher ein Wandel von materiell zu symbolisch bestimmten Produktionsprozessen bemerkbar macht.

Wichtigstes Element dieser Transformation ist die Rolle des Wissens. »Economic markets are caught in a reflexive activity: the actors concerned explicity question their organization and, based on an analysis of their functioning, try to conceive and establish new rules of the game« (Callon, Méadel und Rabeharisoa 2002: 194; Miller 2002a). Die die modernen Märkte kennzeichnende wachsende Reflexivität wird also durch die gestiegene *knowledgeability* (erworbener Wissensbesitz) ihrer Akteure gestützt und gestärkt. Diese Feststellung verweist aber auch auf die generell bedeutendere Rolle des Wissens in modernen ökonomischen Systemen. Dieser Frage werde ich im folgenden Abschnitt nachgehen.

Wissen, nicht Arbeit und Eigentum, sind zunehmend konstitutiv für gesellschaftliche und ökonomische Aktivitäten. Wissen wird zur Grundlage der Möglichkeit wirtschaftlichen Wachstums und von Wettbewerbsvorteilen der Unternehmen, Nationen und Regionen der Welt. Insbesondere diese Veränderungen im modernen Wirtschaftssystem sind es, die es erlauben, von einem Wandel der Industriegesellschaft zur Wissensgesellschaft zu sprechen. Noch genereller formuliert, die Wissensgesellschaft repräsentiert eine gesellschaftliche Realität, in der die Eigenschaften der Lebenswelt für immer größer werdende Teile der Bevölkerung »selbst gemacht« sind, im Gegensatz zu einer sozialen Realität, in der die Dinge aus der Sicht vieler einfach stattfinden. Dazu zählt auch zunehmend, dass die für frühere Gesellschaftsformationen begrenzenden und bestimmenden ehernen biologischen und physischen Gesetze menschlicher Existenz für Gegenwartsgesellschaften als Wissensgesellschaften, so kontrovers dies auch diskutiert werden mag, immer weniger Gewicht haben.

Fraglich ist daher, ob die für die Realität einer vorrangig materiellen Wirtschaft geltenden ökonomischen »Gesetze« und wirtschaftspolitischen Instrumente auch auf die neuen wirtschaftlichen Tatsachen angewandt werden können. Die Bedingungen der Transformation des modernen Wirtschaftssystems können demzufolge auch dafür verantwortlich sein, dass herkömmliche Erklärungsansätze wirtschaftlicher Prozesse sowie die auf ihnen basierenden wirtschaftspolitischen Instrumente weniger effizient sind. Insbesondere ist man gezwungen zu fragen, ob die für die Industriegesellschaft geltenden kausalen Prinzipien auch für die Dynamik der Fabrikation und Konsumtion von Wissen in ökonomischen Handlungszusammenhängen gelten.

Ich verweise deshalb in diesem Kontext noch einmal auf eine Anzahl von relevanten Eigenschaften des Wissens: In markantem Gegensatz zu den Überzeugungen der klassischen funktionalistischen Theorie der gesellschaftlichen Differenzierung ist die Wissenschaft in vielen Fällen unfähig, kognitive Sicherheit zu liefern. Der wissenschaftliche Diskurs ist entpragmatisiert, er sieht sich nicht in der Lage, definitive oder gar wahre Aussagen (im Sinn von bewiesenen kausalen Sätzen) für praktische Zwecke anzubieten, sondern nur mehr oder weniger plausible Annahmen, Szenarien oder Wahrscheinlichkeitsaussagen. Die Wissenschaft ist demnach nicht Lieferant zu-

Tabelle: Die wissensbasierte Ökonomie, 1995/1996[17]

	Investitionen in Wissen und Sachwerte in Prozent des Bruttosozialprodukts (1995)[a]	Anteil der Wertschöpfung wissensintensiver Unternehmen an der gesamten privaten Wertschöpfung 1995 bzw. 1996 in Prozent
	Wissen (Sachwerte)	Wissensökonomie
Italien	6,1 (18,0)	41,3
Japan	6,6 (28,5)	53,0
Australien	6,8 (22,6)	48,0
Deutschland[b]	7,1 (21,4)	58,6
OECD[c]	7,9 (20,1)	50,9
EU	8,0 (19,0)	48,4
USA	8,4 (16,9)	55,3
Großbritannien	8,5 (16,3)	51,5
Frankreich	10,2 (17,9)	50,0
Schweden	10,6 (14,6)	50,7
Kanada	8,8 (16,9)	51,0

[a] Die Gesamtsumme der Ausgaben für Forschung und Entwicklung (minus der Aufwendungen für Anlagen, Geräte etc.), des staatlichen Schul- und Hochschulwesens sowie der Ausgaben für Software (ausschließlich der von privaten Haushalten).

[b] Westdeutschland.

[c] Die OECD zählt in dieser Untersuchung soziale Dienstleistungsunternehmen, Kommunikationsunternehmen, den Finanz- und Versicherungssektor, Unternehmen des Herstellungssektors, die durch eine hoch- bzw. eine weniger hochtechnologische Ausstattung gekennzeichnet sind, zu den wissensbasierten Unternehmen des Herstellungs- und Dienstleistungssektors.

Quelle: OECD (1999: 114-115)

verlässiger Erkenntnis, sondern eine Quelle von Unsicherheit. Und im Gegensatz zu dem, was rationale wissenschaftstheoretische Theorien verlauten lassen, kann man diese Problematik nicht dadurch in den Griff bekommen oder gar lösen, dass man zwischen »guter« und »schlechter« Wissenschaft (bzw. zwischen Pseudowissenschaften und adäquater Wissenschaft) unterscheidet. Wie sollte dies unter Unsicherheitsbedingungen auch möglich sein? Wissen ist im Prinzip immer strittig. Und die in der Regel strittigen Felder wissensbasierter Produkte im Allgemeinen und biotechnologischer Waren im Besonderen sind die der Expertisen, Risiken, Verantwortung und Regulie-

17 Ich verwende in dieser Tabelle Daten, die in der Tat nicht den jüngsten Stand der Entwicklung widerspiegeln. Daten aus jüngerer Zeit existieren bisher nicht.

rung (vgl. Gofton und Haimes 1999: 2.7).[18] Diese von mir in diesen Abschnitten diskutierten, vielfältigen gesellschaftlichen Entwicklungen und theoretischen Perspektiven der für moderne Gesellschaften typischen Wandlungsprozesse konstituieren, was man als die notwendigen Bedingungen für die Moralisierung der Märkte bezeichnen könnte.

Ich wende mich in den nächsten Abschnitten der Studie der »hinreichenden« Bedingungen zu, und zwar dem spektakulären Vermögenszuwachs großer Bevölkerungsteile der entwickelten Welt. Zunächst möchte ich auf eine Reihe von früheren Beobachtungen moderner Gesellschaften verweisen, in denen die Möglichkeit wohlhabender Gesellschaften antizipiert wird. Beobachtungen über den zukünftigen durchschnittlichen Lebensstandard der Menschen sind in der Regel eng mit oft skeptischen Urteilen über die moralischen, politischen und intellektuellen Folgen des Wohlstands verbunden. Bevor ich näher auf die verbreitete und anhaltende Kritik – und zwar

18 Es ist die Aufgabe der Berufsgruppe der Wissensarbeiter oder der Experten, Ratgeber und Berater, die praktische »Übersetzung« von wissenschaftlichen und technischen Erkenntnissen zu bewerkstelligen. Sie wenden Wissen auf Wissen an. Die Funktion der Wissensarbeiter ist es, zwischen der komplexen und dynamischen Wissensverteilung und denjenigen zu vermitteln, die Wissen benötigen. Wissen »reist« und wird als das Gepäck von Akteuren vermittelt (Wissen hängt von begrifflichen und kognitiven Fähigkeiten ab, ist aber auch durch Prozesse der Erlangung des gegenseitigen Verständnisses bedingt, mitbestimmt von systematischen Routinehandlungen und steht schließlich mit Zeichen und Symbolen in Verbindung). Technische Fertigkeiten dagegen (im Sinne von know-how oder rules of thumb) sind sehr viel enger und unmittelbarer inskribiert, verankert oder verkörpert in Personen, Objekten oder Ressourcen. Statt Wissen als etwas Erstarrtes zu betrachten, das einfach nur da ist, sollte es als etwas Aktives gesehen werden, das man tut. Das Aktivwerden ist besonders relevant im Fall des spezialisierten wissenschaftlichen Wissens, das, wie ich betont habe, strittig und häufig entpragmatisiert ist. Eine Kette von Interpretationen oder die essenzielle »Offenheit« von Wissensansprüchen muss zu einem »Ende« kommen, damit Wissen praktisch relevant und daher als Handlungskapazität effektiv wird. In der modernen Gesellschaft üben vor allem die Experten diese Funktion aus, die Reflexion zu beenden und die Offenheit und Strittigkeit des Wissens zu reduzieren, um danach handeln zu können. Dass es wissensbasierte Arbeit und Arbeitsstellen, die derartige Kenntnisse erfordern, gibt, ist nicht neu. Experten hat es immer schon gegeben. Der bedeutende ökonomische Wandel im Allgemeinen und die Transformation des Arbeitsmarktes im Besonderen drücken sich beide in der steigenden Anzahl der Berufe, die auf Wissen basieren, und deren Anteil am Arbeitsmarkt aus sowie in dem Rückgang der Arbeitsstellen, an denen Dinge gemacht und bewegt werden.

nicht nur unter Mitgliedern von gegenkulturellen sozialen Bewegungen (vgl. Musgrove 1974) – des »Massenwohlstands« in modernen Gesellschaften unter der Überschrift »Die Armut des Wohlstands« eingehe, möchte ich auf die systematischen ideologischen und methodischen Schwierigkeiten verweisen, den gestiegenen Wohlstand vieler Haushalte in der entwickelten Welt empirisch überhaupt angemessen zu dokumentieren.

Teil 6. Vom Beginn der Wohlstandsgesellschaften

> ... ganz sicher kann keine Nation blühen und gedeihen, deren Bevölkerung weithin in Armut und Elend lebt. Es ist zudem nicht mehr als recht und billig, wenn diejenigen, die alle ernähren, kleiden und mit Wohnung versorgen, soviel vom Ertrag der eigenen Arbeit bekommen sollen, daß sie sich selbst richtig ernähren, ordentlich kleiden und anständig wohnen können. Adam Smith ([1776] 1978: 68)

In seiner klassischen Studie *Der Wohlstand der Nationen* fragt Adam Smith ([1776] 1978: 68), ob eine materielle »Verbesserung der Lebensumstände der unteren Schichten auch für die Gesellschaft als Ganzes vorteilhaft oder nachteilig« sein muss. Die Antwort von Smith ist unzweideutig: »Dienstboten, Tagelöhner und Arbeiter bilden die Masse der Bevölkerung eines jeden Landes, so daß man deren verbesserte Lebenslage wohl niemals als Nachteil für das Ganze betrachten kann.« Adam Smith konnte natürlich den umfassenden Anstieg des Wohlstands vieler Haushalte in der Nachkriegszeit nicht antizipieren. Allerdings hätte er dieser Entwicklung wohl uneingeschränkt zugestimmt. Andererseits lässt sich eine scharfe Kritik des Strebens nach materiellen Zielen und Gütern bis in die Ursprünge der modernen Philosophie und die Ideen moderner Religionsstifter zurückverfolgen.

Als John Maynard Keynes 1930 auf eine ähnliche Frage wie Adam Smith antwortet, befindet sich die Welt in einer ihrer größten Wirtschaftskrisen. Eine Diskussion des allgemeinen Wohlstandes ist unter solchen Vorzeichen kaum angesagt. Dennoch erwartet John Maynard Keynes ([1930] 1984: 331) – ich habe schon auf diesen bemerkenswerten, im Jahr 1930 veröffentlichten Essay »The economic possibilities for our grandchildren« verwiesen – *sowohl* mit Genugtuung *als auch* mit erheblichen Bedenken, dass es in nicht allzu ferner Zukunft immer größer werdende Gruppen von Menschen geben wird, für die das Problem der existenziellen Not praktisch gelöst sein dürfte. Keynes antizipiert und betont zugleich[1] disfunktionale gesell-

1 Die detaillierten Gründe und der Zeitpunkt, die Keynes für die Möglichkeit einer Lösung der ökonomischen Probleme der Menschheit angibt, beziehen sich auf einen historischen Abschnitt, in dem (angeblich unveränderliche) Grundbedürf-

schaftliche Folgen eines möglichen Zeitalters des materiellen Überflusses. In seinem Essay blickt Keynes ([1930] 1984: 326-328) deshalb eher düster auf ein solches Zeitalter des allgemeinen Wohlstands:[2]

The struggle for existence, always has been hitherto the primary, most pressing problem of the human race ... If the economic problem is solved, mankind will be deprived of its traditional purpose. Will this be a benefit? If one believes at all in the real values of life, the prospect at least opens up the possibility of benefit. Yet I think with dread of the readjustment of the habits and instincts of the ordinary man, bred into him for countless generations, which he may be asked to discard within a few decades ... Thus for the first time since his creation man will be faced with his real, permanent problem – how to use his freedom from pressing economic cares, how to occupy the leisure, which science and compound interest will have won for him, to live wisely and agreeably and well.

Das eigentliche Interesse an Fragen des Wohlstands *breiter* Bevölkerungsschichten – und nicht nur einer schmalen Elite –, deren Angehörige niemals das Gefühl hatten, wohlhabend zu sein, begann mit Recht erst in den späten Nachkriegsjahren und hält bis auf den heutigen Tag unvermindert an.

Obwohl man schon in der Vergangenheit von Zeit zu Zeit auf die Frage der »Sättigung« der materiellen Bedürfnisse hinwies, konnte man zu diesem Zeitpunkt kaum den Eindruck gewinnen, dass die Sättigung zu einem realen, nur noch wenige Jahre in der Zukunft liegenden Problem für die Gesellschaft werden könnte.[3]

Die verschärfte Debatte über die Tugenden eines Zeitalters des Überflusses begann erst in den späten 50er-Jahren, ausgehend von

nisse (d. h. Bedürfnisse, die Menschen, »whatever the situaton of [their] fellow human beings may be« [Keynes (1930) 1984: 326], empfinden) bedient sein werden. Eine Auseinandersetzung mit der Frage, ob die von Keynes antizipierte Lösung des so verstandenen ökonomischen Problems tatsächlich gelungen ist, findet sich in Lin 2005.

2 Weit weniger skeptisch ist noch vor der Weltwirtschaftskrise dagegen John Dewey ([1927] 1996: 180). Dewey vertraut darauf, wenn »das technologische Zeitalter der Menschheit eine feste und allgemeine Basis materieller Sicherheit geben kann, wird es in einem menschlichen Zeitalter aufgehen.«

3 Der Begriff der Konsumsättigung ist genauso unbefriedigend wie der Begriff angeblich ständig wachsender Bedürfnisse; zumindest geben diese Begriffe in der Regel keine Auskunft über die Bedingungen, die neue Bedürfnisse auslösen oder eine Konsumsättigung herbeiführen (vgl. dazu auch Campbell [1987] 2005: 36-57).

den USA, als westliche Gesellschaften zu »Gesellschaften des Überflusses« (Galbraith [1958] 1963) oder zu »Massenkonsumgesellschaften« (Katona [1964] 1965) mutierten, deren Konsumenten von »heimlichen Verführern« (Packard 1957) umgeben und verfolgt wurden. Aus dem allgemeinen Tenor dieser Beobachtungen lässt sich unzweifelhaft ablesen, dass der wachsende private Wohlstand in der Gesellschaft keineswegs konstruktive gesellschaftliche Folgen habe oder in Zukunft haben dürfte.

In seiner bekannten Studie zur amerikanischen Überflussgesellschaft beklagt und kritisiert John Kenneth Galbraith die wachsende Asymmetrie zwischen privatem und öffentlichem Reichtum. Er kontrastiert die vorherrschende Einstellung der Konsumenten, die sich in einer bestimmten Konsumentenkultur manifestiere, mit den mangelnden Tugenden unbeschränkter Ausgaben der Mittelklassenfamilien, welche staatliche Interventionen notwendig mache, um ein neues Gleichgewicht zwischen privaten und öffentlichen Ausgaben herzustellen. Darüber hinaus, so stellt Galbraith (1998) in einem Rückblick auf seine Untersuchung mehr als 40 Jahre später resignierend fest,[4] aus der einstigen »consumer sovereignty, once governed by the need for food and shelter, is now the highly contrived consumption of an infinite variety of goods and services« geworden. Und wie David Riesman ([1957] 1993: 304) zur gleichen Zeit wie ursprünglich Galbraith in seinem Befund des Konsumverhaltens der Gegenwart bzw. der unmittelbar bevorstehenden Zeit in den Vereinigten Staaten skeptisch anmerkt: »The basic stockpile on which our society's dynamism has rested – the stockpile of new and exhilarating wants – seems to me badly depleted.« Selbst ständig wachsende Ausgaben für Forschung und Entwicklung auf der wilden Suche nach neuen oder scheinbar neuen Produkten können den Tag, an dem eine Bedürfnissättigung eintritt, nur unwesentlich hinauszögern.

Riesman fragt deshalb, wie man die Früchte steigender Produktivität sinnvoller nutzen könne. Er verweist angesichts der bevorstehenden Bedürfnislosigkeit der Menschen auf eine Reihe von Möglichkeiten, die Erträge der wachsenden Produktivität z. B. auf Ausgaben

4 Die Disparität von privatem Wohlstand und der Armut öffentlicher Dienstleistungen hat sich in den vergangenen Jahrzehnten vergrößert, wie Galbraith (1998: 42) feststellt, während das Wohlstandsgefälle in den wohlhabenden Gesellschaft weiter durch massive Ungleichheiten gekennzeichnet ist.

für kollektive Zwecke wie die der Stadtsanierung zu lenken.[5] Aber das Problem des Überflusses ist damit noch nicht erledigt.

David Riesman ([1957] 1993: 306) bleibt pessimistisch. Es gibt keine historischen Vorbilder für diesen Zustand materiellen Wohlstands. Ist es überhaupt denkbar, so fragt er, in einem Zeitalter des Überflusses neue Motive und neue Sinngehalte zu entdecken? Keine Gesellschaft sah sich bisher mit vergleichbaren Bedingungen konfrontiert: »There are few channels, political or economic, for translating these as yet undefined shades of feeling into a program which could give alternatives to spending for defense and to spending for spending's sake.« Kurz: Der wachsende Wohlstand ist für Riesman, lange bevor man über seine Umweltfolgen nachdachte, eine der größten gesellschaftlichen Herausforderungen, mit der die amerikanische Gesellschaft und europäische Gesellschaften konfrontiert sind.[6]

5 Vgl. auch die analogen, aber schon sehr viel früher geäußerten Überlegungen Ernst Heimanns (1929) zur Problematik der Befriedigung existenzieller Bedürfnisse der Konsumenten. Heimann plädiert für einen »Umbau der Nachfrage«: weg von individuellen (oder gar von »unechten«, durch Reklame forcierten) Bedürfnissen hin zu kollektiven Aufgaben. Sobald die dringlichsten materiellen Bedürfnisse befriedigt sind, folgert Heimann, muss es z. B. zu einer wachsenden Betonung kultureller Produkte in der Bevölkerung kommen. Zwar wachsen die Bedürfnisse im Verlauf der Geschichte der menschlichen Zivilisation, aber, so argumentiert Heimann (1963: 319) gleichwohl, die »bloße Tatsache einer neu organisierten und sensationell wachsenden Reklameindustrie« beweise das »Vorrücken« der Nachfrage in das »Gebiet der unechten Bedürfnisse«. Allerdings stoße auch dieses Geschäft an seine Grenzen und werde von Jahr zu Jahr schwieriger: »Es ist nicht vorstellbar«, so diagnostiziert Heimann, »daß es der Reklame gelingen könnte, auf ewig immer neue Bedürfnisse zu erfinden, um die freie Kaufkraft zu absorbieren, die aus der immer wachsenden Produktion fließt.« Aus den konkreten Verweisen auf die immanente Sättigung in Hinblick auf einzelne Waren, wie z. B. Autos oder Kühlschränke, wird deutlich, dass Heimann diesen Zeitpunkt der absoluten Sättigung in den 20er-Jahren des vergangenen Jahrhunderts auf die unmittelbare Zukunft datierte.

6 In einem Essay von Bruce Bawers, der den Titel »Hating America« trägt und in der Hudson Review, Frühjahr 2004, erschienen ist, finden sich folgende Überlegungen zu einer vorangegangenen Kritik (Hertsgaard 2002) am exzessiven Wohlstand der Vereinigten Staaten: »No less regrettable than Hertsgaard's misinformation about the American media are his comments on American affluence, which he regards as an international embarrassment and a sign of moral deficiency. He waxes sarcastic about malls, about the range of products available to American consumers (whom he describes as dining on steak and ice cream twice a day), and about the fact that Americans spent $535 billion on entertainment in 1999, more than the combined GNPs of the world's 45 poorest nations. He appears not to have solicited

Dennoch nahm der Wohlstand in den Jahrzehnten nach der skeptischen Prognose von Riesman weiter unablässig zu, dazu noch in einem bis dato unbekannten Ausmaß: Trotz der in den vergangenen Jahren in einigen entwickelten europäischen Gesellschaften mit Recht, etwa angesichts enttäuschender makroökonomischer Daten sowie der Verletzbarkeit der Konjunktur durch externe, unvorhergesehene Ereignisse, periodisch auftauchenden ernsten Sorge um den Zustand der gesamtwirtschaftlichen Lage darf man ein Faktum und dessen gesellschaftliche Folgen nicht einfach übersehen. Wie ich schon betont habe, gab es in den Jahren 1950 bis 1995 oder sogar darüber hinaus eine wirtschaftliche Entwicklung der industriellen Gesellschaften Westeuropas und Nordamerikas, die historisch einmalig ist (Milward 1992: 21) und deren Erfahrungen und Konsequenzen für große Teile der Mitglieder dieser Gesellschaften selten, wenn überhaupt, explizit und ausführlicher reflektiert werden.

Die Emanzipation großer Bevölkerungsteile von wirtschaftlicher Verwundbarkeit und Unterjochung, die Marx und Engels nicht vorausgesehen haben, Keynes aber mitten in der Weltwirtschaftskrise des vergangenen Jahrhunderts antizipierte, und die nicht unbedingt im gleichen Maße und mit gleicher Geschwindigkeit in allen Industriegesellschaften zu beobachten ist, bildet gleichzeitig die *materielle* Basis neuer Formen sozialer Ungleichheit (vgl. Stehr 1999) und moralisch kodierter Märkte.

Neu an dieser Entwicklung ist also nicht, dass sich die Reichen ein luxuriöses Leben leisten können. Neu ist, dass sich ein umfassender Teil der Haushalte in den entwickelten Gesellschaften einen Lebensstil leisten kann, wie er noch vor wenigen Jahrzehnten den reichsten Schichten der Bevölkerung vorbehalten war. Selbst der durchschnittliche Bürger westlicher Gesellschaften ist im historischen Vergleich wohlhabend. Dass sich dieser grundlegende gesamtgesellschaftliche Wandel auf die Weltanschauung, Erwartungen und Verhaltensweisen aller Schichten der Gesellschaft auswirken muss, liegt wohl auf der Hand.

Noch konkreter formuliert: Was sich nachhaltig verändert, ist der Grad der materiellen Abhängigkeit der Akteure von ihrem beruflichen Status in der Gesellschaft, und was sich, wenn auch nicht voll-

the opinions of Eastern Europeans, a great many of whom, having been deprived under Communism of both civil rights and a decent standard of living, have a deep appreciation for both American liberty and American prosperity.«

ständig, verbessert, ist die relative Emanzipation von den Kontingenzen des Arbeitsmarktes durch umfassendere Vermögenswerte, die Individuen und Haushalte kontrollieren. Das Wachstum eines selbstbewussten Individualismus und der wachsenden Klugheit in modernen Gesellschaften repräsentiert den kulturellen Widerpart des gestiegenen materiellen Wohlstands.[7]

Allein angesichts dieser Entwicklungen ist der Grad der Ähnlichkeit zwischen Konsumenten aus Fleisch und Blut und Konsumenten, wie wir sie aus dominanten ökonomischen Modellen kennen, noch geringer geworden. Dem in diesen idealtypischen Modellen als isolierter Akteur und als aus innerer Notwendigkeit rational handelnde Person beschriebenen Konsumenten fehlt es aber in der Realität weder an relevanten Informationen und damit an umfassender Markttransparenz noch an dem notwendigen Wissen, um seine Bedürfnisse optimal zu befriedigen. Denn wie eine Konfrontation mit tatsächlich am Markt agierenden Konsumenten, wie wir sie aus der Alltagserfahrung kennen bzw. wie Ergebnisse ethnographischer Studien des Konsumentenverhaltens eindringlich unterstreichen (z. B. Miller 1998b), zeigt, handeln ökonomische Akteure realiter nur in seltenen Fällen allein und ohne soziale Bindungen oder Beeinflussungsmöglichkeiten.

Im folgenden Abschnitt werde ich kurz herausarbeiten, wie schwer es aus ganz unterschiedlichen Gründen ist, den wachsenden Wohlstand der Bevölkerung zufriedenstellend zu dokumentieren.

7 Alain Touraine ([1992] 1995: 207) umreißt, ganz in diesem Sinne, die erhöhte Bedeutung des Individualismus in der modernen Gesellschaft und, in seinem Gefolge, die Entstehung und den wachsenden Stellenwert des Konsumerismus mit folgenden Worten: »The modern world ... increasingly abounds with references to a Subject. That Subject is freedom, and the criterion of the good is the individual's ability to control his or her actions and situation, to see and experience modes of behavior as components in a personal life history, to see himself or herself as an actor. The Subject is an individual's will to act and to be recognised as an actor.«

> Welche anderen Veränderungen es auch immer sein mögen, deren Erfahrung zu machen die Gesellschaftswirtschaft noch bestimmt ist, es giebt eine jetzt in der Entwickelung begriffene Veränderung, hinsichtlich derer kein Zweifel obwalten kann. In den voranschreitenden Ländern der Welt, sowie in allen anderen Ländern, sobald die unter den Einfluß der ersteren kommen, giebt es wenigstens eine progressive Bewegung, die mit wenig Unterbrechung von Jahr zu Jahr und von Generation zu Generation sich fortsetzt, nämlich der Fortschritt im Vermögen, die Zunahme im sogenannten materiellen Gedeihen.
>
> John Stuart Mill ([1848] 1852: 158)

In seiner zuerst vor mehr als 150 Jahren veröffentlichten Analyse der Prinzipien der politischen Ökonomie hält John Stuart Mill, wie auch schon vor ihm Adam Smith, es für ganz selbstverständlich, dass uns ein Zeitalter der materiellen Prosperität bevorsteht. Mill ist sogar davon überzeugt, dass der wachsende gesellschaftliche Wohlstand besser als bisher verteilt sein wird und dass nicht nur die Reichen reicher, sondern auch viele der Armen reich werden.

Heute dagegen ist es, da man das »Zeitalter des Wohlstands« beispielsweise schon als beendet angesehen hat (Ehrlich und Ehrlich 1974), sowohl aus theoretischen als auch methodischen Gründen schwierig und nicht mehr unbedingt selbstverständlich, das tatsächliche Maß des in der Nachkriegszeit allgemein gestiegenen Wohlstands der Bevölkerung in den entwickelten Ländern detailliert zu dokumentieren.

Wesentlicher Bestandteil dieser Schwierigkeiten ist paradoxerweise der relative Verlust der unmittelbaren gesamtgesellschaftlichen Bedeutung der Ökonomie, insbesondere des *Arbeitsmarktes*, als Existenzgrundlage für Individuen und Haushalte. Ich meine damit den Rückgang in der unmittelbaren und direkten materiellen Abhängigkeit von Individuen und Haushalten von Aktivitäten, die sich als Teil des Marktes abspielen und die für viele notwendigerweise immer noch zentraler Lebensinhalt sind, insbesondere also ihre berufliche Position und damit ihre singuläre Unselbständigkeit aufgrund dieser von ihnen ausgeübten ökonomischen Funktion.[8] Der tatsäch-

8 Diese These hat zweifellos Ähnlichkeiten mit dem von Ronald Inglehart (z. B. 1987) formulierten Befund vom abnehmenden Grenznutzen wirtschaftlicher Belohnungen in modernen Gesellschaften. Inglehart benutzt seine Beobachtung als

liche private Wohlstand setzt sich demgegenüber jedoch aus ganz unterschiedlichen Vermögenswerten zusammen. Dazu gehören Immobilieneigentum, Wertpapiere, Lebensversicherungen, Renten- und Pensionsansprüche usw. Viele Versuche, den Reichtum in einer Gesellschaft zu messen, orientieren sich aber weiter an einem Verständnis von Wohlstand, der eng an arbeitsmarktrelevante Phänomene gekoppelt ist.

Was sich verändert, ist der Grad und die Ausschließlichkeit der materiellen Abhängigkeit der Akteure von ihrer Berufsposition, und was sich erhöht, sind die Chancen der Haushalte auf eine relative Unabhängigkeit vom Arbeitsmarkt aufgrund erheblich verbesserter *Vermögens*verhältnisse. Eine verminderte materielle Abhängigkeit von der Arbeitstätigkeit und ihrem Erlös erstreckt sich paradoxerweise auch auf den großen, teilweise weiter wachsenden Teil der arbeitsfähigen Bevölkerung, der arbeitslos ist und sich daher unfreiwillig vom Arbeitsmarkt abgekoppelt sieht.[9]

Erklärung für die Entwicklung so genannter postmaterialistischer Wertvorstellungen (bzw. der so genannten »silent revolution«, vgl. Inglehart 1971; 1977). Er meint damit, dass ein weiterer signifikanter Zuwachs des Pro-Kopf-Einkommens in den entwickelten Gesellschaften mit einem sinkenden Grenznutzen zusätzlicher Einkommenseinheiten verbunden ist. Ingleharts empirisch basierte Beobachtungen beziehen sich allerdings in erster Linie auf Einkommensverbesserungen und die damit in Verbindung stehende Tatsache, dass ein ständig sinkender Teil des Einkommens zur Befriedigung von Grundbedürfnissen ausgegeben werden muss. Ein Ergebnis dieser Verschiebungen ist, so zumindest interpretiert Inglehart diese Entwicklung, dass Individuen ihrem Einkommensniveau sowie wirtschaftlichen Fragen insgesamt weniger Bedeutung beimessen. Dennoch ist das wachsende Einkommen wahrscheinlich nur eine möglicherweise sogar unerhebliche Bedingung der Möglichkeit der Abkoppelung der Haushalte von Arbeitsmarkt und Wirtschaft. Schließlich ist die Nachfrage nach Waren trotz wachsender Einkommen nicht etwa dramatisch zurückgegangen. Darüber hinaus besteht der Eindruck, dass Ingleharts (1987: 1289) Erklärung eines abnehmenden Grenznutzens des ökonomischen Determinismus primär funktionalistische Züge trägt, d. h., er befasst sich in erster Linie mit den korrelativen Folgen des sinkenden Grenznutzens von allfälligen Einkommenszuwächsen, wie z. B. der Lebenserwartung, den politischen Präferenzen oder der Konzentration sozialer Ungleichheit.

9 Außerdem sollte man in diesem Zusammenhang nicht die wachsende, bisher allerdings noch nicht erfasste Zahl von Individuen und Haushalten vernachlässigen, die sich aus einer Vielzahl von Gründen entschlossen hat, ihre Abhängigkeit vom Arbeitsmarkt bewusst zu reduzieren, indem sie ihr Konsumverhalten und ihre Konsumerwartungen drastisch ändert. Zu dieser Kategorie gehören auch jene, die sich frühpensionieren lassen oder früh verrentet werden. Über diese Entwicklung wurde

Diese Transformationen sind nur schwer quantitativ zu belegen, weil an der Verteilung von Vermögen, Reichtum, Anrechten usw. sicher auch aus ideologischen Gründen bisher hauptsächlich die Vermögens*konzentration* interessierte (z. B. Glatzer und Hauser 2002), insbesondere der Anteil des Vermögens in den Händen der Reichen und Superreichen (Kopczuk und Saez 2004).[10]

Die permanenten Ungleichheiten in der Verteilung des Wohlstands[11] sind natürlich erheblich, oft kaum zu verstehen (oder sogar zu legitimieren) und deuten auf die reale Möglichkeit einer permanent zweigeteilten Gesellschaft hin;[12] aber trotz dieses starken Un-

zuerst in einem Artikel der Globe and Mail (27. Februar 1993, B22) berichtet, dass im Jahre 1988 18 Prozent der Kanadier zwischen 55 und 64 Pensionäre waren – »a considerable jump from the 3 per cent in 1969 and even the 8 per cent in 1979«. In Deutschland ist nicht einmal mehr die Hälfte der 55- bis 64-Jährigen erwerbstätig. Nach einer Untersuchung des Bundestags sind es gegenwärtig nur 41,2 Prozent. Immerhin bedeutet dies einen Anstieg um 2,5 Prozentpunkte gegenüber 2002 (Deutscher Bundestag 2005: 6).

10 Vorhandene zuverlässige empirische Daten zur Vermögensverteilung beschränken sich oft nur auf die reichste Gruppe der Gesamtverteilung des volkswirtschaftlichen Vermögens. Darüber hinaus sind die Zahlen über Vermögensungleichheiten häufig mit methodischen Problemen verbunden. Dies beginnt z. B. schon mit der Definition von Vermögen und/oder den Untersuchungseinheiten sowie mit der systematischen Verschleierung der Vermögensverhältnisse, Schwierigkeiten bei der Bestimmung einer Auswahl und schließlich mit der statistischen Behandlung einmal erhobener Vermögensdaten.

11 Trotz der in vielen Ländern weiter sehr hohen Vermögenskonzentration lässt sich in den wichtigen Industrienationen, für die langfristige Daten vorhanden sind, wie etwa die USA, Großbritannien und Schweden, in diesem Jahrhundert bis etwa Mitte der 70er-Jahre nicht nur ein gradueller Rückgang in der Vermögensungleichheit, sondern auch eine Konvergenz der Vermögensstruktur beobachten: »The share of total household wealth held by the top 1 percent of wealth holders declined from 50 in 1920 to 21 percent in 1975 in Sweden. The share of the top 1 percent in Great Britain fell from 61 percent in 1923 to 23 percent in 1974. The decline in wealth inequality in the United States was less dramatic. The share of the top 1 percent of individuals fell from a peak of 38 percent in 1922 to 27 percent in 1956« (Wolff 1991: 128). Dieser Trend hat sich in diesen Ländern mit ihrer erheblich voneinander abweichenden Steuergesetzgebung, wirtschaftlichen Entwicklung, Sozialgesetzgebung und politischen Struktur seit Mitte der 70er-Jahre des vergangenen Jahrhunderts nicht fortgesetzt.

12 Die Wahrscheinlichkeit einer solchen Entwicklung ist, seit André Gorz (1980) zuerst davor warnte, sicher sehr viel realer geworden. Jean-François Lyotards ([1979] 1986: 10) Beobachtung über eine Teilung der Menschheit in modernen Gesellschaften in zwei Elemente, und zwar »one part confronted with the challenge of

gleichheitsgefälles sollte man nicht übersehen, dass das *allgemeine Niveau des Wohlstands* gerade in den vergangenen Jahrzehnten in vielen Gesellschaften enorm angewachsen ist.[13] Ökonomen haben die Auswirkungen des Wohlstandseffektes auf das Konsumverhalten untersucht.

Allerdings hat man sich dabei in erster Linie auf den *kurzfristigen* Wohlstandseffekt, den Konsum, konzentriert, z. B. auf die Frage, welchen Einfluss ein Börsenboom oder ein starker Anstieg der Immobilienpreise auf den Umfang des Konsums privater Haushalte hat (Case et al. 2001). Studien dieser Art geben allerdings nur Auskunft über quantitative Veränderungen des Konsumverhaltens in Relation zu Veränderungen von unterschiedlichen quantitativen Wohlstandsindikatoren.

Das Pro-Kopf-Einkommen und das Geldvermögen in den entwickelten Gesellschaften hat sich in den vergangenen Jahrzehnten erheblich verbessert. Das (standardisierte) Bruttosozialprodukt pro Kopf hat sich in vielen OECD-Ländern zwischen 1970 und 2002 verdoppelt (vgl. Tabelle 3 im Statistischen Anhang). Der Verweis auf das Pro-Kopf-Einkommen findet häufig Verwendung, um einen ersten Eindruck vom Wohlstand eines Landes, einer Region oder einer Stadt zu vermitteln. Dennoch ist das auf diese Weise gemessene Pro-Kopf-Einkommen weder eine gute Messzahl des (objektiven) Wohlstands noch des (subjektiven) wirtschaftlichen Wohlbefindens. Das Bruttosozialprodukt spiegelt die Summe des Wertes der Gesamtheit der Waren und Dienstleistungen in einem bestimmten Zeitabschnitt in einem Land wider. Wie nur zu gut bekannt ist, fehlen in der Bruttosozialproduktrechnung eine Vielzahl von für das Wohlstandsniveau wichtigen Ressourcen wie z. B. die Sparguthaben, der Wert des

complexity; the other with the terrible ancient task of survival«, macht auf die gleiche Entwicklung aufmerksam.

13 Das relative Desinteresse in vielen Bereichen der Sozialwissenschaften an Fragen der Vermögensverteilung in der modernen Gesellschaft hat sicher auch ideologische Gründe, denn paradoxerweise waren der intellektuelle, manchmal sogar mit Hass gepaarte Widerstand gegen den Wohlstand, aber auch das schlechte Gewissen, gut von dem zu leben, was kritisiert und bekämpft wurde, ausgeprägte Charakteristika der Kulturkritik der 70er- und 80er-Jahre. Dieses widersprüchliche, ambivalente Verhältnis zum Wohlstand zeichnete sich erstmals bereits in den späten 60er-Jahren ab, als weitgehend unklar war, welche Art von materieller Lebensführung für einen Sozialkritiker als angemessen gelten durfte.

Wertpapierbesitzes, die Renten- oder Pensionsansprüche, das Immobilieneigentum usw. (vgl. Osberg und Sharpe 2002a).[14]

Das Geldvermögen aller in Deutschland ansässigen privaten Haushalte belief sich im Jahr 2004 laut Deutscher Bundesbank brutto auf 4,064 Billionen Euro. Dem stehen Verbindlichkeiten von 1,6 Billionen Euro gegenüber. Das Geldvermögen wächst weiter rasant. Seit 1989 hat es sich in Deutschland verdoppelt. Die Einkommens- und Verbrauchsstichprobe des Statistischen Bundesamtes zeigt, dass das Geldvermögen je Haushalt von 1993 bis 2003 von brutto 28.157 auf 40.300 Euro gestiegen ist. In den ostdeutschen Haushalten wuchs das Geldvermögen auf niedrigerem Niveau überproportional im Vergleich zu den Geldvermögen in Westdeutschland. Gleichzeitig zeigen diese Daten, dass die Vermögensunterschiede in Deutschland weiter riesig sind.[15]

Eine weniger restriktive Bewertung der Entwicklung des Wohlstands bzw. der Vermögensverhältnisse der Haushalte der industrialisierten Nationen in den vergangenen Jahrzehnten lässt sich auf unterschiedliche Weise illustrieren. Man kann in einem ersten Schritt etwa auf die immensen Zuwächse der Aggregatguthaben auf Sparkonten in verschiedenen Ländern verweisen (ohne Berücksichtigung der Inflationsentwicklung). Allerdings gibt es diese Zahlen nur für eine begrenzte Anzahl von Nationen (vgl. Tabelle 10 im Statistischen Anhang). Da die Sparquote außerdem von Land zu Land relativ stark schwankt, haben die Bevölkerungen in einigen dieser Länder natürlich vergleichsweise sehr viel größere Sparvermögen angesammelt. Das erhebliche Wachstum des Aggregatwerts der von Haushalten und Einzelpersonen kontrollierten Lebensversicherungen und Pensionsvermögen illustriert den gleichen Punkt (vgl. Tabelle 11 im Statistischen Anhang).

14 Osberg und Sharpe haben demzufolge einen Index des ökonomischen Wohlbefindens konstruiert, in den Informationen über die Konsumausgaben einer Gesellschaft, die Wertsteigerungen von Wertpapieren, die Einkommensverteilung (Armut und Reichtum) und die gefühlte wirtschaftliche Sicherheit bzw. Unsicherheit als Teil der Wohlstandsrechnung eingehen. Eine der zentralen Schlussfolgerungen der Autoren dieses komplexen Indexes ist es, dass das ökonomische Wohlbefinden in den wichtigsten Ländern der entwickelten Welt in den Jahren zwischen 1960 und 1997 sehr viel langsamer zunimmt, als sich dies im Wachstum des Realeinkommens widerspiegelt (Osberg und Sharpe 2002b: 371).

15 Ich beziehe mich in diesem Abschnitt auf eine Meldung der Frankfurter Allgemeinen Zeitung vom 9. März 2006, S. 12.

Statistics Canada hat von Zeit zu Zeit, allerdings nicht mehr in der jüngsten Vergangenheit, mit Hilfe von umfangreichen repräsentativen Umfragen versucht, die privaten kanadischen Vermögensverhältnisse zu dokumentieren. Kanada kennt keine Erbschafts- oder Vermögenssteuer. Eine Analyse der in den Jahren 1970, 1977 und 1984 erfassten Informationen, d. h. vor der in den 80er-Jahren erfolgten starken Wertsteigerung des Vermögens im Verlauf einer erheblichen Inflationsperiode, lässt erkennen, dass die herausragende Veränderung in den Zahlen des *Wachstums* der Haushaltsvermögen zu finden ist. Das durchschnittliche Vermögen des »combined universe of families and unattached individuals was $ 85,344 in current dollars (1984) – 4,7 times the $18,189 average for 1970« (Oja 1987: 7).[16] Zur gleichen Zeit erhöhten sich die Lebenshaltungskosten um einen Faktor von 2,98. Da das Wachstum des mittleren Werts des Vermögens noch signifikanter war, kann man daraus schließen, dass sich die Vermögenskonzentration gleichzeitig etwas verringert hat.[17]

Sofern man an einem Vergleich der Konsumausgaben der Haushalte im Zeitvergleich oder in verschiedenen Ländern unterschiedlicher Entwicklungsstufen interessiert ist, greift man in der Regel auf Daten über den Kauf verschiedener Gebrauchsmittel, Dienstleistungen und andere Ausgaben zurück (vgl. den Statistischen Anhang).

16 Der von Statistics Canada verwendete Vermögensbegriff ist ebenfalls restriktiv und schließt eine Reihe von wichtigen Vermögenswerten, z. B. akkumulierte Pensionsanrechte, Versicherungspolicen, den Wert von Sammlungen, langlebigen Haushaltsgeräten und Anrechten aus. Dagegen wurde nach dem Wert von Grund- und Hausbesitz, Bargeld, Sparvermögen, Wertpapieren, privaten Renten, Geschäftsvermögen gefragt. Diese Zahlen wurden um die ausstehenden Schuldverpflichtungen bereinigt, um auf diese Weise zu einer Schätzung des Nettovermögens zu kommen. Wie es im Bericht von Statistics Canada (1986: 83) heißt, gibt es methodische Gründe, weshalb die tatsächlichen Vermögensverhältnisse wahrscheinlich noch höher lagen; so war z. B. die Zahl der Verweigerungen unter vermögenden Personen größer. Die Zahl der in der 1984 durchgeführten Befragung durch Statistics Canada (1986) erfassten Haushalte und Einzelpersonen betrug ungefähr 14 000. Der Prozentsatz der brauchbaren Fragebögen lag bei 72 Prozent.

17 Obwohl die Autorin der vergleichenden Studie der Vermögensverhältnisse kanadischer Haushalte, auf die ich mich an dieser Stelle beziehe, betont, dass sich die Verteilung und Konzentration des Vermögens in den Jahren 1970 bis 1984 nur unwesentlich verschoben habe und dass sich die generelle Zunahme des Vermögens demgegenüber geradezu dramatisch ausnimmt, wird der zuletzt genannten Tatsache in ihrer Studie keine weitere Aufmerksamkeit geschenkt (Oja 1987: 7).

Die typischen Ergebnisse solcher Vergleiche zeigen, dass sich der Anteil der Haushaltsausgaben für Lebensmittel mit wachsendem Einkommen sowohl innerhalb der Länder als auch im Vergleich unterschiedlicher Länder linear abschwächt. Dies gilt auch für Vergleiche von Konsumentengruppen zu unterschiedlichen Zeitpunkten in deren Lebenszyklus. Ob ein Haushalt Eigentümer einer Wohnung oder Mieter ist, entscheidet zu einem erheblichen Teil darüber, wie groß der Anteil der Wohnkosten an den Haushaltsausgaben ist. Ältere Personen verwenden einen geringen Anteil ihrer Ausgaben für Leistungen wie Kommunikation, Reisen oder Freizeitaktivitäten. Ähnlich ungewöhnlich ist die Tatsache, dass Familien mit Kindern einen größeren Anteil ihrer Ausgaben für Kleidungskäufe verwenden. Allgemeiner und zusammenfassend formuliert bedeuten diese Zahlen, dass je geringer das Haushaltseinkommen, desto größer der Anteil der Ausgaben ist, die für existenziell notwendige Bedürfnisse Verwendung finden. Weniger wohlhabende Haushalte geben einen sehr viel größeren Anteil ihrer Ausgaben für Lebensmittel aus (vgl. auch Noll und Weick 2004).[18] Insgesamt gilt jedoch, dass die uns von vielen statistischen Behörden und Ämtern akribisch gelieferten Zahlen detailliert über die Anteile der Ausgaben der Haushalte für verschiedene Produkte und Dienstleistungen Auskunft geben, uns jedoch völlig im Dunkeln darüber lassen, welche Produkte und Dienstleistungen genau mit welchem z. B. moralischen Gehalt konsumiert oder produziert werden. Sind die Konsumenten einer Region oder eines Landes etwa patriotisch in ihrem Kaufverhalten und achten sie bei ihren Konsumentscheidungen darauf, ob und in welchem Umfang die von ihnen ausgewählten Produkte und Dienstleistungen regionalen oder nationalen Ursprungs sind?[19] Und sind, sofern dies der Fall ist, sol-

18 Genauere Zahlen finden sich in den Studien von Heinz-Herbert Noll und Stefan Weick (2004: 9); sie berichten, dass »die armen Haushalte [50% unter dem Median des Haushaltsnettoeinkommens] auch 2003 in Westdeutschland noch 20 Prozent ihrer Ausgaben für die Ernährung aufwenden«, dagegen »geben die wohlhabenden [mehr als 200% des Medians des Haushaltsnettoeinkommens] dafür lediglich 10 Prozent aus; und während die Armen nicht weniger als 42 Prozent für Wohnen ausgaben, waren das bei den Beziehern hoher Einkommen weniger als ein Drittel.«

19 Peter Struck, Fraktionsvorsitzender der Sozialdemokratischen Partei im Deutschen Bundestag, kritisiert die Entscheidungen deutscher Unternehmen angesichts von fünf Millionen Arbeitslosen im Frühjahr 2006 als unpatriotisch: »Bei den deutschen Unternehmen fehlt es mir an nationalem Verantwortungsbewusst-

che Kaufentscheidungen bewusst gefällte Entscheidungen oder sind es nicht-intendierte Folgen?

Die Armut des Wohlstands

> Den Reichtum als unmoralisch anzusehen, ist somit ein nicht weniger unheilvoller Irrtum, als im Reichtum das höchste Gut zu sehen.
>
> Durkheim ([1893] 1988: 295)

Emile Durkheims unmissverständliche Ansichten zum gesellschaftlichen Stellenwert des Wohlstands sind ein Minderheitenvotum, denn es gibt, wie ich schon zu Beginn dieses Abschnitts kurz betont habe, eine lange, ununterbrochene, aber auch weithin bekannte Geschichte der ernüchternden Kritik des materiellen Überflusses wie auch der Konsummuster der Wohlhabenden (in beiden Fällen etwa auch im Sinne der Befriedigung sogenannter nicht natürlicher Bedürfnisse)[20] oder, noch genereller formuliert, der Maßlosigkeit der Produktion, der Armut des Wohlstands und des exzessiven Konsums in modernen Gesellschaften.[21] Heute werden Urteile über eine exzes-

sein«, sagt Struck laut ddp in einem Interview mit der Neuen Presse in Hannover, »es kann nicht wahr sein, dass Unternehmen Gewinne machen wie nie zuvor in ihrer Firmengeschichte und gleichzeitig Zigtausende entlassen« (vgl. »Struck greift deutsche Unternehmen an«, Frankfurter Allgemeine Zeitung, 4. März 2006, S. 12).

20 Zum Ursprung und Umfang menschlicher Bedürfnisse vgl. auch Durkheim [1893] 1988: 296-297.

21 Die Kritik des Konsums entzündet sich z. B. in den Schriften der sozialistischen politischen Ökonomie des 19. Jahrhunderts, wie auch später in den Schriften Thorstein Veblens am Ende des Jahrhunderts, an Konsumausgaben, die über eine Befriedigung existenzieller Notwendigkeiten (»natural wants«) hinausgehen. Und dies heißt auch von Konsumausgaben, bei denen man verantwortungslos den Prozess der Produktion und seine Mühen geflissentlich übersieht. Die Folgen sind eine unbefriedigende Allokation von Ressourcen, die wiederum für die Produktion der Waren fehlen, die zur existenziellen Sicherung des größeren Teils der Bevölkerung notwendig sind. Es versteht sich, dass die zur Befriedigung »unnatürlicher Bedürfnisse« notwendigen Arbeitsleistungen der Arbeiterklasse in den Augen der Kritiker unnötige, aber mühevolle Arbeit aufzwingt. Diese Überlegungen wiederum dienten zur Rechtfertigung der These, dass der Preis einer Ware der in ihr enthaltenen Arbeitszeit (dem inneren Wert) entsprechen sollte. Dies wiederum würde sicherstellen, dass sich der Konsum vorrangig an der Befriedigung natürlicher Bedürfnisse orientiert. Der Konsum in kapitalistischen Gesellschaften,

sive Produktion von Waren oder überflüssigen Konsum in der Regel im Zusammenhang mit Nachhaltigkeitskriterien gefällt (vgl. Arrow et al. 2004).

Es gibt aber darüber hinaus, auch wenn diese Urteile in der wissenschaftlichen Literatur zu diesem Fragenkomplex weniger ins Gewicht fallen, Verweise auf die angeblichen Tugenden der sozialen und moralischen Folgen des Wohlstands in modernen Gesellschaften, so z. B. in praktischen politischen Auseinandersetzungen über die gesellschaftlichen Folgen wirtschaftlicher Prosperität. Zumindest in der Tradition der Kulturwissenschaften, sieht man einmal von der Ökonomie und den Spielarten des Marxismus ab, in denen »das materielle Wohlergehen« zur »gebieterischen Voraussetzung für die erstrebte Freisetzung des wahren menschlichen Potenzials wird« (Jonas 1979: 285), überwiegt die Skepsis und die dezidierte Kritik an der Maßlosigkeit, d. h. an der »Überdimensionierung der naturwissenschaftlich-technisch-industriellen Zivilisation« (Jonas 1979: 251).

Im folgenden Abschnitt werde ich zunächst wichtige, klassische Positionen vorstellen und auf Personen eingehen, die in ihrer *Kritik* der *materiellen Fülle* insbesondere in ihren Auswirkungen auf die Einstellungen und das Verhalten der Menschen eine herausragende Rolle spielen. Später in diesem Teil der Studie gehe ich auf die Kritik der Folgen des Wohlstands in gegenwärtigen Gesellschaften ein. Dies deutet schon an, dass die Zweifel an der psychologischen und der gesellschaftlichen Funktion des Wohlstands kaum nachgelassen haben, möglicherweise gerade weil der durchschnittliche Wohlstand seit Ende des zweiten Weltkrieges besonders deutlich angestiegen ist und obwohl sich die Kritik des Reichtums mittlerweile auf sehr viel größere Bevölkerungsschichten bezieht.

so lässt sich die frühe Kritik des nicht notwendigen Konsums zusammenfassen, trüge zu einer Demoralisierung des Marktverhaltens und der Gesellschaft bei. Der Wohlstand der Gesellschaft sollte demnach eine Funktion disziplinierten Konsums »eigentlicher Lebensmittel« sein und nicht eine Funktion der Möglichkeit, die unnatürlichen Bedürfnisse Einzelner zu befriedigen (Thompson 2001). Die frühe Kritik des Konsums findet, sofern sie über die Befriedigung »natürlicher Bedürfnisse« hinausgeht, in den 20er-Jahren des folgenden Jahrhunderts ihr Echo in der Kritik des Konsums in den Arbeiten sozialistischer Autoren (z. B. Tawney [1921] 1945) und, nach dem Zweiten Weltkrieg, in der Abwertung des Massenkonsums. Nur dass es diesmal nicht um den exzessiven Konsum weniger geht, sondern um das Konsumverhalten der großen Masse der Bevölkerung im Zeitalter des »Massenkonsums«.

Die verbreitete und anhaltende Kritik an den negativen gesellschaftlichen und psychologische Folgen des Wohlstands versteht sich in der Regel als eine Kritik des Konsums der materiellen Ressourcen einer schmalen Schicht der besonders wohlhabenden Haushalte der Gesellschaft. Ob eine solche implizite Definition des Luxus heute angesichts der sehr viel umfangreicheren, wohlhabenderen Schichten noch adäquat ist, sei dahingestellt. Aber vielleicht genügt an dieser Stelle der kritische Einwand des Ökonomen Robert Fogel (1997: 1905), der antizipiert, dass der Zustand des Luxus in modernen Gesellschaften und damit eine adäquate Definition des Wohlstands zunehmend auch in Form von geistigen und nicht-materiellen Ressourcen gekennzeichnet sein sollte. Zu einer erweiterten Definition des Wohlstands zählt Fogel z. B. die Gesundheit der Individuen und ihre Chancen, sich selbst zu verwirklichen.[22]

Die kompromisslose Verurteilung des korrumpierenden Einflusses materieller Prosperität, und zwar nicht nur für die Persönlichkeitseigenschaften einzelner wohlhabender Personen, sondern für die Gesellschaft insgesamt, findet sich schon in den Werken der Aufklärung, z. B. in den Schriften von Jean-Jacques Rousseau und später in den Arbeiten früher Sozialisten. In seinen Essays der 1750er-Jahre verurteilt Jean-Jacques Rousseau den die Zivilisation begleitenden Rückgang des menschlichen Glücks als Folge einer wachsenden Lücke zwischen der Nachfrage und dem Angebot von Ressourcen, die gesellschaftlich produzierte Bedürfnisse decken.

Ähnliches gilt für Karl Marx und Friedrich Engels. Obwohl sich Marx und Engels eher für die Problematik der Produktion und nicht die der Konsumtion interessierten[23] und auch in dieser Hinsicht den

22 Vgl. auch Hans Jonas (1979: 290-292) Beobachtungen zur Notwendigkeit und den Chancen »sittlichen Fortschritts« des Einzelnen bzw. des gesellschaftlichen Kollektivs.

23 Karl Marx investierte eine gehörige Portion intellektueller Energie in sein Werk Das Kapital, um zu verdeutlichen, warum Waren für welchen Preis getauscht bzw. verkauft werden. Er problematisiert dagegen nicht die Frage, warum in bestimmten Gesellschaften bestimmte Waren überhaupt produziert und zum Kauf angeboten werden (vgl. Sahlins 1976: 149). Verbleibt man im Rahmen der Marx'schen Sichtweise ökonomischer Realitäten, so kann man folgern, dass der Gebrauchswert einer Ware eine eher selbstverständliche Angelegenheit ist, die deshalb auch keiner weiteren Erläuterung bedarf. Der Gebrauchswert einer Ware wird von ihren inhärenten Eigenschaften bestimmt; und zwar von Warenattributen, die dazu dienen, menschliche Bedürfnisse zu befriedigen (Marx [1844] 1990). Im Kontext

Liberalismus beim Wort nahmen,[24] kritisierten sie mit Nachdruck den Verlust der lebensweltlichen Menschlichkeit unter der Herrschaft der Bourgeoisie, so z. B. im Kommunistischen Manifest von 1848 (1962: 464):

Die Bourgeoisie, wo sie zur Herrschaft gekommen, hat alle feudalen, patriarchalischen, idyllischen Verhältnisse zerstört. Sie hat die buntscheckigen Feudalbande, die den Menschen an seinen natürlichen Vorgesetzten knüpften, unbarmherzig zerrissen und kein anderes Band zwischen Mensch und Mensch übriggelassen als das nackte Interesse, als die gefühllose ›bare Zahlung‹. Sie hat die heiligen Schauer der frommen Schwärmerei, der ritterlichen Begeisterung, der spießbürgerlichen Wehmut in dem eiskalten Wasser egoistischer Berechnung ertränkt. Sie hat die persönliche Würde in den Tauschwert aufgelöst und an die Stelle der zahllosen verbrieften und wohlerworbenen Freiheiten die eine gewissenlose *Handelsfreiheit* gesetzt. Sie hat, mit einem Wort, an die Stelle der mit religiösen und politischen Illusionen verhüllten Ausbeutung die offene, unverschämte, direkte, dürre Ausbeutung gesetzt. Die Bourgeoisie hat alle bisher ehrwürdigen und mit frommer Scheu betrachteten Tätigkeiten ihres Heiligenscheins entkleidet. Sie hat den Arzt, den Juristen, den Pfaffen, den Poeten, den Mann der Wissenschaft in ihre bezahlten Lohnarbeiter verwandelt. [Kursivierung von mir]

Werner Sombarts ([1906] 1969) klassische Studie »Warum gibt es in den Vereinigten Staaten keinen Sozialismus?« erklärt zwar die Distanz der amerikanischen Arbeiterklasse seiner Zeit zum politischen Sozialismus als ein Übergangsphänomen, aber seine These, dass der materielle Wohlstand einen negativen Einfluss auf das politische Engagement der Menschen, in diesem Fall der amerikanischen Arbeiterklasse, habe, passt gleichwohl zur herrschenden Meinung von der nachteiligen gesellschaftspolitischen Bedeutung der Prosperität für das Weltbild und das Verhalten vieler wohlhabender Bürger.

Wie Sombart ([1906] 1969: 125) betont, lebt der amerikanische

einer Untersuchung der Moralisierung der Märkte wird die Unterscheidung zwischen Gebrauchs- und Tauschwert allerdings neu formuliert. Die mindere ökonomische Bedeutung des Gebrauchswertes im Vergleich zum Tauschwert ergibt sich demnach nicht, wie die orthodoxe marxistische Sichtweise es noch unterstellt, aus eine Asymmetrie des Marktes, in der das Angebot die einflussreichere Marktmacht repräsentiert. In modernen Marktkonstellationen kehrt sich die Relation in der »Machtkonstellation« zwischen Angebot und Nachfrage unter »normalen« (und nicht krisenartigen) Bedingungen um (vgl. Shipman 2004: 278).

24 Vgl. Robert Wilbrandt (1927: 415) wie auch Michel Foucaults ([1979] 2004) Genealogie des Neoliberalismus.

Arbeiter im Vergleich zu seinem europäischen Bruder in materiell vergleichsweise behaglichen und angenehmen Verhältnissen. Die komfortablen Verhältnisse, so fügt Sombart hinzu, existieren nicht trotz, sondern wegen des Kapitalismus. Allerdings zeigt sich, dass die Arbeiterklasse zunehmend apolitisch und privatisiert wird.[25] Es ist deshalb kein Wunder, so folgert Sombart ([1906] 1969: 125-126), dass in einer »solchen Lage die Unzufriedenheit mit der ›bestehenden Gesellschaftsordnung‹ nur schwer sich im Herzen des Arbeiters ein[ge]nistet ... An Roastbeef und Apple-pie werden alle sozialistischen Utopien zuschanden.« Während des vergangenen Jahrhunderts haben sich Wissenschaftler jeder politischen Couleur der Sombart'schen These uneingeschränkt angeschlossen. Es gab kein Alternativmodell zur herrschenden Vorstellung, dass der Wohlstand das politische Bewusstsein abstumpft oder sogar unterdrückt (vgl. Jacobs 2001). Unter solchen Bedingungen kann man sich nur einen passiven, aber insgesamt wohlig zufriedenen Konsumenten vorstellen. Von einer von Konsumenten getragenen Politik des Konsums kann also, aus dieser Warte der Mehrheit der Bevölkerung betrachtet, gar nicht oder allenfalls im negativen Sinn die Rede sein.

In der klassischen Studie des amerikanischen *way of life* in den Jahren zwischen den Kriegen porträtieren Robert und Helen Lynd (1929: 166; vgl. auch Lynd 1934: 6) insbesondere die weiblichen Bewohner von *Middletown* als hilflose Konsumenten, die dem Einfluss der Werbewirtschaft widerstandslos ausgeliefert sind: »It is characteristic of the customary lags and friction of institutional life in a period of change like the present that women, thus forced into the market to buy and urged on by a heavily increased advertising appeal, must as yet perform this task dependent almost entirely upon the counsel of the selling agent, whose primary concern is to capture the market.« Genereller formuliert hat Robert Lynd eine Anzahl von Bedenken, was den wachsenden Wohlstand angeht; er befürwor-

25 Sombart ([1906] 1969: 125) notiert sich über die Lebensbedingungen der amerikanischen Arbeiter Anfang des vergangenen Jahrhunderts unter anderem folgende Beobachtung: »Er kennt im Großen und Ganzen nicht das bedrückende Wohnungselend, er wird aus seinem Heim nicht, weil es kein Heim ist wie die ›Stube‹ des großstädtischen Arbeiters im kontinentalen Europa, hinaus in die Wirtschaft getrieben, er kann vielmehr in reichlichem Maße den Empfindungen des reinsten Egoismus, wie ihn die behagliche Häuslichkeit entwickelt, Raum geben.«

tet einen sehr viel frugaleren Lebensstandard für seine amerikanischen Mitbürger (Horowitz 2004: 22).

David Riesman, der in den 50er-Jahren des vergangenen Jahrhunderts als Autor einer vergleichbar erfolgreichen Diagnose der amerikanischen Gesellschaft, als Verfasser der Studie *Die Einsame Masse* (*The Lonely Crowd*, Riesman [1950] 1956) und als Beobachter von *Mass Leisure* (Riesman 1958) bekannt geworden ist, gibt der zurückhaltenden Hoffnung Ausdruck, dass eine zunehmende Anzahl von Amerikanern, nachdem der Zustand der Armut überwunden ist, in der Lage sein wird, ihren Lebensstil zu verändern. Und zwar weg von der Befriedigung eines rein quantitativen Reichtums, d. h. von »consumer goods needed both for sustenance and self-definition to a focus on qualitative abundance« (Riesman 1981: 286). Eine Präferenz für einen qualitativen Reichtum ist zugleich, so Riesman, eine altruistische Präferenz, indem man seinen Mitmenschen z. B. in irgendeiner Form dient, die Gier nach Besitz zurückstellt und vielleicht sogar eine erneuerte Form der Askese vertritt.

Später, in den 60er-Jahren, konnte z. B. Bruno Bettelheim ([1960] 1964: 7) nicht mehr von der Hand weisen, dass in der Tat viele Haushalte Amerikas den Armutsstatus überwunden hatten und es eine anscheinend weiter wachsende Anzahl von relativ wohlhabenden Personen gab. Allein aufgrund dieser Tatsache, so fragt sich Bettelheim, hätte man erwarten können, dass die gesellschaftliche Angst vor Hunger und Krankheit, aber auch die Bedeutung des Aberglaubens auf dem Rückzug sein sollte und dass man ein gutes Stück des Weges in eine hoffnungsvolle Zukunft sei. Trotzdem kommt Bettelheim, als einer von vielen professionellen Beobachtern des immer größer werdenden durchschnittlichen Reichtums in modernen Gesellschaften, angesichts dieser zivilisatorischen Erfolge zu einer eher ernüchternden, skeptischen Bilanz und Einschätzung der Menschen: Die Zivilisation sei eine Falle. Bettelheim verwirft die von anderen geäußerten gesellschaftlichen Zukunftshoffnungen trotz der wachsenden Chancen der Menschen, das Leben zu genießen, und stellt ernüchternd fest, »wir [sind] unglücklich aus Enttäuschung darüber, daß Freiheit und Wohlstand unserem Leben keinen Inhalt und kein Ziel geben ... inmitten von Überfluß führen wir ein unerfülltes Leben.«

Herbert Marcuse ([1964] 1989: 22; vgl. auch Horkheimer und Adorno [1947] 1987) radikalisiert diese psychologische Diagnose in seinem Essay *Der eindimensionale Mensch*. Die Menschen sind demzufolge nicht nur unglücklich, sie sind auch unfrei: Unter Bedingungen des steigenden Lebensstandards in modernen Gesellschaften ist ein Ausbrechen aus den herrschenden gesellschaftlichen Bedingungen unmöglich; und dies gilt umso mehr, je »fühlbarer [dies] wirtschaftliche und politische Nachteile im Gefolge hat und den glatten Ablauf des Ganzen bedroht.« Der Verlust der ökonomischen und politischen Freiheiten ist der Preis des Wohlstands. Und dieser Verlust, so fügt Marcuse ([1964] 1989: 70) skeptisch hinzu, mag »in einem Zustand, der das verwaltete Leben sicher und bequem machen kann, als geringfügiger Schaden erscheinen.«[26]

In der Vergangenheit waren es die Tugenden der Genügsamkeit, der Armut oder sogar des Hungers, die als Voraussetzungen moralischen Verhaltens angesehen wurden.[27] Der Wohlstand dagegen kor-

26 Während Herbert Marcuse in den 60er-Jahren noch ohne empirisch fundierte Befunde über den engen Zusammenhang von Wohlstand und Unzufriedenheit spekuliert, versucht der Ökonom Richard Easterlin (2004: 46; vgl. auch 1995) die im Alltag nicht unverbreitete gegenteilige Annahme empirisch zu überprüfen. Easterlin verwendet Umfragedaten und fragt, ob es in der Tat eine positive Korrelation zwischen Glücksgefühlen und Wohlstand gebe. Aus den nationalen Umfragedaten der USA ergibt sich eine positive Beziehung zwischen dem Realeinkommen der Befragten und dem von ihnen angegebenen Grad ihres Glücklichseins. Allerdings zeigt sich auch, dass sich dieser Zusammenhang im zeitlichen Verlauf nicht verstärkt, und zwar selbst dann nicht, wenn es zu größeren Einkommensverbesserungen kommt (Easterlin 2004: 48). Easterlin bietet eine sozialpsychologische Erklärung für das von ihm so genannte »Paradoxon des Glücklichseins« an. Und zwar sind es der allgemeine Anstieg des Wohlstands und die damit in Verbindung gebrachten Vergleiche, die für das Paradoxon verantwortlich sind: »Raising the incomes of all does not increase the happiness of all because the positive effect on one's well-being of higher income for oneself is offset by the negative effect of a higher living level norm brought about by the growth in incomes generally.« An anderer Stelle deutet Easterlin (2003) auf die Möglichkeit hin, dass ein neu gewonnener Wohlstand ex post weniger zufriedenstellend ist als eine ex-ante-Hoffnung auf eine Verbesserung der materiellen Umstände. Die von einer Reihe von Untersuchungen bestätigte fehlende Verbindung von Gefühlen des Glücks und monetarisierten Indikatoren des Wohlstands haben Amado Peiró (2006) veranlasst, diesen Zusammenhang genauer zu untersuchen. Peiró berichtet von Umfragedaten aus 15 Ländern, die zeigen, dass man die Phänomene des »Glücklichseins« von dem der »Zufriedenheit« trennen sollte; während das subjektive Befinden des Glücklichseins der Befragten nicht mit dem ihres gegenwärtigen sozioökonomischen Status korreliert, gilt dies aber sehr wohl für die Zufriedenheit der Befragten.

27 Joseph Townsend, der Verfasser der Studie Dissertation on the Poor Laws (1786), sieht genau an dieser Stelle eine kausale Beziehung: »Der Hunger bezähmt die wil-

rumpiert. So hat der Wohlstand z. B., wie häufig unterstellt, eine geradezu fatale Wirkung auf die Bereitschaft, politisch aktiv zu werden und sich am politischen Leben der Gesellschaft zu beteiligen. Überfluss diszipliniert im Sinne der Herrschenden: Daniel Bell ([1960] 1988: 254) ist wie Werner Sombart fest davon überzeugt, dass jede aufkeimende politische Intention, sogar der radikalsten Mitglieder der Arbeiterklasse, durch den wachsenden Wohlstand unterdrückt wird. Sofern man davon sprechen kann, dass die amerikanischen Arbeiter politisch »gezähmt« worden sind, ist dies nicht eine Folge der von den Maschinen im Produktionsprozess geforderten Disziplin, sondern Ergebnis ihrer Partizipation an der »Konsumgesellschaft«, der Fähigkeit, mit einem zufriedenstellenden Familieneinkommen eine angenehme, konfliktfreie materielle Existenz zu leben.

Aus der Sicht der orthodoxen marxistischen Theorie ist der wachsende Wohlstand der Arbeiterschaft allenfalls Kompensation für die wachsende Ausbeutung der Arbeiterklasse. Widerstand und Klassenantagonismus, die die Ausbeutung eigentlich befördern sollten, werden vom Kapitalismus in eine einzige Richtung kanalisiert: in den Wohlstand. Der Wohlstand ist sehr erfolgreich in der Unterdrückung des Klassenbewusstseins: »Living well is the only solace as well as the only revenge« (Resnick und Wolff 2003: 210). Wohlstand ist also zugleich einziger Trost und einzige Rache, die der Arbeiterklasse in modernen Gesellschaften noch bleibt.[28] In den Vereinigten Staaten gelingt es dem Kapitalismus »[to] make rising levels of individual

desten Tiere, er lehrt sogar die Widerspenstigsten Anständigkeit und Höflichkeit, Gehorsam und Unterordnung« (zitiert nach Polanyi [1944] 1978: 159-160).

28 Einer der wenigen »linksliberal« orientierten Wissenschaftler, der den Wohlstand der Arbeiterklassen nicht in die Nähe von »Indoktrination«, »Manipulation« oder »falsches Bewusstsein« platziert, ist André Gorz (1980; 1985). In einer Reihe imaginativer Essays in den 80er-Jahren hat Gorz deshalb argumentiert, dass das Projekt der Befreiung durch Arbeit ein Traum sei, da Arbeit unabhängig von einem bestimmten sozioökonomischen und soziopolitischen Regime undenkbar ist (vgl. auch Durkheim [1893] 1988: 298). Gorz erachtet es deshalb für erstrebenswert, die Menschen von der Arbeit zu befreien, um sicherzustellen, dass ihr Verbrauchsverhalten relativ ungehindert bzw. im Rahmen einer praktisch wirksamen Autonomie stattfindet (vgl. auch Fevre 2003: 28-59; Miller 1998a). Den optimistischen Diagnosen der Chancen der Befreiung von Arbeit durch André Gorz steht die Beobachtung von Daniel Bell (1956: 249-251), aber auch die von Robert Weiss und David Riesman (1961), aus den 50er- und 60er-Jahren entgegen, die zu diesem Zeitpunkt fest davon überzeugt waren, dass die Freizeit kaum jemals zu einer von der Arbeit losgelösten sinnvollen Beschäftigung werden kann.

consumption the highest value, the ultimate key to all of life's satisfactions and pleasures, and the solution to social problems« (Resnick und Wolff 2003: 225).

Diskussionen sozialer Ungleichheit in der Nachkriegszeit lehnen sich ebenfalls, zumindest mittelbar, an die Kritik des Wohlstands der Massen an. Vor zwei bzw. drei Jahrzehnten herrschte unter Sozialwissenschaftlern noch die Erwartung, die industrielle Gesellschaft oder, genereller ausgedrückt, der Modernisierungsschub werde einerseits ein weniger hierarchisches und insgesamt weniger ungleichgewichtiges Stratifikationssystem produzieren und andererseits ein standardisierteres, sich eng an individuelle Fähigkeiten anlehnendes System sozialer Ungleichheit hervorbringen. Das Schichtungssystem werde offener und weniger rigide sein, als das zu Beginn der Industriegesellschaft mit ihren oft fast undurchlässigen Klassengrenzen (Schelsky 1955a: 218-242; Goldthorpe 1966: 650; Dahrendorf [1967] 1974: 68)[29] der Fall war.

Hand in Hand mit diesen Erwartungen einer Nivellierung der sozialen Gegensätze in der Nachkriegsgesellschaft ging konsequenterweise ein wachsendes Desinteresse der Sozialwissenschaften an Fragen der sozialen Ungleichheit. Das mangelnde Interesse lässt sich aber keineswegs darauf zurückführen, dass die soziale Gleichheit in den Industrienationen tatsächlich triumphierte.[30]

Allerdings kompensieren in diesem Zeitraum wachsende *Produk-*

29 Helmut Schelskys ([1953]1965; 1955b: 222) Begriff der nivellierten Mittelstandsgesellschaft, auf den ich mich in dieser Darstellung der Einschätzung der sozialen Ungleichheit in den unmittelbaren Nachkriegsjahrzehnten beziehe, geht allerdings von einer Art Regression zum Mittelwert sozialer Stratifikation aus, d. h., die Nivellierung der Ungleichheit ist Ergebnis von (überwiegend) sozialen Abstiegs- und Aufstiegsprozessen. Talcott Parsons (1954: 431,434), der seinen »Revised analytical approach to the theory of social stratification« auf das Ungleichheitssystem der amerikanischen Gesellschaft anwendet, unterstreicht, wie wichtig neben den Faktoren Berufsstatus und Verdienst »the amount of ›compression‹ of the scale, so far as the income is concerned, which has occurred in about the last generation« ist, und dass das untere Ende der Berufspyramide gerade dabei ist, weitgehend zu verschwinden: »The American class structure and society will become even more predominantly middle-class than it already is.«

30 John K. Galbraith (1957: 85) ist der Überzeugung, dass das damalige mangelnde Interesse in der Bevölkerung und unter Sozialwissenschaftlern an dem Phänomen der gesellschaftlichen Ungleichheit auf die Tatsache zurückzuführen ist, dass sich einerseits der Grad der Ungleichheit in den kapitalistischen Nationen entgegen den marxistischen Prognosen nicht verstärkt hat und dass andererseits das gesell-

tionsergebnisse, wie etwa Galbraith (1957: 95) betont, eine nicht vorhandene Redistribution und Nivellierung von gesellschaftlichen Lasten und Belohnungen. Die optimistischen Erwartungen der 50er- und 60er-Jahre haben sich in der Zwischenzeit verflüchtigt. Insbesondere wird immer augenfälliger, dass die antizipierte Verflachung der gesellschaftlichen Stratifikation in modernen Gesellschaften nicht stattgefunden hat; vielmehr ist die wirtschaftliche Ungleichheit ein Charakteristikum industrieller und postindustrieller Gesellschaften geblieben, obwohl es in Bezug auf andere Momente der Ungleichheit zu einer Regression zum Mittelwert (bzw. zu einem sich verschiebenden Mittelwert) gekommen ist. Dies gilt etwa für die Lebenserwartung, den Zugang zum Gesundheitswesen und bestimmte Bereiche der sozialen Sicherheit. Demgegenüber sind Veränderungen in der Machtstruktur der Industriegesellschaft sehr viel schwerer auszumachen.

Es sind jedoch nicht nur der wachsende Wohlstand und der (zumindest im historischen Vergleich) verbreitete Reichtum, die in Industriegesellschaften und postindustriellen Gesellschaften, in denen man sich ansonsten auf Fragen der Produktion und der Kontrolle der Produktionsbedingungen konzentriert, mit Skepsis beurteilt werden. Das Konsumieren, das sich jenseits des existenziell Notwendigen bewegt, wird ebenso wie die Unfähigkeit, diese elementaren Bedürfnisse zu befriedigen, als signifikantes ethisches und politisches Dilemma betrachtet.

Vor mehr als einem Jahrhundert, einem Zeitalter, in dem Armut und Hunger sehr viel verbreiteter waren und die Gefahr größer war, dass große Teile der Bevölkerung abrupt verarmten, indem sie unter das Niveau des existenziellen Erhalts fielen, sprach Thorstein Veblen ([1899] 1986: 103) vom Geltungskonsum, der nur der demonstrativen sozialen Differenzierung diente. Ein solcher Konsum wird von Veblen deshalb als demonstrativ bezeichnet, weil Konsumausgaben dieser Art nicht geeignet sind, dem menschlichen Leben oder dem menschlichen Wohlsein als solchem in irgendeiner Weise dienlich zu sein. Für Veblen gilt noch allgemeiner und ganz orthodox, dass die wachsende Produktivität des Industriezeitalters eine Quelle der Entfremdung, der Ausbeutung und der Verschwendung ist.

Gegenwärtig verwendet man den vorwurfsvollen Begriff des Gel-

schaftliche Ansehen und die Macht der Reichen (zumindest in den Vereinigten Staaten) rückläufig waren.

tungs- oder des demonstrativen Konsums in einem allgemeineren Sinn, um das Konsumverhalten moderner Konsumenten insgesamt zu charakterisieren und damit zu verurteilen. Juliet Schor (1999) z. B. verlängert und generalisiert die Kritik in das gegenwärtige Zeitalter und spricht in leichter Abwandlung des Veblen'schen Begriffs von einem »konkurrierenden Konsum«; d. h., das Marktverhalten heutiger Konsumenten wird größtenteils »driven by a comparative or competitive process in which individuals try to keep up with the norms of the social group with which they identify«.[31] Und zwar sind die Normen, die man mit dem konkurrierenden Konsum einholen möchte, nicht unbedingt, wie in der Vergangenheit, die Normen unmittelbarer Nachbarn oder naher Gemeindeangehöriger, sondern die Konsummuster der in den Massenmedien sichtbaren Gruppen und Personen, denen nachgeeifert werden soll.

Zur These von Schor kann man eine Reihe von kritischen Fragen stellen. Ist es in modernen Gesellschaften in der Tat noch möglich, genau diese von Schor gemachten Zuschreibungen des konkurrierenden Konsumverhaltens, das sich angeblich aus einem veränderten Ungleichheitssystem ableiten lässt, eindeutig vorzunehmen? Solange sich das Ungleichheitssystem an *äußerlich* sichtbare Merkmale anschließt, dürfte eine solche Zuordnung unproblematisch sein. Aber: »Social class, one so easily assessed by the car in the driveway or the purse on the arm, has become harder to see in the things Americans buy. Rising incomes, flattening prices and easily available credit have given many Americans access to a wide array of high-end goods that traditional markets of high status have lost much of their meaning«.[32] Trifft dies zu, ist die These des konkurrierenden Konsums eher eine fragile Behauptung.

31 Was sich nach Juliet Schor im Vergleich zu Veblen und der Jahrhundertwende zum 20. Jahrhundert verändert hat, ist, wie ich betont habe, genau die relevante Bezugsgruppe, an der man sich in seinem Konsum misst: »Today's comparisons are less likely to take place between and among households of similar means. Instead, the lifestyles of the upper middle class and the rich have become a more salient point of reference for people throughout the income distribution. Luxury, rather than mere comfort, is a widespread aspiration.« Mit der auf diese Weise definierten Bezugsgruppe des konkurrierenden Konsumentenverhaltens verbindet sich natürlich zugleich eine neuerliche Kritik am Wohlstand und den korrumptiven Folgen des Reichtums für die Gesamtgesellschaft.

32 Jennifer Steinhaur, »When the Joneses wear jeans«, New York Times, 29. Mai 2005.

Dennoch sind Statussymbole nicht einfach verschwunden. Es kann durchaus sein, dass Konsummuster nicht sosehr prominente Medienpersönlichkeiten und andere weniger bekannte Stars imitieren, sondern ein Verhalten, das sehr viel unmittelbarer an ein bestimmtes Ethos gekoppelt ist, und zwar den Wunsch, ein zufriedenstellendes Leben zu führen und nicht zuletzt einen als fair verstandenen Anteil am Überfluss der Waren und Dienstleistungen zu genießen. Mit anderen Worten, Konsumenten möchten, dass ihre gesellschaftliche Partizipation, die sich in ihrem aktiven Marktverhalten ausdrückt, ein bestimmtes Selbstverständnis stützt und einen bestimmten Lebensstil möglich macht.

Während Veblen das Verhalten einer Minderheit reicher Personen kritisiert, ist für die Kritiker des modernen Massenkonsums der Geltungskonsum typisch für die große Mehrzahl der Konsumenten in westlichen Gesellschaften.[33] In der Nachkriegszeit findet diese Kritik des Wohlstands ihren prägenden Ausdruck in der Theorie der *Massengesellschaft*. Diese Theorie repräsentiert allerdings nur selten den Versuch, die angebliche Vereinsamung, die Anomie oder die Homogenisierung der Gesellschaft auf einen fassbaren Begriff zu bringen. Die Kritik des Luxus und des Wohlstands war auch in den Theorien der Massengesellschaft ein unveränderlicher Bestandteil der Diagnose dieser Gesellschaftsform; das Augenmerk und die Gesellschaftskritik richtet sich nun vermehrt auf die uniformen Produkte der Massenproduktion (Hilton 2004: 108-114) und der Massenkultur (z. B. Löwenthal [1944] 1990).

Die Theorie der Massengesellschaft ist eine oft unversöhnliche Kritik dieser Gesellschaftsform und ihres dominanten Lebensstils.

33 Empirische Untersuchungen mit dem Ziel, Informationen über die Verbreitung und Bedeutung von Geltungskonsum in der Gegenwartsgesellschaft zu erhalten, haben in der Regel einen weit weniger anspruchsvollen Ausgangspunkt. Untersuchungen dieser Art konzentrieren sich vor allem auf ein kleines Segment der Bevölkerung, und zwar auf besonders reiche Haushalte, gehen aber in der Regel davon aus, dass sich ihre Erkenntnisse auf alle Bevölkerungsteile anwenden lassen. Außerdem versucht man, zwischen Geltungs- und Statuskonsum zu unterscheiden. Der Statuskonsum sei eine Frage »of consumer's desires to gain prestige from the acquisition of status-laden products and brands«, während der Geltungskonsum auf »the visual display or overt usage of products in the presence of others« fokussiert sei (O'Cass und McEwen 2004: 27). Obwohl man in Studien dieser Art argumentiert, dass sich die Konsumformen unterscheiden, ist, wie die Ergebnisse zeigen, der Unterschied in der Praxis tatsächlich eher gering.

Die Auseinandersetzung mit ihr hat den dann bedauernswert hilflosen Konsumenten dieser Gesellschaft als Zielscheibe und betont die korrumptiven Einflüsse der Macht der Produzenten und der Kulturindustrie für die Lebenswelt der Menschen insgesamt.

In der Kritik des Luxus der »shabby gentility« manifestiert sich eine »aesthetic and aesthetic reaction to a new commercial environment alleged to deaden appreciation and destroy the ability of the shopper to foster taste, discrimination, individuality, and independence« (Hilton 2004: 108-109).

Im nächsten Abschnitt stelle ich die Theorie der Massengesellschaft vor und zeige, wie man aufgrund dieses Verständnisses der Moderne eine Moralisierung der Märkte niemals hätte ableiten können. Die von der kritischen Gesellschaftstheorie abgebildeten modernen gesellschaftlichen Prozesse in den so genannten Massengesellschaften sind allenfalls dazu geeignet, den Einfluss der größten Zahl der Gesellschaftsmitglieder auf den eigenen Lebensstil und Lebensumstand zu reduzieren und ihre Abhängigkeit von sozialen Entwicklungen, über die sie keinerlei Kontrolle ausüben, paradoxerweise noch zu stärken.

Die Entdeckung der Massengesellschaft

> Entscheidend ist heute nicht mehr der Puritanismus ... sondern die im System liegende Notwendigkeit, den Konsumenten nicht auszulassen, ihm keinen Augenblick die Ahnung von der Möglichkeit des Widerstands zu geben.
>
> Horkheimer und Adorno ([1947] 1987: 167)

Die von Bruno Bettelheim, Herbert Marcuse, Daniel Bell und vielen anderen professionellen Beobachtern der Nachkriegszeit zum Ausdruck gebrachten Bedenken oder gar die Furcht vor den unwillkommenen moralischen und politischen Folgen des wachsenden Wohlstands größerer Bevölkerungsschichten haben eine Verwandtschaft mit oder sind sogar Teil der damals weitverbreiteten Diagnose der modernen Gesellschaft als »Massengesellschaft«.

Unter Sozialwissenschaftlern der Nachkriegszeit sind die abstrakten und ambivalenten Konzepte der Massengesellschaft und der Massenkultur Schlüsselbegriffe. Sie sind identisch mit ihrer Beobachtung von zunehmend anomischen Sozialbeziehungen und Lebensstilen. Diese Begriffe finden sich nicht nur in den meisten Lehrbüchern der Sozialwissenschaften, die in den Dekaden der 40er- und 50er-Jahre geschrieben wurden, sondern bestimmten in der Regel auch die theoretische Perspektive vieler kritischer Analysen entwickelter Gesellschaften dieser Zeit. So betonen z. B. John Bennett und Melvin Tumin (1949: 606) in einem weit verbreiteten amerikanischen Textbuch der Soziologie, »[the] most important aspect of the analysis of American culture lies in the study of the American *mass culture*.«

Die Massenkultur zeichnet sich durch bestimmte soziale Denk- und Handlungsmuster aus, die in allen Schichten der amerikanischen Gesellschaft gelten: »These patterns have common meaning and value for all or most of the members of the society and serve as points of mutual identification and recognition for these members. The mass culture thus can be seen as a kind of common denominator, or as the over-all configuration, or as a kind of film hiding the diversity beneath. Such patterns may be of many different kinds and may involve different areas of experience – patriotism, advertising, the movies, economic exchange, and others« (Bennett und Tumin 1949: 609).

Die oft ambivalenten und nicht selten rückwärts schauenden kulturkritischen Diagnosen der modernen Gesellschaft als Massengesellschaft lassen sich kaum von generellen Attacken gegen oder doch zumindest Klagen über den heutigen Zustand der modernen Gesellschaft bzw. von der Sehnsucht nach der durch die Massenkultur verdrängten Gemeinschaft vergangener Gesellschaften unterscheiden. (Bell [1960] 1988: 21-38; vgl. auch Klages 1986).[34]

Der von diesen Beobachtern der modernen Gesellschaft sehr wohl wahrgenommene allgemeine Anstieg des Wohlstands vieler Haushalte ist aus irgendwelchen Gründen unvereinbar mit dem Bewahren oder sogar mit einem Anstieg der Standards »kulturell geprägten Verhaltens«. Auf die hier relevante Problematik übertragen, bedeutet die Diagnose des »Verfalls« der (traditionellen) Kultur aber auch, dass der Konsument in der Massengesellschaft ein leichtes Opfer von künstlich produzierten Bedürfnissen wird, Bedürfnisse, die von mächtigen Konzernen und der für sie arbeitenden Werbewirtschaft

34 Eine Auswahl einst hochgeschätzter Titel dieses Genres umfasst unter anderem Arbeiten von Paul Goodman (1960), Herbert Marcuse [1964] 1989), Guy Debord ([1967] 1996) und Henri Lefebvre ([1968] 1971).

erzeugt werden. Noch schärfer und dramatischer formuliert: Individuen moderner Gesellschaften bleibt nur die Selbstentfremdung von der ureigensten Sinnsuche (Hamilton 2003: 53-54).

Während der vergangenen Jahrzehnte hat es keinen Mangel an vielfältigen Auseinandersetzungen mit den Besonderheiten, insbesondere aber den Gefahren und Folgen einer bereits als existent konstatierten oder doch wohl unweigerlich heraufziehenden *Massengesellschaft* (z. B. Horkheimer und Adorno [1947] 1987: 140-196) gegeben.[35] Die moderne Gesellschaft als Massengesellschaft ist durch eine weitgehend homogene Bevölkerung gekennzeichnet, deren soziale Bindungen schwach ausgebildet sind. David Riesmans Metapher von der »einsamen Masse« bringt diesen Zustand wohl am besten auf den Punkt. Die Machtübernahme und brutale Herrschaft des Nationalsozialismus, des Faschismus und des Kommunismus bilden wichtige historische Bezugspunkte ebenso wie Erfahrungen mit der Zerbrechlichkeit demokratischer Institutionen.

Die Entwicklung der Theorie von der Massengesellschaft wird aber auch durch die Allgegenwart und die umfassende gesellschaftliche Macht der Massenkommunikation und der Massenmedien mitbestimmt. Zugleich verlagert sich die Analyse der Funktionen der modernen Gesellschaft unauffällig, aber signifikant. Bedenken wegen Ausbeuterei, Einschüchterung, Gewalt und Zwang weichen Auseinandersetzungen mit den psychologischen Auswirkungen der Massenbeeinflussung, »rendering mass publics conformative to the social and economic *status quo*« (Lazarsfeld und Merton [1948] 1957: 458).[36]

35 Max Horkheimer untersuchte in Vorlesungen an der Columbia University im Jahr 1944, die in abgewandelter Form unter dem Titel Eclipse of Reason 1947 veröffentlicht wurden – offensichtlich noch ganz unter dem Eindruck der Gräueltaten Hitlers und der vom Krieg ausgeübten tödlichen Macht –, die Logik der Rationalität, die daraus resultierende Entmenschlichung des Industriezeitalters sowie die Mutation von der Aufklärung zum Positivismus. Horkheimers ([1947] 1991) Schlussfolgerungen und sein Denkstil wurden, wie er selbst betont, durch die Erkenntnis beeinflusst, dass die Autonomie des Menschen als Individuum und seine Fähigkeit, dem wachsenden Einfluss des Apparates der Massenmanipulation zu widerstehen und unabhängige Urteile zu fällen, trotz der Ergebnisse der modernen Wissenschaft und unseres wachsenden technischen Wissens abnehme.

36 Obwohl Lazarsfeld und Merton ([1948] 1957: 472) die Leitgedanken der Theorie der Massengesellschaft aufgreifen, zeichnen sie letztlich ein abweichendes Bild von der angeblich umfassenden gesellschaftlichen Macht der Massenmedien. Ihre Un-

Der nahezu magische Glaube an den übermächtigen Einfluss der Massenmedien auf die Populärkultur des Alltags, der Verfall des guten Geschmacks und der Verlust der Kritikfähigkeit[37] sind Argumente, die bis zu einem gewissen Grad auch heute unablässig in kritischer Absicht vorgetragen werden, diesmal allerdings richtet sich der Angriff gegen die geballte Macht der Globalisierung.[38]

Eine Reihe dieser Reflexionen über die moderne Gesellschaft als Massengesellschaft sind zweifellos bemerkenswerte Versuche, die kul-

tersuchung der Voraussetzungen, unter denen es den Massenmedien möglich ist, ihre »maximale Propagandawirkung« zu erzielen (»when they operate in a situation of virtual ›psychological monopoly‹, or when the objective is one of canalizing rather than modifying basic attitudes, or when they operate in conjunction with face-to-face-contacts«), lässt sie eher vorsichtig schließen, dass die notwendigen sozialen Vorbedingungen »are rarely satisfied conjointly in propaganda for social objectives«.

37 David Riesman ([1950] 1956: 290-292) hat zur gleichen Zeit in seiner einflussreichen Studie Die einsame Masse einen von diesen Überlegungen stark abweichenden Ansatz entwickelt, in dem er z. B. die die Handlungskompetenz der Individuen stärkende Rolle des zeitgenössischen Films betont.

38 Die in der Nachkriegszeit entwickelte Theorie der Massengesellschaft ist nicht vollständig abhanden gekommen. Unter anderen Vorzeichen und auf andere gesellschaftliche Entwicklungen und politische Ereignisse angewandt, sind die Prämissen der Theorie der Massengesellschaft in den vergangenen Jahrzehnten immer wieder in lebhaften Diskussionen und Diagnosen der modernen Gesellschaft aufgetaucht und ihnen angepasst worden. Leon Mayhews (1997: 4) Entdeckung und Analyse der »neuen Öffentlichkeit« kann als ein jüngstes Beispiel einer Wiederbelebung der Theorie der Massengesellschaft verstanden werden. Mayhew betont, dass das Kommunikationsverhalten der neuen Öffentlichkeit von professionellen Medienspezialisten bestimmt wird: »The techniques employed by these specialists are historically rooted in commercial promotion, but beginning in the 1950s, rationalized techniques of persuasion born of advertising, market research, and public relations were systematically applied to political communication. The experts of the New Public have brought us the often impugned methods of civic persuasion that now dominate public communication.« Die neue Öffentlichkeit ist nach dieser Diagnose genauso hilflos und manipulierbar, wie es die vorangehende Generation von Wählern, Verbrauchern und Medienkonsumenten der Massengesellschaft gewesen ist. Eine vergleichbare Diagnose der Gegenwart findet sich auch in der Literatur zur Postmoderne. Theorien postmoderner Gesellschaften enthalten Anleihen und ähnliche Thesen über hilflose Konsumenten, die Opfer der Manipulation mächtiger Akteure sind (z. B. Harvey 1989: 346-349; vgl. auch Pierre Bourdieus [(2000) 2005: 75] Befund von der Machtlosigkeit der Konsumenten in Gegenwartsgesellschaften gegenüber Konzernen und Firmen mit ihrem unvergleichlich größeren Kapitalbesitz und der unbehinderten Fähigkeit der Klasse der Produzenten, die Regeln des Marktgeschehens selbstherrlich zu bestimmen).

turellen Besonderheiten des gegenwärtigen Zeitalters auszuleuchten. Andere Beobachtungen, die zu dem gleichen Schluss kamen, waren wohl eher oberflächliche kulturkritische Polemiken, die von sich behaupteten, die Zerstörung der »Kultur« erfasst zu haben. In vielen Fällen waren diese Beobachtungen und Warnungen nicht zuletzt Ausdruck des Phänomens, das sie vorgaben, entdeckt zu haben (vgl. König [1956] 1965). Es ist fast ausschließlich die Literatur über den Massenkonsum und die Massenkultur, die der Kritik der Massengesellschaft als Beweis für die gesellschaftlichen und kulturellen Folgen dieser Gesellschaftsformation gilt.[39]

Eine Vielzahl der konkreten Beobachtungen und Folgerungen über die angeblichen Auswirkungen der Massengesellschaft in der Nachkriegszeit enthüllen eigentlich eher etwas über die Werte und Normen der Beobachter als über die wirklichen sozialen Zusammenhänge. In vielen Gesellschaften verdammten Kulturkritiker, Sozialwissenschaftler und Intellektuelle übereinstimmend populäre Unterhaltungsformen wie Filme, Tanzhallen, romantische Romane (auch Schundromane genannt), das Fernsehen, die Mode usw. als schädlich und als Einstieg in die unaufhaltsame Standardisierung kultureller Präferenzen großer Bevölkerungsschichten. Dies war schließlich auch das große Zeitalter der von den gleichen Kritikern weitgehend geteilten festen Überzeugung vom Schmelztiegel der modernen Gesellschaft. Aus ökonomischer Sicht fällt schließlich noch besonders auf, dass die Massengesellschaft und ihre konformen Akteure die herrschenden Wirtschaftsverhältnisse, insbesondere die alten Machtbeziehungen, nur konservierten oder sogar zementierten.[40] Es stellte sich aber bald heraus, dass das Bild einer statischen, unpolitischen und unstrittigen Gesellschaftsordnung nicht zutraf.

39 Daniel Miller (1998a: 209) hat eine vergleichbare Kritik des selbst-exemplifizierenden Charakters der Kritik am modernen Verbraucher in der postmodernen Literatur formuliert: »Rather than descriptions and analyses of actual consumption, we find in postmodernism an academic model of the virtual consumer that comes to displace actual consumers and their practices.«

40 Im Verhalten der Konsumenten in der Massengesellschaft spiegeln sich demzufolge die Zwänge der Arbeits- und Berufswelt wider. Helmut Schelsky (1954) macht dies deutlich, wenn er vom reibungslosen Übergang der Zwangsgesetzlichkeit der industriellen Gesellschaft in die Zwangsgesellschaft des Konsums in der bundesrepublikanischen Nachkriegswirklichkeit spricht. Die konservative Kritik der durchregulierten Verhaltensweisen trifft sich hier eins zu eins mit der radikalen Kritik der vorgenormten Lebenswelt des Massenkonsums.

Denn genau im Widerspruch dazu musste nur wenige Jahre später überraschend eingestanden werden: Im Gegensatz zu den heraufbeschworenen Gefahren und der verbreitet geteilten Weltsicht der 50er-Jahre zwangen die gesellschaftspolitischen Tatsachen in Form von religiös motivierten Konflikten die gleichen Beobachter zu dem Schluss, dass die soziale Differenzen auslöschende Massenkultur etwa die seit Jahrzehnten (oder sogar Jahrhunderten) existierenden religiösen und ethnischen Unterschiede keineswegs überwunden hatte.[41]

In den 70er-Jahren fällt auf, dass sich Gesellschaftstheoretiker erhebliche Sorgen über eine neuerliche, genau entgegengesetzte Entwicklung machten, und zwar wird eine rapide Zunahme der Fragmentierung und Abschottung von Lebenswelten konstatiert und in ihrem Gefolge werden Bedenken gegen einen bedrohlichen Tribalismus und ein nach innen gerichtetes Zusammenschließen auf der Welt geäußert. Eine Zersplitterung, nicht die Vereinheitlichung der Lebenswelten, wird nun zur größten Gefahr.

Die Fragmentierung alarmiert Beobachter; wie einer von ihnen (Isaacs, 1973) fast desillusioniert betont, erzeuge die soziale Zersprengung eine der tief greifendsten Paradoxe: »The more global our science and technology, the more tribal our politics; the more we see of the planets, the less we see of each other. The more it becomes apparent that man cannot decently survive with his separateness, the more separate he becomes.«

Aber genau wie andere vorschnelle gesellschaftliche Diagnosen sind viele der angeblich mit der Massengesellschaft verbundenen kulturellen und sozialen Folgen nicht einfach deshalb aus dem Bewusstsein kritischer Betrachter moderner Gesellschaften verschwunden, weil die tatsächlichen gesellschaftliche Entwicklungen ihnen ganz offensichtlich widersprechen. Über die angeblichen Gefahren der Massengesellschaft wird weiter intensiv diskutiert und gestritten, auch in jüngster Zeit. Zwar mag die spezifische, mit den Begriffen Massengesellschaft und Massenkultur in Verbindung stehende Kritik in den Sozialwissenschaften weitgehend »ruhen« und die Faszination mit

41 Die Modern Language Association of America gründete in den 50er-Jahren eine eigene Sektion zur Untersuchung der Massenkultur. Die Aufgabe der Sektion war es, »to learn what clearly separates the bestseller from the work of distinction, and offer our students the necessary exercises in discrimination« (vgl. Gorman 1996: 2).

der populären Kultur sogar eine affirmative Wende und Akzeptanz gefunden haben, dennoch sind die gleichen Bedenken und die gleichen Reserviertheiten oder sogar Ressentiments aus öffentlichen Auseinandersetzungen über die Folgen der Massenmedien oder der Informationstechnologien keineswegs verschwunden, wie z. B. die erhitzte Debatte über die moralischen Folgen des Fernsehens, bestimmter Filme, der populären Musik oder des Internets besonders, aber nicht nur in Nordamerika immer wieder nachdrücklich demonstriert. Zu dieser Kritik gehören jüngst unablässige Dispute über den angeblich durch das Internet weltweit rapide expandierenden »Informationsdschungel« (neutraler *Informations overload*). Auf jeden Fall verbirgt sich in fast allen diesen Analysen, einschließlich der jüngsten Versionen der Kritik der Massengesellschaft, die fast schon zum Standardrepertoire der Gesellschaftskritiker gehörende Kritik, die bewusst vereinfacht und oft mit übertriebenen Bedenken gegen die angeblichen Gefahren einer Entwicklung, in der die moderne Gesellschaft zunehmend zur Standardisierung und Homogenisierung aller Lebensbereiche und Ausdrucksformen neigt, arbeitet.

In der Tat ist es so, dass die Entwicklung der modernen Gesellschaft von Anfang an von der skeptischen und warnenden These über eine unablässig zunehmende kulturelle Egalisierung, wenn nicht sogar »Verflachung« oder Trivialisierung des Lebens begleitet wird. Ob es sich bei der »Vermassung« der modernen Lebensumstände um eine politische Gefahr handelt oder ob es sich andererseits um Chancen für eine fällige politische Emanzipation der Gesellschaft oder unterdrückter Klassen handelt, hängt natürlich von der politischen Weltanschauung des Beobachters oder den jeweiligen politischen Zuständen ab.

Konservative Intellektuelle reagierten etwa mit Abscheu auf die Ereignisse der Pariser Kommune, die für sie Ausdruck banaler Massenphänomene waren, während dieselben Entwicklungen für Marx Ausdruck der Hoffnung auf die progressiven Folgen einer von der Theorie begeisterten und diese verwirklichenden Masse sind. In diesem Kontext wird schon seit Jahrzehnten, wie auch immer wieder in jüngster Zeit, auf die amerikanische Kultur als Ursache (und Vorbild) dieser Egalisierung verwiesen.

Dass die Einstellungen zu technologischen Entwicklungen und die Erwartungen, die an sie geknüpft werden, immer wieder stark voneinander abweichen, lässt sich seit Jahrhunderten beobachten.

Befreiung und Bedrohung sind Attribute, die die technische Entwicklung von Anfang an begleiten.[42] Jede technologische Innovation wurde z. B. als einschneidende Bedrohung der Individualität des Menschen, von der Besonderheit von Städten, Dörfern und Regionen ganz zu schweigen, interpretiert und häufig als wirkungsvolles Instrument – etwa der jeweils herrschenden politischen Machtelite und/oder mächtiger Wirtschaftsunternehmen – auf dem Weg zu einer weiter wachsenden Einförmigkeit des gesellschaftlichen Lebens verstanden.[43] Die Bedrohung der Gesellschaft durch Massenmedien und deren monotone Botschaft bzw. durch die von Medien beschäftigten *terribles simplificateurs* wird in jüngster Zeit durch die (zusätzlichen) Gefahren abgelöst, die vonseiten der digitalen Informations- und Kommunikationstechnologie ausgehen.[44]

42 Cooper (1995: 7-18) hat die lebhafte und strittige Rhetorik der Pluralität von befürwortenden und anklagenden Argumenten hinsichtlich der Begriffe »Befreiung« und »Versklavung« durch technologische Entwicklungen untersucht.

43 Auch in dieser Hinsicht ist Sombarts Gegnerschaft übermittelt. Sombart, damals Professor an der Universität Breslau, hat sich als Mitglied des Stadtrats von Breslau, in den er 1896 zum ersten Mal gewählt wurde, in einer emotional gefärbten Rede, die weit über die Grenzen der Stadt Aufmerksamkeit fand, gegen eine Verlängerung des Straßenbahnsystems durch die Mittelklassenvororte Breslaus ausgesprochen. Seine Rede ist deshalb von Interesse, weil sie sich als Rechtfertigung für seine Gegnerschaft auf eine grundsätzliche Kritik der modernen Technik und gegen eine Ausdehnung der massenkulturellen Eigenschaften des modernen Stadtlebens stützt: »Denn wo wir in Breslau einen schönen Platz hätten, da sei auch eine Gastwirthschaft vorhanden, vielfach mit Lärm, mit Früh-, Mittag- und Abendconcert, mit Doppelconcert, ja mit amerikanischen Schaukeln, Paschbuden, Caroussels und den dazu gehörigen Drehorgeln, als ob man St. Pauli nach Uhlenhorst legen wollte, den Wurstelprater auf die Ringstraße oder die Hasenheide in den Thiergarten« (vgl. Lenger 1994: 59). Der im Nebensatz zu findende Verweis auf die amerikanische Herkunft der Jahrmarktattraktionen ist symptomatisch und zeigt, dass die heute verbreitete Angst vor einer globalen Diffusion und Dominanz der amerikanischen Kultur und ihrer technischen Artefakte nicht ganz neu ist, ebenso wenig wie die von den Medien der damaligen Zeit entdeckte Tatsache, dass Sombarts Opposition nicht ohne Eigeninteresse war – er wohnte im fraglichen Breslauer Stadtteil.

44 Herbert Schiller (1996: xi) etwa warnt eindringlich vor einer sich ausweitenden nationalen gesellschaftlichen Krise in den Vereinigten Staaten durch die Informationsmedien des Landes: »The ability to understand, much less overcome, increasingly critical national problems is thwarted, either by a growing flood of mind-numbing trivia and sensationalist material or by an absence of basic, contextualized social information«. Neuman (1991: 5-7) hat eine umfangreiche Liste

Die Überzeugung, dass z. B. im Internet vor allem »Informationsschrott« Verbreitung findet bzw. dass das Internet nur noch nachträglich zur »Informationsüberflutung« beiträgt, ist keine Einzelmeinung, genauso wenig wie die These, die nicht die wachsenden Partizipationschancen Einzelner mit Hilfe des Internets feiert, sondern das Internet als den »central production and control apparatus of an increasingly supranational market system« (Schiller 1996: xiv) begreift und als Generalisierung des kapitalistischen Systems ansieht.

Im Verlauf der Zeit ist die These von der unablässig wachsenden Uniformierung und dem Schrecken der Vermassung der Lebensverhältnisse in der modernen Gesellschaft und der Wege, in denen sich dies zu vollziehen scheint, etwas diffiziler und nuancierter geworden. Dies zeigt sich unter anderem auch daran, dass der Begriff der »Komplexität« neben dem der Standardisierung häufig als essenzielle Deskription und Diagnose des gegenwärtigen Zustands der modernen Gesellschaft Verwendung findet.

Dass die These von der Gefahr der Uniformierung der Lebensverhältnisse fast gleichzeitig mit dem Verweis auf die immense Komplexität und Differenzierung sozialer Tatbestände in der Literatur über die sich entwickelnde Weltgesellschaft oder die Besonderheiten der gegenwärtigen globalen kulturellen Phänomene benutzt wird, deutet zumindest auf eine selbst-exemplifizierende und wachsende Vieldeutigkeit in den theoretischen Bemühungen hin, die Eigenarten vernetzter moderner Gesellschaften zu erfassen.

Es sind vor allem die technischen Instrumente der Gleichmachung und Nivellierung, die sich gewandelt haben und die ihre Arbeit heute angeblich noch effizienter leisten. So verweisen Kritiker in jüngster Zeit z. B. auf die erheblichen Verbesserungen der in der Werbung zum Einsatz kommenden Instrumente, die es erlauben, den Konsumenten gezielt als Individuum zu erreichen bzw. als genau spezifiziertes Segment eines größeren Marktes, während man in der

der sozialen Auswirkungen der neuen Medien erstellt, wie er sie in der gegenwärtigen sozialwissenschaftlichen Literatur vorfand. Bei vielen der dort beschriebenen, befürchteten oder schon beobachtbaren Folgen handelt es sich ebenfalls um Wirkungen, die angeblich die geistige Autonomie der Menschen und ihr selbständiges Handlungsvermögen reduzieren – vgl. dagegen die empirische Studie von Tichenor, Donohue und Olien (1970) über den Zusammenhang der Informations- oder Wissensaneignung und der Intensität, mit der bestimmte Ereignisse in den Druckmedien behandelt werden.

Vergangenheit in dieser Branche die Zielgruppen regelrecht »homogenisieren« musste, um sie ansprechen zu können.

Ursprünglich galt das Verschwinden der Individualität als Folge der Massengesellschaft. Heute besteht, und zwar aufgrund eben solcher effizienter Werbetechniken, die zusätzliche Gefahr darin, dass der Grad der *sozialen* Ungleichheit erheblich vermindert werden könnte, so dass Ungleichheit letztlich nur noch natürliche Ungleichheit bedeutet. Curtis (1988: 104) z. B. interpretiert die genannten Entwicklungen in der Werbung als ein »powerful reinforcement of social stratification that could be hereditary«. Es bestehe deshalb die Gefahr, dass sich die soziale Ungleichheit in der modernen Gesellschaft zu kastenähnlichen Strukturen verfestigt, zumal es Werbekampagnen gelingen könne, jüngere Generationen in jedem spezifischen Marktsegment zu homogenisieren, indem ihnen konforme Werte und Lebensformen schmackhaft und plausibel gemacht werden. Auf diese Weise würden schließlich bestimmte Strukturen der Ungleichheit zu einem permanenten, versteinerten und vor allem aber natürlichen Attribut der Gesellschaft.

Die massenpsychologischen und sozialen Transmissionsriemen der möglichen globalen Verbreitung von Mentalitäten und Habitus sind dagegen weiter die der Massengesellschaft: Imitation, Suggestibilität, Nachahmungssucht und mangelnder psychischer Widerstand. Voraussetzung für das angeblich ungehinderte Funktionieren dieser psychologischen Prozesse im Bereich des Verbrauchs von *Waren* sind dann natürlich fast vollständig *passive* Konsumenten, die in einer Art sekundärer sozialer Beziehung gefangen sind, die Authentizität vermissen lässt und kaum, wenn überhaupt, Wahlmöglichkeiten bietet. Das Konsumieren wird zu einer Art *black box* bzw. die Analyse von Konsumtionskulturen wird durch Ressentiments ersetzt (vgl. König [1956] 1965: 486-487; Douglas und Isherwood 1979: 3-11; Falk und Campbell 1997; Miller 1998b).[45]

45 Zygmunt Bauman (2001: 17-18) umschreibt genau diese Eigenschaften der Narrative, die sich mit dem Konsumentenverhalten auseinandersetzen, besonders schlüssig: »Many studies of consumer facilities and habits bear uncanny resemblance to detective novels: in the stories told of the birth and ascendancy of consumer society, the plots tend to grind relentlessly towards the unmasking of the scheming culprit(s). There is hardly a piece without some singly or severally acting villains – be it a conspiracy of merchandisers, the sly intrigues of their advertising henchman or brainwashing orchestrated by media moguls. Explicitly or implicitly, the shoppers/

Eine zurzeit populäre Variante der These der asymmetrischen Verteilung der Machtbeziehungen zwischen der Welt der Konsumenten und der Welt der Produzenten ist George Ritzers (1996) »McDonaldization«-Hypothese. Ritzer vertritt die generelle These, dass wir gegenwärtig, insbesondere in der amerikanischen Gesellschaft, einen breit angelegten Trend zur McDonaldisierung einer größeren Anzahl von sozioökonomischen Kontexten beobachten können. McDonaldisierung ist ein Prozess, »by which the principles of the fast-food restaurant are coming to dominate more and more sectors of the American society« (Ritzer und Ovadia 2005: 33) und den Rest der Welt. Die herausragenden Eigenschaften des Modells der McDonaldisierung zielen auf Effizienz, Berechenbarkeit, Vorhersagbarkeit und Kontrolle.

Der Prozess der Routinisierung und Effizienzsteigerung ist nach Ritzer keineswegs auf die Restaurantindustrie beschränkt; die McDonaldisierung sei zu einem Erfolgsmodell geworden und werde inzwischen in Krankenhäusern, der Medizinversorgung und an Hochschulen praktiziert. Der Motor der weltweiten McDonaldisierung ist nach Ritzer ganz eindeutig die Agenda der Anbieter von Waren und Dienstleistungen und nicht die der Konsumenten. Im Gegenteil, der Konsument ist, unabhängig von seinen individuellen Wünschen und Bedürfnissen, Ziel der implementierten Kontrollbemühungen, indem beispielsweise seine Wahlmöglichkeiten radikal eingeschränkt werden. Ritzer betont zwar, dass der McDonaldisierungs-Prozess kein gleichförmiger, überall gleich erfolgreicher Rationalisierungsprozess ist, dennoch sind der theoretische Anklang, den er findet, und seine praktische Wirksamkeit eine Frage der verbesserten Kontrollmöglichkeiten von Firmen und Organisation gegenüber ihren Klienten oder Arbeitnehmern.[46]

consumers emerge from the story as victims of collective brain-damage: gullible and duped victims of crowd hypnosis.« Frühere Beobachtungen zur potenten und manipulativen Macht der Massenmedien finden sich z. B. in Blumer 1946 und Wirth (1947) 1949.

46 Das System der McDonaldisierung impliziert, wie Ritzer und Ovadia (2005: 37) betonen, eine Disziplinierung der Kundschaft, »so that they behave in a uniform manner«. Ritzer und Ovadia relativieren diese universelle These, indem sie anmerken, dass es Firmen und Organisationen in der Praxis nicht immer gelinge, diese Uniformität der Kunden durchzusetzen. Zu den Kunden, die sich der McDonaldisierung widersetzen bzw. die Angebote solcher durchrationalisierter Firmen und Organisationen nicht wahrnehmen, gehören wohlhabendere Schichten der

Ritzers McDonaldisierungs-These ist in erster Linie aus der Perspektive der Anbieter von Waren und Dienstleistungen konstruiert und somit aus einer aus der Sicht der Konsumierenden weiterhin fremdbestimmten Welt. Darüber hinaus konzentriert sich das Modell der McDonaldisierung auf den singulären Akt der Konsumtion und dies geschieht dann auch noch häufig in den Geschäftsräumen der Verkäufer. Es ist der rationalisierende Produzent und Anbieter, der im Mittelpunkt des Interesses steht und dessen Interessen durchgesetzt werden. Dem Produzenten gehört die Macht.

Die mit der Konsumtion verbundenen Sinnbezüge, die sich sehr wohl von dem vom Produzenten intendierten Sinn unterscheiden mögen, spielen eine nur untergeordnete Rolle. Die Folgen der Konsumtion können sich weit über den engen Zeithorizont des formalen Tauschprozesses hinaus bemerkbar machen. Die Logik des McDonaldisierungs-Prozesses ist die der Produzenten. Sie unterschlägt damit die eigenständige Rolle der Nachfrage in diesem Prozess, die Verbindung des Konsums mit der vielfältigen Alltagswelt und dem praktischen Alltagsleben der Haushalte sowie die sehr viel größere Breite der zur Verfügung stehenden zeitlichen und räumlichen Optionen, die Konsumenten in den eigentlichen, eng begrenzten Tauschprozess einbringen. Die McDonaldisierungs-These übersieht damit, dass der Sinn des Konsums und seine Dynamik in modernen Gesellschaften von Anfang an eng mit dem sich natürlich wandelnden sozialen und praktischen Leben der Haushalte und deren alltäglichen Erfahrungen verknüpft ist (vgl. Weatherhill 1993).

Schließlich muss kritisch angemerkt werden, dass diese These, genau wie ihre Vorläufer, die Asymmetrie des Marktes, der Massengesellschaft oder der Massenkultur eher oberflächlich darstellt. Verantwortlich dafür ist eine bestimmte Weltsicht. Schon in den frühen Theorien der Massenpsychologie Le Bons, aber auch in vielen anderen später angesiedelten Untersuchungen der Mentalität unterschiedlicher Völker stießen Anthropologen, Soziologen und Ethnologen immer wieder auf »primitive Mentalitäten«. In diesen Kulturen entdeckte man immer eine enge Verwandtschaft und Affinität, quasi als Definitionsmerkmal, zu den genannten massenpsychologischen Prozessen. Wenn die Dritte Welt folglich heute angeblich ohne jeden

Bevölkerung oder Angehörige ethnischer Minderheiten; der größere Teil der (amerikanischen) Bevölkerung sei dagegen Kunde (vgl. Ritzer und Ovadia 2005: 39).

Widerstand die Kultur der Ersten Welt übernimmt, kann dies nur eine Fortschreibung der bekannten Entwicklungen sein.[47]

Kurz: Uns konfrontierende Gefahren durch Globalisierungsprozesse bedeuten, so wird argumentiert, dass die Konsumtion von Massenprodukten gleichzeitig die Verinnerlichung dominanter, fremdbestimmter Bezugspunkte der Identitätsformation nach sich zieht und kulturelle Unterschiede im Dienst einer globalen Homogenisierung verwischt und unterdrückt werden. Allerdings sollte man die Verbesserung des Lebensstandards, die sicher mit der Massenproduktion Hand in Hand geht, d.h. mit der Standardisierung und größeren Regelmäßigkeit der Warenbereitstellung, nicht mit einer »Vermassung« oder Nivellierung des Konsumenten und seiner Weltbilder verwechseln. Eine Standardisierung der Produktion ist noch lange keine oberflächliche Uniformierung der Konsumtion: »The global circulation of products is not equivalent to the globalisation of meaning, except, perhaps, for the global observer who ascribes meaning in global terms« (Friedman-Ekholm und Friedman 1995: 135).

Es sind natürlich nicht nur die massenhaft hergestellten Waren, die, wenn man so will, als trojanische Pferde oder Transmissionen von dann weltweit dominanten Identitäten, Einstellungen und Werten wirken, sondern es sind die mit den angeblich übermächtigen modernen gesellschaftlichen Institutionen (und damit nicht sosehr transnationale Einrichtungen wie CNN, die Weltbank, multinationale Firmen usw.) in Verbindung stehenden sozialen Beziehungen – die kapitalistisch organisierte Wirtschaft, die bürokratisch organisierten Staaten, die mehr oder weniger einflussreichen Kirchen mit universalistischen Ansprüchen, das standardisierte Erziehungssystem, die Dominanz der zunehmend im Wissenschaftsbetrieb produzierten Wissensformen, die Inhalte der modernen Massenmedien und die rapide sich verbreitenden Informationstechnologien, um nur die wichtigsten Institutionen zu nennen –, deren Einfluss global wächst und die einen bestimmten subtilen, gleichmacherischen Druck auf Klien-

47 Gegenwärtig verfallen Anthropologen, Soziologen und Ethnologen häufiger in das entgegengesetzte Extrem, indem sie – sozusagen von der Seitenlinie – jedem Hinweis darauf Beifall zollen, dass es lokalen Kulturen gelungen ist, mit globalen Ansprüchen auftretende Symbole oder Waren so zu verändern oder zu übernehmen, dass sie sich den authentischen, »natürlichen« lokalen Werten anpassen mussten. Die Disziplinen identifizieren sich, mit anderen Worten, nicht mehr mit Goliath, sondern mit David.

ten, Bürger, Experten, kurz, auf die »Konsumenten« dieser Institutionen ausüben.

Unsere Beziehungen zu diesen Institutionen bestimmen zweifellos einen wesentlichen Teil unserer Identität. Und insofern sich die großen Institutionen ähnlichen Zuschnitts weltweit etablieren, kann man die Möglichkeit einer zunehmenden Homogenisierung der Lebenswelten nicht ausschließen. Die entscheidende Frage ist zweifellos, ob sich aus diesen universalistisch ausgerichteten Stoßrichtungen der großen gesellschaftlichen Institutionen Uniformität oder, im Gegenteil, eine bisher nicht gekannte soziale und kulturelle Vielfalt entwickelt.

Man muss sich selbstverständlich auch fragen, ob die zu einer Homogenisierung führenden Gefahrenquellen nur in den Vorstellungen derjenigen existieren, die diese Techniken angeblich komplett beherrschen, ausüben und gewinnbringend anwenden möchten, aber kritisch distanziert beobachten. Der Staat, große Wirtschaftsunternehmen, Verbände und multinationale politische Organisationen verwenden, wie man weiß, enorme Ressourcen, um genau auf diese Weise und mit diesen Folgen Einfluss zu gewinnen. Der Versuch, solche Folgen in der Praxis zu realisieren, wird dann von »kritischen« Beobachtern zum Anlass genommen, vor diesen Strategien zu warnen. Allerdings ist wahrscheinlich, dass vor allem die Auftraggeber und die diese Kampagnen beobachtenden Kritiker Opfer der Behauptung von der besonderen Effizienz der Kotrollinstrumente werden und damit unter Umständen den eigentlichen Personenkreis repräsentieren, der von diesen Ansprüchen konform beeinflusst wird.

Die Thesen von der Massengesellschaft und von vergleichbaren Gefährdungen durch die Modernität sind sicher Ausdruck bestimmter ideologischer Konzeptionen und Vorbehalte. Sie sind aber auch von praktischen Erfahrungen geprägt, die den Glauben an so etwas wie einen zivilisatorischen Fortschritt nachhaltig in Frage stellten. Sie mögen außerdem mit der generellen These verwandt sein, die eine im Ablauf des historischen Geschehens abnehmende Variabilität als eines der wichtigen voraussagbaren Attribute von sich stabilisierenden Systemen oder sogar der gesellschaftlichen Evolution proklamiert.

Deshalb verwundert es auch nicht, dass in jüngster Zeit und sicherlich verstärkt durch das Ende des Kalten Krieges sowie in Verbindung mit Diskussionen der wachsenden *Globalisierung* eine in vielerlei Hinsicht zumindest analoge These sozialen, wirtschaftlichen und kulturellen Handelns zu beobachten ist. In diesem Sinn weist der Begriff der Globalisierung – und so soll er hier auch kritisiert werden – auf all jene gesellschaftlichen, kulturellen und ökonomischen Prozesse hin, durch die die Menschen der ganzen Welt eingebunden werden in »a single world society, global society« (Albrow 1990: 9).

Eine nachhaltige Kritik am normativen Bild der Massengesellschaft, dem Massenkonsum und dem passiven, der Macht der am Markt agierenden Konzerne hilflos ausgesetzten Konsumenten wird erst seit wenigen Jahren deutlicher bemerkbar, und die Kritik der Kritik der modernen Gesellschaft orientiert sich an einer neuen, nicht mehr zu übersehenden Machtkonstellation am Markt. Diese Kritik an einer *Fortschreibung* der Besonderheiten der Phänomene der Massengesellschaft und des Massenkonsums auf die Gegenwart führt gleichzeitig zu einer Revision der Geschichte des Konsums.

Die neuen Gefahren des Wohlstands

In den 70er-Jahren und verstärkt seit dieser Zeit verschafft sich eine neue Form der Kritik des Wohlstands in den Wissenschaften und in der Politik zunehmend Gehör. In dieser Kritik der materiellen Prosperität geht es nicht mehr unmittelbar um die Folgen des Überflusses für die Persönlichkeit des Menschen oder die gesellschaftlichen Konsequenzen des Reichtums, sondern darum, dass wir uns eine Steigerung des durchschnittlichen Wohlstandes, sowohl in den entwickelten Gesellschaften als auch im globalen Durchschnitt, einfach nicht mehr leisten könnten.

Die endlichen natürlichen Ressourcen und die dramatischen Folgen der Wohlstandsvermehrung für die Umwelt und künftige Generationen würden es erfordern, dass wir uns von utopischen Idealen der Reichhaltigkeit verabschieden müssen. Kontraktion und nicht ökonomisches Wachstum werde die Losung zukünftigen Wirtschaftens sein müssen (Jonas 1979: 287-288).

Ernst Friedrich Schumacher ([1973] 1977) hat in seiner Forderung nach *Small is Beautiful* (*Die Rückkehr zum menschlichen Maß*) diese Bedenken auf den Punkt gebracht. Seine Kritik des modernen materiellen Wohlstands verweist auf zwei damit verbundene Gefahren für kommende Generationen: Einerseits konsumieren wohlhabende Gesellschaften schon heute die nicht erneuerbaren, natürlichen Ressourcen, andererseits verschmutzen und vergiften sie durch diesen Raubbau die Umwelt.

In jüngster Zeit betont man darüber hinaus die kollektiven oder globalen Gefahren und Kosten des Wohlstands und des expandierenden Kapitalismus.[48] Der wachsende Luxuskonsum einer Minderheit der Weltbevölkerung vollziehe sich auf Kosten der Mehrheit der Weltbevölkerung. Die ökologischen Kosten und die sozialen Risiken des Reichtums würden disproportional von dem verletzbarsten und gefährdetsten Teil der Menschheit und der Regionen der Welt absorbiert.

Ralf Dahrendorf ([1988] 1992: 184) verweist darauf, dass die 70er-Jahre (und später auch die folgenden Jahrzehnte) eine Zeit »finsterer Schwarzmalerei« waren. Diese Jahrzehnte dürfen aber nicht so verstanden werden, dass die reichlichen und eindringlichen Warnungen vor den Gefahren des wachsenden Wohlstands ohne Resonanz in der Öffentlichkeit, der Wirtschaft oder den politischen Programmen der Parteien in den entwickelten Gesellschaften geblieben sind. Und dies gilt insbesondere für das am Markt zu beobachtende Verhalten der Produzenten und Konsumenten, wie noch ausführlicher zu zeigen sein wird.

Zu keinem anderen Zeitpunkt in der Nachkriegszeit und nicht mehr seit der Publikation von Ortega y Gassets *Aufstand der Massen* und Oswald Spenglers *Untergang des Abendlandes* in den 20er- und 30er-Jahren des vergangenen Jahrhunderts sind so viele Studien und Traktate mit Titeln erschienen, die ein unmittelbares Ende oder doch eine ernste Gefahr für die Lebensweise der entwickelten Gesellschaften prophezeien. Zu diesen Veröffentlichungen gehört insbesondere Kenneth Bouldings (1966) Aufsatz über das Raumschiff Erde[49] und die vorausschauende Meadows-Studie *Limits to Growth*.

48 Peter Dauvergne (2005: 36) unterstellt, dass das ethische Fehlverhalten der entwickelten Gesellschaften, insbesondere ihr übermäßiger Luxuskonsum zu Lasten der sich erst entwickelnden Gesellschaften, die Ursache dafür ist, dass jährlich Millionen von Kindern sterben müssen.

49 David Pearce (2002) analysiert den herausragenden Stellenwert von Bouldings Aufsatz für die intellektuelle Entwicklung und Ausrichtung des Felds der Ökonomie der Ökologie.

Der Titel dieser Studie des *Club of Rome* und verwandter Untersuchungen inaugurierte ein neues Thema und eine neue Gefahr, nämlich die der Grenzen des wirtschaftlichen Wachstums.

Die wenig Hoffnung lassende Botschaft der Meadows-Studie war, dass die gewohnten Wachstumsraten der Wirtschaft, aber auch der Weltbevölkerung, der Industrialisierung, der Lebensmittelproduktion, der Umweltverschmutzung (insbesondere der Luftverunreinigung) und schließlich der Erschöpfung der natürlichen Bodenschätze der Welt in den kommenden Jahrzehnten ihr definitives Ende finden würden. Es gab nur wenige andere Jahrzehnte, in denen so viel von besorgniserregenden globalen Ängsten und tiefen gesellschaftlichen Krisen die Rede war. Die 70er-Jahre öffneten die Tür für die verbreitete und natürlich nicht nur imaginäre Furcht vor Gefahren, Risiken, insbesondere vor tödlichen Giften und unsichtbaren Substanzen des folgenden Jahrzehnts – d. h. für die der Angst vor dem Unsichtbaren als Kennzeichen der Epoche.

Die während der 70er-Jahre ausgetragene Diskussion über die Grenzen des Wachstums bezog sich natürlich auf bestimmte Trends und in die nahe Zukunft verlegte Parameter des modernen Produktionsprozesses, insbesondere auf die begrenzten natürlichen und nicht erneuerbaren Ressourcen sowie die wachsende Weltbevölkerung (vgl. Meadows et al. 1972).

Das Resultat solcher Reflexionen war in der Regel, dass man ein weiteres wirtschaftliches Wachstum in den Industriestaaten und das Bemühen von anderen Ländern, den Wohlstand dieser Gesellschaften zu erreichen, nicht mehr lange für möglich hielt. In der Tat würden diese Verhaltensweisen unweigerlich in eine Katastrophe führen. Allerdings wurden diese Vorhersagen bald von konkurrierenden Prognosen (z. B. Leontief et al. 1977) und Ereignissen abgelöst.

Eine besonders auffallende Unzulänglichkeit der Meadows-Studie aus dem Jahre 1972 ist nicht die Idee von den *Grenzen* der ökonomischen Expansion oder der natürlichen und sozialen, das wirtschaftliche Wachstum begrenzenden Faktoren, sondern die Tatsache, dass man von existierenden statistischen Trends und Zeitreihen auf zukünftige Zustände extrapolierte und auf diese Weise natürlich eine Vielzahl wichtiger, die Zukunft beeinflussender Prozesse, nicht zuletzt z. B. sich selbst erfüllende Voraussagen, übersah. Die spezifische, durch den *Club of Rome* ausgelöste Diskussion soll hier nicht weitergeführt werden, denn zur Diskussion stehen nicht die Fragen, ob ein Wirtschaftswachstum überhaupt sinnvoll ist,[50] ob eine bestimmte Relation von natürlichen Ressourcen und Bevölkerungswachstum sowie der Einfluss des wirtschaftlichen Wachstums auf die Umwelt zu einem plötzlichen und dramatischen Ende der Möglichkeit jedes weiteren Wirtschaftswachstums bzw. Wohlstands führt, sondern zur Diskussion steht die Frage nach den grundsätzlichen Veränderungen im Produktionsprozess selbst. Die wachsende Bedeutung wissenschaftlichen und technischen Wissens für den Produktionsprozess reduziert die Bedeutung vieler natürlicher Ressourcen, während sie den Einfluss anderer Ressourcen, die andere Grenzen haben, stärken. Resultat dieser Veränderungen insgesamt ist, dass neue Grenzen des Wachstums relevant werden.

Die sich verändernden, nach oben verschobenen Grenzen des Wachstums nationaler Volkswirtschaften oder der Weltwirtschaft werfen die Frage nach der Bedeutung des »Wissens« für den Produktionsprozess und den wachsenden Ausstoß von Waren und Dienstleistungen auf. Die uns zur Verfügung stehenden, von Ökonomen erhobenen Aggregatsdaten sind in der Regel unpräzise und ambivalent. Wahrscheinlich werden Ziffern dieser Art auch in Zukunft nicht präziser sein.

Eine für die Wirtschaft der USA vorgenommene Schätzung kommt zu dem Ergebnis, dass Wissen, das in diesem Fall Fortschritte in technischem und organisatorischem Wissen umfasst, für etwa 54 Prozent des gesamten wirtschaftlichen Wachstums zwischen 1948 und 1973 verantwortlich ist, während es in den Jahren 1929 bis 1948 nur 26 Prozent des Wachstums erklärt (Denison 1979). Wie aber der Autor dieser Zahlen selbst betont, stellen diese Prozentsätze residuale Zahlen dar, weil es keine Möglichkeit gebe, sie direkt herzuleiten (De-

50 Der Bericht des Jahres 1972 regte unter anderem zu einer Diskussion darüber an, ob wirtschaftliches Wachstum ein sozioökonomisches Prinzip und überhaupt wünschenswert sei, und führte außerdem zu einer Debatte über die Art und Weise der Konzeptualisierung von Wachstum. Eine wirtschaftswissenschaftliche und -politische Richtung wird heftigst abgelehnt, wenn sie nur darauf hinausläuft, Zuwächse zum Bruttosozialprodukt zu garantieren. Der Ablehnung einer wachstumsorientierten Politik liegen im Allgemeinen drei Ansichten zugrunde: (1) Herkömmliche Annahmen über Wirtschaftswachstum bringen Zweck und Mittel durcheinander; (2) sie lassen die Tatsache außer Acht, dass der Zustand unseres Planeten ein endlicher ist, und (3) eine solche Politik erreicht paradoxerweise, dass gerade die Probleme, die sie zu heilen hofft, z. B. Arbeitslosigkeit und Inflation, schlimmer werden (z. B. Elkins 1986).

nison 1979: 131). Tatsächlich ist der Prozentsatz des ökonomischen Wachstums, der Wissen zugerechnet wird, deshalb der »percentage of the measured growth rate in output that cannot be explained by the growth rate of total factor inputs and by other adjustments made for other types of productivity increases« (Feller 1987: 240).

Die Forschungsbemühungen, den Anteil des Wissens am wirtschaftlichen Wachstum zu messen, stehen erst am Anfang. Die zur Zeit produzierten Zahlen lassen eine Vielzahl der Dimensionen der Wissensverwendung und Veränderungen in der Ökonomie in ihren Schätzungen noch unberücksichtigt. Es ist daher sehr wohl denkbar, dass diese Schätzungen die Bedeutung des Faktors Wissens systematisch unterschätzen. Und da es sich bei den Schätzungen um Aggregatsdaten handelt, kann man aus ihnen keine Informationen darüber ableiten, welche Sektoren der Wirtschaft etwa besonders intensiv von den angesprochenen Veränderungen betroffen und welche Produkte wissensintensiv sind.

Darüber hinaus impliziert die zunehmende Bedeutung des Faktors Wissen nicht, dass die »Wohlfahrt« der Gesellschaft zunimmt, sofern man überhaupt eine konsensfähige Konzeption der Wohlfahrtsfunktion einer Gesellschaft und eine Vorstellung darüber hat, wie eine Verbesserung der Wohlfahrt erkennbar ist. Es ist z. B. durchaus möglich, dass ein umfassender Ausschnitt des wirtschaftlichen Wachstums, den man dem Faktor Wissen zurechnet, gerade auf den Gebieten zu beobachten ist, deren »gesellschaftlicher Nutzen« in Zweifel gezogen werden kann, denkt man etwa an die Waffenproduktionen, die Weltraumfahrt, an Waren, die einen negativen Einfluss auf die Umweltqualität ausüben, nukleare Energie etc. Mit anderen Worten: Die Zahlen über den Umfang und die Art des Einflusses von technischem und wissenschaftlichem Wissen auf das Wachstum und die Transformation der Produktion von Waren und Dienstleistungen müssen mit sehr viel größerer Sorgfalt erhoben und analysiert werden, als dies bisher der Fall war. Gleichzeitig muss man ihren sozialen Nutzen und den Beitrag, den sie zur Wohlfahrt der Gesellschaft leisten, genauer analysieren. Allerdings braucht fast nicht betont zu werden, dass es sich dabei um sehr schwierige Fragen handelt (z. B. Heilbroner 1973; Mishan 1969).

Seit der Wende in den politischen und ökonomischen Diskussionen sowie der Politik der 70er-Jahre hin zu Umweltthemen hat die Debatte über die sozialen Konsequenzen des Überflusses eine weitere

Verschiebung erlebt. Der Wandel in der Betonung der neuen Gefahren des Überflusses, den ich im Sinn habe, könnte als »Kulturwende« der Diskussionen über die Folgen des Wohlstands bezeichnet werden, nicht nur in sozialen und zwischenmenschlichen Beziehungen, sondern auch im mentalen Wohlbefinden derer, die einen beispiellosen Grad persönlichen Wohlstands genießen. Auch wenn einige der speziellen Kritiken an den sozialen Zwängen des Wohlstandes aus den traditionellen, alteingesessenen Konzeptionen der angeblich unerfreulichen Effekte des Wohlstands auf die Psyche der wohlhabenden Individuen abgeleitet werden, sind manche der heute formulierten speziellen Bezüge neu und reflektieren die aktuellen Umstände.

In einer Rede vor einem Gewerkschaftskongress in Australien im Jahre 2002 (und in einem Appell an sozialdemokratisch orientierte politische Parteien, ihre politischen Grundüberzeugungen zu ändern), fasst Clive Hamilton (2002; auch 2003)[51] die Kritik der Kultur des Wohlstands oder »der verbreiteten Krankheit des Wohlstands« wie folgt zusammen:

- Wir können Epidemien der Langweile und der Entfremdung wahrnehmen, insbesondere die Spielsucht, eine Fernsehverliebtheit und das Einkaufen als Freizeitbeschäftigung.
- Wir können weiter eine Epidemie des legalen wie auch illegalen Drogenkonsums beobachten. Unsere Reaktion auf sich nicht konform verhaltende Kinder ist, sie mit Hilfe von Ritalin ruhig zu stellen.
- Entgegen den immer wieder geäußerten Versprechen ist das Internet vor allem Zugang zur Pornographie und es gibt einen anscheinend unersättlichen Bedarf für seichte Fernsehprogramme und Videos.

Die herausragenden Reaktionen auf den gesellschaftlichen Reichtum sind infolgedessen vor allem *psychologische, anomische*, krankhafte Zustände, die besonders deutlich und dramatisch unter jungen Menschen grassieren; d. h., »the principal beneficiaries of super-affluence, are most prone to clinical depression, manifested in record rates of teenage suicide and other social pathologies such as self-destructive drug taking. According to the World Health Organisation (WHO), by 2020 major depression is expected to be the second most burden-

51 Clive Hamilton ist der Direktor des Australia Institute in Canberra, eines unabhängigen Forschungsinstituts, das auch Politikberatung betreibt. Die Zitate stammen aus einer Rede Hamiltons vor einer Gewerkschaftsversammlung, die am Humanities Research Centre der Australian National University (ANU) am 11. Mai 2002 in Canberra stattfand.

some disease in the world. In rich countries, one out of every four disability adjusted life years is lost due to psychiatric disorders, an astonishing burden of mental ill-health that gets worse by the year« (Hamilton 2002).

Die Häufigkeit dieser krankhaften Zustände tritt besonders massiv in den entwickelten Gesellschaften auf. Sie sind aber nicht etwa Ergebnis eines materiellen Mangels, sondern des exzessiven Konsums. Parteiprogramme und Politikmaßnahmen sollten sich an dieser Diagnose orientieren und sich anpassen. Aber was genau ist zu tun? Folgt man Hamilton, dann ist nur eine radikal andere Lebenseinstellung sinnvoll: Unsere Lebensphilosophie muss sich vom Streben nach einem Leben in Reichtum hin zu einem reichen Leben verwandeln.

Massenkonsum

Eine weit weniger pessimistische, eher optimistische Diagnose der psychologischen, politischen und gesamtgesellschaftlichen Wirkungen eines verbreiteten materiellen Wohlstands findet sich dagegen in den Erläuterungen zu den empirischen Untersuchungen des Massenkonsums in den 50er- und 60er-Jahren des vergangenen Jahrhunderts durch den Mitbegründer der Wirtschaftspsychologie, George Katona.[52] Katonas Verständnis der Erwartungen und Hoffnungen der stetig reicheren amerikanischen Konsumenten unterschied sich radikal von den Anhängern der Theorie der Massengesellschaft und der These des entfremdenden Massenkonsums. Katona zelebrierte den aktiven, regen und sensiblen Konsumenten.

Die aktiven Konsumenten waren zugleich ein wichtiges Bollwerk gegen die ökonomischen und politischen Instabilitäten der Nachkriegszeit. Es ist der Konsument, der einen effektiven Schutz gegen Inflation, Depression und gesellschaftliche Labilität bildet (vgl. Horowitz, 1998, 2004: 64-78). Wie Katona ([1960] 1962: 21) sein Forschungsinteresse selbst zusammenfassend darstellt, ist er primär da-

52 George Katona, gebürtig aus Budapest, ging 1921 zum Studium nach Deutschland, wo er einen Doktorgrad in experimenteller Psychologie erwarb. 1933 emigrierte Katona aus Deutschland in die USA. Ein Forschungsinstitut der University of Michigan war fortan seine professionelle Basis. Dort verbrachte er Jahrzehnte mit der Erforschung des Konsumentenverhaltens in den Vereinigten Staaten.

ran interessiert, »die Handlungs- und Entscheidungsfreiheit der Verbraucher, der unorganisierten Massen, die man in der Vergangenheit eher für das Objekt der Wirtschaft als für eine Macht hielt, die ihrerseits Stabilität oder Unbeständigkeit der Wirtschaft bewirken kann«, zu untersuchen.

Für Katona ([1964] 1965: 20) waren die 60er-Jahre des vergangenen Jahrhunderts ebenso wie für W. W. Rostow das Zeitalter des Massenkonsums. In seiner Typologie der fünf Phasen der wirtschaftlichen Entwicklung kennzeichnet W. W. Rostow (1960: 24) den Massenkonsum als das finale Stadium der Wirtschaftsentwicklung (vgl. auch Riesman [1950] 1956: 33). Allerdings hält Katona den wachsenden Wohlstand der amerikanischen Haushalte keineswegs für schädlich; im Gegenteil, der amerikanische Konsument der Nachkriegszeit ist für Katona ein »vernünftiges Wesen, dem man in wichtigen Dingen nicht leicht etwas vormachen kann und das oft gerade durch den wirtschaftlichen Erfolg zu Bestrebungen auf höherer Ebene angespornt wird«. Marktergebnisse sind Ausdruck des demokratischen Willens der großen Mehrheit der Bevölkerung. Der Akzent verschiebt sich Katona zufolge von den angeblich jenseits ihrer Macht stehenden Zwanggesetzlichkeiten, denen sich Konsumenten unterwerfen müssen, hin zu sozialen Normen oder sogar dem Faktum der Konsumentenfreiheit oder -souveränität (vgl. Meyer-Dohm 1965; Bömmel 2003).[53]

Der wachsende materielle Reichtum unterminiert auch nicht das Erwerbsstreben. Im Gegenteil, der Wohlstand ist Anlass und Antrieb zu vermehrten beruflichen Anstrengungen, um die existenziellen Umstände weiter zu verbessern. Und statt »die kulturellen Bedürfnisse zu lähmen, scheint der höhere Lebensstandard die Bühne aufzubauen, auf der sie sich abspielen können« (Katona [1964] 1965: 20-21).

Man sollte demzufolge dankbar sein, so folgert Katona, dass der amerikanische Konsument konsumorientiert sei. Denn parallel zu den

53 Die Beobachtung einer anscheinend wachsenden Konsumentensouveränität in den 60er-Jahren wird allerdings nicht einhellig geteilt. So betonen etwa Anhänger der Sozialen Marktwirtschaft, dass der weiter existierende Konflikt zwischen Konsumenten- und Produzenteninteressen trotz der materiellen Wohlstandsvermehrung nicht zu einer Verbesserung der Marktposition des Verbrauchers führt (Hesberg 1961). Man fordert eine verbesserte Markttransparenz sowie einen erweiterten Schutz der Konsumenten als Kompensation der Marktschwäche der Konsumenten.

konstruktiven, extra-wirtschaftlichen Folgen des verbreiteten Wohlstands diagnostiziert Katona eine wachsende wirtschaftliche Macht der Gesamtheit der Verbraucher. Das Wohlergehen der Volkswirtschaft, also etwa der Konjunkturverlauf, aber auch Inflation und Deflation, seien in starkem Maß vom Konsumentenverhalten abhängig. Katonas Aussagen werden heute, zumindest in dieser Hinsicht, von amerikanischen Ökonomen und Politikern als Selbstverständlichkeit verstanden. Konsument und Konsum sind Motor der wirtschaftlichen Entwicklung. Die Gefahren des so interpretierten Massenkonsums werden dann auch eher als die Möglichkeit einer sich irgendwann am Horizont abzeichnenden Konsum*sättigung* interpretiert.

Zwei Grundannahmen sind es, die Katona zu seinem optimistischen Schluss über die Marktmacht der Verbraucher kommen lassen: Erstens ist es das gestiegene Einkommen der Haushalte und zweitens sind es geänderte Einstellungen der Konsumenten zu den Angeboten an den Märkten. Die Verbraucher verhalten sich weder so, wie es das Modell des *homo oeconomicus* erwarten lässt, noch sind sie Marionetten in der Hand gewissenloser Konzerne.

Katona war der Überzeugung, dass die Verbraucher Amerikas »im Grunde eine recht gesunde, unkomplizierte ›natürliche‹ Vorstellung von wirtschaftlichen Vorgängen« (Katona [1960] 1962: 21) haben. Die Konsumenten spielen demnach für Katona, allerdings im Gegensatz zur Diagnose der mangelnden Macht der Konsumenten durch John K. Galbraiths Studie *Der amerikanische Kapitalismus im Gleichgewicht der Wirtschaftskräfte* (1956), eine Art *countervailing power* in kapitalistischen Volkswirtschaften.[54] In den Augen Katonas ([1960] 1962: 9) sind die amerikanischen Konsumenten jedoch kein radikales gesellschaftliches oder politisches Gegengewicht: »Consumer thinking is inherently conservative and sane, and not inclined toward sudden and excessive fluctuations« (Katona [1960] 1962: 9).[55]

54 John K. Galbraith (1956) zählt die unorganisierte Verbraucherschaft explizit nicht zu den Kräften, die seiner Meinung nach zu den so genannten countervailing powers des amerikanischen Kapitalismus gehören wie z. B. die Einzelhandelskonzerne oder die Gewerkschaften.

55 Lizabeth Cohens (2003) kritische Befunde über die Rolle des Konsumenten in der Nachkriegszeit sind weit weniger von der Macht der gegenwärtigen Konsumenten überzeugt. Im Gegensatz zum in den frühen Jahrzehnten des vergangenen Jahrhunderts zu beobachtenden Momentum der Konsumentenbewegungen, die beispielsweise erfolgreiche Boykotts und Kampagnen gegen die Kinderarbeit, zu schwache Lebensmittelvorschriften und für das Recht auf Organisation auf die

Der professionelle ökonomische Diskurs ist aber dennoch auch gegenwärtig noch eng an die Definition der zuerst im 18. Jahrhundert formulierten Definition der Produktionsfaktoren gekoppelt; d. h., in der Produktion kommt es zur Kombination der Faktoren Arbeit, Eigentum und Kapital. Die Ergebnisse dieser Kombination werden in standardisierten monetären Einheiten gemessen. Bis auf den heutigen Tag wird in den Sozialwissenschaften der alltägliche Prozess des Konsumierens als derivatives Phänomen begriffen, das zwar von den Kerninstitutionen der Gesellschaft wie z. B. dem Staat, der sozialen Klassenzugehörigkeit oder den dominanten kulturellen Codes mitbestimmt wird, aber diese Kerninstitutionen sind ihrerseits Ausdruck und abhängig von den vorherrschenden Produktionsprozessen und -beziehungen.

Wenn man seine Aufmerksamkeit jedoch nicht auf Arbeitsformen, sondern auf Lebensformen und -stile von Akteuren und Haushalten richtet, dann wird eine Analyse des Konsumverhaltens dieser Personen, insbesondere in Relation zum gesamten Haushaltsvermögen, zu den Transferleistungen oder zur Lebenserwartung sowie ihrem Wissensstand, sehr viel relevanter als etwa die Betonung des Arbeitseinkommens.

Was in einer Gesellschaft hergestellt wird, ist weiter von Bedeutung. Aber wie das, was hergestellt wird, konsumiert wird, erlangt zunehmend größeres Gewicht.[56] Die sich ausweitende Konsumentensouveränität, die wachsende Macht der Käufer, ihre Kampagnen gegen den Einfluss großer Konzerne (vgl. die Kampagne gegen den Esso-Konzern im Jahre 2001; vgl. Gueterbock 2004), die Ängste und Besorgnisse der Konsumenten etc. haben auch einen Einfluss auf die soziale Organisation der Arbeit und die Art und Weise, wie Konzerne neue Produkte in einem Kommunikationsprozess mit

Beine gestellt hatten, verschwand der aktive Konsument in der Nachkriegszeit aus der Öffentlichkeit, und zwar angesichts der dann dominanten Tugend, dass es im nationalen Interesse sei, alles zu kaufen, was am Markt angeboten wird.

56 Meine Analyse der Rolle des Konsumenten und des Konsums hat zweifellos eine gewisse Affinität zu den Bourdieu'schen ([1979] 1982) Überlegungen zum Konsumstil bzw. dem Konsum als Symbol konkurrierenden Verhaltens in seiner Studie Die feinen Unterschiede. Das Konsumverhalten ist danach mehr als nur die Befriedigung existenzieller oder materieller Bedürfnisse. Unterschiedliche Konsumstile verweisen auf den Einsatz differenziellen kulturellen Kapitals. Das Schauspiel der Produkte ist Teil eines Ungleichheitsregimes von Reputation und Differenz (vgl. auch Friedman 1994; Bauman 1998).

Konsument und Klient generieren. Auf jeden Fall hat dieser unmittelbare oder indirekte Konsultationsprozess mit selbstsicheren Konsumenten Rückwirkungen auf die Arbeitswelt generell und auf diejenigen im Besonderen, die mit der Aufgabe der Entwicklung neuer Produkte beschäftigt sind (Frenkel, Korczynski, Shire und Tam 1999: 66-81).

Der Konsument als Gesellschaftswesen

Im Gegensatz zum dominanten Image der Rolle der Konsumenten über weite Strecken der Geschichte des Konsums wird die gesellschaftliche Position des modernen Konsumenten nicht mehr unbedingt, wie noch in der Vergangenheit und selbst aus der Sicht unterschiedlicher theoretischer Traditionen, als eine inhärent entfremdende Rolle angesehen. Konsumenten werden nicht mehr regelmäßig und reflexartig als nichtwissende Akteure oder als Inhaber einer gesellschafts- und wirtschaftspolitisch unbedeutenden Position beschrieben, deren Verhalten und Motive von technischen Entwicklungen abhängig sind oder die von Werbung und Marketing gekonnt und selbstverständlich erfolgreich manipuliert werden.[57]

Es war also üblich, und diese Einstellung ist bisher nicht völlig als überholt verworfen worden, dem Verbraucher eine von Werbung und Marketing leicht zu beeinflussende Psyche zuzurechnen. Werbung und Marketing waren oder sind jederzeit ohne jeden ernsten Wider-

57 In der Literatur, die sich mit der ökonomischen und gesellschaftlichen Rolle des Konsumenten befasst, liegt die Betonung typischerweise auf einem eher passiven und leicht manipulierbaren Konsumenten. Dies heißt zugleich, dass man sich nur selten oder am Rande mit aktiven Konsumenten und ihrer Beziehung beispielsweise zur Politik beschäftigt hat. Ob dieses Desinteresse eine Funktion gespaltener Forschungsinteressen ist, da eine Agenda mit dieser Stoßrichtung der Forschung in keiner der wissenschaftlichen Disziplinen zuhause wäre, wie Jacobs (2001: 225) betont, oder ob es darüber hinausgehende ideologische Gründe gibt, ist strittig. Dennoch kann man sagen, dass die herrschende Diagnose, der Konsum sei allenfalls eine »Therapie-auf-Distanz«, in einer, wenn auch oft ungewollten, engen intellektuellen Verwandtschaft zu neoklassischen Postulaten des Marktgeschehens und deren Menschenbild steht. Die gleiche Diagnose vom hilflosen Konsumenten stützt sich andererseits auf fest verankerte kulturkritische Annahmen über die essenzielle ästhetische Minderwertigkeit der Warenwelt der Massenproduktion.

stand in der Lage, dem Konsumenten Waren und Dienstleistungen als eine Art therapeutische Ersatzmedizin für eine Vielzahl der psychologischen und sozialen Probleme der modernen Industriegesellschaft anzudienen (Lears 1994; vgl. auch Rambo 2005).

Diesem Image ist entgegenzuhalten, dass die Konsumenten auch in früheren Entwicklungsstadien der Ökonomie nie und sicher gegenwärtig auch nicht kollektiv Menschen ohne jede Stimme waren und sind, unwissende Wesen, die keinen politischen Einfluss haben und hauptsächlich damit befasst sind, egoistische Wünsche zu befriedigen.[58] Die wichtigen Akteursgruppen am Markt, die Gruppe der Produzenten und die der Verbraucher, handeln nicht isoliert voneinander, sondern in Beziehung zu historischen und gegenwärtigen Kontexten. Dazu zählen im Fall der Verbraucher z. B. Generationsbezüge.[59] Die »Geburt« und die öffentliche Anerkenntnis der gesellschaftlichen und politischen Kategorie des Konsumenten ist eng an bestimmte politische Entwicklungen gekoppelt.

Der so genannte Massenkonsum wird z. B. erst durch eine bestimmte Form und ein bestimmtes Verständnis einer Entwicklungsphase des Kapitalismus möglich, die man auch unter dem Begriff des Wohlfahrtsstaates kennt und in der es politisch um die Fragen der Redistribution geht. Die Ausweitung des durchschnittlichen Lebensstandards war über Jahrzehnte eine der vorrangigen politischen Zielsetzungen und wurde in den Parteiprogrammen sowohl der konservativen als auch der sozialdemokratischen Parteien und durch ihr jeweiliges Regierungshandeln gestützt. Es ist deshalb historisch gesehen angemessener, wie Jacobs (2001: 226) betont, von der *Entwicklung* einer Massenkonsumkultur zu sprechen, die ihrerseits eng mit

58 Eine beachtenswerte und wachsende Anzahl von Studien aus der jüngsten Zeit befasst sich mit der Geschichte des Konsums in verschiedenen Ländern und dokumentiert eindrücklich die schon im 19. Jahrhundert zu beobachtende aktive gesellschaftliche Rolle der Konsumenten (z. B. McKendrick, Brewer und Plumb 1982; Furlough 1991; Benson 1994; Kaelble, Kocka und Siegrist 1997; Strasser, McGovern und Judt 1998; Scholliers 1999; Berghoff 2001; vgl. auch Strasser 2002).

59 Obwohl eine Ökonomie der Generationen erst am Anfang ihrer Entwicklung steht, kann man dennoch erkennen, dass dies ein weites Forschungsfeld ist, zu dem Themen wie die Nachhaltigkeit zwischen den Generationen, Generationenverträge in den Sozialsystemen, die Bedeutung von öffentlichen Gütern für Generationengruppen oder die Verteilung von Risiken auf unterschiedliche Generationen zählen (vgl. Sandler 2001: 161-184).

der »expansion of the public sphere, the rise of the labour movement, and the growth of an interventionist state« verknüpft war.

Gleichzeitig gilt, dass das Konsumverhalten seinerseits einen Einfluss auf die Welt der Politik ausübt. In der New Deal-Ära in den Vereinigten Staaten waren Politiker zum ersten Mal gezwungen, »consumers as a self-conscious, identifiable group on par with labour and business whose well-being required attention for American capitalism and democracy to work« (Cohen 2001: 205) zu behandeln. Das Ergebnis des neu gewonnenen politischen Stellenwerts der »Klasse« der Konsumenten war es, dass sie diesen Status als politische Kraft und Bezugspunkt nicht wieder einbüßten und die Verbraucher zu einem signifikanten Anstoß für neue, von der Politik umgesetzte Vorschriften und Marktregeln wurden. Diese Entwicklung war unumkehrbar und hat sich im Zuge der Entstehung moralisch kodierter Märkte nur noch verstärkt. Die Konsumenten hatten und haben eine politische Stimme.

Der Kontext des Verbrauchens und des Produzierens ist darüber hinaus auch an institutionelle Prozedere gebunden, deren konkrete Vorschriften und Regeln heute auch von transnationalen Organisationen und international ausgehandelten Verträgen mitbestimmt werden. Diese Kontextgebundenheit erstreckt sich weiter auf alltägliche, lebensweltliche und zivilgesellschaftliche Handlungsbedingungen, soziale Praktiken, Sinnbezüge und Weltanschauungen (vgl. Carrabine und Longhurst 2002). Verbraucher und Produzenten waren natürlich schon immer Teil sozialer Netzwerke, die ihr Verhalten in unterschiedlicher Weise beeinflussten und sie auf die Einhaltung bestimmter sozialer Normen verpflichteten. Je größer die Zahl und die Intensität der sozialen Beziehungen in Netzwerken, desto größer ist der Einfluss des sozialen Netzwerks auf das Verhalten einzelner seiner Akteure (vgl. Granovetter 2005).

Die Dynamiken der sozialen Kontexte, in denen der durchschnittliche Konsument und Produzent in modernen Gesellschaften verankert ist, sind, wenn man sie mit den typischen gesellschaftlichen Kontexten vor wenigen Jahrzehnten vergleicht, nicht nur sehr viel umfassender, sondern auch zerbrechlicher. Die Dynamik der Gesellschaft manifestiert sich an den Märkten in der Geschwindigkeit, mit der sich Marktstrukturen in immer neue Segmente differenzieren, erfolgreiche Trends imitiert werden und wieder vom Markt verschwinden. Ein größerer Einfluss und ein stärkeres Selbstbewusstsein (*agen-*

cy) des Konsumenten am Markt sind fast schon zur Selbstverständlichkeit geworden, ebenso wie die Tatsache, dass die Verbraucher in modernen Gesellschaften nicht nur konsumierende Wesen sind, sondern auch am Markt operierende, das Marktgeschehen beeinflussende, politisch denkende und moralisch handelnde Akteure. Hilton und Daunton (2001: 1) fassen den Status und die Eigenschaften vieler unabhängig urteilender Verbraucher deshalb zusammen

as empowered, information-laden consumers ... [who] can try to behave independently of marketing and sales techniques, judging for themselves there quality of a commodity, the fairness of its price, its fitness for the purpose for which it was sold, its safety of use and even the quality of its design aesthetics. They might also support the consumer organizations to lobby governments to enact further consumer protection legislation, to introduce more effective competition policy and to establish more powerful institutions with consumer representation.

Lässt man den unter Umständen von kritischen Beobachtern modernen Verbraucherverhaltens schnell geäußerten Verdacht außer Acht, die geschilderte Sachlage deute eher auf ein »falsches Bewusstsein«, so kann man aus dem tatsächlichen Verhalten vieler Konsumenten schließen, dass wir es in der Tat mit relativ selbstbewussten Gruppen von Verbrauchern zu tun haben. Das Selbstbewusstsein der Konsumenten führt zur Reorganisation der Märkte, der Außenbeziehungen der Ökonomie zu anderen gesellschaftlichen Institutionen, insbesondere zur Politik. Konsumentengruppen sind sich bewusst, dass sie Macht ausüben können. Und sie machen davon Gebrauch. Sie scheuen nicht den Konflikt mit großen, multinationalen Konzernen. Man kann davon ausgehen, dass es oft nicht einmal öffentlich ausgetragener Konflikte bedarf, damit Verbraucherinteressen von Produzenten übernommen werden und von ihnen zum Bestandteil von Produkten und Dienstleistungen transformiert werden. Und es ist nicht mehr ungewöhnlich zu beobachten, dass diese Konfrontationen zu Gunsten der Verbraucher und ihrer Positionen gelöst werden. Das gestiegene politische Selbstbewusstsein der Verbraucher und der Einfluss, den sie auch gegenüber angeblich mächtigen Konzernen am Markt geltend machen, lassen sich anhand einer Anzahl von theoretischen und empirisch gesicherten Erklärungen erläutern. Ich werde in den folgenden Abschnitten vor allem auf die These Ronald Ingleharts eingehen, der einen Wandel in den leitenden Wertvorstellungen von einflussreichen Gruppen der Bevölkerung in modernen Gesellschaften beobachtet hat.

In einer 1995 veröffentlichten, international vergleichenden empirischen Studie, die wiederum Teil einer Kette von Untersuchungen dieser Art ist (die erste der Studien stammt aus dem Jahr 1970), untersucht Ronald Inglehart (1995a) *generationsspezifische* (nicht zu verwechseln mit gesamtgesellschaftlichen) Trends in der Entwicklung der Wertvorstellungen der Nachkriegsbevölkerung von 43 Gesellschaften, die ihrerseits 70 Prozent der Weltbevölkerung repräsentieren, und verwendet dabei als Erklärung für bestimmte neue weltanschauliche Orientierungen unter ausgewählten Gruppen von Individuen der Bevölkerung den Begriff der *Postmodernität.*

Inglehart will mit diesem Begriff auf den von ihm beobachteten länderübergreifenden Wandel in den dominanten Werten und Normen hinweisen, den er insbesondere unter den jüngeren Angehörigen der in der Nachkriegszeit sozialisierten *Generationen* (nicht ganzer Gesellschaften) entdeckt hat, die sich hin zu postmateriellen Wertvorstellungen entwickelt haben, und zwar als Reaktion auf die Erfahrung des wachsenden Wohlstands in vielen Gesellschaften. Es kommt, ganz generell gesprochen, zu Lebensqualität betonenden Werten und damit zu einer Abkehr von Präferenzen, die sich mit der materiellen Sicherheit beschäftigen (Inglehart 1998: 57). Die vereinfacht ausgedrückte (markt-)psychologische Gleichung Ingleharts lautet: Dinge, die knapp sind, haben einen höheren Wert. Der Anteil der Bevölkerung, der sich zu postmateriellen Werten bekennt, ist auch in hoch entwickelten Gesellschaften eine Minderheit.

Die Ursachen für den von Inglehart (1971) beschriebenen kulturellen Wandel lassen sich auf eine Reihe gesamtgesellschaftlicher Veränderungen zurückbeziehen: Dazu gehören primär die heute teilweise wieder in Frage gestellte wohlfahrtsstaatliche soziale Absicherung und das historisch einzigartige Wachstum des Wohlstands großer Bevölkerungsschichten in den vergangenen drei Jahrzehnten zunächst in Westeuropa und Nordamerika und dann in Südostasien.[60]

60 Die empirischen Ergebnisse der Studien und die theoretischen Erläuterungen Ingleharts für den von ihm beobachteten generationsspezifischen Wertewandel in entwickelten Gesellschaften sind nicht unstrittig geblieben. Eine der Diskussionen bezieht sich auf einen methodischen Einwand der Kritiker Ingleharts. Sie unterstellen, dass die Umfragedaten, auf die sich Inglehart bezieht und die für ihn der Beweis eines signifikanten Wandels in den Wertvorstellungen der Befragten hin

Die kulturellen und politischen Folgen der wachsenden ökonomischen Sicherheit in den wirtschaftlich erfolgreichen Gesellschaften manifestieren sich im Autoritätsverlust der Kirche und des Staates, der Auflösung der Zentralität der Arbeit als wichtigstes Lebensinteresse und wichtigster Lebensmittelpunkt (vgl. Inglehart, Basañez und Moreno 1998: 5),[61] einem Individualismusstreben und -schub in den Gesellschaften, einer höheren Bewertung nicht-ökonomischer Werte, der Betonung von Werten, die ihren Ursprung nicht mehr materiellen Mangelsituationen zu verdanken haben, sondern an Sicherheitsvorstellungen gekoppelt sind, sowie in der Ablehnung von Herrschaftsstrukturen jeder Art (vgl. auch Rempel und Clark 1998: 30-50). Auf der politischen Ebene ist der Wandel zu postmodernen Werten mit Demokratisierungsbemühungen verknüpft. Und schließlich ist ein typisches Merkmal der sich herausbildenden postmodernen Weltanschauung ein nicht mehr unbegrenztes Vertrauen in die gesellschaftliche Rolle der Wissenschaft und Technik.

In der Inglehart'schen Beweisführung für das Entstehen der postmodernen Orientierungen in der Bevölkerung spielen wirtschaftliche Erfolge die entscheidende Rolle, insbesondere das Erlangen ökonomischer Sicherheit für große Teile der Bevölkerung. Das hohe Niveau der erreichten materiellen Sicherheit schaffe, wenn auch nicht unmittelbar, ein Gefühl des Glücklichseins, dann aber doch ein ebenso hohes Maß an persönlichem Wohlbefinden.[62] Inglehart (1995a: 385) betrachtet es darüber hinaus als Merkmal einer post-

zu einer postmaterialistischen Einstellung sind, ein Artefakt der gewählten Fragestellung sind (vgl. Clarke et al. 1999 sowie Davis und Davenport 1999). Inglehart und Abramson (1999) kommen zu dem entgegengesetzten Schluss und weisen somit den Vorwurf eines methodischen Fehlers nachdrücklich zurück.

61 Neben dem enormen Anstieg des persönlichen Reichtums in den vergangenen Jahrzehnten, dem relativen Bedeutungsverlust von bezahlter Arbeit als zentralem Lebensinhalt und dem Entstehen einer konsumorientierten Gesellschaft muss auch die schon bisher beobachtete und weiter wachsende dramatische Veränderung der Lebenserwartung in Betracht gezogen werden. Die Zahl der Beschäftigungsjahre und der Arbeitsstunden pro Jahr, die erforderlich sind, um gegenwärtig einen Haushalt dem gegebenen Lebensstandard gemäß ein Leben lang zu unterhalten, ist auf weniger als die Hälfte der Lebenszeit zurückgegangen und fällt weiterhin (vgl. Ausubel und Grübler 1995).

62 Vgl. Fußnote 26, in der auf eine empirische Studie verwiesen wird, deren Autor darauf aufmerksam macht, dass es aufgrund der von ihm erhobenen Daten sinnvoll ist, eine Trennung der Gefühle des Glücklichseins von denen der Zufriedenheit vorzunehmen.

modernen Orientierung, dass Mitglieder der entwickelten Gesellschaften ihre materiell abgesicherte Lage als Selbstverständlichkeit ansehen, gerade weil sie sich nicht bewusst seien, wie grundlegend diese Annahme ihre Weltsicht bestimmt.

Inglehart führt im Zusammenhang mit seiner Beschreibung der typischen Orientierungsmuster der Postmoderne zwar eine breite Spanne *kultureller* Veränderungen an, ist sich aber im Gegensatz zu den meisten anderen Vertretern der Theorie der Postmoderne[63] darüber im Klaren, dass es wirtschaftliche Transformationen sind, die den Weg für die Möglichkeit der Postmodernisierung von Werten und Normen in der Gesellschaft vorzeichnen.

Die Inglehart'sche These von der Bedeutung postmaterieller Wertvorstellungen ist vor allem dort auf Interesse gestoßen, wo es um die Erklärung der Umwelteinstellung der Bevölkerung geht. Ein nahe liegender Schluss ist es natürlich, ein ausgeprägtes Umweltbewusstsein als Teil einer postmateriellen Orientierung anzusehen. Empirische Untersuchungen, die dieser Frage nachgehen und sich zum Teil auf die Daten des World Value Surveys aus den Jahren 1990 bis 1993 berufen und die auch Inglehart zur Verfügung standen, kommen zu dem Ergebnis, dass sich umweltbewusste Einstellungen zwar in allen Ländern, ob reich oder arm, nachweisen lassen, der statische Zusammenhang von postmaterieller Orientierung und Umweltbewusstsein dadurch aber nicht aufgehoben wird (Kidd und Aie-Rie Lee 1997).

Da es bei der Problematik moralisch kodierter Märkte nicht primär um die Frage eines wie auch immer gearteten Zusammenhanges zwischen kollektiven Einstellungen (zur Umweltproblematik und zu biotechnologisch veränderten Produkten) und Ausprägungen individueller Einstellungen oder Orientierungen zu Kaufentscheidungen, sondern um die Wechselbeziehung von gesamtgesellschaftlichen Veränderungen und typischen Wertvorstellungen und Verhaltensweisen geht, sind Ingleharts Untersuchungen zum Postmaterialismus von unmittelbarer Relevanz.

63 Eine Kritik der Theorie der Postmoderne, insbesondere der systematischen Vernachlässigung der Frage nach der materiellen Basis für die Möglichkeit des gesellschaftlichen Wandels hin zu postmodernen kulturellen Bedingungen, findet sich in Stehr 1997.

Teil 7. Wissen und Wirtschaften

Weit weniger problematisch und kontrovers ist es, den in den Nachkriegsjahren immens gewachsenen individuellen und kollektiven Wissensstand (*knowledgeability*) insbesondere der jüngeren Gesellschaftsmitglieder in den entwickelten Gesellschaften zu dokumentieren und damit die These zu explizieren, dass der Wissensstand einen wachsenden Einfluss auf das ökonomische Verhalten in modernen Gesellschaften wie auch auf den Trend hin zu einer Moralisierung der Märkte haben dürfte. Allerdings ist selbst dieses Postulat weder unstrittig, noch existiert ein Konsens, wie man den gewachsenen Wissensstand der Gesellschaft theoretisch und empirisch erfassen sollte.[1] Ich möchte im Kontext dieser Studie auf folgende Eigenschaften des Wissensstandes aufmerksam machen: Der Wissensstand einer Person oder einer Gruppe von Menschen erhöht ihre reflexiven Fähigkeiten, sich am Markt so zu verhalten, dass ihr Wohlergehen optimiert wird, insbesondere ein Wohlergehen, das Entscheidungen, die sich an reinen Nützlichkeitskriterien orientieren, zu überwinden

1 Die Frage, inwieweit Hand in Hand mit dem wachsenden individuellen und kollektiven Wissensstand eine signifikante Ausweitung der Macht und Herrschaft der Machtelite einer Gesellschaft, einschließlich der Eigentümer der Produktionsmittel, geht, ist im Zusammenhang mit der Frage gesellschaftlicher Macht und gesellschaftlichen Wissens eine besonders strittige Problematik. In der Tat sind eine Anzahl von Beobachtern der Entwicklung und der Veränderungen der modernen Gesellschaft davon überzeugt, dass Wissen als unmittelbare Produktivkraft nicht nur die traditionellen dominanten Produktionsfaktoren der Industriegesellschaft ersetzt, sondern auch zu einer signifikanten Transformation in der Machtposition des Kapitals führt und den Beginn einer häufiger beschworenen radikalen Veränderung in der Machtkonstellation der Welt der Arbeit signalisiert. Demnach ist eine umfassende Emanzipation der Arbeitenden von der Macht und dem Einfluss der Arbeitsbedingungen sowie der Herrschaft der Eigentümer der Produktionsmittel und des Managements jetzt möglich. Die in dieser Hinsicht z. B. von Aronowitz und DiFazio (1994: 339) ausgesprochenen Erwartungen sind aber pessimistisch und bestätigen die insgesamt strittige Einschätzung der gesellschaftlichen Funktion der wachsenden ökonomischen Bedeutung des Wissens: »Rather than fostering full individual development, production and reproduction penetrate all corners of the life world, transforming it into a commodity world not merely as consumption but also in the most intimate processes of human interaction«. Der »Wissensarbeiter« ist weiter und fast schicksalhaft der Handlanger der Mächtigen. Erkenntnisse sind dem Imperativ der technischen Innovation untergeordnet.

hilft.[2] Die Wissenheit (*knowledgeability*) der Akteure erhöht ihre Handlungsmöglichkeiten, ihre Fähigkeit sicherzustellen, dass ihre Stimme überhaupt Gehör findet; es wachsen die Chancen, eine dezidierte Meinung zu erarbeiten, Interessen zu verteidigen, auf Rechte zu bestehen, Widerstand zu organisieren und generell ein aktiver Marktteilnehmer zu sein (vgl. auch Stehr 1999).

Der Begriff des Wissens – und nicht des Wissensstandes von Akteuren – gehört heute zu den Begriffen der sozialwissenschaftlichen Theorie und inzwischen auch der politischen und ökonomischen Praxis, die besonders häufig in einer Vielzahl von Diagnosen des Zustandes oder der Zukunft der Gesellschaft auftauchen. Zu den beiden wichtigsten theoretischen Ansätzen, die den Begriff des Wissens in den Mittelpunkt ihrer Reflexionen stellen, die die Sprache der Ökonomie (»Kapital«) verwenden und sich mit der sozioökonomischen Relevanz des Wissens auseinandersetzen, gehört die Theorie des Humankapitals (Schultz 1961, 1981; Becker 1964)[3] und die einige Jahre später formulierte Theorie des kulturellen Kapitals Pierre Bourdieus (1983).[4]

2 Die von mir betonte Bedeutung des Wissensstands von Marktteilnehmern hat eine gewisse Affinität zur »capability«-Perspektive (capability = potenzielles Handlungsvermögen) von Amartya Sen (1985; 1993a). Sens Ansatz repräsentiert zwar eine Alternative zur orthodoxen Theorie der Wohlfahrtsökonomie mit ihren weitgehend utilitaristisch geprägten Postulaten, allerdings bleibt Sens Ansatz dennoch individualistischen Prämissen der neoklassischen Theorie verhaftet. Als Beispiel dafür mag die These Sens gelten, dass die jeweiligen Fähigkeiten (capabilities) intrinsische individuelle Eigenschaften sind (vgl. dazu im Einzelnen die Kritik und die Erweiterung des Sen'schen Ansatzes in Jackson 2005).

3 Adam Smith ([1776] 1978; vgl. aber auch Knight [1855] 1856) war der erste der klassischen Ökonomen, der die Bedeutung des Humankapitals unterstrich und es in seine Definition des Kapitalumfangs einer Gesellschaft aufnahm. Der Kapitalstock einer Nation umfasst nach Smith die Fertigkeiten und Kenntnisse seiner Bewohner, da sie Quelle wachsenden kollektiven und individuellen Vermögens seien. Zu diesen klassischen Arbeiten zur Rolle des »symbolischen« Kapitals in der Ökonomie gehören auch die Beobachtungen von Thorstein Veblen ([1908] 1919: 324-386) zu diesem Fragenkomplex. Eine Darstellung der Ursprünge und der Entwicklung des Humankapitalbegriffs findet sich in Kiker 1996.

4 Pierre Bourdieus häufiger Gebrauch ökonomischer Termini wie z. B. der Begriffe Kapital, Interessen, Markt, Inflation etc. hat ihn trotz seiner Distanz zu rein ökonomischen Perspektiven in den Augen einiger Kritiker seiner Theorie in die Nähe individualistischer bzw. deterministischer neoklassischer Theorien gerückt und zu einer »ökonomischen Formalisierung« der sprachlichen Abbildung sozialer Realität verleitet (vgl. Lebaron 2003).

In den nächsten Abschnitten stelle ich beide theoretischen Ansätze kritisch vor. In einem abschließenden Gedankenschritt spezifiziere ich im Gegensatz zur Humankapitaltheorie und der Theorie des kulturellen Kapitals die Idee der *knowledgeability* von Akteuren als eine wachsende *Handlungsfähigkeit* einer größer werdenden Anzahl von Menschen in modernen Gesellschaften.

Humankapital

So wie jede Veränderung der materiellen Produktionsmittel zu Maschinen, Instrumenten und sonstigen materiellen Artefakten führen kann, die ihrerseits wiederum als neues physisches Kapital den Produktionsprozess beeinflussen, so resultiert auch das Humankapital aus einer progressiven Veränderung der Personen insbesondere durch das Erlernen von beruflichen Fähigkeiten, die es ihnen erlauben, in produktiver Weise am Produktionsprozess teilzunehmen.

Der durch die Phase des Erlernens zunächst geleistete Konsumverzicht oder der Verzicht auf andere Investitionsmöglichkeiten rational handelnder Akteure soll sich dann in der Form eines späteren, höheren Einkommensniveaus auszahlen. In der Tat, zu den herausragenden Prämissen des ökonomischen Humankapitaldiskurses gehört die Überzeugung, dass unterschiedliche Realeinkommen in unzweideutiger Weise in einer engen Korrelation zum individuell verfügbaren (atomistischen) Kapital stehen.[5] Anhand des Postulats von der engen Koppelung von Humankapital und Einkommensniveau errechnet sich der Umfang potenzieller oder tatsächlicher Erträge der Humankapitalinvestitionen einzelner Personen (vgl. z. B. Blaug [1965] 1968; Granovetter 1981).[6]

5 Eine frühe Kritik der Prämissen der sich herausbildenden ökonomischen Theorie des Humankapitals, insbesondere der Annahme, dass man Individuen vorrangig aufgrund ihrer vom Humankapital bestimmten Persönlichkeitsmerkmale und nicht etwa anhand von moralischen oder ethischen Eigenschaften analysiert, findet sich in einem Diskussionsbeitrag von Harry Shaffer (1961). Shaffer kritisiert, dass der Begriff der »Investition« nicht auf die besondere Problematik des Humankapitals anwendbar ist und dass »Investitions«-Kalküle nicht Basis von Ausgabenentscheidungen im Politiksystem sein sollten, die auf die Wohlfahrt einzelner oder Gruppen von Bürgern abzielen.

6 In einem Beitrag zur Bildungsdiskussion aus arbeitsmarktpolitischer Sicht stellen Friedrich Buttler und Manfred Tessaring (1993: 467) die in dieser Allgemeinheit

Humankapital ist nicht homogen; man sollte z. B. zwischen allgemeinem und situationsspezifischem Humankapital unterscheiden. Allgemeines Humankapital ist mobil, während situationsspezifisches Humankapital existierende soziale und kulturelle Organisationsgrenzen überwinden kann.[7] Humankapital ist konkurrenzlos. In der Regel können die Erträge von Humankapitalinvestitionen ausschließlich von demjenigen realisiert werden, der diese Investitionen getätigt hat.

Das Humankapitalvermögen eines Kollektivs kann nicht übertragen oder veräußert werden, es sein denn, man »verkauft« oder tauscht die individuellen Träger des Humankapitals, wie dies im Falle professioneller Sportler der Fall ist. Die Theorie des Humankapitals baut auf individualistische Postulate und verschweigt so den Einfluss kollektiver Prozesse (wie etwa allfälliger Infrastrukturinvestitionen) auf den erfolgreichen Erwerb von Humankapital. Ähnlich verhält es sich bei der Analyse der Ertragschancen des Humankapitals. Die Bedeutung soziostruktureller oder soziokultureller Faktoren auf die Wahrscheinlichkeit, dass man überhaupt einen Ertrag für die getätigten Investitionen erwirtschaftet, wird in der Humankapitaltheorie in der Regel vernachlässigt.

Die Humankapitaltheorie und auch Bemühungen, die Theorie empirisch zu fundieren, leiden unter oberflächlichen Annahmen über die Art und Weise, wie sich das Humankapital in der Gesellschaftspraxis tatsächlich manifestiert. In der Regel soll sich der Umfang des Humankapitals Einzelner anhand der Zahl der schulischen und beruflichen Ausbildungsjahre ablesen lassen. Unterschiedliche schulische und berufliche Ausbildungszeiten werden als homogen bewertet und aggregiert.

nur schwer zu falsifizierende These auf, dass der »an den Ausgaben für Bildung und Ausbildung gemessene ökonomische ›Wert‹ des Humanvermögens aller Erwerbspersonen in Westdeutschland heute fast der Hälfte des gesamten Sachvermögens an Bauten, Ausrüstungen, Verkehrswegen u. ä. entspricht: 1989 betrug das wertmäßige Verhältnis des Sachkapitalstocks (9963 Mrd. DM) zum Humankapitalbestand (4494 Mrd. DM) etwa 2,2:1.«

7 Eine noch umfassendere Definition der verschiedenen Elemente des Humankapitals findet sich in einer Studie von Laroche, Mérette und Ruggeri (1999: 89). Die Autoren weiten den Humankapitalbegriff schließlich sogar auf die angeborenen individuellen Fähigkeiten und Qualifikationen aus. Allerdings verschweigen sie, wie man die angeborenen Qualifikationen der Individuen quantifizieren soll.

Schließlich geht man davon aus, dass diese Vorgehensweise eine gültige Bewertung der jeweiligen (und oft ganz unterschiedlichen) beruflichen Fertigkeiten und des Wissensstandes einzelner Personen garantiert. Kurz, die Humankapitaltheorie behandelt Wissen und berufliche Qualifikationen als eine Art *black box*.[8]

Kulturkapital

Im Gegensatz und in Ergänzung zur Theorie des Humankapitals ist die Theorie des Sozial- und Kulturkapitals vor allem von Soziologen erarbeitet worden.[9] Die Theorie des kulturellen Kapitals ist besonders geeignet, auf die komplexen Tatsachen der Genealogie und der Vielfalt immateriellen Kapitals sowie auf den situationssensitiven Erwerb symbolischen Kapitals (bzw. Wissens) aufmerksam zu machen (vgl. Carley 1986) und somit die *black box* des Humankapitals einen

8 Die Organization for Economic Co-operation and Development (1999: 16-17) verwendet, um die Gesamtinvestitionen in Wissen (bezogen auf das Bruttosozialprodukt [BSP] eines Landes) in verschiedenen entwickelten Volkswirtschaften zu berechnen, eine Operationalisierung des Wissensbegriffs, der anscheinend aus der Theorie und der üblichen empirischen Fassung des Humankapitals abgeleitet ist. Die Gesamtinvestitionen in Wissen (z. B. im Jahr 1995) werden als Summe der Ausgaben für Forschung und Entwicklung, des öffentlichen Haushalts für das Bildungswesen sowie der Investitionen in Software errechnet. Legt man diese Zahlen zugrunde, so ist Schweden 1995 das führende Land. Die Gesamtinvestitionen Schwedens in Wissen belaufen sich, gemessen am schwedischen BSP, auf 10,6 Prozent. Frankreich liegt an zweiter Stelle, und zwar aufgrund der hohen staatlichen Ausgaben für das französische Bildungswesen. Die Vereinigten Staaten und Kanada fallen dagegen zurück, die USA wegen ihrer relativ geringen staatlichen Mittel für das Schulwesen. Kanadas niedriger Rangplatz ergibt sich aus vergleichsweise geringen Ausgaben Kanadas für Forschung und Entwicklung. Japan investiert den Rekordanteil von 28,5% des BSP in Sachvermögen, aber nur einen sehr kleinen Anteil von 6,6% in Wissen.

9 Der Begriff des sozialen Kapitals, wie er z. B. von James Coleman (1988: 98) entwickelt worden ist, verweist auf eine Vermögensform des einzelnen Akteurs als Ergebnis des differenziellen Eingebundenseins in soziale Organisationen oder Netzwerke; d. h., die Verflechtung in eine Struktur bestimmter sozialer Beziehungen kann in der Folge als Kapital mobilisiert werden. Der Einsatz des Vermögens befördert die Realisierung von Handlungszielen, die mit geringerem oder sogar mangelndem Kapital nicht erreichbar wären. Der Umfang des sozialen Kapitals ist somit eine von der Art der sozialen Umfeldbeziehungen der Individuen abhängige Ressource (vgl. Coleman 1990: 304 und Sampson, Morenoff und Earls 1999).

Spalt weit zu öffnen.[10] Pierre Bourdieu ([1983] 1986: 241; vgl. auch Robbins 2005) erläutert seine imaginativen Einsichten in die gesellschaftliche Rolle des immateriellen Kapitals, das in ökonomisches Kapital (d. h. unmittelbar in Geld tauschbares Kapital) transformiert werden kann, bewusst in Anlehnung und Abgrenzung zur marxistisch geprägten ökonomischen Perspektive. Pierre Bourdieu ([1983] 1986: 243) wird ursprünglich auf den theoretischen Nutzen der Idee des »kulturellen Kapitals« in von ihm durchgeführten empirischen Forschungen zur sozialen Ungleichheit aufmerksam. Der Kontext des ursprünglichen Interesses Bourdieus an einer Theorie der sozialen Reproduktion von Privilegien hat einen beachtlichen Einfluss auf die Art und Weise, in der er die These von der Bedeutung des kulturellen Kapitals als Ergänzung und Überwindung des orthodoxen, ökonomisch geprägten Klassenkonzepts der Ungleichheitstheorie in seinem Diskurs strategisch verwendet und expliziert.

Bourdieus Forschungsarbeiten hatten zum Ziel, die unterschiedlichen schulischen Leistungen von Kindern aus verschiedenen sozialen Klassen Frankreichs zu erklären. Die stark voneinander abweichenden schulischen Erfolge bzw. die ungleichen »Gewinne« der Schüler im akademischen Wettbewerb setzt er in eine Beziehung zur stratifizierten Verteilung des kulturellen Kapitals sozialer Klassen und den unterschiedlichen Chancen der Schüler, Kapital ihrer Familien zu erwerben oder, wenn man so will, zu erben (Bourdieu und Passaron [1964] 1979). Der Erwerb kulturellen Kapitals setzt kulturelles Kapital voraus und dieser multiplikativ wirkende Prozess verlängert und zementiert die herrschende ungleiche Verteilung des kulturellen Kapitals sozialer Klassen (Bourdieu [1971] 1973: 73). Der Übertrag kulturellen Kapitals von Generation zu Generation stellt, genau wie das Erben von Sachvermögen, eine Form arbeitslosen Ein-

10 In einer Untersuchung der Schulleistungen von amerikanischen Schülern verschiedener ethnischer Gruppen verwendet George Farkas (1996) sowohl die Theorie des Human- als auch die des Kulturkapitals als theoretischen Schlüssel zur Erklärung ihrer stark voneinander abweichenden Schulerfolge. Farkas (1996: 10-12) argumentiert, dass eine Synthese der Human- und Kulturkapitaltheorie angesichts seiner empirischen Befunde besser geeignet sei, um den voneinander abweichenden erfolgreichen Erwerb von schulischen Fertigkeiten und Qualifikationen der Schüler aus verschiedenen ethnischen Gruppen zu erklären. Eine Zusammenführung beider Ansätze bietet demnach eine angemessenere theoretische Erklärung der komplexen Zahl und Interaktion relevanter schulischer und außerschulischer Einflüsse und Faktoren in ihrer Wirkung auf schulische Erfolge.

kommens dar. Die intellektuellen Anstöße der Bourdieu'schen Theorie des kulturellen Kapitals machen deutlich, dass es sich hierbei um eine Theorie der gesellschaftlichen Verteilung von gesellschaftlicher Macht und Herrschaft handelt.

Bourdieus Hauptinteresse an einer Theorie symbolischen Kapitals gilt somit der Rolle nicht-materieller Kapitalformen in der Reproduktion sozialer Hierarchien. Obwohl Erziehungseinrichtungen nicht die einzigen Institutionen sind, in denen kulturelles Kapital erworben werden kann, ist es die primäre Funktion der Schule, als Markt für die Verteilung kulturellen Kapitals zu wirken.

Bourdieus ([1971] 1973: 84) Forschungsinteresse zielt auf den Beweis ab, dass das Erziehungswesen moderner Gesellschaften im Verlauf der Evolution der Klassenbeziehungen, die immer weniger auf einer schonungslosen und kruden Imposition von Machtbeziehungen beruhen, nicht nur die Funktion hat, akademische in soziale Hierarchien umzusetzen, sondern auch den existierenden, stark stratifizierten gesellschaftlichen Status quo zu legitimieren, zu zementieren und in die Zukunft zu transportieren.

Die angeblich demokratische Auswahl und der von Gleichheitsprozederen gesteuerte Zugang zum Erziehungswesen sowie die Betonung von Leistung und intellektuellen Fähigkeiten sind nur in einem oberflächlichen Sinn dafür verantwortlich, dass es eine Chancengleichheit im Erwerb von kulturellem Kapital im Bildungswesen gibt. Die vermeintliche Gleichheit wird allerdings durch die Tatsache, dass die herrschenden Klassen von vornherein einen größeren Anteil des kulturellen Kapitals kontrollieren als die Mitglieder anderer sozialer Klassen, stark unterminiert. Das moderne Bildungswesen, so kann man Bourdieus Befund und Einwände zusammenfassen, perpetuiert Privilegien, indem es sie ignoriert (Bourdieu [1971] 1973: 85).

Pierre Bourdieu unterscheidet drei konkrete Formen des kulturellen Kapitals: (1) einen verinnerlichten, inkorporierten Zustand (in der Form von dauerhaften Dispositionen des Menschen), (2) einen objektivierten Zustand (in der Form von materiellen kulturellen Gütern, Instrumenten und Medien) und (3) einen institutionalisierten Zustand (z. B. in der Form von akademischen Zertifikaten).[11] Diese

11 Bourdieus Thesen zur Bedeutung des kulturellen Kapitals weisen verblüffende Parallelen zu Georg Simmels ([1900] 1907: 606-607) Ausführungen zur Rolle des Intellekts in der modernen Gesellschaft auf. Simmel macht in diesem Zusammenhang z. B. auf folgende gesellschaftliche Umstände aufmerksam: »Die schein-

Unterscheidungen der konkreten Ausprägungen kulturellen Kapitals repräsentieren in erster Linie die Art und Weise, in der kulturelles Kapital »verwahrt« wird und in der es durch Weitergabe zunächst in Sozialisierungsprozessen zum Habitus eines Individuums wird.

Darüber hinaus identifiziert Bourdieu in seiner Theorie der Kapitalformen neben dem ökonomischen Kapital noch das soziale Kapital. Das soziale Kapital bezieht sich auf die Summe der möglichen Vorteile, die sich aus dem sozialen Netzwerk oder Beziehungsgeflecht eines Menschen realisieren lassen. Die unterschiedlichen Kapitalformen stehen in einer engen, gegenseitigen Verbindung. Die Akkumulation einer bestimmten Kapitalform geht in der Regel Hand in Hand mit der Akkumulation einer weiteren Kapitalform (Bourdieu [1971] 1973: 99).

Meine kritische Diskussion an dieser Stelle beschränkt sich auf die Konzeption des kulturellen Kapitals, da dieser Begriff am ehesten mit dem Wissensbegriff und dem der Wissenheit (*knowledgeability*) verwandt zu sein scheint. In der Bourdieu'schen Konzeption handelt es sich beim kulturellen Kapital um eine *symbolische* Kapitalform; der Begriff des kulturellen Kapitals ist somit weitaus umfassender als der des Humankapitals ökonomischer Diskurse.

Die Humankapitaltheorie stellt eine Art lineare Verbindung zwischen eindeutig nachweisbaren Bildungsinvestitionen beim Erwerb von beruflichen Fähigkeiten und Kenntnissen sowie ihren *monetär* darstellbaren Resultaten oder Verlusten her. Wie Theodore W. Schultz (1961; vgl. auch Jorgenson und Fraumeni 1989), der zu den Entdeckern der Humankapitaltheorie gehört, feststellt, ist der Umfang beruflicher Fertigkeiten und Kenntnisse in entwickelten Gesellschaf-

bare Gleichheit, mit der sich der Bildungsstoff jedem bietet, der ihn ergreifen will, ist in Wirklichkeit ein blutiger Hohn, gerade wie andere Freiheiten liberalistischer Doktrinen, die den Einzelnen freilich an dem Gewinn von Gütern jeder Art nicht hindern, aber übersehen, daß nur der durch irgendwelche Umstände schon Begünstigte die Möglichkeit besitzt, sie sich anzueignen. Da nun die Inhalte der Bildung – trotz oder wegen ihres allgemeinen Sich-Darbietens – schließlich nur durch individuelle Aktivität angeeignet werden, erzeugen sie die unangreifbarste, weil ungreifbarste Aristokratie, einen Unterscheid zwischen Hoch und Niedrig, der nicht wie ein ökonomisch-sozialer durch ein Dekret oder eine Revolution auszulöschen ist, und auch nicht durch den guten Willen der Betreffenden ... Es gibt keinen Vorzug, der dem Tieferstehenden so unheimlich erschiene, dem gegenüber er sich so innerlich zurückversetzt und wehrlos fühlte, wie der Vorzug der Bildung.«

ten erheblich schneller gewachsen als der Umfang des Sach- oder Realvermögens dieser Volkswirtschaften. Schultz macht gleichzeitig darauf aufmerksam, dass Investitionen in Humankapitalvermögen zur wichtigsten Quelle des wachsenden durchschnittlichen Realeinkommens der Arbeitnehmer in den vergangenen Jahrzehnten geworden sind.

Im Gegensatz zur Humankapitaltheorie geht die Theorie des kulturellen Kapitals nicht von der Prämisse eines chancengleichen Starts der Individuen im Wettbewerb um den Erwerb von Kapital aus, d. h. z. B. eben nicht von einer Konkurrenz der Allokation von Kapital, in der ungleiche Ergebnisse bzw. Erfolge oder Misserfolge vorrangig von natürlichen Anlagen gesteuert werden. Die Theorie kulturellen Kapitals geht nicht nur von ungleichen Startchancen und -bedingungen beim Erwerb von Kapitalformen aus, sondern betont darüber hinaus, wie der »Markt« auf unterschiedliche Weise die Chancen bestimmter Akteure von vornherein favorisiert oder benachteiligt. Somit verweist die Theorie des kulturellen Kapitals von Anfang an auf die Relevanz des herrschenden sozialen Ungleichheitsregimes einer Gesellschaft für die Formation kulturellen Kapitals. Die sozialen Bedingungen der Vermittlung des kulturellen Kapitals werden im Vergleich zur Transmission des ökonomischen Kapitals mit zunehmender gesellschaftlicher Arbeitsteilung immer weniger transparent. Von besonderer Signifikanz für den Erwerb kulturellen Kapitals ist die Zeit, die der Einzelne darauf verwenden kann. Zu den wertvollen Erträgen des kulturellen Kapitals gehört die soziale Distinktion seines Eigentümers.

Obwohl Bourdieus Analyse des Erwerbs und der Transmission kulturellen Kapitals auf seine Konzeption des »sozialen Felds« verweist (vgl. Wacquant 1989: 39), ist die Hervorhebung des Individualistischen, d. h. die enge Fusion von kulturellem Kapital mit den Merkmalen einzelner Akteure, eine der augenscheinlichsten begrifflichen Mängel dieser Theorie. Die individualistische Ausrichtung des Bourdieu'schen Ansatzes zeigt sich in unverkennbarer Weise in der nachdrücklichen Betonung des kulturellen Kapitals als ein inhärentes Attribut von Individuen.

Das Schicksal kulturellen Kapitals ist untrennbar an die Existenz einzelner Akteure gebunden. Es hat, wie sein Eigentümer, die gleichen biologisch bestimmten Grenzen. Bourdieus dezidiert vorgetragene Betonung der individuellen und der an das Individuum gebundenen Merkmale kulturellen Kapitals ist mit seinem Bestreben verbunden, nicht die Möglichkeit zu verspielen, individuell zurechenbare Erträge und Verluste von Investitionen in kulturelles Kapital bestimmen zu können.

Erträge von Investitionen fließen primär der Person zu, die eine Kapitalanlage getätigt hat. Insofern ist die Theorie des kulturellen Kapitals eng mit zentralen Prämissen der Theorie des Humankapitals verwandt.[12] Verweise der Theorie des kulturellen Kapitals auf die Bedeutung des Marktes, auf Angebot und Nachfrage, Kosten, Investitionen und erzielte Erträge können für diese These als weitere Belege dienen.

Gleichzeitig ist aber von theoretischer und praktischer Bedeutung, dass kulturelles Kapital ein Bestandteil kollektiver Prozesse und Strukturen und eng mit diesen von einzelnen Personen abgehobenen sozialen Attributen verschränkt ist. Diese Verklammerung manifestiert sich etwa in der Tatsache, dass die Dividenden von Investitionen in kulturelles Kapital nicht unbedingt und ausschließlich in die Hände derjenigen fließen, die den fraglichen Konsumverzicht geleistet haben.

Die Kosten der Produktion und Konsumtion von kulturellem Kapital werden nicht nach einem quasi linearen Schlüssel auf die einzelnen Mitglieder der Gesellschaft verteilt; sie werden teilweise vom Kollektiv getragen, und es kann infolgedessen zu Umverteilungsprozessen und Mitnahmeeffekten kommen. Im Extremfall mögen der Erwerb und der Verbrauch kulturellen Kapitals sogar ein öffentliches Gut sein, das ohne Kosten für den Einzelnen bleibt. Wie auch im Fall der Umweltpolitik gibt es im Fall des kulturellen Kapitals ein *free-rider*-Problem.

Die Konsumtion von kulturellem Kapital muss darüber hinaus nicht unbedingt zu einer Wertminderung des Kapitalvermögens füh-

12 Zur Entlastung Bourdieus gegen den Vorwurf einer exzessiven Individualisierung des Begriffs des kulturellen Kapitals muss allerdings betont werden, dass dessen Erwerb – und sei er noch so abhängig von der Quantität des von der Familie des Individuums akkumulierten Kapitals, wie schon Simmel ([1900] 1907: 439) hervorhob – schließlich eine durch und durch individuell geprägte Aktivität ist. Darüber hinaus verteidigt sich Bourdieu (vgl. Wacquant 1989: 41-42) gegen den Vorwurf eines dogmatischen »Ökonomismus«. Seine Begriffswahl »Kapital« soll nicht signalisieren, so unterstreicht Bourdieu, dass er sich einem engstirnigen ökonomischen Standpunkt, etwa im Sinne der Prämisse eines einzigen, universellen Handlungsmotivs, verschreibt.

ren oder die Zugangschancen anderer signifikant tangieren. Schließlich ist das kulturelle Kapital ein »Sozialprodukt«, das wie andere soziale Produkte bestimmte Eigenschaften hat, die seine Wirksamkeit, Migration und Lebenserwartung begrenzen.

Bourdieu entdeckt und verwendet, wie ich schon betont habe, den Begriff des kulturellen Kapitals im Kontext der Ungleichheitsforschung. Der Begriff verdankt seine Kohärenz und sein kritisches Potenzial diesem Forschungskontext. Es handelt sich um Handlungsbedingungen, in denen die Persistenz von Prozessen der Abkoppelung, von Unterschieden und Subordinationen eine primäre Rolle spielen. Bourdieu verweist damit auf und betont gleichzeitig die objektive, nicht wegzudenkende und verhaltensbestimmende gesellschaftliche Präsenz sozialer Klassen in der modernen Gesellschaft.[13] Kulturelles Kapital wird somit letztlich nur zu einem Anhängsel und zur Spiegelung der objektiven Klassenrealität.

John R. Hall (1992: 257) betont deshalb: »The dazzling variety and endless differences of culture obtain surprising coherence when we look at them through the lens of social stratification.« Das kulturelle Kapital wird zu einem eigentümlichen holistischen Phänomen, das anscheinend fast automatisch erworben und erfolgreich übertragen (reproduziert) wird, und dies mit einer fast mechanischen Präzision.

Das Risiko einer fehlerhaften oder sogar mangelnden Transmission ist offenbar gering, während der Erhalt und die Verlängerung existierender kultureller Muster und struktureller Prozesse sich in einem Maximum befinden. Ob eine solche Konzeption der Diffusion kultureller Praktiken in modernen Gesellschaften realitätskonform ist, mag man sehr wohl in Frage stellen, genauso wie die enge Korrespondenz von Kultur und Klasse (vgl. Hall 1992: 134-135). Kultur ist sehr viel fluider und fragiler. Die Zugangsmöglichkeiten zum kulturellen Kapital sind jedenfalls gegenwärtig sehr viel offener, als dies eine Theorie des kulturellen Kapitals suggeriert, die sich eng an die Funktion und den Diskurs des kulturellen Kapitals im Kon-

13 Kritiker Bourdieus, die aber mit seiner Kapitaltheorie generell sympathisieren, verweisen auf weitere problematische Eigenschaften seines Theorieansatzes. Diese Kritiker machen z. B. auf die holistischen Prämissen seiner Perspektive aufmerksam. Bourdieus Modell des kulturellen Kapitals als ein generalisiertes Medium der Akkumulation und sozialen Differenzierung ist für eine Analyse von Gesellschaften mit multiplen und sich überschneidenden Stratifikationssystemen wenig geeignet (vgl. Lamont und Lareau 1988; Hall 1992).

text gesellschaftlicher Ungleichheitsregime von Macht und Herrschaft anlehnt. Bourdieus Betonung und Verweis auf die prinzipielle Offenheit kultureller Prozesse, auf Widerstandschancen und Innovationsmöglichkeiten in und durch die Kultur sowie auf die *knowledgeability* als eine Fähigkeit der Akteure, diese potenziellen kulturellen Chancen umzusetzen, sind als Teil seiner theoretischen Postulate eher unterentwickelt (vgl. auch Garnham und Williams 1986: 129).

Vielfältige kulturelle Artefakte, die umfassende Produktion von Sinn und eigentümlichen Interpretationsleistungen sind essenzielle Eigenschaften des kulturellen Kapitals. Es ist eine Ressource, die man weniger als fix, geschlossen oder als mechanisches Attribut verstehen muss. Außerdem muss man fragen, ob nicht die gesellschaftliche und kulturelle Beschaffenheit und der besondere Stellenwert von Klassenbeziehungen durch die einschneidende Transformation der modernen Ökonomie erheblich beschränkt werden. In einer Wissensgesellschaft sind kulturelle Prozesse nicht mehr nur derivative, von den materiellen Bedingungen gesteuerte Prozesse. Aus der Tatsache, dass das Bildungssystem die herkömmliche Stratifikation in modernen Gesellschaften nicht mehr vollständig abbilden kann (Boudon 1974), lässt sich nicht nur die umfassende Dynamik moderner Gesellschaften ablesen, sondern auch, dass sich das Ungleichheitsregime aufgrund des wachsenden Stellenwerts des Wissens als soziale Ressource verändert (ausführlicher Stehr 1999).

Die Konzeption des kulturellen Kapitals wird von Bourdieu zwar nicht in einer völlig ahistorischen Weise interpretiert und verwandt, doch ist sie ohne wesentliche historische Bezüge und Impulse; in einigen Zusammenhängen wird die Theorie des kulturellen Kapitals sogar in enger Anlehnung an die Theorie des Humankapitals als Zahl der Schul- und Ausbildungsjahre operationalisiert (z. B. Bourdieu 1988: 230-232). Bourdieu ([1983] 1986: 255) macht freilich auf sozial weitgehend undifferenzierte Gesellschaften aufmerksam, in denen kulturelle Prozesse kein stratifiziertes Phänomen sind und deshalb auch kein kulturelles Kapital vorhanden ist. Allerdings erlaubt uns diese Unterscheidung nur den Verweis auf eine sehr zweifelhafte Differenz zwischen »einfachen« und »komplexen« Gesellschaften, nicht aber weitere Unterscheidungen der dynamischen gesellschaftlichen Rolle des kulturellen Kapitals in komplexeren Gesellschaften.

Neue »Bewusstseinsstrukturen« (um einen von Benjamin Nelson geprägten Begriff aufzugreifen) kann man mit Hilfe des von Bourdieu konzipierten Begriffs des kulturellen Kapitals nicht hinreichend erfassen. In bestimmter Hinsicht sind die Bewusstseinsstrukturen von modernen Wissensgesellschaften nicht völlig neu. Diese Strukturen sind zweifellos ein Echo »modernen Bewusstseins«, das sich, obwohl dies eher umstritten ist, zumindest bis auf das Zeitalter der Französischen Revolution zurückdatieren lässt. In anderer Hinsicht unterscheiden sich die Bewusstseinsstrukturen moderner Wissensgesellschaften von denen früherer Gesellschaftsformationen wie der Industriegesellschaft und rechtfertigen demzufolge eine neuartige Begriffsbildung.

Wie dem auch sei, die Theorie des kulturellen Kapitals ist bisher nur sehr begrenzt geeignet, diese kulturellen Transformationen widerzuspiegeln. Die Theorie des kulturellen Kapitals besteht auf Postulaten einer engen Assimilation von Kultur, Macht und Herrschaft und ist deshalb nur unzureichend in der Lage, gegenteilige Phänome zu reflektieren. Wissen kann strategisch auch effektiv eingesetzt werden, um gegen Macht- und Herrschaftsstrukturen erfolgreich Widerstand zu leisten, Meinungen zu formen, Interessen zu artikulieren und diese auf die Tagesordnung nicht nur der Wirtschaftsunternehmen, sondern auch der Gesellschaftspolitik zu setzen.

Wissen als Handlungsfähigkeit

Ich möchte Wissen und *knowledgeability* (Wissenheit) als *Fähigkeit zum sozialen Handeln* (Handlungsvermögen) definieren, als die Möglichkeit, etwas »in Gang zu setzen«. Wissen ist ein *Modell für die Wirklichkeit.* Wissen illuminiert. Es ist Entdecken. Erkenntnisse sind aber nicht nur passives Wissen. Wissen kann als erster Schritt zum Handeln die Realität verändern.[14] Wissen bereichert menschliches Können. Und damit hebe ich, wenn auch nur zeitweise und vorläufig, die Verbindung von sozialem Handeln und Wissen auf.

Im Sinn dieser Definition ist Wissen ein universales Phänomen oder eine konstante anthropologische Größe. In der *praktischen* Verschränkung von Erkenntnissen und Handeln trifft dann die unkritisch-optimistische Beobachtung von C. P. Snow aus den 50er-Jah-

14 Die Annahme, dass Wissen ein Modell für die Realität ist und es illuminiert sowie die Realität verändern kann, ist auch mit der Definition von Informationen durch Albert Borgmann (2000: 1) verwandt.

ren ([1959] 1964) zweifellos zu, dass Wissenschaftler »die Zukunft in den Knochen haben«. Die praktische Effektivität des Wissens ist eine Funktion der Struktur der objektiven Sozialbeziehungen.

Meine Begriffswahl stützt sich unmittelbar auf Francis Bacons berühmte und faszinierende These »scientia est potentia« oder, wie diese Formulierung häufig, aber irreführend übersetzt wurde, *Wissen ist Macht*. Bacon behauptet, dass sich der besondere Nutzen des Wissens von seiner Fähigkeit ableitet, etwas in Gang zu setzen. Der Begriff *potentia*, die Fähigkeit, umschreibt hier die »Macht« des Wissens.[15] Wissen ist Entstehen. Genauer gesagt, Bacon unterstreicht am Anfang seines *Novum Organum*: »Menschliches Wissen und menschliche Macht treffen in einem zusammen; denn bei Unkenntnis der Ursache versagt sich die Wirkung. Die Natur kann nur beherrscht werden, wenn man ihr gehorcht; und was in der Kontemplation als Ursache auftritt, ist in der Operation die Regel« (Bacon, N. O. I, Aph. 3). Menschliche Naturerkenntnis ist demzufolge Ursachenwissen, aber auch gleichzeitig Kenntnis der Handlungsregeln und damit das Vermögen, den fraglichen Prozess in Gang setzen oder etwas erzeugen zu können. Erfolge oder Folgen menschlichen Handelns lassen sich demnach an der Veränderung der Realität ablesen (vgl. auch Krohn 1981; 1988: 87-89).

Meine Begriffsbestimmung des Wissens als Handlungsmöglichkeit erinnert etwa an Ludwig von Mises' (1922: 14) *soziologische* Definition von Eigentum: »Als soziologische Kategorie betrachtet erscheint das Eigentum als das Vermögen, die Verwendung wirtschaftlicher Güter zu bestimmen.« Das »Eigentum« an Wissen und damit die Verfügungsgewalt über Wissen ist in der Regel nicht exklusiv. Diese Exklusivität in der Verfügungsgewalt verlangt aber die Rechtslehre als vorrangige Eigenschaft des Eigentums oder die typische Begriffsbestimmung der Institution Eigentum. Das formale Recht kennt, wie bekannt ist, Eigentümer und Besitzer; insbesondere kennt es Individuen, die haben sollten, aber nicht haben. Aus der Sicht des Rechts-

15 Allerdings bezieht sich in der Etymologie Macht auf Fähigkeit; und eine der grundlegendsten Definitionen von »Fähigkeit« wäre, »einen Unterschied zu machen«. In diesem Sinn und nicht in dem Sinn, in dem Macht üblicherweise im Zusammenhang mit sozialen Beziehungen diskutiert wird, nämlich als Macht, die zum Erreichen einer Sache oder über einen Menschen ausgeübt wird, klingt in der Definition von Macht als Fähigkeit die Vorstellung von Wissen als Befähigung an (vgl. Dyrberg 1997: 88-99).

systems ist Eigentum unteilbar. Es spielt auch keine Rolle, um welche konkreten materiellen oder immateriellen »Sachen« es sich handelt. Die soziologische Bedeutung von Wissen liegt ebenfalls primär in der tatsächlichen Fähigkeit, über Wissen als Handlungsvermögen verfügen zu können. Erkenntnis gewinnt an *Distinktion* aufgrund ihrer Fähigkeit, die Wirklichkeit zu verändern.

Wissen ist in der Gesellschaft ungleich verteilt. In modernen Gesellschaften ist es ein wichtiges und zunehmend bedeutenderes Fundament sozialer Ungleichheit und gesellschaftlicher Inklusion oder Exklusion. Diskrepanzen des Wissens (*the knowledge divide*) können ebenso robust und anhaltend sein wie materielle Ungleichheiten (Stehr 1999).

Die Wissenschaft ist nicht mehr nur Zugangsmöglichkeit und Schlüssel zu den Geheimnissen der Welt, sondern das Werden einer Welt. Die Konzeption eines realitätsverändernden oder sogar realitätsproduzierenden Wissens (Handlungsmöglichkeit) überzeugt im Fall sozialwissenschaftlicher Erkenntnisse wahrscheinlich fast unmittelbar (Stehr 1991). Man denke etwa an den Begriff des Gedankenexperiments oder Modells, das einer praktischen Umsetzung bedarf. Geht man dagegen von herkömmlichen Kategorien des Wissens als realitätskonforme Beobachtung aus, so bereitet die Idee der Erkenntnis als potenziell realitätsveränderndes Phänomen Schwierigkeiten und möglicherweise gilt dies besonders für naturwissenschaftliche Erkenntnisse. Allerdings kann man am Beispiel der modernen Biologie überzeugend zeigen, dass dies nicht unbedingt zutrifft. Die moderne Biologie umfasst sehr wohl die Fabrikation von neuen Lebensformen. Sie untersucht nicht einfach die Natur, sondern transformiert und produziert neues Leben. Biologie und Biotechnologie sind eng verzahnt.

Wissen erfüllt gewiss nur dort eine »aktive« Funktion im gesellschaftlichen Handlungsablauf, wo Handeln nicht nach im Wesentlichen stereotypisierten Mustern (Max Weber) abläuft oder ansonsten weitgehend reguliert ist,[16] sondern wo es, aus welchen Gründen

16 Auf der Prämisse aufbauend, dass Wissen eine Handlungsmöglichkeit konstituiert, kann man zwischen Wissensformen unterscheiden, je nachdem welche Handlungskapazität Wissen verkörpert. Lyotards ([1979] 1986: 6) Versuch, in Analogie zur Unterscheidung zwischen Investiv- und Konsumausgaben zwischen »Verbrauchswissen« und »Investivwissen« zu differenzieren, kann als Beispiel einer solchen funktionalen Separation von Wissensformen gelten.

auch immer, Entscheidungsspielraum oder -notwendigkeiten gibt.[17] Für Karl Mannheim (1929: 74) beginnt soziales Handeln deshalb auch erst dort, »wo der noch nicht rationalisierte Spielraum anfängt, wo nicht regulierte Situationen zu Entscheidungen zwingen«. Konkreter formuliert:

> Es ist kein Handeln ..., wenn ein Bureaukrat ein Aktenbündel nach vorgegebenen Vorschriften erledigt. Es liegt auch kein Handeln vor, wenn ein Richter einen Fall unter einen Paragraphen subsumiert, wenn ein Fabrikarbeiter eine Schraube nach vorgeschriebenen Handgriffen herstellt, aber eigentlich auch dann nicht, wenn ein Techniker generelle Gesetze des Naturablaufs zu irgendeinem Zweck kombiniert. Alle diese Verhaltensweisen sollen als *reproduktive* bezeichnet werden, weil diese Handlungen in einem rationalisierten Gefüge nach Vorschriften ohne *persönliche* Entscheidung vollzogen werden.[18]

Infolgedessen beschränkt sich für Mannheim etwa das Problem des Verhältnisses von Theorie und Praxis auf Situationen genau dieser Art. Allerdings sind selbst weitgehend regulierte und durchrationalisierte Situationen, die sich beständig wiederholen, nicht frei von »irrationalen« (d. h. »offenen«) Momenten. Gleichzeitig weist diese Perspektive auf die Bedingungen von Wissen hin, und zwar als Ergebnis menschlicher Betätigung. Wissen kann zu sozialem Handeln führen und ist gleichzeitig Ergebnis von sozialem Handeln. Hierin deutet sich bereits an, dass man das Vermögen zum Handeln keineswegs

17 Luhmanns (1992: 136) Beobachtungen über die Bedingungen der Möglichkeit, eine Entscheidung zu treffen, lassen vielleicht eine noch breitere Anwendung von Wissen zu. Entscheiden »kann man nur«, wie er sehr einleuchtend unterstreicht, »wenn und soweit nicht feststeht, was geschehen wird.« Unter der Voraussetzung, dass die Zukunft höchst ungewiss ist, kann sich der Einsatz von Wissen im Entscheidungsprozess auf sehr viel mehr soziale Kontexte erstrecken, auch auf jene, die normalerweise nur von Routine und Gewohnheitsverhalten geprägt sind.

18 Ähnliche Konzepte sind in Friedrich Hayeks Essay über »Die Verwertung des Wissens in der Gesellschaft« aus dem Jahr 1945 zu finden, bei dem es sich eigentlich um eine Lobrede auf die Dezentralisierung, die Bedeutung von Lokalwissen für das Handeln und auf das Preissystem als Mittler handelt, der Information vermittelt und die Frage der Koordinierung des situativen Wissens löst. Hayek ([1946] 1976: 82) weist darauf hin, dass wirtschaftliche Probleme immer »nur in Folge von Veränderungen auftreten. So lange die Dinge bleiben, wie sie sind, oder zumindest sich nicht anders entwickeln, als man erwartete, treten keine neuen Probleme auf, die eine Entscheidung verlangen, und entsteht keine Notwendigkeit, einen neuen Plan zu machen.«

identisch setzen muss mit tatsächlichem Handeln, d.h., Wissen ist nicht selbst schon Handeln.[19]

Ohne in allzu lange terminologische Debatten geraten zu wollen, möchte ich etwas näher auf den Begriff der *knowledgeability* eingehen, zumindest wie er in den Arbeiten von Anthony Giddens (1984: 21-22) Verwendung findet. *Knowledgeability* im Gidden'schen Sinn bedeutet in erster Linie praktisches Wissen. Wissen im Sinne von *knowledgeability* ist also ein »normaler« oder alltäglicher, von vielen geteilter, aber nicht unmittelbar offener (*tacit*) Bezugspunkt sozialen Handelns. So definiert ist das Wissen eine Bedingung für soziales Handeln. Giddens beruft sich hauptsächlich auf diesen universalistischen Aspekt und nicht auf die Fragen, die mich im Kontext dieser Studie beschäftigen: Wie und warum nimmt Wissen zu; wie ist Wissen in modernen Gesellschaften verteilt und wie operiert Wissen als mulktiplikativer Prozess in Märkten, um den Trend zu einer Moralisierung der Märkte zu stützen und zu verstärken? Giddens' (1981: 28) Interesse gilt dem Gemeinschaftsaspekt des Wissens der handelnden Akteure. Er präsentiert eine ontologische These. In diesem Kontext ist Wissen als ein stratifizierendes Phänomen sozialen Handelns von Interesse.

Offensichtlich ermöglicht *wissenschaftliches oder technologisches Wissen* ganz allgemein gesehen Handeln. Allerdings ist wissenschaftliches Wissen keine unanfechtbare, interpretationsfreie Größe, die etwa frei ist von banalen menschlichen Handlungsumständen. Wenn die Annahme zuträfe, dass sich Wissen in der Tat fast ohne Behinderungen »bewegt« und man es ohne wesentliche Hindernisse implementieren kann, wäre die These von der besonderen gesellschaftlichen Macht der Produzenten dieser Erkenntnisse sicher glaubwürdiger.

19 Die Studie eines Ökonomen, in der es vor allem um verschiedene begriffliche Probleme beim Versuch geht, Wissen zu quantifizieren und Wissen in die ökonomische Theorie zu integrieren, erinnert zumindest in einigen Passagen an die Definition von Wissen als Handlungsvermögen: »I define knowledge in terms of potentially observable behavior, as the ability of an individual or group of individuals to undertake, or to instruct or otherwise induce others to undertake, procedures resulting in predictable transformations of material objects« (Howitt [1996] 1998: 99). Sieht man einmal von dem etwas schwerfälligen Definitionsformat ab, so ist die Begrenzung des Begriffs auf die Manipulation von materiellen Objekten ein Rückschritt in die black box von »procedures« und »observable behavior«. Schließlich kann man sich des Eindrucks nicht erwehren, dass Howitt Wissen mit Handeln gleichsetzt.

»Befähigung« zum Handeln heißt auch, dass Wissen unbenutzt bleiben oder für irrationale Zwecke genutzt werden kann. Dass wissenschaftlich-technisches Wissen fast ohne Kontemplation der Konsequenzen notwendigerweise implementiert wird, ist eine Idee, die z. B. C. P. Snow (vgl. Sibley 1973) vertritt, die aber auch unter Beobachtern bestimmter technologischer Entwicklungen häufiger anzutreffen ist. Die Vorstellung, dass wissenschaftliche Erkenntnis und Technik ihre eigene praktische Realisierung sozusagen automatisch erzwingen, übersieht natürlich, dass der Kontext der Anwendung und die Anwender eine gewichtige Rolle bei der Realisierung von Wissen spielen. Eine solche Konzeption einer gewissermaßen unmittelbaren praktischen Effizienz wissenschaftlicher und technischer Erkenntnisse überschätzt die »immanente« oder eingebaute praktische Leistungsfähigkeit von in der Wissenschaft produzierten Wissensansprüchen. Ich werde später noch häufiger auf die Problematik der Grenzen der praktischen Verwertbarkeit und somit der »Macht« wissenschaftlicher Erkenntnisse eingehen.

Es wäre ebenfalls missverständlich zu folgern, die Definition von Wissen als Handlungsvermögen stütze und fordere die Umkehr der Metapher »Wissen ist Macht« in »Macht ist Wissen«, weil sie nicht insistiert, dass Erkenntnis etwas ist, von dem wir annehmen, dass es wahr ist. Es trifft in der Tat zu, dass die Implementation von Wissen als Handlungsvermögen mehr verlangt als nur das Wissen, wie man etwas in Gang setzen kann oder verändert. In der praktischen Umsetzung sind Wissen und Macht Alliierte. Genauer: Erkenntnis und die Kontrolle von Handlungsbedingungen sind Verbündete, wenn es darum geht, etwas mit Hilfe von Wissen in Bewegung zu setzen. Die Verbindung oder Beziehung ist nicht symmetrisch. Wissen hat nicht immer Macht zur Folge. Macht führt nicht zu Wissen und Macht muss sich nicht immer auf Wissen stützen.

In den folgenden Abschnitten werde ich den Trend zu einer Moralisierung der Märkte konkreter exemplifizieren. Wie ich betont habe, soll auf zwei Beispiele verwiesen werden. Erstens geht es um die zunehmend an den Markt drängenden biotechnologischen Produkte, zweitens soll die Frage der Umweltproblematik in ihrer Bedeutung für das Produzieren und Konsumieren untersucht werden.

Teil 8. Biotechnologie, Umwelt und der Markt

Mein Interesse in den folgenden Abschnitten konzentriert sich nicht auf die Frage, ob die Besorgnisse oder Hoffnungen, die sich mit den »bekannten« Risiken (oder auch Vorteilen) oder den nicht antizipierten Folgen biotechnologisch veränderter oder generierter Produkte und Dienstleistungen bzw. den negativen oder positiven Auswirkungen, die eine bestimmte Einstellung und ein bestimmtes Verhalten für die Umwelt haben, verbinden (beide Konstellationen lassen sich in modernen Gesellschaften in vielfältiger Weise beobachten), wissenschaftlich gültige und bewiesene Ängste, Besorgnisse und Hoffnungen sind oder es sich dabei eher, wie Kritiker einer bestimmten Einstellung auf der anderen Seite schnell vermuten, um irrationale, emotionale, vorschnelle, missverständliche, kurz: um ungerechtfertigte Reaktionen handelt. Ob die Öffentlichkeit, die Klasse der Produzenten und Konsumenten, jeweils ihre eigene, valide kognitive Perspektive auf wissenschaftliche Tatsachen und Erklärungen hat (vgl. Wynne 2001), ist ebenfalls nicht mein Untersuchungsgegenstand. Ich beabsichtige ausschließlich zu dokumentieren, dass die am Markt wirksamen Orientierungsmuster und Prozedere traditionell angeblich dominierender Einstellungen und Verhaltensweisen, die an eigensinnige und pekuniäre Maximierungsziele gekoppelt sind, abgelöst werden. Die möglichen Ursachen dieses Wandels habe ich schon beschrieben.

Die Gemeinsamkeiten von Biotechnologie und Umwelt

Die Umweltproblematik, soweit sie sich im Marktgeschehen widerspiegelt, und an den Markt drängende biotechnologische Produkte haben eine Reihe von Gemeinsamkeiten, auf die ich zunächst aufmerksam machen möchte.

(1) Sowohl im Fall der biotechnologisch veränderten Produkte als auch im Fall der Umweltrisiken und -gefahren ist es anscheinend sehr schwierig, zwischen einer sozioökonomischen Organisation der Märkte, in denen moralische Überlegungen eine Rolle spielen, und einer Organisation der Märkte, in denen solche handlungsrele-

vanten Bezüge nicht unmittelbar erkennbar sind, zu differenzieren. Selbst nüchtern argumentierende Befürworter und Kritiker – im Gegensatz zu den zu radikalen Visionen neigenden Anhängern oder zu stürmischen Gegnern – biotechnologisch veränderter Lebensmittel berufen sich in der Regel in ihren Reflexionen über den Markt auf eine liberale Mischung von moralischen und ökonomischen Argumenten.[1]

Die Teilnehmer der Protestdemonstrationen gegen die Welthandelsorganisation im November 1999 in Seattle taten dies genauso wie die Befürworter der globalen Verwendung biotechnologischer Produkte anlässlich der gleichen Konferenz (vgl. Heller 2002). Es ist nur schwer vorstellbar und einfach unrealistisch, dass es der Eigenmacht der Märkte überlassen bleiben soll, beispielsweise durch Steuerung der Preise von Waren und Dienstleistungen, mit der Produktion und Konsumtion biotechnologischer Ptodukte (bzw. deren Verbot oder Modifikationen) fertig zu werden, genau wie es schon jetzt der Fall ist, dass sich umweltrelevante Ziele und Kosten nur sehr schwer in ausschließlich den Märkten in eigener Kraft überlassene Funktionen einbinden lassen.[2]

(2) Sowohl die Entstehung biotechnologischer Produkte als auch der Umgang mit ihnen (in vielen Fällen mit den antizipierten Folgen von neuen Produkten) ist, genau wie die Umweltproblematik (hier schon eher in den sichtbaren oder gefühlten Folgen), in profunder Weise an wissenschaftliche Erkenntnisse und Expertisen gekoppelt.[3]

In der öffentlichen Auseinandersetzungen über Umweltfragen (vgl.

1 Man vergleiche beispielsweis die Argumente eines Afrikaners, Vorsitzender eines Instituts in Nairobi, Kenia, das für eine verbreitete Einführung biotechnologischer Produkte in der Agrarwirtschaft Afrikas plädiert (Wambuga 1999), mit den Bemühungen afrikanischer Regierungen, biotechtechnologisch verändertes Saatgut aus ihren Ländern fernzuhalten.

2 Die schwierige und natürlich strittige Frage, ob die Kosten der Umweltfolgen der Produktion und Konsumtion in die Kalkulation relativer Preise übernommen werden sollten, wird z. B. von Baumol und Oates (1988) erörtert.

3 Im Kontext von Diskussionen und politischen Initiativen von Umweltproblemen konzentrieren sich die Debatten und Maßnahmen auf die Beseitigung von Verschmutzungen, Umweltschutz oder Anpassungen an Umweltveränderungen, während sich politische Auseinandersetzungen (knowledge politics, vgl. Stehr 2003) über biotechnologische Produkte (vgl. Rosendal 2005) auf Prävention unerwünschter Konsequenzen solcher innovativer Produkte konzentrieren, die noch nicht einmal auf dem Markt sind.

Yearley 1992) und biotechnologische Lebensmittel sowie andere Produkte berufen sich die Argumente sowohl der Befürworter als auch der Gegner auf wissenschaftliche Erkenntnisse. Gleichzeitig haben die Entdeckung der und die Auseinandersetzungen über Umweltthemen, etwa den sauren Regen, die Biodiversität, die globale Erwärmung, die Luft- und Wasserverschmutzung usw., ihren Ursprung als praktisch-politische Umweltprobleme nicht zuletzt in wissenschaftlichen und technischen Entwicklungen.[4] Im Falle biotechnologisch konstruierter oder veränderter Produkte liegt dies unmittelbar auf der Hand. Es gilt aber auch für Umweltveränderungen und deren Gefahren; man denke nur an die Ursachen für die CFC-Problematik (vgl. Grundmann 2001). Bestimmte Umweltthemen sind als »Objekt« alltäglichen Wissens nur deshalb vorhanden, weil sie von der *scientific community* problematisiert oder erfunden worden sind. Die oftmals strittigen und unsicheren wissenschaftlichen Erkenntnisse und konkurrierenden Expertisen, die auch im Alltag als solche erkennbar sind, spielen in beiden Fällen, die hier als Beispiele für die Moralisierung der Märkte diskutiert werden sollen, eine entscheidende Rolle.

(3) Im herkömmlichen Zyklus der Entwicklung von Waren und Dienstleistungen gilt (bisher) allgemein, dass Risiken und Gefahren oft erst nach der Markteinführung der Produkte auf der Agenda der Öffentlichkeit, vertreten durch die Konsumenten oder die Gesetzgeber, erscheinen. Ex-post-, nicht proaktive Lösungen als kollektive Reaktion auf Risiken und Gefahren sind die übliche Vorgehensweise bei der Einführung neuer Waren und Dienstleistungen. Biotechnologisch mitbestimmte Produkte unterliegen, genau wie neue Waren und Dienstleistungen, hinsichtlich der Abwägung der Umweltfolgen Interventionen und Bewertungen, von denen ich unterstelle, dass es sich um moralisch legitimierte Interventionen handelt. Dies geschieht

4 An dieser Stelle ist ein Verweis auf oftmals unterschätzte Wege oder Gründe für die Macht wissenschaftlicher Erkenntnisse von Bedeutung (vgl. auch Stehr und Grundmann 2001). Die Macht wissenschaftlicher Erkenntnis wird mitbestimmt durch die Fähigkeit der Wissenschaft, in bestimmten gesellschaftlichen Kontexten die herrschenden Sinnbezüge sozialen Handelns zu beeinflussen oder sogar zu bestimmen. Mary O. Furner (1996: 145) bringt die gleiche Überlegung auf den Punkt, indem sie betont: »By far the more characteristic and significant pattern [of influence] is one in which intellectuals succeed in bringing policy makers to inhabit, in some sense, the same mental world that they do – to adopt the modes of analysis and explanation that experts have constructed, and thus even define the problems and envisage policy alternatives similarly.«

in einem *sehr frühen* Stadium des Produktzyklus und der Karriere von Waren und Dienstleistungen (vgl. Einsiedel 1998). Beteiligt an diesen Interventionen sind nicht nur firmeneigene oder firmennahe Personen, sondern auch externe Gruppen (vgl. Shaw 1999). Eine der signifikanten Folgen der frühen Bewertung des Entwicklungsprozesses von Waren und Dienstleistungen und der frühen Intervention ist nicht nur, dass Gruppen, die in der Vergangenheit kaum je konsultiert wurden, früh und nachhaltig in den Prozesszyklus eingreifen, sondern auch, dass die traditionelle Segmentierung des Wissens von Produzenten, Händlern und Konsumenten abgebaut wird; und damit ändert sich die Beziehung von Waren und Wissensverteilung in der Gesellschaft. Wenn es um biotechnologische Produkte und eine Abwägung der Umwelteinflüsse des Marktgeschehens durch Marktteilnehmer geht, haben wir es in beiden Fällen mit den Folgen von Gütern zu tun, die von den Akteuren nur sehr schwer, wenn überhaupt, ohne weitere Informationen oder einen Vertrauensvorschuss in verschiedene Vermittler solcher Informationen, die dann nicht weiter kontrollierbare Quellen darstellen, bewertet und eingeordnet werden können.

(4) In beiden Fällen handelt es sich um Entwicklungen, die bisher anerkannte, oft als unverrückbar verstandene symbolische Grenzen der Machbarkeit menschlichen Handelns tangieren und in der Gesellschaft fest etablierte Dichotomien, z. B. künstlich/natürlich, zu überschreiten und auszuhebeln drohen. Welche Attribute und erwarteten Folgen *neuer* Erkenntnisse und welche sozialen Prozesse und Faktoren zusätzliches Wissen problematisch machen und daher Besorgnisse, Ängste und Opposition erzeugen, ist eine schwierige Frage, die noch einer Untersuchung harrt. Aus kognitiver Sicht sind z. B. abweichende oder ungewöhnliche Konsequenzen neuer Erkenntnisse problematisch, weil sie bisher sanktionierte Grenzen dessen, was möglich ist, überschreiten und damit weithin akzeptierte, traditionelle und schon immer an gesellschaftliche Bewertungen gekoppelte *Klassifikationen* unterschiedlicher Kategorien von Dingen in Frage stellen.[5] Auf jeden Fall gilt, dass neue Erkenntnisse ihren Weg in Produkte und Dienstleistungen finden und somit zu unablösbaren Eigenschaften von Waren und Dienstleistungen werden, sofern sie nicht zu sogar

5 Ich bin Barry Schwartz für diesen Hinweis dankbar (vgl. auch Heins 1992). Joachim Radkau (1987) nennt die Verletzung dieser Grenzziehung das Überschreiten einer naturgeschichtlichen Schwelle.

neuartigen technischen Artefakten und Produkten mutieren, in die auch die fraglichen moralischen Symbole eingebettet sind.

(5) Sowohl die Umweltproblematik als auch die mit biotechnologischen Produkten und Dienstleistungen verbundenen Besorgnisse und Hoffnungen betreffen vitale existenzielle Prozesse. Beide Problemfelder betreffen die Beziehung der Gesellschaft zur Natur. Sobald die einmal dominante Einstellung überwunden wird, dass man mit der Gesellschaftsdynamik verbundene Auswirkungen auf die Umwelt in Kauf nehmen muss, und sogar die Überzeugung nachlässt, dass man die Natur in Grenzen verbessern kann, steigt die Bereitschaft, die Beziehungen der Gesellschaft zur Natur zu disziplinieren und einen ungebremsten anthropogenen Wandel natürlicher Abläufe zu tolerieren.

(6) Darüber hinaus kann man davon sprechen, dass die strittigen Auseinandersetzungen über die Folgen der in der Entwicklung befindlichen biotechnologischen Produkte oder solcher Prozesse und Waren, die den Markt schon erreicht haben, beispielsweise in Form von biotechnologisch veränderten Lebensmitteln, Pflanzen und Tieren, zunehmend mit umweltrelevanten Diskussionen in Verbindung gebracht werden. Antizipierte, mehr oder weniger wahrscheinliche Umweltrisiken werden immer häufiger zum Fokus der Debatten und Diskussionen über biotechnologische Entwicklungen.

Man kann deshalb mit Recht, wie Frederick Buttel (2005) dies vorschlägt, eine »Verumweltlichung« der Debatten über die Folgen der Biotechnologie konstatieren. Es kommt auf allen Ebenen zu einer Verschmelzung der Themen. Der Widerstand in den unterschiedlichsten öffentlichen Gremien und in sozialen Bewegungen gegen eine Realisierung biotechnologischer Waren und die Skepsis gegenüber am Markt vorhandener Produktion speist sich immer häufiger aus umweltrelevanten Überlegungen. Die sowohl gegenüber der biotechnologischen Produktion als auch auf dem Feld der Umwelt vorgetragenen Bedenken bzw. die antizipierten Risiken oder auch Hoffnungen beziehen sich darüber hinaus in beiden Fällen auf Überlegungen die menschliche Gesundheit betreffend.

(7) Schließlich kann man beobachten, dass sich ein weites Spektrum von zivilgesellschaftlich verankerten sozialen Bewegungen gegen eine Verbreitung biotechnologisch basierter Produkte sowohl in der Landwirtschaft und im Verbrauch (Reisner 2001) als auch auf dem Gebiet der Umweltpolitik engagiert.

Der Markt für biotechnologische Prozesse und Produkte

> Der Entstehungsort eines Problems ist, gerade in funktional differenzierten Gesellschaften, nicht immer auch der beste Ort der Lösung des Problems. Luhmann (1970a: 219)

Obwohl die Vorfälle in den Atomreaktoren von Tschernobyl in der damaligen Sowjetunion (am 25. April 1986) und auf Three Mile Island im US-Staat Pennsylvania (am 28. März 1979) in den Augen der Öffentlichkeit dramatisch und folgenreich waren, erzeugten diese Ereignisse nicht annähernd so viel Druck auf das Politiksystem, eine bestimmte Technologie zu regulieren oder sogar zu verbieten, wie dies in jüngster Zeit bei der Einführung genetisch verändernder Methoden in der Landwirtschaft zu beobachten war.

Richard Lewontin (2001: 81) konstatiert, dass dies eine historisch einmalige Reaktion der Öffentlichkeit auf eine neue Technologie ist, und dies trotz der offensichtlichen Tatsache, dass »uncontained radioactivity has caused sickness and death of very large numbers of people, while the dangers of genetically engineered food remain hypothetical«.

Die Einzigartigkeit der Situation zeigt sich auch, wenn man an das beträchtliche Maß an Optimismus der biotechnologischen Industrie noch vor wenigen Jahren erinnert, die Reaktion der Öffentlichkeit auf biotechnologische Produkte meistern, steuern und kontrollieren zu können. Vor nur einem Jahrzehnt erklärte Christopher Plein (1991: 474), die Mitarbeiter der Öffentlichkeitsarbeit der biotechnologischen Industrie und andere offizieller Vertreter der Industrie seien davon überzeugt, das Image der »biotechnology has been transformed from one of danger and uncertainty to one of opportunity and familiarity«.

Nachdem die Vertreter der Biotechnologie in den 70er-Jahren des vergangenen Jahrhunderts noch mit Umweltaktivisten konfrontiert waren, entwickelte sich ihr positives Image aus einer dann von der Biotechnologieindustrie durchgeführten Kampagne, in der positive Auswirkungen und erfolgreiche Aspekte hervorgehoben wurden und die Technologie als Motor zukünftiger wirtschaftlicher Entwicklung dargestellt wurde. Diese erfolgreiche Phase in der Öffentlichkeitsarbeit der Biotechnologieindustrie scheint jedoch Vergangenheit zu sein.

Die heute von uns gekauften Produkte sind fast identisch mit denen, die wir vor einem Jahrzehnt in unsere Schränke hängten oder auf unsere Tische brachten. Dennoch hat sich die Produktion dieser und neuer Waren radikal verändert.[6] Sie sind z. B. unmittelbares Ergebnis neuer Fertigkeiten, das Erbgut zu manipulieren, und damit nicht mehr vorrangig abhängig von den »Launen« der Natur. Neue biotechnologische Entwicklungen im Allgemeinen und biotechnologische Veränderungen landwirtschaftlicher Produkte im Besonderen als Ergebnisse einer seit zwei Jahrzehnten laufenden kommerziellen und öffentlich finanzierten Forschung sind paradigmatisch für die wissensbasierte Ökonomie.

Es ist wahrscheinlich zutreffend, dass es gegenwärtig nur in einigen Ländern mehr oder weniger bescheidene Inseln der landwirtschaftlichen *Nicht*-Biotechnologie gibt; wenn dem so ist, würde Buttels kontroverse Beobachtung (1999: 1.2, meine Hervorhebung; vgl. auch Buttel 2000[7]) auch zutreffen: »[for] mainstream agricultural *research circles* across the globe biotechnology (or ›genetic engineering‹) is largely the accepted approach«. Darüber hinaus kann es ebenfalls kaum einen Zweifel geben, dass die Menschheit die Eigenschaften von Pflanzen und Tieren zumindest seit der Domestizierung dieser Naturalien genetisch manipuliert oder selektiv gefördert hat.[8] Das *Canadian Environmental Protection*-Gesetz definiert Bio-

6 Aus ökonomischer Sicht repräsentiert der Wert, der Lebensmitteln erst nach ihrer Ernte hinzugefügt wird, den wichtigsten Teil des Gesamtswerts des Produkts. Ein großer Anteil »of symbolic and constructed value is added at the processing, distribution, and retail stages« (Arce und Marsden 1993: 293-294). Diese Tatsache ermöglicht es, dass es zu einer Vielzahl von Produktbewertungen durch den Konsumenten kommen kann. Gleichzeitig wird die Frage der Einschätzung eines solchen Produkts dadurch umso schwieriger.

7 Anthony Arundel (persönliche Mitteilung) unterstreicht demgegenüber, dass die von Buttel zitierten angeblich »bescheidenen Inseln der Nicht-Biotechnologie« heute etwa 90 Prozent der Forschungsbemühungen europäischer Saatfirmen darstellen und noch ungefähr 85 Prozent im Jahre 2002. Arundel fährt fort, dass Buttel anscheinend völlig unkritisch die Angaben der Sprecher der Biotechnologieindustrie und des Staates über die besondere ökonomische und technische Bedeutung der Biotechnologie akzeptiert hat (vergleiche auch Arundel 2000).

8 Lewontin (2001: 81) verweist in diesem Zusammenhang auf das Beispiel Mais und macht darauf aufmerksam, dass es sich nicht nur um relativ frühe und stark von der »natürlichen« Pflanze abweichende anthropogene Veränderungen dieser Pflanze handelt, sondern dass sie »in many cases are the opposite of the organisms from which they were derived. The compact size of maize with large kernels adhering

technologie als die Anwendung der Wissenschaft und Technik »in the direct use of living organisms or parts or products of living organisms in their natural and modified forms« (vgl. Sheehy 1998: 361). Ausgehend von einer solch weiten Definition fallen auch althergebrachte Prozesse wie die Nutzung von Hefe für Brot und Bier oder Lab zur Herstellung von Käse in den Bereich der Biotechnologie. Deshalb ist die Geschichte der Domestizierung von Pflanzen und Tieren die Geschichte der Vergesellschaftung der Natur.

Wozu wir heute in der Lage sind, ist die mit sehr viel größerer Präzision durchgeführte direkte genetische Veränderung beispielsweise durch Rekombinationstechniken *in vitro* oder durch die Injektion von fremdem Erbgut in das vorgefundene Erbgut von Pflanzen und Tieren (und Menschen). Damit haben sich gleichzeitig die möglichen Grenzen der Manipulation weit über die Grenzen der klassischen Pflanzen- und Tierzüchtung verschoben. So sind wir heute in der Lage, transgenische Organismen zu fabrizieren.

Allerdings sind die Erfolge auf dem Gebiet der Wissenschaft, der Entwicklung von Techniken und die Herstellung neuartiger Produkte nur die eine Sache.[9] Die Akzeptanz der biotechnologisch veränderten Produkte am Markt ist eine völlig andere Geschichte.

Es gibt eine Reihe von Argumenten und/oder Bedenken, die in der Kommunikation und strittigen Diskussion über die Akzeptanz biotechnologischer Lebensmittel eine Rolle spielen. Diese Faktoren kann man nicht auf ein einfaches Kalkül reduzieren, in dem erwartete zukünftige *benefits* den zukünftig auftretenden, mehr oder weniger wahrscheinlichen Kosten gegenübergestellt werden (vgl. Wohl 1998, die eine solche Rechnung aufmacht). Von diesen Argumenten zählt für den Konsumenten wohl vorrangig nur das der möglichen Gesundheitsgefahren aufgrund des Verzehrs von Lebensmitteln. Für

tightly to the cob is very useful in a grain that needs to be gathered and to be stored for long periods, but a plant with such a seed head would soon disappear in nature because it could not disperse its seed.«

9 Ich kann an dieser Stelle nicht auf die Geschichte der Biotechnologie eingehen. In der Zwischenzeit gibt es eine Reihe von Veröffentlichungen, die sich mit der Entwicklung der Biotechnologie befassen und ihre Ursprünge bis in die 20er-Jahre des vergangenen Jahrhunderts zurückverfolgen und in diesem Kontext besonders die Rolle der Rockefeller Foundation betonen (z. B. Kay 1998; House 2001; Hindmarsh 2004). Es versteht sich fast von selbst, dass die überwältigende Mehrzahl der Urteile über die Folgen der Biotechnologie in den ersten Jahrzehnten ihrer Entwicklung besonders lobend ausfiel.

die Mehrzahl der Konsumenten dürften aber auch die folgenden Einwände oder offenen Fragen von Bedeutung sein: Welche Auswirkungen haben genetisch veränderte Pflanzen auf die natürliche Umwelt; welche Gefahren sind für die Landwirtschaft mit der verbreiteten Verwendung von genetisch verändertem Saatgut verbunden; welche Folgen und Gefahren ergeben sich hieraus für die Dritte Welt; darf man die Natur der Natur manipulieren; und schließlich, ambivalent formuliert, welche weltanschaulichen, religiösen und gesellschaftlichen Probleme sind mit einer Forcierung biotechnologischer Anbauweisen verbunden?

In einer Untersuchung der Moralisierung des Marktgeschehens durch die Biotechnologie ist die Unterscheidung zwischen der Kommunikation des *Prozesses* (Generierung und Fabrikation der Ware) und der *Produkte* hilfreich, obwohl es in einer wissensintensiven Ökonomie charakteristischerweise zu einer Verschmelzung dieser beiden Aspekte kommt. Allerdings zählt im Fall der Reaktion auf biotechnologisch generierte Produkte vor allem der Prozess, während die Reaktionen auf die Prozesse deren Entwicklung wiederum beeinflussen dürften. Es ist der Prozess, der fest verankerte gesellschaftliche symbolische Kategorien (z. B. natürlich/künstlich) verletzt bzw. der die Akteure an die Existenz solcher Maßstäbe erinnert.

Die Moralisierung der Märkte kommt von unten. Sie erfolgt als Reaktion auf die am Markt angebotenen Waren und konzentriert sich auf die Entstehungsprozesse der Produkte. Der Entstehungsprozess ist wissensbasiert. Allerdings bringen es die Strittigkeit der Erkenntnisse hinsichtlich biotechnologischer Waren – d. h., die Wissenschaftler sprechen nicht (mehr) mit einer Stimme – sowie die Konflikte unterschiedlicher Wissensformen und auch das mangelnde Vertrauen in Expertenaussagen, die Freiheit der Wahl und das größere, reflexive Informationsangebot für Konsumenten mit sich, dass die Entscheidungen der Käufer nicht allein von objektiver Risikovermeidung geprägt sein dürften. Dagegen spielen moralische Überlegungen mit Sicherheit eine immer zentralere Rolle bei Kaufentscheidungen über biotechnologisch produzierte Waren. Denn selbst unter Bedingungen von Unsicherheit sind Konsumenten gefordert, Entscheidungen über den Kauf von Waren und Dienstleistungen zu treffen; unter Rahmenbedingungen essenzieller Unsicherheit spielen dann, sei es über Konsumverzicht, »nicht-kommerzielle« Überlegungen eine gewichtige Rolle, um ein Urteil zu finden.

In Analogie zu den Forschungsergebnissen einer Studie von Paul DiMaggio und Hugh Louch (1998), die danach fragten, wie es amerikanische Konsumenten anstellen, langlebige Konsumgüter wie etwa Automobile, Immobilien oder Rechtsschutz zu beschaffen, kann man unterstellen, dass darüber hinaus existierende soziale Netzwerke bei Konsumentenentscheidungen aller Art eine signifikante Rolle spielen. Die empirischen Ergebnisse der Studie von DiMaggio und Louch beweisen, dass enge persönliche Kontakte einen großen Einfluss auf Kaufentscheidungen haben. Konfrontiert mit einer ausgeprägten Unsicherheit über die sie interessierenden Waren und Dienstleistungen, konsultierten Konsumenten Freunde und Bekannte, nicht aber ihnen fremde Personen. Die gleiche Überlegung gilt nicht nur für Konsumenten, sondern auch für die Entscheidungen von Produzenten oder Firmen. Existierende enge soziale Beziehungen und Netzwerke sollten auch in den marktrevelanten Entscheidungen von Produzenten eine wichtige Rolle spielen.

Experten, die sich mit der Problematik der Regulierung auseinandersetzen, befürworten in der Regel als rationalste und effektivste Vorgehensweise, den Konsumenten hinreichend über Produkte aufzuklären, um eine transparente Kaufentscheidung unter der Bedingung des größten Informationsangebots zu ermöglichen.[10] Allerdings ist bekannt, dass ein großes Informationsangebot und umfassende Aufklärung unter bestimmten Bedingungen keine Wirkung

10 Die Quelle der Richtlinien für eine Überwachung des Wissens, der installierten regulativen Mechanismen und der intellektuellen Systeme, die die Ablehnung gewisser Anwendungsweisen des Wissens aufgrund kultureller Bedenken legitimieren, liegt typischerweise auch nicht im Wissenschafts- und Technologiebereich selbst. Angesichts von Forderungen wie z. B. die, die menschliche Natur zu erhalten und gegen Entwicklungen in Wissenschaft und Technik, die eine Veränderung des Status quo der menschlichen Reproduktion möglich machen, zu verteidigen, »(scientific) notions of nature do not provide us with unambiguous standards of naturalness to which we can appeal for normative orientation« (van den Daele 1992: 549). Da wissenschaftliche Vorstellungen von Natürlichkeit die Konstruktion einer ganzen Reihe von möglichen Naturzuständen erlauben, müssen regulative Bemühungen, die praktische Schritte zur Intervention in die Natur des Menschen verhindern wollen, an moralische Ansprüche und politisches Handeln appellieren, dem es gelingen mag, die menschliche Natur aufzuhalten – oder auch nicht. Dass Richtlinien und Rechtfertigungen außerhalb der Wissenschaft verankert sind, heißt nicht, dass es unter jenen, die die Versuche der Wissensregulierung kräftig unterstützen, keine Wissenschaftler gibt.

zeigen.[11] Ein umfangreiches Informationsangebot kann die Unsicherheit über biotechnologische Prozesse und Produkte allerdings auch erhöhen. Und Untersuchungen zum Konsumentenverhalten zeigen, dass solche Unsicherheiten und Vertrauensdefizite dadurch gelöst werden, dass man sich auf komplexe Wertvorstellungen und soziale Netzwerke beruft, um die Komplexität der Entscheidungsnotwendigkeiten zu lösen.[12] Damit wäre eine der nicht-antizipierten Folgen von Aufklärungskampagnen eine Verstärkung der Moralisierung der Märkte.

Die strittige Natur der biotechnologischen »Revolution«, Hand in Hand mit den anderen, von mir skizzierten Entwicklungen, hat in der Lebensmittelproduktion, der Verarbeitung von Lebensmitteln sowie in der Organisation des Verkaufs von Lebensmitteln an den Konsumenten zu umfassenden Veränderungen von Produkten, des Konsumentenverhaltens und der Industrieorganisation geführt. Aber auch neue Akteure, neue Allianzen und der Verlust der Dominanz globaler Lebensmittelkonzerne kennzeichnen diese Entwicklung (vgl. Wilkinson 2002: 343).

Ein Einwand gegen meine These von der Moralisierung der Märkte, den ich bisher nicht weiter in Betracht gezogen habe, ist die Annahme von der (bisher) eher marginalen ökonomischen Bedeutung der Moralisierung des Marktverhaltens in modernen Gesellschaften. Wie Birger Priddat (2000: 128) mit dem Verweis auf die übliche volkswirtschaftliche Einschätzung bzw. Geringschätzung einer Entwicklung hin zu einer Moralisierung der Märkte betont, wird diese

11 Eine deutsche Studie (Gath und Alvensleben 1997) stimmt diesen Beobachtungen weitgehend zu und verweist darauf, dass die »possibilities of influencing the acceptance of GM foods by information are limited ... the widespread opinion that the acceptance of GM food is primarily an information and education problem ... has to be questioned«.

12 Auf eine andere, faszinierende Frage nach dem sich wandelnden Verhältnis von aktiven Bürgern und Regierbarkeit in modernen Gesellschaften, kann ich an dieser Stelle nicht eingehen. Rose (1999: 166) macht aber auf die Symbiose zwischen souveräneren Bürgern und der Regierbarkeit moderner Demokratien aufmerksam, indem er unterstreicht, dass »advanced liberal forms of government ... rest, in new ways, upon the activation of the powers of the citizen«. Die neue, aktivere Rolle des Bürgers betrifft ihn nicht nur als Konsument. Er wird zu einem am Marktgeschehen teilnehmenden, beweglichen Akteur und wirkt auch mit an der Regulierung beruflicher Standards von Experten und symbolischer Waren (Rose 1999: 166).

erst dann für die Volkswirtschaft relevant, wenn ein gewichtiger Anteil der Marktteilnehmer sich dieser Entwicklung anschließt und somit »moralisch restringiert« handelt. Was genau ein gewichtiger Anteil ist bzw. ob es angesichts der Möglichkeit einer sich selbst-verstärkenden oder selbst-amplifizierenden Entwicklung wirklich eines solchen Anteils bedarf, soll im nächsten Abschnitt zunächst für den Fall der biotechnologischen Produkte und Prozesse und in einem späteren Abschnitt für umweltrelevantes Verhalten untersucht werden. Es geht in diesen Abschnitten um den Stand der empirischen Erkenntnisse zur Moralisierung der Märkte. In einem ersten Schritt möchte ich Ergebnisse und Befunde der empirischen Studien charakterisieren, die einen tatsächlichen Trend zur Moralisierung der Märkte stützen.

Die empirischen Erkenntnisse

Um die umfassenden und vielfältigen empirischen Beweise für das »Schicksal« biotechnologischer Produkte und Prozesse am Markt verschiedener Länder und Regionen der Welt zu untersuchen, speziell natürlich in der so genannten entwickelten Welt, ist es notwendig zu präzisieren, wie die Moralisierung der Märkte sich sowohl im Fall biotechnologischer Produkte als auch in der Marktdynamik manifestiert, die mit Umweltaspekten in Verbindung stehen.

Die Moralisierung der Märkte und ihre vergleichsweise große Wirkung werden in verschiedener Weise relevant:

(1) Vor allem wird die Moralisierung der Märkte aus der Sicht von Ökonomen relevant hinsichtlich einer *Begrenzung* des Kaufs von Gütern und Dienstleistungen, die moralisch erwünscht sind oder *moralischen Gehalt* haben. So ist z. B. der Kauf von Produkten beschränkt, die ökologisch gewachsen oder nicht biotechnologisch verändert sind. Aus dem gleichen Grund beinhaltet die Kaufbeschränkung von Artikeln, in denen moralische Inhalte vorzufinden sind, den Widerstand oder das Vermeiden von Marktgütern und Dienstleistungen, die eine solche Anforderung nicht erfüllen (vgl. Hirschmann 1970). Im Prinzip kann der moralische Gehalt allen Gütern, Ressourcen und Dienstleistungen von wieder verwerteten Waren bis zu hiesigen Gütern und erneuerbaren Energiequellen, von fair gehandelten Teebeuteln bis zu Biofleisch zugeschrieben werden. Ob Waren mora-

lischen Gehalt haben oder nicht, ist eine Frage der sozialen Dynamik der Umstände. Was die Kategorie der Güter und Dienstleistungen mit moralischem Gehalt betrifft, bestehen viele Differenzierungsmöglichkeiten.

(2) Ist es nicht das Produkt oder die Dienstleistung selbst, die moralisch besetzt und deshalb akzeptabel ist oder auch nicht, dann ist es das mit dem Produkt mittelbar assoziierte oder zugerechnete Verhalten eines Unternehmens oder Konzerns oder es sind die typischen Handlungsbedingungen einer Region oder eines Landes, mit dem man das Produkt verbindet. Dies mag z. B. für Waren gelten, die aus einem demokratisch verfassten Land stammen und nicht etwa aus einem Land, in dem z. B. die Apartheid offizielle Politik ist.

(3) Es lassen sich zunehmend Orientierungen unter einzelnen Konsumenten, Produzenten und Organisationen erkennen, die Akteursgruppen repräsentieren (politische Parteien, Nicht-Regierungs-Organisationen, die Kirchen usw.) und die Produkte und Dienstleistungen favorisieren, die einen moralischen Gehalt repräsentieren. Die Strategien der Unternehmen ändern sich im Bemühen, moralische Inhalte in ihre Waren und Dienstleistungen zu integrieren. Die Zusammensetzung des In- und Outputs ändert sich; Marketing-Kampagnen und die Preisgestaltung der Waren und Dienstleistungen werden angepasst. Die Konsumenten signalisieren durch ihr Kaufverhalten, dass sie bereit sind, für Waren, denen sie moralische Eigenschaften zurechnen, einen höheren Preis zu zahlen. Darüber hinaus unterstützen Individuen und Gruppen von Akteuren, die sich aktiv für die Moralisierung der Märkte einsetzen, durch Mitgliedschaft und aktive Teilnahme in Organisationen und Netzwerken in ihren Heimatgemeinden, Produzentenverbänden oder national und international operierenden sozialen Bewegungen einen Trend zur Moralisierung. *Information und Wissen* über moralische Attribute von Waren und Dienstleistungen sind gefragt und werden selbst zu einem moralischen Gut.

(4) Die Moralisierung der Märkte lässt sich aus Veränderungen im Aggregat der am Markt präsenten und erfolgreichen Waren und Dienstleistungen ablesen, insbesondere in der Substitution von Waren ohne moralischen Gehalt durch Waren, denen moralische Eigenschaften zugerechnet werden. Ein wichtiges Beispiel ist der Markterfolg erneuerbarer Energien. Es lässt sich außerdem eine oft sogar sehr schnelle Verbreitung von bestimmten Waren und Dienstleistun-

gen aus Nischenmärkten auf etablierten Märkten, in herkömmlichen Verkaufsorten, im Internet oder in Katalogen beobachten. Durch die räumliche Extension von Marktzugangschancen werden Waren moralischen Inhalts für viele Käufer zum ersten Mal zu realistischen Kaufoptionen.

(5) Die Zahl der neu am Markt eingeführten Waren und Dienstleistungen, denen moralische Eigenschaften zuerkannt werden, wächst, während der Umfang des Marktes herkömmlicher Produkte stagniert oder schrumpft.

(6) Der gesellschaftliche Einfluss der Moralisierung der Märkte lässt sich daran messen, wie verbreitet ein Marktverhalten ist, das den Trend zur Moralisierung stützt. Die Breite der Unterstützung zeigt sich beispielsweise in der Abkoppelung des fraglichen Marktverhaltens von den üblichen erworbenen oder zugerechneten Eigenschaften einer Person oder eines Haushalts, z. B. Alter, soziale Herkunft, Geschlecht, politische Weltanschauung, aber auch seines Wohlstandsniveaus sowie weiterer demographischer Merkmale, die üblicherweise in der Sozialforschung zum Einsatz kommen.

(7) Die relative Stärke des Trends zur Moralisierung der Märkte macht sich in einer signifikanten Veränderung des Aggregatwerts von Waren und Dienstleistung, die einen moralischen Wert haben, bemerkbar. Der gestiegene Aggregatwert solcher am Markt konkurrierender Waren und Dienstleistungen kann wiederum Beginn und Auslöser einer sich selbst verstärkenden Entwicklung sein.

Ich kann im Folgenden nicht auf alle empirischen Studien aufmerksam machen, die sich in verschiedenen Gesellschaften und zu unterschiedlichen Zeiten (und damit relevanten soziokulturellen und soziopolitischen Kontexten) mit den Reaktionen der Bevölkerung auf biotechnologische Produkte befassen. Die Zahl der Untersuchungen steigt ständig. Ich konzentriere mich deshalb auf die empirischen Befunde, die mir besonders relevant zu sein scheinen, d. h., mein Hauptinteresse gilt, sofern man diese Aussagen aus den vorhandenen Daten ablesen kann, robusten individuellen oder kollektiven mittelfristigen und nicht kurzlebigen Trends in den Daten zur Einstellung und Verhaltensweise von Konsumenten und Produzenten gegenüber biotechnologisch modifizierten Produkten.

Die vorliegende Vielzahl von Untersuchungen (vgl. Zechendorf 1994, für eine Metastudie) können auf Studien der späten 70er- und 80er-Jahre zurückverfolgt werden, so z. B. auf eine Untersuchung der Europäischen Kommission (1978), die sich primär mit der Einstellung der Öffentlichkeit gegenüber der Wissenschaft beschäftigt. Was diese Untersuchungen einschließlich der öffentlichen Einstellungen gegenüber Gentests, Ingenieurwesen und Therapie (Singer, Corning und Lamias 1998) zeigen, ist ein sehr vielfältiges, ambivalentes und diffuses Bild; z. B. ist der Anteil der Öffentlichkeit, der erklärt hat, von Biotechnologie »gehört« zu haben, sehr klein. Außerdem sind die gemessenen Meinungsunterschiede im Ländervergleich signifikant. Die frühen Untersuchungen scheinen darüber hinaus darauf hinzudeuten, dass die Haltungen gegenüber der Biotechnologie generell günstig und wohlwollend ausfallen. Heute variiert die Akzeptanz der Biotechnologie in der Öffentlichkeit in Abhängigkeit von der Art der angenommenen Anwendung, ob es sich nun um genetische Tests z. B. im Zusammenhang mit Erbkrankheiten, das Klonen von menschlichen Zellen und menschlichem Gewebe, um genetisch modifizierte Enzyme in der Seifenherstellung, ein genetisch verändertes Saatgut und Lebensmittelprodukt oder um genetisch veränderte Tiere handelt.

Das früher positive Image biotechnologischer Produkte (inklusive der offenbar begrenzten Darstellung der Risiken, die zu der Zeit in den Medien zu finden waren) ist Ergebnis der Tatsache, dass die Biotechnologieindustrie oder Firmen, die sich mit der Anwendung von Erkenntnissen aus den »Lebenswissenschaften« beschäftigen, mit ihren Marketingkampagnen als erste aus den Startblöcken kamen und es schafften, ihre Message von den vielen wünschenswerten Eigenschaften der biotechnologischen Produkte prominent in die Medien und die Öffentlichkeit zu bringen.

Jüngere Untersuchungen richten den Blick auf die wechselnden Besorgnisse der Öffentlichkeit gegenüber biotechnologischen Entwicklungen, die von Gesundheitsbedenken bis zu moralischen Implikationen reichen (siehe Shanahan, Scheufele und Lee 2001: 269). Innerhalb der EU hat z. B., so zeigt eine repräsentative Studie der EU, eine Mehrheit der Befragten niemals genetisch veränderte Nahrungsmittel befürwortet. Über einen Zeitraum von 1996 bis 1999 (Gaskell, Allum und Stares 2003: 2) sank die Unterstützung moderat bis signifikant mit Ausnahme einiger Länder in fast allen EU-Ländern, um sich im Zeitraum von 1999-2002 zu stabilisieren.

Öffentliche Bedenken gegen potenzielle Gefahren, die von mangelnder Lebensmittelsicherheit ausgehen, sind seit den 80ern natürlich durch eine Anzahl von »food scares« (E.coli O157 oder BSE) gefördert worden, aber ebenso durch extensive Medienberichte über *GM food* und seine Auswirkungen auf die menschliche Gesundheit.[13] Doch die öffentlichen Diskussionen waren nicht nur auf Gesundheitsbedenken gegen am Markt erhältliche Waren beschränkt, sondern bezogen sich in einem weitaus umfassenderen Rahmen auf die potenzielle Anwendung der Biotechnologie in Produkten und Dienstleistungen, die erst noch an den Markt gebracht werden sollen. Politische Initiativen zur Lebensmittelqualität und -sicherheit sensibilisierten die Bevölkerung in vielen Ländern noch weiter (Shaw 1999).

Die Meinungen in Untersuchungen der späten 90er-Jahre wurden differenzierter und konzentrierten sich nicht nur auf Einstellungen und Vorbehalte gegenüber der Biotechnologie, sondern versuchten, das öffentliche Wissen um die Biotechnologie zu erforschen und begannen, sich für die möglichen Gründe für verschiedene Haltungen zur Biotechnologie zu interessieren. Generell war die Einschätzung der Biotechnologie zerrissen; ein Teil der Befragten unterstützte die zu erwartenden Vorteile, während ein ebenso großer Teil der Öffentlichkeit den Blick mehr auf die potenziellen Risiken richtete.

Das Eurobarometer (Gaskell, Allum und Stares 2003: 2) zeigt, dass die engagierte Öffentlichkeit in EU-Ländern im Durchschnitt die Biotechnologie eher unterstützte: »The ›engaged‹ are people who are more aware, knowledgeable and behaviorally involved in the subject. They are more likely to be male, better educated, white color workers, urban dwellers and younger than 55.« Im Vergleich sind also die engagierteren Befragten eher Anhänger aller Formen der biotechnologischen Anwendung als die weniger engagierten.

Der Widerstand der Öffentlichkeit gegen den Kauf und den Verzehr von genetisch modifizierten Lebensmitteln ist äußerst stark. Die Umfrage des Eurobarometers (Gaskell, Allum und Stares 2003: 4) verweist auf eine Reihe von »Gründen«, warum man genetisch modifizierte Lebensmittel kaufen kann (wie z. B., dass sie weniger Pestizidrückstände enthalten, umweltverträglicher sind, besser schmecken oder weniger Fett enthalten), und fragt, ob man aus diesen Gründen genetisch veränderte Lebensmittel kaufen sollte. Die Ab-

13 In den USA haben sich die jährlichen Berichte in den Medien, die sich mit der landwirtschaftlichen Biotechnologie befassen, zwischen 1990 und 2000 von 25 auf 350 erhöht (vgl. Shanahan, Scheufele und Lee 2001).

lehnung der Gesamtheit dieser Gründe durch die Befragten ist das hervorstechende Ergebnis der Studie in den EU-Ländern. In den verschiedenen Ländern lehnen zwischen 30 und 65 Prozent *alle* Gründe ab. Aber wesentlich signifikantere Befunde über die ökonomischen Folgen der Einstellung der Öffentlichkeit zu biotechnologisch veränderten Lebensmitteln lassen sich nicht aus Umfragedaten ablesen, sondern aus den Entscheidungen multinationaler Konzerne.

Denn in der Zwischenzeit sind es die Einstellungen von Konsumenten- und Produzentengruppen, in diesem speziellen Fall der Farmer, die eine Schlüsselfunktion bei Entscheidungen der Konzerne über Forschungsrichtungen, Forschungsintensität und die Markteinführung von biotechnologischen Produkten haben. Monsanto, der weltweit größte Hersteller von gentechnisch modifiziertem Saatgut, entschied sich z. B. 2004 aufgrund des antizipierten Widerstands in der Öffentlichkeit Europas, aber auch der Opposition von amerikanischen und kanadischen Farmern, die einen Zusammenbruch ihres Exports nach Europa befürchteten, ihr gentechnisch verändertes Weizensaatgut, an dem die Firma jahrelang forschte, nicht am Weltmarkt einzuführen (vgl. »Monsanto abandons worldwide GM wheat project«, *The Guardian*, 11. Mai 2004)

Marktverhalten und Umwelt

In meiner Darstellung der Beziehung des Marktes zu Umwelteinstellungen setzte ich als selbstverständlich voraus, dass der Verweis auf umweltrelevante Fragen eine Vielzahl von konkreten, durch menschliches Verhalten verursachte Probleme meint, wie etwa die Erschöpfung nicht erneuerbarer natürlicher Ressourcen, die Gefahren für die globale Biodiversität, die Klimaerwärmung, Umweltverschmutzung, Überbevölkerung, kurz, die Notwendigkeit, die Umwelt schonend zu behandeln, um ihre lebensspendenden Qualitäten zu schützen. In den vergangenen Jahrzehnten hat, wie eine umfassende Analyse weltweit durchgeführter Umfragen dokumentiert (Dunlap 1998), das Umweltbewusstsein der Menschen signifikant zugenommen. Es ist deshalb nur sehr schwer vorstellbar, dass die umfassende und gegenwärtig wohl nachhaltige »Entdeckung« der Natur als nicht mehr selbstverständliche Ressource und Quelle des Lebens, die unsere schützende Aufmerksamkeit verlangt, keinen umfassenden Einfluss auf das Wirtschaftssystem und das Verhalten der Akteure am Markt gehabt haben sollte.

Dramatische Ereignisse der jüngsten Vergangenheit wie der Tschernobyl-Unfall und seine weiter wirkenden Folgen nicht nur für die unmittelbare Umwelt des Reaktors, sondern auch für die mittelbar betroffenen Gesellschaften und Umweltbedingungen, die BSE- und die SARS-Krise sowie die Verbreitung der Schweinepest, der Vogelgrippe oder auch Wetterextreme unterschiedlichster Art und die intensive Medienberichterstattung über all diese Episoden und Krisen haben eine sowohl kurz- als auch langfristige Wirkung auf die öffentliche Wahrnehmung von umweltrelevanten Themen und Problemen. Viele Menschen sind fest davon überzeugt, dass sie davon direkt betroffen sind und sie nicht nur ihre Einstellung, sondern auch ihr Verhalten ändern bzw. anpassen müssen.

Wenn diese Entwicklung und ihre Auswirkungen als selbstverständlich vorausgesetzt werden dürfen, dann darf aber nicht übersehen werden, dass es zu allen Umweltfragen und Problemen, nicht nur in den Vereinigten Staaten, politisch und numerisch starke soziale Bewegungen gibt, die oft genau die entgegengesetzte Position vertreten und etwa die anthropogene Klimaveränderung bezweifeln bzw. deren Folgen für harmlos halten. Eine gewichtige Gruppe der christlichen Fundamentalisten in den USA ist nicht nur der Überzeugung, dass die natürlichen Ressourcen unerschöpflich sind, sondern auch der Ansicht, dass Umweltprobleme ihre konstruktive Seite haben. Ein Teil des von den Fundamentalisten vertretenen Narrativs ist der Glaube, Umweltschäden seien willkommene Ereignisse, da sie ein Zeichen für die Unausweichlichkeit der bevorstehenden Apokalypse darstellen.[14] Ich werde mich mit diesen spezifischen Überzeugungen nicht näher beschäftigen, da sie mein ummittelbares Interesse an den Zusammenhängen von Markt und Umwelt weit übertreffen.

Mein Interesse gilt der Rolle der Konsumenten, der größeren Schicht

14 Eine Darstellung der Umwelteinstellungen der amerikanischen christlichen Fundamentalisten findet sich in Glenn Scherers Beitrag, »The Godly must be crazy«, Grist, Oktober 2004 (⟨http://www.grist.org/news/maindish/2004/10/27/scherer-christian/index.html⟩); vgl. auch die Reaktion des amerikanischen Journalisten und Fernsehmoderators Bill Moyers auf die umweltrelevanten Überzeugungen der Fundamentalisten, »There is no tomorrow«, http://truthout.org/docs_2005/013105F.shtml.

der Bevölkerung, und der Mehrheit der Produzenten, die sich auf unterschiedliche Weise sicher darin einig sind, dass der *Schutz* der natürlichen Lebensbedingungen ein wertvolles Gut ist und sich in einem bestimmten Verhalten der Umwelt gegenüber manifestieren sollte. Dass sich ein solches Umweltbewusstsein der Öffentlichkeit im Allgemeinen und in den Markentscheidungen der Konsumenten im Besonderen tatsächlich in einem geänderten Verhalten ausdrückt, kann nicht als selbstverständlich unterstellt werden. Es handelt sich um eine empirische Frage.

Was dagegen selbstverständlich sein dürfte, ist, dass jeder Befund, der auf eine signifikante Änderung im Verhalten von Konsumenten und Produzenten in Relation zu bestimmten Umwelteinstellungen der Bevölkerung aufmerksam macht, seinerseits zu strittigen Interpretationen Anlass gibt. Die Designation einer Ware oder eines Produktionsprozesses als »organisch« ist z. B. äußerst ambivalent. Die Bezeichnung verweist nicht nur auf unterschiedliche inhaltliche Interpretationen, sondern auch auf unterschiedliche formale Normen oder informelle Regeln, die auch von industriell geführten Landwirtschaftsbetrieben verwendet werden.[15] Dass ein wachsendes Kaufinteresse und ein größerer Teil der am Markt erfolgreichen Produkte die Bezeichnung organisch trägt, sagt schließlich nur wenig darüber aus, ob man sich überhaupt darüber verständigen kann, wie umweltfreundlich Waren mit dieser Kennzeichnung tatsächlich sind. Ähnlich strittig, zumindest im Kontext ökonomischer Überlegungen, ist die These, dass wir gegenwärtig auf dem Gebiet der Umweltpolitik eine Konvergenz von moralischen und ökonomischen Anreizen beobachten können. In der Umweltökonomie verweisen im Gegenteil viele Beobachter auf die Widersprüchlichkeit der Überzeugungen sich unversöhnlich gegenüberstehender Theorieparteien und sprechen infolgedessen von der Existenz einer »rationalistischen« und einer »moralischen« theoretischen Perspektive (vgl. Frey 2000).

Im Selbstverständnis der rationalistischen Sichtweise auf die einer Lösung harrenden Umweltprobleme setzen ihre Anhänger auf die Heilungskraft des sich selbst überlassenen Marktes bzw. auf marktkonforme Instrumente als die einzig richtige und effiziente Antwort auf Umweltfragen. Instrumente dieser Art sowie politische Distanz werden als weitaus erfolgreicher angesehen als etwa moralische Ap-

15 Vgl. »In Oregon, thinking local«, New York Times, 4. Januar 2006.

pelle jedweder Art und staatliche Interventionen in das Marktgeschehen (z. B. Diekmann 1995). Die spezifischen Instrumente der rationalistischen Schule vertrauen auf eine Art »imitation of markets via tradable licenses, or environmental taxes and subsidies« (Frey 2000: 396). Die moralistische Partei geht demgegenüber davon aus, dass ein bestimmtes Umweltbewusstsein der Schlüssel für jede erfolgreiche Umweltpolitik und jede einzuübende Verhaltensregel des Marktes ist. Ihre Einstellung vertraut darauf, dass man sich in seinen Entscheidungen vorrangig an den Folgen dieser Entscheidungen für die Umwelt orientiert und dies auch dann tut, wenn die materiellen Anreize eines gegenteiligen Handlungsablaufes, der sich an reine Nützlichkeitserwägungen oder einem dezidierten Eigeninteresse orientiert, sehr viel größer sein mögen. Konsistent mit einer Einstellung dieser Art wäre z. B. eine bewusste Reduktion des eigenen Wasserverbrauches; obwohl andere Individuen und Gruppen sich nicht dem gleichen Ziel anschließen bzw. unter Umständen materiell sogar davon profitieren, sollte der Wasserpreis aufgrund der geringeren Nachfrage sinken.

Die Kernaussage dieser Studie lautet, dass die Differenz oder Dissonanz zwischen den Anschauungen der moralistischen und der rationalistischen Sicht, sofern sie in der Realität und nicht nur in den theoretischen Prämissen dieser Perspektiven überhaupt vorkam, in den real existierenden gesellschaftlichen Verhältnissen als Folge signifikanter gesamtgesellschaftlicher Veränderungen aufgehoben ist. Bruno Frey (2000: 397-398) unterstreicht in seiner Diskussion der Aussagen der widersprüchlichen Modellannahmen, dass die moralische Sichtweise auf umweltpolitische Maßnahmen in der Praxis schon lange ihren Frieden mit den ökonomischen Instrumenten als Anreiz der Umweltpolitik geschlossen hat, während die von der rationalistischen Partei bevorzugten Instrumente nur selten zum Einsatz gekommen sind. Obwohl eine Kombination von rationalistisch und moralisch motivierten Politikinstrumenten auf dem Gebiet der Umweltpolitik wahrscheinlich effizienter wäre, vertraut die vorherrschende politische Philosophie auf allen politischen Ebenen weiter auf einen Mix von regulativen Maßnahmen und Kontrollen.

Im folgenden Abschnitt referiere ich einige der hervorstechenden Ergebnisse empirischer Studien zur Relation von Umweltbewusstsein und Marktverhalten unter Produzenten und Konsumenten. Der Kontext, in den ich die Befunde der von mir beschriebenen empirischen Studien zu Markt und Umwelt zunächst platziere, ist weiter gefasst; d.h., ich beschäftige mich generell mit der Frage des Umweltbewusstseins in modernen Gesellschaften und des sozialen Verhaltens, um dann näher auf die Problematik der kontingenten Beziehung zwischen Einstellung und Verhalten ökonomisch agierender Personen und Umweltfragen einzugehen.

Die empirischen Erkenntnisse

Die ersten empirischen Untersuchungsergebnisse zum Umweltbewusstsein der Bevölkerung wurden in den 70er-Jahren in den Vereinigten Staaten veröffentlicht (z. B. Anderson und Cunningham 1972; Kinnear et al. 1974; Dunlap 1975; Buttel und Flinn 1978). Diese Untersuchungen konzentrierten sich zunächst auf die Einstellungen unterschiedlicher sozialer Gruppen. Von Interesse war herauszufinden, wie weit ökologische Einstellungen verbreitet waren und mit welchen Eigenschaften dieser Personen solche Attitüden korrelierten.[16] In den ersten Untersuchungen waren die Auswahlverfahren opportunistisch bestimmt. In den frühen Studien, aber häufig auch noch in den späteren empirischen Arbeiten zum Umweltbewusstsein erhob man vor allem Eigendarstellungen der Befragten über ihr ökologisch bestimmtes Verhalten. Weiter gilt, dass man in der Regel einzelne, selten aber komplexe Variablen sammelte. Demographische Variablen wie Alter, Geschlecht, Schulbildung, Beruf usw. sowie Wertvorstellungen wie etwa postmaterialistische Werte (Inglehart 1995b) werden besonders häufig als »Ursachen« einer bestimmten Einstellung zur Umwelt in den Analysen der Daten herangezogen.

In den politisch turbulenten Zeiten der späten 60er- und frühen 70er-Jahre in den USA, etwa in Auseinandersetzungen über den Vietnamkrieg, spielen in den frühen Untersuchungen überraschenderweise politische oder ideologische »Auslöser« der Unterstützung von

16 Bis auf den heutigen Tag beschränkt sich die große Mehrzahl der empirischen Untersuchungen der Einstellung zu Umweltfragen und ökonomischen Verhaltensweisen auf in wohlhabenden Gesellschaften lebende Befragte. Bodur und Sarigöllü (2005) berichten in ihrer Untersuchung von Konsumenteneinstellungen in der Türkei, Bhate (2002) berichtet, allerdings auf der Basis einer sehr kleinen Auswahl von Befragten, von der Einstellung der Öffentlichkeit in Indien zu Umweltthemen und Umweltverhalten.

umweltrelevanten Politikmaßnahmen keine wichtige Rolle. Das wichtigste Ergebnis dieser Studien insgesamt ist, dass die Befürwortung umweltschützenden Verhaltens und politischer Initiativen zum Schutz der Umwelt in den unterschiedlichen sozialen Schichten keineswegs gleich verteilt ist. Die unteren sozialen Schichten, sofern man die Schichtzugehörigkeit anhand des Grades der Schulbildung operationalisiert, neigen dazu, in ihrer Einstellung weniger umweltbewusst zu sein (Buttel und Flinn 1978: 31).

In den 90er-Jahren verschob sich, sicher nicht zuletzt als Folge der intensiven Medienberichterstattung über Umweltfragen, das Forschungsinteresse vom Bürger als politischer Akteur zum Bürger als Konsument. Darüber hinaus werden umweltrelevante Themen zu den wichtigsten politischen Themen des Jahrzehnts. Die Werbewirtschaft entdeckt den »grünen Konsumenten« (z. B. Roberts 1990).

Der Begriff des grünen Konsumenten und des grünen Konsums (im Gegensatz zu einer oberflächlichen Konsumorientierung) ist strittig und ambivalent. Er bezieht sich auf eine Vielfalt von mit ihm angeblich kompatiblen Einstellungsmustern und Verhaltensweisen von Konsumenten (Gilg, Barr und Ford 2005). Besonders häufig wird der Begriff des grünen Konsumenten mit dem Konsum von bestimmten Lebensmitteln in Verbindung gebracht.

Die Kaufentscheidung für oder gegen bestimmte Produkte und Dienstleistungen mit bestimmten umweltrelevanten Eigenschaften bzw. einem bestimmten moralischen Gehalt ist aber keineswegs nur auf die Gruppe der Lebensmittel beschränkt. Kaufentscheidungen, die Kühlschränke, Reisen, Immobilien, Aktien, Anteile an Fonds, festverzinsliche Wertpapiere, Energieformen und Energieunternehmen, Kleidung, Handelsprozedere usw. betreffen, gehören mit Sicherheit ebenfalls in diese Kategorie von Produkten, die grünes Konsumverhalten ausmachen können. Einige dieser Warengruppen, Ressourcen und Dienstleistungen, so z. B. die Frage der Wahl der Energieträger (vgl. Shove 1997), haben inzwischen, wenn auch nur in allerersten Versuchen, das Interesse von Untersuchungsansätzen zum Umweltbewusstsein gefunden. Trotzdem lässt sich eine signifikante Zunahme »of the ›green‹ movement and some of the inevitable effects on business as it becomes an integral element of consumer demand« (Vandermerwe und Oliff 1990: 10) konstatieren.

Eine in der Form von Interviews und schriftlichen Befragungen auf vier Kontinenten (die Hälfte der Länder in der Auswahl waren europäische Nationen) durchgeführte Untersuchung unter leitenden Angestellten und Führungskräften multinationaler Konzerne zeigt, dass die befragten Manager von einem wachsenden Druck sprechen, den Umweltschutz als Unternehmensziel und als Teil ihrer strategischen Planung fest zu verankern. Die Untersuchungsergebnisse der Studien von Sandra Vandermerwe and Michael Oliff (1990) zeigen, dass es den Managern großer Firmen zunehmend einleuchtet, dass ihre Fähigkeit, Marktanteile zu halten oder zu erweitern, eine Funktion ihrer Bemühungen ist, sich als grüner Konzern zu positionieren. Dies gilt auch für die Fähigkeit der Firmen, als attraktiver Arbeitgeber zu gelten oder die Anteilseigner des Konzerns zufrieden zu stellen. Das »Grünwerden« einer kommerziellen Organisation ist ein strittiger Begriff und bezieht sich auf eine breite Palette von möglichen kurz- oder langfristigen Maßnahmen eines Wirtschaftsunternehmens. Die befragten Manager waren der einhelligen Ansicht, dass der von ihnen verspürte Druck sowohl von Kunden als auch von staatlichen Vorschriften, transnationalen Regeln, Wettbewerbern, der Zivilgesellschaft, den Medien und der Wissenschaft ausging und sich auf die wohlbekannten Umweltthemen wie den Rückgang erneuerbarer Ressourcen, Umweltverschmutzung, Arbeitsbedingungen oder Gesundheitsfragen bezog und damit in der Produktion sowohl Input- als auch Outputprozesse betraf. Die große Mehrheit der befragten Firmenmanager erklärte zudem, man habe aufgrund dieses Drucks z. B. die Produktionsabläufe geändert oder plane, die Produktionsprozesse anzupassen. Die Zielsetzung der Konzerne für Forschung und Entwicklung wird darüber hinaus wesentlich von der Suche nach neuen, umweltfreundlichen Technologien und Produkten bestimmt, die eine grüne Konzernstrategie stützen können. Zu weiteren, nahe liegenden Reaktionen der Unternehmen auf den wachsenden Druck, sich umweltbewusst zu verhalten, gehören veränderte Marketingstrategien (z. B. das Bemühen, größere Marktanteile auf dem Marktsegment umweltfreundlicher Produkte und Dienstleistungen zu gewinnen). Diese betreffen nicht nur das Verpackungsmaterial der Produkte und die den Konsumenten angebotenen Informationen, sondern auch die preisliche Gestaltung der Waren. In den 80er-Jahren des vergangenen Jahrhunderts lassen sich vielfältige Unternehmensaktivitäten beobachten, die zu einer ökologischen Restrukturierung der Industrie führen; dies gilt z. B. für die chemische Industrie als Ganzes wie auch für einzelne Konzerne (vgl. Mol 1997: 142-146).

Die in den 90er-Jahren in verschiedenen Ländern durchgeführten Untersuchungen verwandter und weiterentwickelter empirischer Indikatoren und Zielgruppen versuchten aber dennoch, wie schon in der Vergangenheit, die empirisch messbaren Relationen von ausgewählten demographischen Variablen und Einstellungsvariablen wie Geschlecht, Alter, Religionszugehörigkeit, Weltanschauung oder politische Überzeugungen zum Umweltbewusstsein zu überprüfen (Inglehart 1990b; Roberts 1995; Dunlap und Mertig 1995, 1996; Dietz, Stern und Guagnano 1998; Olli, Grendstad und Wollebaek 2001: 192-195; Thøgerson und Ölander 2002; Gilg, Barr und Ford 2005).

Die in diesen Untersuchungsergebnissen manifeste Entwicklung bestimmter Bevölkerungsgruppen hin zu einem ausgeprägten »grünen« Bewusstsein musste schließlich in den späten 90er-Jahren und muss auch heute die kritische Frage zur Priorität werden lassen, ob sich Einstellung und tatsächliches Verhalten decken. Inwieweit führt die prinzipielle Bereitschaft, sei es auf dem Produktions- oder auf dem Konsumtionsfeld, Produktionsprozesse zu verändern oder einen relativ höheren Preis für organisch hergestellte Waren zu zahlen, zu einem parallelen Wandel im Verhalten der Konsumenten und Produzenten? Oder lässt sich auf diesem sozialen Feld ein erhebliches Auseinanderfallen von Einstellung und Verhalten ausmachen?[17] Es liegt auf der Hand, dass es auch auf dem Gebiet des Umweltbewusstseins eine Diskrepanz von Einstellung und Verhalten geben mag.

Das Forschungsinteresse der soziologischen Umweltforschung konzentriert sich in jüngster Zeit auf umweltrelevante Verhaltensweisen (tatsächliches, von Befragten zu Protokoll gegebenes oder antizipiertes Verhalten). Diese Änderung in den Untersuchungszielen macht die Exploration einer Verhaltens-Einstellungsdiskrepanz möglich.[18]

Die ersten Ergebnisse der empirischen Studien dieser Art liefern Hinweise, dass die Koppelung von Attitüden und Verhalten nicht

17 Es lässt sich gleichzeitig beobachten, dass das Interesse an Fragen des Einflusses des Forschungsdesigns auf die Ergebnisse auf diesem Gebiet zunimmt und damit auch die Anzahl kritischer Beobachtungen, die etwa auf die immanenten Nachteile von Umfragen aufmerksam machen (Olli, Grendstad und Wollebaek 2001) oder in denen kritisch gefragt wird, ob bestimmte empirische Befunde über »grüne Konsumenten« nur begrenzt gültig sind, weil sie ganz einfach ein Artefakt des gewählten Untersuchungsansatzes sein mögen (z. B. Heiskanen 2005).

18 Eine Metastudie einer Vielzahl von Ergebnissen relevanter Befragungen zum Umweltbewusstsein bis Mitte der 90er-Jahre und der dort gefundenen Korrelate dieser Einstellungen findet sich in einer Untersuchung von Roberts (1996).

eindeutig ist. Es wäre in der Tat überraschend, wenn die die Einstellung zur Umwelt messenden Variablen angesichts der wachsenden gesellschaftlichen Akzeptanz eines ökologischen Bewusstseins nicht stärker ausgeprägt wären als das tatsächliche Umweltverhalten (Schultz und Oskamp 1996). Allerdings unterscheiden sich die herangezogenen Erklärungen für die Diskrepanz von Einstellung und Verhalten erheblich voneinander. Einige Wissenschaftler bezweifeln die Gültigkeit der eingesetzten Messverfahren, andere äußern ihre Skepsis gegenüber den ausgewählten Untersuchungsvariablen oder der bisherigen Praxis, nur wenige möglicherweise tatsächlich relevante Phänomene zu berücksichtigen, die sowohl eine Wirkung auf die erhobenen Einstellungen als auch auf das Verhalten der Untersuchungspersonen haben mögen (Olli, Grendstad und Wollebaek 2001: 182). Generell kann man dennoch zusammenfassend feststellen, dass die bisherigen empirischen Untersuchungsergebnisse umweltrelevanten Verhaltens eine breite Palette persönlicher Faktoren und gesellschaftlicher Prozesse identifizieren, die dieses Verhalten mitbestimmen. Im Einzelnen lässt sich beobachten, dass umweltbewusste Orientierungen in der Zwischenzeit ein globales Phänomen geworden sind. Die in verschiedenen Ländern erhobenen Einstellungen zur Umwelt deuten an, obwohl dies nicht unumstritten ist (vgl. Dunlap und Mertig 1995), dass das Umweltbewusstsein in den wohlhabenderen Ländern ausgeprägter ist (z. B. Franzen 2003).

Ein ökologisches Bewusstsein ist aber nicht mit einer Moralisierung der Märkte gleichzusetzen. Eine Entscheidung darüber, ob es tatsächlich zu einer Verbindung von Umweltbewusstsein und Moralisierung der Märkte kommt, erlauben nur die am Markt selbst beobachtbaren Verhaltensmuster der Marktteilnehmer.

Obwohl der Konsum von *Biolebensmitteln* (wie von Produkten, die als »fair trade«-Produkte wie z. B. Kaffee zertifiziert sind) in den meisten Ländern in den entsprechenden Zahlen vorliegt und demgemäss nur einen sehr kleinen Anteil aller konsumierten Lebensmittel repräsentiert,[19] hat der Verkauf von Biolebensmitteln in den vergangenen Jahren konsistent zugenommen. Und das Wachstumspotenzial

19 In einer schriftlichen Befragung zufällig ausgewählter Haushalte in der englischen Provinz, dem Landkreis Devon, im Jahre 2002 (Gilg, Barr und Ford 2005: 487) gaben nur fünf Prozent der Befragten an, dass sie in der jüngsten Vergangenheit organische Lebensmittel gekauft hätten, während 60 Prozent der Untersuchungsteilnehmer berichteten, dass sie niemals organische Produkte kaufen.

dieser Kategorie der Lebensmittel ist anscheinend bei weitem nicht erschöpft (vgl. Weir und Caverly 2002). Ein Trend hat sich anscheinend etabliert. In siebzehn europäischen Ländern verstärkt sich die Nachfrage nach organischem Gemüse stetig. Die Einnahmen aus dem Verkauf dieser Produkte steigen zwischen 2001 and 2004 um 26 Prozent. Es wird erwartet, dass sich dieses Wachstum fortsetzt.[20] Der Markt für organische Lebensmittel nimmt auch in den Vereinigten Staaten stark zu (Klonsky 2000) und leidet gegenwärtig sogar unter einer Unterversorgung des Marktes mit Produkten dieser Art. Insgesamt nimmt die Produktion biologischer Produkte weltweit zu. Gegenwärtig werden etwa 23 Millionen Hektar landwirtschaftlicher Fläche ökologisch bewirtschaftet.[21]

Die Konsumenten bewerten ihr Konsumverhalten und ihren Lebensstil neu; sie sind bereit zu experimentieren und sich mit einer Vielzahl kultureller Muster vertraut zu machen (Warde und Olsen 1999; Thompson und Tambyah 1999). Der wachsende Wissensstand der Konsumenten bedeutet, dass sie zunehmend bereiter sind, sich Informationen über Ernährung und deren gesundheitliche Folgen anzueignen. *Knowledgeable consumption* heißt, dezidierte, selbst erarbeitete Informationen über unterschiedliche kulturelle Essgewohnheiten, verschiedenste Lebensmittel, Dienstleistungen und Produkte zu haben. *Knowledgeable consumption* heißt zugleich, kommunikative Kompetenz und einen bestimmten sozialen Habitus zu zeigen.

In den Entscheidungen der Konsumenten und im Wissen, das sie sich über Waren und Dienstleistungen aneignen, manifestieren sich immer häufiger Bezüge zu Umweltproblemen und Zielen, umweltschädigendes Verhalten einzuschränken. Dies gilt im Gegenzug nicht zuletzt als Reaktion auf das veränderte Konsumentenverhalten auch für die am Markt aktiven Produzenten. Eine Anzahl relevanter empirischer Studien in Europa und in Nordamerika zeigt, dass von den Akteuren artikulierte Gesundheitsziele in diesem Kontext eine herausragende Rolle spielen. Die Frage, die sich zugleich stellt, ist natürlich, welche der Produzenten- und Konsumentengruppen – die »altruistische« (*public-good value*) oder die eher »egoistische« (*private-good value*) moralische Orientierungen am Markt repräsentierende –

20 Vgl. dazu den Bericht The European Market for Organic Fruit & Vegetables (June 2005) of the Organic Monitor (⟨http://www.organicmonitor.com/⟩).

21 Vgl. ⟨http://www.foodanddrinkeurope.com/news/ng.asp?id=17910-europeans-cut-organic⟩.

werden in Zukunft an Gewicht zunehmen?[22] Die bisherigen empirischen Ergebnisse sind nicht eindeutig. Dennoch zeigen Untersuchungen, dass Konsumentengruppen *bereit* sind, Preisvorteile konventioneller Lebensmittel zu vernachlässigen, um erheblich teurere organische Produkte zu kaufen (Weir und Caverly 2002: 48-51).[23]

In Bezug auf den Einfluss der Konsumenten auf die Moralisierung der Märkte ist außerdem von Interesse, wie entscheidend extern organisierte Informationskampagnen, materielle und symbolische Anreize oder eine Kombination von Anreizen und Informationen sind, um Kaufverhalten zu beeinflussen (Stern 1999; Thøgerson 2005). Wie robust und nachhaltig sind solche Einflussmaßnahmen? Im Falle der Produzentengruppen stellen sich die Fragen, wie bedeutsam vom Gesetzgeber initiierte Vorschriften sind, wie etwa die Forderung, die Qualität der den Konsumenten zugänglichen Informationen zu verbessern (Jin und Leslie 2003),[24] und wie wichtig die Reaktionen von Konsumenten, das Verhalten von Konkurrenten, die Aufmerksamkeit der Medien usw. für nachhaltige Veränderungen in den Produktionsprozessen sind.

Die wenigen existierenden Bemühungen, den Einfluss des *Umweltwissens* auf das Umweltbewusstsein oder das Umweltverhalten zu untersuchen, resultieren in ambivalenten Ergebnissen. Eine deutsche Metastudie (Kuckartz 1995: 82) kommt anhand einer umfassenden Untersuchung mehr oder weniger komplexer empirischer Forschungsansätze zu dem Befund, dass der Grad des Einflusses des Umweltwissens auf das Umweltbewusstsein gering und der Einfluss

22 Mette Weir und ihre Kolleginnen (2005: 176) berichten von Untersuchungsergebnissen in einer in Dänemark durchgeführten empirischen Studie, dass von Befragten angegebene, nicht unmittelbar mit dem Nutzen eines Produktes gekoppelte Werte (Umwelt- und Tierschutz) in einem direkten Zusammenhang mit der Bereitschaft stehen, ökologische Produkte zu kaufen.

23 Eine andere Lücke in der Abfrage des Verhaltens könnte sich dadurch ergeben, dass die Befragten Antworten geben, die sozial erwünscht sind und die nicht alle relevanten Überlegungen mit einbeziehen, die ein Käufer im jeweiligen Kontext durchdenkt.

24 Eine empirische Untersuchung von Ginger Zhe Jin und Phillip Leslie (2003) zu Informationen über die Hygienestandards in Restaurants in der Stadt Los Angeles, die Besucher einem Aufkleber im Fenster des Etablissements entnehmen können, zeigte, dass die Einstufungen der Hygienestandards (1) ansteigen, (2) sie die Aufmerksamkeit der Kunden auf die Hygiene lenken und (3) die Zahl der in Krankenhäusern behandelten Patienten mit durch Lebensmittel verursachten Krankheiten abnimmt.

auf ein umweltfreundliches Verhalten der Untersuchungspopulationen nicht weiter signifikant sei.

Ohne auf die methodischen Probleme der in der Metastudie berücksichtigten Studien einzugehen, sei nur angemerkt, dass die theoretisch interessantere Frage völlig vernachlässigt wird, und zwar, warum überhaupt zu erwarten ist, dass ein die Umwelt betreffendes Spezialwissen, das wahrscheinlich nur einer kleinen Gruppe von Experten zugerechnet werden kann, größere Bevölkerungsgruppen betrifft? Es trifft, wenn überhaupt, nur selten zu, dass größere Teile der Bevölkerung über wissenschaftliches oder technisches Spezialwissen irgendeiner Art verfügen. Was deshalb von praktisch entscheidender Bedeutung sein dürfte, ist der allgemeine gestiegene Wissensbesitz (*knowledgeability*) vieler Gruppen der Bevölkerung moderner Gesellschaften. *Knowledgeability* sollte nicht mit der Verfügbarkeit von Spezialwissen und technischen kognitiven Fähigkeiten auf Feldern wie dem der Gesundheit, der Umwelt, der Wirtschaft oder dem Funktionieren von technischen Geräten verwechselt werden.[25]

Ein allerdings sehr indirekter Indikator für die *knowledgeability* ist der Bildungsgrad einer Person. Empirische Studien in den 70er- und 80er-Jahren haben den unabhängigen Einfluss der Variable Bildung auf bestimmte umweltrelevante Einstellungen dokumentiert und festgestellt, dass ein höherer Bildungsgrad mit einer signifikant größeren Unterstützung für politische Umweltziele korreliert (z. B. Jones und Dunlap 1992). Mit der verstärkten gesellschaftlichen Anerkennung des Stellenwerts der Umweltpolitik und der multiplikativen Wirkung der Besorgnis über Umweltveränderungen auf die Lebensqualität des Menschen, wenn nicht sogar auf die Existenz bestimmter Lebensstile, kann davon ausgegangen werden, dass die Beziehungen von zugeschriebenen und erworbenen Eigenschaften wie Alter, Geschlecht oder Beruf eine immer geringere Bedeutung in der Differenzierung von Personen mit oder auch ohne Umweltbewusstsein haben werden.

Was ich in den vorangehenden Abschnitten als Moralisierung der Konsumtion, der Produktion und des Marktprozedere in entwickelten Gesellschaften und somit als Emanzipation des Marktes von seiner bisherigen Instrumentalität beschrieben habe, ist, wenn auch nur

25 Es ist daher wenig sinnvoll, sich vorschnell über eine mangelnde Verbindung von Wissen, Informationen, Umweltbewusstsein und Umweltverhalten zu äußern (vgl. Brand 1997: 207). Wissen heilt nicht jedes Problem.

als historischer Kontrast, meilenweit entfernt von dem, was man in den 20er-Jahren des vergangenen Jahrhunderts als »Massenkonsum« bezeichnet hat. Man war damals fest davon überzeugt, man könne den Massenkonsum nach Tayloristischem Muster punktgenau manipulieren und steuern. Was Alfred P. Sloan z. B. für erforderlich hielt, war ein wissenschaftlich basiertes Management der Bedürfnisse, der Wünsche und der Phantasien der Konsumenten (vgl. Webster und Robins 1989: 334-336). Ein Ergebnis dieser phantastischen Überzeugung von der prinzipiellen Beeinflussbarkeit der Kaufentscheidungen der Konsumenten war das immense Wachstum der Marktforschung, der Werbung und des Marketings. Es ist zweifelhaft, ob die traditionellen Instrumente der Werbung und des Marketings im Zeitalter wachsenden Wohlstands und größerer Transparenz der Märkte sowie einer zunehmenden Unabhängigkeit des Konsumenten noch ähnlich wirksam sein werden, sofern man unterstellt, dass sie es jemals waren.

Angesichts der Moralisierung der Märkte reagiert die Angebotsseite mit Investitionen und Stabsstellen in Konzernen, die sich der Frage des »coporate citizenship« ihrer Organisationen widmen. Diese Abteilungen sind dann das funktionale Äquivalent von Lehrstühlen für die Ethik der Forschung in der Wissenschaft. In der Finanzwelt sind es »saubere« Fonds bzw. sozial verantwortliche Investitionsmöglichkeiten. Natürlich sollen die Einrichtung solcher Abteilungen und die Praxis des *corporate citizenship* wirtschaftliche Vorteile bringen. Dennoch sind sie ein manifestes Beispiel für die Durchschlagskraft eines im Wandel begriffenen Konsumentenverhaltens und einer wachsenden Macht der Nachfrage.

Die Moralisierung der Märkte besagt nicht, dass die Märkte kollabieren, dass der Wettbewerb uneffizient ist, dass die Preise ihre Funktion im Wirtschaftssystem nicht länger ausüben können oder dass der Freiheitsgrad der Produzenten völlig untergraben wird. Gemeint ist dagegen, dass der moderne Konsument aufgrund fundamentaler Veränderungen im Wirtschaftssystem und in der Gesellschaft seine Produktwahl zunehmend aus anderen Überlegungen heraus trifft als aus Gründen der reinen »Nützlichkeit«. Dass Konsumenten so handeln, ist immer häufiger zu beobachten; ihre Präferenz für »faire« und »organische« Produkte ist nur der Anfang.

Es bleibt zu untersuchen, welche gesellschaftlichen Prozesse die Moralisierung der Märkte in Zukunft auch in den bisher wirtschaftlich weniger entwickelten Regionen stützen und verstärken. Zu diesen gesamtgesellschaftlichen Veränderungen gehören Globalisierungsprozesse und die so genannte ökologische Modernisierung. Das Schicksal der Zukunft der Moralisierung der Märkte ist zweifellos an eine Lösung des Konfliktes zwischen Ökologie und Ökonomie geknüpft. Ein Aufheben der Spannungen und Widersprüche zwischen Ökonomie und Ökologie ist, sofern es denn möglich ist, seinerseits an die zukünftigen Folgen des Globalisierungsprozesses gekoppelt.

Teil 9: Die Ausweitung der moralischen Basis ökonomischen Handelns

> Die Bourgeoisie hat durch ihre Exploitation des Weltmarkts die Produktion und Konsumption aller Länder kosmopolitisch gestaltet ... Die uralten nationalen Industrien sind vernichtet worden und werden noch täglich vernichtet. Sie werden verdrängt durch neue Industrien, deren Einführung eine Lebensfrage für alle zivilisierten Nationen wird, durch Industrien, die nicht mehr einheimische Rohstoffe, sondern den entlegensten Zonen angehörige Rohstoffe verarbeiten und deren Fabrikate nicht nur im Lande selbst, sondern in allen Weltteilen zugleich verbraucht werden. An die Stelle der alten, durch Landeserzeugnisse befriedigten Bedürfnisse treten neue, welche die Produkte der entferntesten Länder und Klimate zu ihrer Befriedigung erheischen. An die Stelle der alten lokalen und nationalen Selbstgenügsamkeit und Abgeschlossenheit tritt ein allseitiger Verkehr, eine allseitige Abhängigkeit der Nationen voneinander.
>
> Karl Marx und Friedrich Engels ([1848] 1962: 466)

Welche gesamtgesellschaftlichen Prozesse dürften in Zukunft den Trend zur Moralisierung der Märkte stützen oder auch unterminieren? Im folgenden Abschnitt werde ich den Prozess des zwar nicht unablässigen, aber dennoch weiter zu erwartenden Wirtschaftswachstums sowie den Globalisierungsprozess als wesentliche Gründe der zukünftigen Verstärkung oder Abschwächung des Trends zur Moralisierung der Märkte erläutern.

Dabei kann es im Fall der Globalisierung natürlich nicht um die entgegengesetzte These gehen, dass die Verstärkung des Globalisierungsprozesses für sich genommen für eine Extension unregulierter Märkte sorgt, dem neoklassischen Modell des Marktes weltweit zum Durchbruch verhilft und im Gleichklang damit natürlich jede weitere Moralisierung der Märkte bremst, wenn nicht sogar verhindert oder zurückführt. Aber zunächst möchte ich den Zusammenhang zukünftigen Wirtschaftswachstums mit dem Trend zur Moralisierung der Märkte diskutieren, um danach den Begriff der Globalisierung genauer zu analysieren.

Eine Kernfrage, die sich im Zusammenhang mit der Frage des zukünftigen Wirtschaftswachstums und der Moralisierung der Märkte aber auch angesichts der ökologischen Folgen von weiter steigendem

Wirtschaftsergebnissen stellt, ist sicher, »wieviel ist genug?«. Das Problem des wachsenden Reichtums, seiner globalen Verteilung und der Transformation der Märkte bleibt uns schon aus diesem Grund auf jeden Fall erhalten.

Wirtschaftswachstum und die Moralisierung der Märkte

> ... the debate should not be centered on whether one is in favor of growth or against it. The question should be, are there policies that can promote what might be called moral growth – growth that is sustainable ...
> Joseph E. Stiglitz (2005: 130)

Ökonomen mögen in ihren Modellen und Szenarien die kognitiven Variablen, kulturellen Einflüsse und sozialen Prozesse, die auf das Wachstum abzielen, als Kerndimension außer Acht lassen, dennoch wirken sie mit Sicherheit als Variablen im Hintergrund vieler Reflexionen über die Prosperität einer Nation. So haben kulturelle Effekte Einfluss auf ökonomische Entwicklungen, einfach deshalb, weil ökonomischer Fortschritt abhängig ist von den wechselnden Haltungen der Menschen gegenüber der Schaffung von Wohlstand (Lindsay 2000: 283). Eine Perspektive, aus der die Schaffung von Wohlstand bewertet wird, betrifft zweifellos ihre Folgen für die natürliche Umwelt.

Somit werde ich, ausgehend von der Annahme der zentralen Bedeutung ökologischer Angelegenheiten für die Moralisierung der Märkte und des Wachstums der wirtschaftlichen Ergebnisse der letzten Jahrzehnte für die moralisch codierten Märkte, in der nun folgenden Erörterung den Blick auf das ökonomische Wachstum sowie die Ökologie werfen.

Die Frage nach der genauen Qualität und Entwicklung der Koppelung zwischen dem, was noch immer in bestimmten Situationen als (ökonomischer) »Fortschritt« bezeichnet wird, und der natürlichen Umwelt ist in höchstem Maße strittig. Zweifellos trifft zu, dass wir das einmal als selbstverständlich akzeptierte Verständnis, Fortschritt bedeute die Beherrschung der Natur durch den Menschen, überwunden haben. Heute gilt fast ebenso universell der Umkehrschluss, dass Fortschritt das Ende der Natur bedeutet. In der Entdeckung, dass die globale Ökologie nicht in der Lage sein wird, einer unbegrenzten oder nachhaltigen Ausdehnung der Produktivkräfte (so weit wir sie heute kennen) zu widerstehen, sehen einige Beobachter daher den endgültigen Verlust des Glaubens an den Fortschritt.

Die nachteiligen Nebenwirkungen des zivilisatorischen Fortschritts, insbesondere des wirtschaftlichen, aber auch des wissenschaftlich-technischen, werden heute fast schon als selbstverständlich akzeptiert und drängen dessen Vorteile in offenkundiger und bedrohlicher Weise in den Hintergrund. Die Bitterkeit, mit der die Verfechter des wirtschaftlichen Wachstums Umweltschützer angreifen, und die Virulenz, mit der diese ihrerseits die Verfechter des ökonomischen Wachstums bzw. Wachstumsmythos schmähen, signalisiert unmissverständlich einen tief greifenden Widerspruch in den Auffassungen vieler zwischen ökonomischer Entwicklung, insbesondere in Form von exzessiver Konsumtion, und umweltschonender Nachhaltigkeit.

Die offenkundigen Schwierigkeiten in der gleichzeitigen und gleichrangigen Realisierung von ökonomischen und ökologischen Zielfunktionen spiegeln sich auch in den gegensätzliche Interessen verfolgenden politischen Parteien, sozialen Bewegungen, Wirtschaftsverbänden, Gewerkschaften und anderen gesellschaftlichen Institutionen wider. Die Widersprüche zwischen Ökonomie, Gesellschaft und Ökologie finden auch ihren Ausdruck in der Wissenschaft. Hier sind diese Gegensätze allerdings nicht nur in der Tatsache reflektiert, dass »Experten« aus den unterschiedlichsten Disziplinen angeblich wissenschaftliche (d.h. objektiv und empirisch verankerte) Thesen vertreten, die das Dilemma von ökologischen und ökonomischen Zielen mit unterschiedlichen Belegen bestätigen, sondern auch in theoretischen Perspektiven etwa der Ökonomie, der Ökologie und der Soziologie, die sich keineswegs einfach ergänzen oder miteinander koppeln lassen.

Eine gemeinsame, logische oder disziplinübergreifende theoretische Perspektive, die die Problematik des Zusammenspiels von Ökologie und Ökonomie erhellen könnte, existiert einfach nicht. Jede der genannten sozialwissenschaftlichen Disziplinen betont die vorrangige Bedeutung unterschiedlicher Rahmenbedingungen: Bei den Ökonomen sind es die Rolle des Marktes und Nützlichkeitserwägungen, bei den Ökologen die Biosphäre und die Nachhaltigkeit, während die Soziologen soziopolitische oder normative Probleme in den Vordergrund rücken.

An herkömmlichen Szenarien ist richtig, dass das Wirtschaftswachstum nicht nur in den entwickelten Gesellschaften in den kommenden Jahren und Jahrzehnten im Durchschnitt kaum nachlassen wird, unter Umständen sogar ansteigen dürfte. Schon daraus ergibt sich, dass ein Abkoppeln des ökonomischen Wohlstands und Wohlbefindens vom Verbrauch materieller Güter nicht leicht sein wird. Allerdings stellt sich die Frage, ob die Grundlagen für das Fortdauern des Wirtschaftswachstums auch in Zukunft die der Vergangenheit sein werden, namentlich angetrieben von der Ausbeutung der traditionellen Produktionsfaktoren Arbeit und Eigentum. Sofern zukünftiges Wachstum verstärkt von *Wissen* oder, wie es manche lieber formulieren und damit sehr viel enger begrenzen, von einem sich selbst verstärkenden technologischen Fortschritt abhängig ist, sind solche Szenarien, die sich an die überholte Vorstellung des Motors des Wirtschaftswachstums halten, selbst überholt. Insbesondere die Entwicklung der wissensbasierten Ökonomie erlaubt es, von der Möglichkeit eines Ausgleichs und gar einer Versöhnung scheinbar widersprüchlicher Forderungen wie die der ökonomischen und ökologischen Ziele zu sprechen; allerdings wird dies ein Ergebnis der *unbeabsichtigten* Folgen *zielgerichteten* sozialen und ökonomischen Handelns sein, das in großem Maße weiter von durchaus konventionellen Motiven gesteuert ist.

Die noch für die Industriegesellschaft typischen Produktionsprozesse werden von einer Anzahl von Faktoren bestimmt, deren Bedeutung als Voraussetzung nachhaltigen Wirtschaftswachstums systematisch abnimmt: Die Quantität der genutzten Rohmaterialien geht zurück und die Effizienz der in Produktionsprozessen verwendeten Primärressourcen steigt, die Abhängigkeit der Beschäftigung von der Produktion von Gütern und Dienstleistungen nimmt ab; die Rolle der Arbeit (im Sinne manueller Arbeit, die Produkte herstellt und bewegt) verändert sich ebenso wie die Beziehung der physischen Distanz und der Kosten zur sozialen Organisation von Arbeit; die Rolle des internationalen Handels von Gütern und Dienstleistungen und nicht zuletzt die natürlichen Grenzen des wirtschaftlichen Wachstums werden sich in Wissensgesellschaften in dramatischer und nachhaltiger Weise verändern. Es ist höchstwahrscheinlich, dass die Mehrzahl, wenn nicht sogar jede dieser Veränderungen enorme Auswirkungen auf den Umfang und die Art der gesellschaftlichen Austauschprozesse zwischen Natur und Mensch haben wird (vgl. Wernick et al. 1996). Der gemeinsame Nenner dieser Veränderungen in der Struktur der Wirtschaft ist der graduelle Wechsel von einer mit materiellen Einsätzen und manueller Arbeit operierenden Wirtschaft zu einer Wirtschaft, deren Produktionsprozesse und Organisation wesentlich von »symbolischen« oder auf Wissen basierenden Inputs und Outputs gesteuert werden. Dass eine Dematerialisierung der Ökonomie auf allen Stufen wirtschaftlicher Aktivitäten erhebliche Folgen für den Umgang des Menschen mit der Natur hat, liegt auf der Hand. Das Erreichen eines relativ hohen Wohlstandsniveaus hat in den Industriegesellschaften zu »an increased demand (through the addition of new arguments to individual utility functions or the greater subjective weights assigned to such arguments) for goods of a sort nor previously demanded with much intensity, such as clean air and water, relative quiet, and other collective goods« (Rosenberg 1982: 315) geführt.

Die so genannte ökologische Modernisierung bedeutet infolgedessen nicht nur, dass sich ökologische Zielvorstellungen verselbständigen und auf diese Weise einen konsequenten Einfluss auf das Wirtschafts- und Politiksystem haben (Mol 2002; Carolan 2004), sondern auch, dass ökologische Ziele Teil des Produktions- und Konsumtionsprozesses werden.

Die Globalisierung der Welt

Die Hoffnung auf Chancen durch die Globalisierung oder die Befürchtung, dass wir das Entstehen einer einzigen, mehr oder weniger homogenen Welt erleben, hat in jüngster Zeit unter den verschiedensten Überschriften zu vergleichenden Analysen von Konvergenzprozessen moderner Gesellschaften angeregt. Fast alle diese Untersuchungen einer im Entstehen begriffenen Weltgesellschaft stellen fest, dass eine Angleichung zumindest der *Lebensstile*, wenn auch nicht der *Lebensverhältnisse*, zwischen den Gesellschaften stattfindet.

Der Kernbegriff in Untersuchungen dieser Art ist der der Globalisierung. Über einen Zeitraum von mehreren Jahrzehnten gesehen, verdrängt der Begriff der Globalisierung den in der nicht allzu fernen Vergangenheit in vergleichbaren, komparativen gesellschaftstheoretischen Bemühungen damals dominanten Begriff der *Rationalisie-*

rung[1] oder die auch einst kontrovers diskutierte Perspektive der *Modernisierung* einschließlich der damals von einigen Autoren vertretenen so genannten Konvergenzthese (vgl. Inkeles 1998). Weiter fällt auf, dass es eine enge intellektuelle Affinität der jüngsten Untersuchungen der und Warnungen vor den *kulturellen* Gefahren der Globalisierung zu den Diskussionen der modernen Gesellschaft als *Massengesellschaft* gibt.

In der Tat existiert in vielen Ländern der Welt zumindest unter Intellektuellen, in den Medien und in den Agenden nationaler und transnationaler sozialer Bewegungen eine ausgeprägte Sensibilität für Formen des kulturellen Imperialismus. Dieser birgt danach die Gefahr, dass jede besondere regionale oder nationale soziokulturelle Ausprägung in einer Welt der Kommerzialisierung, des massiven Drucks und der Attraktion dominanter Kulturen – oft ist damit die als trivial gescholtene amerikanische Kultur gemeint – unterdrückt oder verdrängt wird.[2]

Aber angesichts der häufigen Nähe vieler Globalisierungsperspektiven zu einem essenzialistischen Determinismus, d.h. zu Entwicklungsmustern, die fast so etwas wie Selbstläufer sind und, um die Denkfehler klassischer, aber auch jüngster deterministischer Ansätze zu vermeiden,[3] einen einzigen Faktor als Ursache globalen Wandels ausmachen, ist es sinnvoll, einen neutralen Begriff und eine bewusst

1 Die universalistischen Bestrebungen in den politischen Bewegungen des Sozialismus und Liberalismus des vergangenen Jahrhunderts und die häufig optimistische und apologetische Nähe dieser Ideologien zu den Vorzügen des Rationalisierungsprozesses entsprechen den gleichermaßen universalistischen Ambitionen moderner Sozialbewegungen wie der Umwelt- und der Frauenbewegung und deren gelegentlich begierigem Aufgreifen der Vorstellung, dass sich der Globalisierungsprozess nicht mehr aufhalten lässt.

2 Der brasilianische Autor Alfredo G. A. Valladão antizipiert in seinem zutreffend betitelten Buch The Twenty-First Century will be American ganz in diesem Sinne eine globale Kulturrevolution: »as the twenty-first century dawns, Americans are suddenly in the unprecedented position of being able to weave the history of all humanity into their own national history« (vgl. auch Kuisel 1993). Dominanz hat aber Widerstand zur Folge. In Wissensgesellschaften ist der Widerstand auf kulturellem Gebiet allerdings nicht unbedingt ohne Wirkung.

3 Ich meine z. B. den klassischen marxistischen Ansatz, der technologische Entwicklungen als Motor der Globalisierung begreift, oder die in jüngster Zeit von Neoliberalen häufig vertretene Auffassung, dass es die Deregulierung der Märkte sei, die der Globalisierung Vorschub leiste oder sogar eine unvermeidliche Folge von Globalisierungsprozessen sei.

mehrdeutige Sichtweise der nicht von der Hand zu weisenden Globalisierungstendenzen etwa in der Ökonomie, dem Finanzwesen oder der Wissenschaft zu formulieren. Den Begriff, den ich als Erweiterung oder auch als Kontrastbegriff des typischen deterministisch konzipierten Globalisierungsbegriffs einführen möchte, ist der der *Ausweitung, Rekonfiguration oder Extension sozialen Denkens und Handelns*. Die Globalisierung ist demzufolge ein sehr viel genereller Aspekt der Gesellschaftsentwicklung, nämlich der Ausweitung sozialer Handlungsketten, Netzwerke, Werte und Wissensbestände.

Ich möchte mit dem Begriff der Extension sozialen Handelns den Eindruck vermeiden, dass der Globalisierungsprozess von einem definitiven, einseitigen und unveränderlichen Mechanismus bestimmter nicht-intentionaler gesellschaftlicher Abläufe in Gang gesetzt und in Gang gehalten wird. Dies zumindest signalisieren die Thesen von der funktionalen Differenzierung, Rationalisierung oder den gesellschaftlichen Widersprüchen und Konflikten als Motor gesamtgesellschaftlicher Veränderungen. Im Gegensatz dazu möchte ich Raum für die Überlegung schaffen, dass es sich bei der Globalisierung um multiple und nicht-lineare Prozesse der Ausweitung, Extension und Rekonfiguration sozialen Handelns handelt, deren Beginn schon relativ früh in der menschlichen Geschichte einsetzt.

Rekonfiguration und Extension verweisen im Verlauf der Gesellschaftsentwicklung einerseits auf eine Ausweitung, Intensivierung oder ein »Wachstum« von Orientierungen, sozialen Beziehungen, Normen (wie z. B. fiskalischen und rechtlichen Vorschriften) oder Austauschprozessen (d. h. sozialen Strukturen) sowie deren zunehmende Dichte und Freiheit von Hindernissen, z. B. solchen, die mit der Zeit (etwa Lebenserwartung) oder dem Ort (etwa Umwelt) zusammenhängen und deren Unüberwindlichkeit man in früheren Epochen oft als selbstverständlich ansah. Andererseits sind mit dem Begriff aber auch Auflösung, Kompression oder das Zurücktreten, aber nicht unbedingt das vollständige Verschwinden von kulturellen Praktiken und strukturellen Figurationen gemeint.[4] Und zwar von Verhaltensweisen und Orientierungen, die mit den durch den Prozess der Ausweitung entstandenen neuartigen Erwartungen und Verhal

4 Alain Touraine ([1984] 1988: 104) betont im Hinblick auf die historisch entscheidende Transformation der ökonomischen Struktur z. B. mit Recht, dass »an industrial society does not give up the benefits acquired through commerce; a postindustrial society does not give up the organization of labor«.

tensweisen in Konflikt geraten. Extension und Ausweitung basieren sowohl auf intentionalem Handeln als auch auf nicht-intentionalen Folgen von Handlungen.

Das gegenwärtig besonders in afrikanischen Gesellschaften beobachtete Phänomen der »okkulten Ökonomie« mag als Beispiel für den Prozess der Extension im Allgemeinen und der Rekonfiguration traditioneller Verhaltensweisen in teilweise modernen ökonomischen Systemen im Besonderen gelten. Die okkulte Ökonomie mobilisiert reale oder imaginäre Elemente magischer Kräfte zur Realisierung materieller Ziele: »Drawing on cultural elements with long indigenous histories, this [occult] economy is itself an integral feature of millennial capitalism – that odd fusion of the modern and the postmodern, of hope and hopelessness, of utility and futility, of promise and its perversions« (Comaroff und Comaroff 1999: 281). Die okkulten Praktiken lassen neue Bewusstseinsformen entstehen »of expressing discontent with modernity and dealing with its deformities. In short, of retooling culturally familiar technologies as new means for new ends« (Comaroff und Comaroff 1999: 284).

Extension und Rekonfiguration von gesellschaftlichen Prozessen auf der globalen Ebene bedeuten aber auch, dass sich der »Motor« von Globalisierungstendenzen im Verein mit gesamtgesellschaftlichen Entwicklungen ändert. Die führenden Akteure lösen sich ab. Einst waren es Nationen, die einen entscheidenden Einfluss auf Globalisierungsprozesse hatten, gefolgt besonders im vergangenen Jahrhundert von der Dominanz amerikanischer und europäischer multinationaler Konzerne, während es heute – im Zeitalter von Wissensgesellschaften und dem Herrschaftsverlust großer gesellschaftlicher Institutionen – zunehmend Individuen, kleine soziale Gruppen und Bewegungen vieler Gesellschaften sind, die eine bestimmende Wirkung im Globalisierungsprozess ausüben. Diese Veränderungen wiederum haben Folgen, wie noch zu zeigen sein wird, auf die Relation von Marktverhalten und Globalisierung.

Vor nicht allzu langer Zeit beinhaltete das Leben fast ausschließlich Begegnungen mit vertrauten Personen bei vertrauten Anlässen. Heute ist der Alltag durch eine wachsende Anzahl von Kontakten mit Fremden mitbestimmt. Der Verlust schützender Räume oder eine Verminderung in der Distanz beinhaltet jedoch nicht nur »the foreshortening of time and space in flying across continents, or in being in instant communication with any part of the globe by television or radio, it also is, as regards the *experienced* time of the person, n eclipse of social, aesthetic and psychic distance as well« (Bell 1973a: 314).

Beides, die Extension von Zeit und die Reduktion von Distanz, sollte aber nicht einfach als eine lineare Transformation oder als ein additiver Prozess verstanden werden, in dem nur gleich große Zusatzeinheiten im gleichen Umfang an existierende Kollektive und Praktiken anknüpfen. Der Extensionsprozess ist ein situationsspezifischer Vorgang, bei dem unter lokalen Gegebenheiten echte Variabilität entsteht.[5]

Die Kolonisation verändert nicht nur die Kolonien, sondern auch die Kolonisten. Extension ist ein in sich stratifizierter Prozess. Auch Ungleichheitsstrukturen selbst sind gegen Extension keinesfalls immun. Das Gefälle sozialer Ungleichheit, aber auch die Strukturen der Ungleichheit sind heute umfangreicher und vielfältiger als je zuvor. Zusätzliche Extensionen sozialen Handelns sind ungleich verteilt und fordern nicht unbedingt den Abbau der Ungleichheit (Stehr 1999).

Die Geschwindigkeit der Extension (und Auflösung) ist nicht konstant und gleichmäßig verteilt: Rückentwicklungen, z. B. in der Dichte, und Integration sozialer Beziehungen sind durchaus denkbar. Die Ausweitung sozialer Handlungsmuster erfolgt zu einem bestimmten Zeitpunkt nicht nur in eine Richtung, also etwa durch Verlängerung der Handlungsketten oder Rückbildung der sozialen Kohäsion und Integration; die Ausweitung sozialen Handelns bedeutet nicht, dass

5 Vgl. Stewart Cleggs (1992) Untersuchung der kontextabhängigen (embeddedness) Ausweitung ökonomischen Handelns im Fall der Produktion von französischem Brot, italienischer Mode und asiatischen Organisationsmethoden. Ebenso relevant sind die jüngste Diskussion und neuere Studien des so genannten Wandels in der Lebensmittelbranche hin zu qualitativ wertvollen Lebensmitteln und dem Konsum von diesen Produkten der Lebensmittelindustrie. Goodman (2003) betont infolgedessen, im Gegensatz zu früheren Debatten über einen für die Lebensmittelbranchen geltenden Globalisierungstrend, die wachsende Bedeutung lokaler Produkte und des lokal verankerten Konsums von Lebensmitteln unterschiedlichster Agrarpodukte (siehe auch Winter 2003: 30-31; Hinrichs 2003). Schließlich verweist Katz-Gerro (2002) auf die Bedeutung der Schicht- oder der Religionszugehörigkeit, des Geschlechts sowie kulturell geprägter Konsumpräferenzen (besonders im Sinn von highbrow culture) in verschiedenen Gesellschaften (Israel, Schweden, Deutschland und die Vereinigten Staaten) für signifikante Unterschiede in den tatsächlichen Konsumgewohnheiten der Menschen.

die Gleichzeitigkeit widersprüchlicher Entwicklungstendenzen ausgeschlossen wäre.

Der vielschichtig und kontrovers diskutierte Globalisierungsprozess kann deshalb gleichzeitig stärkere soziale Fragmentierung, etwa in der Form verschärfter gesellschaftlicher Exklusion einzelner Bevölkerungsgruppen, *und* den Ausbau der Intensität der Zustimmung zur politischen, linguistischen oder ökonomischen Integration bedeuten. Die Extension von Kombinationen kultureller Praktiken, der Produktion, des Handels, der Interaktionsmedien, der Kommunikation und der sozialen Reproduktion folgt nicht unbedingt immer dem gleichen Muster. Was als Rückgang in der Dichte oder sogar als ein Verfall bestimmter existenzieller Attribute erscheinen mag, kann in Wirklichkeit Grundlage einer Expansion sein, die z. B. den Zusammenbruch eines Imperiums oder eine Ausweitung sozialer Identitäten, sozialer Ungleichheit oder von Wertvorstellungen und Orientierungen möglich macht. Der Rückgang der Säuglingssterblichkeit repräsentiert aus der Sicht des Einzelnen eine Ausweitung der Lebenserwartung und aus kollektiver Sicht eine der Ursachen für das Bevölkerungswachstum. Der Rückgang in der Nachfrage nach manuellen Fähigkeiten stellt eine Ausweitung der physischen Kraft und Produktivität dar. Die zunehmende Irrelevanz von Zeit und Ort (sowie der Kosten) in der Kommunikation durch eine technische Verdichtung des Kommunikationsnetzes bzw. der Zugangsmöglichkeiten kann eine wachsende Dezentralisierung kultureller und politischer Praktiken und Traditionen zur Folge haben: »Einheit macht Vielfalt virulent, und die großräumigen Abhängigkeiten von evolutionär gleichzeitigen Zivilisationselementen evoziert den Willen zur Selbstbehauptung ungleichzeitiger Herkunftsprägungen.«[6]

Unter bestimmten Umständen ist die Extension sozialen Handelns zunächst nur eine Ausweitung kognitiver Möglichkeiten; d. h., bestimmte Handlungsmöglichkeiten werden z. B. durch die Produktion neuer Kunstformen oder die Publikation eines Romans zu Verhaltensweisen, die man sich jetzt zumindest vorstellen kann. Die Trennung von privaten und öffentlichen Handlungszusammenhängen konstituiert eine Art der Expansion und nicht nur ein Verlöschen etablierter Handlungsweisen. Die der Sozialordnung zugrunde liegenden konstitutiven Kriterien können sich ausweiten: Zugeschrie-

6 Hermann Lübbe, Frankfurter Allgemeine Zeitung, 6. Juni 1997, S. 12.

bene Merkmale (wie Alter, Geschlecht, Hautfarbe, Religionszugehörigkeit und ethnische Abstammung) mögen zwar durch den Bedeutungszuwachs leistungsabhängiger Standards bei der Akkumulation von Statusmerkmalen zurückgedrängt werden, verlieren sich aber nicht völlig. Zwar ist neuen Standards eine Feindseligkeit gegenüber herkömmlichen Kriterien gemein, aber es gelingt ihnen nur selten, diese auch zu eliminieren.

Der Prozess der Extension umfasst die Aufnahme neuartiger Verbindungen in existierende Konfigurationen und deren Transformationen als weiteres Mittel der Ausweitung sozialen Handelns. Die Extension und Ausweitung sozialen Verhaltens muss aber nicht, wie bei den orthodoxen Modernisierungstheorien, nur in eine Richtung – und zwar nach vorn – ablaufen. Im Gegenteil, der Extensionsprozess kann durchaus in Richtung Vergangenheit verlaufen, wenn etwa Archäologen die Zivilisation der Maya besser zu verstehen beginnen, wenn die Archive von totalitären politischen Regimen geöffnet werden oder wenn modernistisch orientierte Eliten traditionelle Wertvorstellungen reaktivieren, um die Legitimität ihrer Machtstellung zu stärken. Die Extension sozialen Verhaltens in einem Kontext kann Anstoß zur Ausweitung der Handlungsmöglichkeiten in einer anderen Situation geben; die Expansion der wissenschaftlichen Erkenntnis geht oft mit einer Ausweitung des Nichtwissens einher.

Anders als auf dem Gebiet der Ökonomie wird der Begriff der Extension in diesem Argumentationszusammenhang nicht einfach im Sinne eines quantitativen Wachstums gebraucht. Ein solches Verständnis würde den Inhalt, den Ablauf und die Bedeutung der Zunahme der kognitiven, sozialen oder kulturellen Dichte als Ergebnis von Ausweitungsprozessen verfehlen. Auf die Dynamik des Marktes angewandt, verweist der Extensionsprozess auf die wachsende Mobilisierung von Wissen durch Konsumenten und Produzenten, aber auch auf die enorm gestiegenen Kenntnisse der Käuferwelt über die Herstellungsprozesse von Waren, die geografischen Orte ihrer Herkunft oder die Identitäten der Firmen, die bestimmte Waren anbieten (vgl. Cook, Crang und Thorpe 2000).

Im Sinne von Norbert Elias (1987) würde ich deshalb betonen, dass die Ausweitung und Extension sozialen Handelns dazu führt, dass das Verhalten neue Aktivitäts- und Bewusstseinsebenen erreicht. Der Vorteil (bzw. Nachteil), der mit diesem Verständnis von Extension als Veränderung der Handlungsebenen verbunden ist, liegt darin, dass neue Bewusstseinsinhalte nicht unbedingt die Perspektiven einer anderen, schon vorhandenen Ebene auslöschen müssen.

Im Verlauf der sukzessiven Extension des menschlichen Bewusstseins entwickelt sich dieses zu einem immer vielschichtigeren Verstand und entwickelt damit gleichzeitig gekoppelte Kenntnisse, die es uns ermöglichen, weit über den Horizont vergangener Gesellschaften hinauszusehen und neue Fundamente des Selbstbewusstseins zu formen. Die Extension und Ausweitung der Handlungsmöglichkeiten trägt darüber hinaus dazu bei, dass sich die herrschenden Bewusstseinsformen selbst verändern; so kann man z. B. beobachten, dass mit der Erweiterung der Handlungsressourcen ein von manchen bedauertes und vielleicht sogar exzessives Interesse an der Veränderung des jeweiligen Status quo als Motiv sozialen Handelns an Bedeutung gewinnt.

Mit der Beschleunigung der Extension sozialen Handelns nehmen auch Zahl und Umfang der in unserem Gedächtnis, in Büchern, Archiven oder Datenbanken deponierten vergangenen Verhaltensweisen und Orientierungsmodi zu. Damit reduziert sich die Wahrscheinlichkeit, dass massiv veränderte Sozialstrukturen und kulturelle Muster ein für alle Mal verschwinden, ohne weitere Spuren zu hinterlassen. Das kollektive Gedächtnis expandiert ebenfalls. Konflikte weiten sich aus und der Widerstand gegen die Extension sozialen Verhaltens wächst. Die Opposition gegen den Prozess der Ausweitung zielt aber nicht bloß auf die Erhaltung eines Status quo und vermeintlich weniger konflikthafter Verhaltensmuster ab, sondern auch auf die Einsicht, dass Extension nicht unbedingt Mangelzuständen abzuhelfen und vergangene und gegenwärtige gesellschaftliche Probleme zu lösen vermag.

Zeit und Ort weiten sich ebenfalls in beide Richtungen aus, d. h. sowohl in die Zukunft als auch in die Vergangenheit. Das soziale Konstrukt »Ort« war einst auf die Grenzen eines Dorfes oder einer Siedlung beschränkt. Diese Grenzen haben sich explosionsartig ausgeweitet und sind gegenwärtig, natürlich nicht für alle Menschen, identisch mit denen des Globus. Ebenso erweitert sich die Dimension Zeit. Unsere historischen Kenntnisse wachsen ständig, ebenso wie die über unsere Gegenwart und über die antizipierte Zukunft.

Der Prozess der Extension kann von solch unterschiedlichen sozialen, kulturellen, ökonomischen oder psychologischen Faktoren in Bewegung gesetzt und gehalten werden wie Imitation, Gewalt, Desintegration, Verlust der Herrschaft, Eroberung, Innovation, Multiplikation von Handlungsoptionen, Diffusion, dem Wunsch nach Anerkennung oder nach dem Lösen eines konventionellen Verhältnisses, vom Bedürfnis der physischen Reproduktion usw. Schon die Aufzählung dieser multiplen und häufig miteinander verbundenen Momente, die die Ausweitung sozialen Handelns in Bewegung bringen und als Multiplikator der einmal in Gang gesetzten Entwicklung dienen können, zeigt, dass der Prozess der Extension sowohl bewusst als auch durch nicht antizipierte oder zufällige Umstände ausgelöst werden kann. Er wird durch die wachsende Zahl von Interaktionsmedien gefördert, resultiert aber in einem sich ausweitenden Mangel an sozialer Integration. In Wissensgesellschaften beziehen sich Akteure, um eine Metapher Alain Touraines ([1984] 1988: 109) aufzugreifen, nicht auf »one central point but rather to separate centers of decision that form a mosaic rather than a pyramid«.

Der eigentliche Modernisierungsprozess beginnt, so kann man deshalb zusammenfassend formulieren, sehr viel früher, als üblicherweise angenommen wird, und zwar dann, wenn sich soziales Handeln nicht durch ausgesprochene Nullsummeneigenschaften auszeichnet. Zunächst ist die Modernisierung auf bestimmte gesellschaftliche Lebensbereiche begrenzt, später dehnt sie sich auf weitere Gebiete aus und ist dann aber auch nicht mehr unbedingt in allen sozialen Institutionen in gleicher Weise spürbar.

Die Märkte im Zeitalter der ökologischen und globalen Modernisierung

Angesichts des herausragenden Stellenwerts des strittigen Globalisierungsprozesses in fast allen Untersuchungen der gegenwärtigen und zukünftigen Konturen der modernen Gesellschaft im Allgemeinen und zentraler gesellschaftlicher, politischer, ökonomischer und ökologischer Trends im Besonderen bleibt es nicht aus, dass man nach den Wirkungen so genannter globaler Prozesse, wie z. B. global operierender Werbeagenturen (Leslie 1995), für die Moralisierung der Märkte fragen muss. Tragen die Kräfte der Globalisierung zur Verstärkung des Trends zur Moralisierung der Märkte bei oder sind sie eher ein Hindernis?

Gleichzeitig muss nach den politischen Folgen gefragt werden, sofern zumindest ein Teil, und dazu noch ein wichtiger Teil der globalisierenden Märkte sowohl in der Produktion als auch in Verteilung und Konsum nicht mehr vorrangig durch »rationale« Kalküle bestimmt wird, sondern durch den Waren und Dienstleistungen zugerechneten moralischen, ökologischen, gesundheitlichen oder ästhetischen Gehalt. Das Verhalten »diskriminierender Konsumenten« bzw. »politischer Konsumenten« (vgl. Stolle, Hooghe und Micheletti 2005) kann z. B. radikale, wenn nicht sogar revolutionäre Folgen für moderne Politiksysteme haben. Diese Tatsache haben in jüngster Zeit marxistisch denkende Gesellschaftstheoretiker entdeckt, wenn sie die »Klasse« der modernen Konsumenten als die Speerspitze gesellschaftlichen, ökonomischen, ökologischen und politischen Wandels ausmachen (Miller 1998a; Thompson 2001).

Noch wichtiger für die Ausweitung der Moralisierung der Märkte über die Grenzen bestimmter Nationen und Regionen der Welt hinaus ist die Tatsache, dass viele Waren und Dienstleistungen, die man mit einem bestimmten Waren- oder Firmennamen versehen kauft und konsumiert, in Wirklichkeit irgendwo aus Teilen zusammengesetzt werden, die wiederum aus allen Ecken der Welt kommen. Der moralische Gehalt einer Ware wird nicht nur aufgrund des wachsenden Welthandels in viele Länder der Welt exportiert, sondern man importiert den moralischen Wert von Waren aus anderen Ländern bzw. man fordert und erwartet, dass die aus anderen Regionen der Welt gelieferten Teile entsprechende moralische Qualitäten haben. Infolgedessen verstärkt sowohl im eigenen als auch in anderen Ländern der Handelspartner die Moralisierung der Märkte durch die ökonomische Globalisierung und die damit einhergehenden wachsenden Handels- und Kommunikationsströme.

Von besonderem Wert sind bei einer genaueren Analyse der Koppelung von ökonomischen und moralischen Markttrends globalen Ausmaßes Untersuchungen aus jüngster Zeit zu den so genannten globalen Wertschöpfungsketten (*global value or commodity chains*). Hierbei handelt es sich, einfach formuliert, um globale Ketten von Rohmaterial, Produktion, Verteilung, Verkauf und Konsum von Waren und Dienstleistungen. Die globale Wertschöpfungsketten-Perspektive konzentriert sich auf die Analyse der *governance*, Koordination und Kontrolle global operierender Industrien. Studien globaler Wertschöpfungsketten haben den Vorteil, dass die Untersuchungseinheit nicht, wie so oft bei international vergleichenden Untersuchungen, der Nationalstaat ist, wie es auch der Begriff der Globalisierung möglich macht, sondern der Untersuchungsgegenstand eine Vielzahl von gesellschaftlichen Prozessen ist, die auf den Markt sowie Produktions- und Konsumtionsprozesse verweisen, deren Kontrolle alle unterhalb bzw. jenseits der Ebene des Nationalstaates geschieht. Die theoretische Perspektive der globalen Wertschöpfungsketten hat, im Gegensatz zu den nationenorientierten Theorien der Weltgesellschaft oder Weltsystemtheorie, den weiteren Vorteil, dass sie von Produkten, Firmen, Produzenten und Konsumenten ausgeht und sich weitgehend auf *gegenwärtige* sozioökonomische Phänomene konzentriert.

Dynamische Industrien sind gegenwärtig transnational organisiert (Gereffi 1995: 34; Gereffi und Korzeniewicz 1994; Conca 2001). Die globale Integration von Waren, Dienstleistungen, Kapital, Arbeitsmärkten, Distributoren und Konsumenten reduziert die Macht des Nationalstaates und transnationaler Organisationen, das Marktgeschehen und dessen jeweils gültigen Prozedere durch Vorschriften zu bestimmen.

Stefano Ponte und Peter Gibbon (2005) machen etwa darauf aufmerksam, dass Eigenschaften globaler Wertschöpfungsketten (vgl. auch Gibbon 2001) zunehmend durch Konsumenten- und nicht durch Produzentenpräferenzen bestimmt werden (Dixon 1999). Bei Lebensmitteln spricht man infolgedessen von Nachfrage bestimmter Nahrungsketten, die eine besondere Herausforderung für die Landwirtschaft, die Lebensmittelindustrie und den Verkauf von Nahrungsmitteln darstellen (Wilkinson 2002; Guthman 2002). Thesen vom wachsenden Einfluss der Konsumenten auf Lebensmittelmärkte wird dennoch mit Skepsis begegnet, indem man beispielsweise auf die Macht der großen Lebensmittelverkaufsketten aufmerksam macht, die weiter in der Lage sind, den Konsumenten weitgehend zu beherrschen. Natürlich gibt es auch heute noch globale Wertschöpfungsketten, die von Produzentengruppen kontrolliert werden, dies gilt z. B. besonders für kapital- und technisch-intensive Industrien wie den Flugzeugbau oder den Bau von großen Maschinen (Gereffi 1995: 45). Aber diese Kontrolle ist nicht absolut. In der Flugzeugindustrie hat sich die Kontrolle über die Entwicklungs- und Produktionsprozesse zumindest teilweise von den Herstellern der Flugzeuge auf die Fluglinien als ummittelbare Kunden verlagert und bei den Fluglinien wiederum auf deren Passagiere.

Jane Dixons (2002) Untersuchung des Marktes für Geflügelfleisch kommt zu dem Schluss, dass der Konsument anscheinend bereit ist, zumindest wenn man sich an seinen eigenen Aussagen orientiert, seinen Einfluss dem Einzelhändler zu übertragen, um die potenzielle Komplexität beim Kauf von Geflügelfleisch zu reduzieren. Wie umfassend die »freiwillige« Aufgabe der Einflussnahme der Konsumenten selbst in diesem begrenzten Fall tatsächlich ist, wurde nicht untersucht. Es kann auch nicht davon die Rede sein, dass die Einzelhändler im vorliegenden Fall des Geflügelmarktes das Verhalten der Konsumenten *kontrollieren*, bzw. es ist unklar, genau welche Konsumentengruppen betroffen sind (Lockie 2002). Diese Fragen werden dann relevant, wenn man nicht auf das Bild isolierter, homogener Marktakteure in Untersuchungen dieser Art zurückgreifen will.

Die Analyse der Eigenschaften globaler Wertschöpfungsketten fragt insbesondere nach den in ihnen manifesten *Kontroll*prozessen und -instanzen und damit nach der Machtverteilung in diesen Produktketten. Wie genau operiert die Kontrolle in diesen Ketten in Hinblick auf konkrete Fragen danach, welche Produkte geliefert werden sollen, in welchem Umfang, wann und wie sie produziert werden sollen und zu welchem Preis? Ponte und Gibbon argumentieren, dass die Antworten auf diese Fragen zunehmend durch Konsumenten- und nicht durch Produzentenentscheidungen gesteuert sind. Die Unterscheidung zwischen von Konsumenten und von Produzenten ausgeübter Kontrolle in globalen Wertschöpfungsketten wirft gleichzeitig die Frage nach den Bestimmungsgründen ihrer schwindenden Macht bzw. nach den Ursachen für die wachsende Bedeutung von Konsumentenpräferenzen auf. Für Ponte und Gibbon (2005: 6) muss das Augenmerk auf den durch Konsumenten subjektiv verstandenen Qualitätseigenschaften der Produkte liegen. Sie sind für das Verständnis der Verschiebung in der Machtverteilung der Produzenten und Konsumenten in modernen globalen Wertschöpfungsketten verantwortlich. Genauer formuliert, sind es gesellschaftliche und damit im Prinzip strittige Konventionen, die aktiven Konsumenten als Marktakteuren zur Handlungsorientierung dienen.

Ponte und Gibbon unterstellen, dass in einer Theorie der »Qualitätsökonomie« die Qualitätsüberlegungen der Konsumenten eine zunehmend entscheidende Rolle in der Art der ausgeübten Kontrolle in globalen Wertschöpfungsketten spielen. Ob Konsumenten in der Tat in der Lage sind, Qualitätskriterien von Produkten souverän zu bestimmen, bzw. ob sie ihre Qualitätsvorstellungen am Markt auch tatsächlich durchsetzen können, ist eine empirische Frage, die auf jeden Fall nicht immer affirmativ beantwortet werden kann (vgl. Wilkinson 2002).

Die empirischen Beispiele, auf die Ponte und Gibbon in ihrer Studie verweisen, beziehen sich auf Textilprodukte und Kaffee. Auf dem Kaffeemarkt dominierten traditionell die Rösterfirmen. Nachdem der Rohkaffee geröstet ist, wird er, mit einem Markennamen versehen, an den Konsumenten verkauft. Die Rösterfirmen kommunizieren stellvertretend für spezifische Qualitätsmerkmale das Renommee des Markennamens als Qualitätsmerkmal ihrer Ware. Darüber hinaus geben die Rösterfirmen in der Regel aber keine Informationen über Qualitätsmerkmale oder Produktionsprozesse an den Konsumenten weiter – obwohl sie selbst sie sehr wohl kontrollieren (vgl. auch Ponte 2002).

Der graduelle Verlust der Kontrolle über die Qualitätsmerkmale in der Wertschöpfungskette des Kaffees durch die Rösterfirmen ist Ausdruck sich rapide verändernder Qualitätsvorstellungen und Konventionen im Kaffeekonsum, insbesondere, was die Spezialkaffeesorten betrifft: »not only do consumers require more information on (and higher levels of) ›intrinsic‹ coffee quality (product attributes), they also include environmental and socio-econmic aspects in their consideration of quality (attributes on production and process methods)« (Ponte und Gibbon 2005: 12). Die Rösterfirmen geraten unter Druck, nicht nur Indikatoren, Kontrollverfahren und Zertifikationsprozesse für diese Qualitätserwartungen an das Produkt Kaffee zu entwickeln, sondern diese Standards auch bei den Produzenten und Händlern am Anfang der Wertschöpfungskette durchzusetzen. Es kommt schließlich zu einer Art Kontrolle der Kontrolle der Qualitätsmerkmale durch die Röster.

Vergleichsweise Veränderungen lassen sich in den globalen Wertschöpfungsketten der Textilindustrie beobachten. So fordert man beispielsweise von den Herstellerfirmen, wie Ponte und Gibbon (2005: 14) betonen, »ostensibly ›civic‹ requirements on suppliers, such as the absence of child labour in-house and among sub-contractors and absence of dangerous foreign objects (especially needles) from products, [that] are incorporated in the form of multi-purpose rules within industrially certified quality assurance systems.« Dies gilt auch für Qualitätsstandards, die sich an Nachhaltigkeitskriterien orientieren. Sich verändernde Qualitätserwartungen werden somit zum Machthebel der Konsumenten, indem diese ihre Vorstellungen vom Produktionsprozess und der für sie relevanten Qualitätskriterien in den Wertschöpfungsketten durchsetzen. Wertschöpfungsketten sind zwar weiter hierarchisch organisiert, es ändern sich aber die Kontrollmöglichkeiten und der relative Einfluss unterschiedlicher kollektiver Akteure.

Indem bestimmte, vom Verbraucher geforderte Qualitätsanforderungen an Waren und Dienstleistungen routinehaft Teil standardisierter Indikatoren und technischer Instrumente werden, unterstützt diese Entwicklung die Globalisierung der Produktion und Konsumtion von Waren und Dienstleistungen. Doch schwächt eine derart gesteuerte Nachfrage die strukturelle Position großer *global players* in der Lebensmittelindustrie. Wie Wilkinson (2002: 342-343) schließt, ist die Marktposition der großen Lebensmittelfirmen in den letzten Jahren umso unsicherer geworden, seit das »food system has shifted to a sharper focus on nutrition and health foods and as the biotechnology revolution has increased its grip the driving forces of innovation.«

Die Globalisierung der Umweltprobleme als Reaktion der Umweltpolitik steht außer Frage. Allerdings wird diese Globalisierung nicht unbedingt durch die Tatsache angetrieben, dass Umweltprobleme die Grenzen der Nationalstaaten unbeachtet lassen. Ihr Motor sind vielmehr die eng mit den Wissenschaften verbundenen Experten für Umweltfragen sowie international präsente Medien, transnational operierende zivilgesellschaftliche Bewegungen und die auf den Märkten umgesetzten Entscheidungen von Produzenten und Konsumenten. Es gibt aber nur wenige Untersuchungen, die sich mit der Rolle der Konsumenten in der transnationalen Umweltpolitik auseinandersetzen (vgl. Spaargaren und Martens 2005). In der Regel sind sie, soweit solche Fragen überhaupt diskutiert werden, von normativen oder politischen Agenden bestimmt. Dies gilt z. B. für Reflexionen, welche den »ökologisch bewusst handelnden Bürger« (*ecological citizenship*) hervorheben (z. B. Urry 2000).

Schlussfolgerungen und Ausblick

Meine These von der Moralisierung der Märkte bezieht sich auf eine Art Schaukelbewegung von Angebot und Nachfrage, auf einen gemeinsamen Tanz der Produzenten und Konsumenten (vgl. Storper 2000: 390). Die These unterzieht die normativen Grundlagen des in modernen Märkten zu beobachtenden Sozialverhaltens sowie die Verhaltens*umstände* einer grundlegenden Revision. Dieser Wandel wiederum ist Ausdruck bestimmter, historisch einmaliger gesamtgesellschaftlicher Transformationen in modernen Gesellschaften als Ergebnis des wachsenden Wohlstands der Menschen einerseits und ihres gestiegenen Wissensstandes andererseits. Das Verständnis der symbolischen und der organisatorischen Dynamik des Marktes in modernen Gesellschaften setzt also voraus, wie dies auch für den Wandel anderer sozialer Institutionen der Fall ist (vgl. Friedland und Alford 1991), dass man die beobachteten Verhaltens- und Einstellungsveränderungen in eine Beziehung zum gesamtgesellschaftlichen Wandel setzt.

Die Moralisierung der Märkte signalisiert keinesfalls einen Bruch mit dem Kapitalismus. Die eine kapitalistische Wirtschaftsordnung kennzeichnenden Merkmale, wie die des Privateigentums an den Produktionsmitteln oder ein auf Gewinnerzielung ausgerichtetes Verhalten, werden allenfalls modifiziert und temperiert, nicht aber aufgehoben. Der Kapitalismus wird z. B. dadurch modifiziert, dass einst als selbstverständlich angesehene Komponenten des Produktionsprozesses wie das »natürliche Kapital« mit in die Produktionsgleichung aufgenommen werden.

Die in bestimmten Nationen oder Regionen der Welt entwickelten Verhaltensvorschriften, Standards von Waren und Dienstleistungen sowie Prozeduren wurden nicht nur zu globalen Standards und Prozeduren als Ergebnis der sowohl bewusst (etwa durch internationale Verträge) angestrebten als auch nicht-intendierten Verbreitung von Normen (etwa weltweite Handelsströme, der wachsende Zugang zu Kommunikationsmedien, das Konkurrenzverhalten, die persistent gestärkte Rolle der Konsumenten), sondern vor allem zu dann weitgehend unsichtbaren moralischen Eigenschaften von Waren und Dienstleistungen.

Die Kritik des emergenten Kapitalismus und der Gesellschaft des

Konsums gehört weiter zum Standardrepertoire des westlichen Marxismus, konservativer Intellektueller, aber auch vieler liberal gesinnter Beobachter der modernen Ökonomie. Westliche Marxisten und konservative Intellektuelle verbindet noch heute die kulturelle Skepsis und der kulturelle Pessimismus ihrer Kritik der Industriegesellschaft, des technischen Zeitalters, aber auch der postindustriellen Gesellschaft oder der Informationsgesellschaft. Man ist von der Übermacht der Konzerne, der manipulativen Macht der Medien und der verführerischen Kraft der Werbung und deren ungebrochener Fähigkeit, die Menschen zu passiven Spielbällen der Interessen der Mächtigen zu machen, beeindruckt und überzeugt. Gegenwärtig werden diese Trends nur verstärkt. Verantwortlich dafür ist der Prozess der ökonomischen und kulturellen Globalisierung. Vielleicht gilt sogar, dass der überaus erfolgreiche Markt sich schließlich selbst besiegt. Infolgedessen hat Niklas Luhmann Recht, wenn er sagt, der Sozialismus sei früher zusammengebrochen als der Kapitalismus.

Westliche Marxisten und konservative Intellektuelle stimmen zwar weitgehend in ihrer Diagnose der Malaise moderner Gesellschaften überein, unterscheiden sich aber in ihren Ansichten der Ursachen für den Fortbestand der traditionellen und an den Märkten der Moderne zu beobachtenden Machtverteilung. Für die konservativen Beobachter ist es eher der Zerfall traditioneller Moral- und Wertvorstellungen und die ihnen zugeordnete Sozialordnung, während marxistisch argumentierende Beobachter daran festhalten, dass es die Wirtschaftsordnung sei, die hilflose und passiv leidende Konsumenten hervorbringe, bewusst dulde und ihren Handlungsspielraum immer weiter einenge.[1]

Es gibt aber ein weiteres gemeinsames Element beider Kritiker der Moderne, und das ist ihre ähnlich argumentierende Distanz zum neoklassischen Verständnis des Wirtschaftssystems, insbesondere des Funktionierens der Märkte und einer Wirtschaftspolitik, die sich auf diese Anschauungen beruft. Beide Positionen der Kritiker des Neoliberalismus halten es für unrealistisch, Märkte und Moral zu trennen, genau wie es unrealistisch sei, Politik und Religion voneinander trennen zu wollen. So soll das Kapital wieder in der Heimat

1 Die Frage, ob Marx, lebte er heute, noch ein Marxist wäre, ist ein interessantes Gedankenexperiment. Daniel Miller (1998a: 189) ist nicht davon überzeugt. Schließlich habe sich die Geschichte fortbewegt und erfordere deshalb eine neue Theorie der Gesellschaft.

Arbeitplätze schaffen und Steuern zahlen. Aber dies ist natürlich heftig umstritten.

Widerspruch zu Diagnosen dieser Provenienz finden sich vor allem in den Postulaten der Differenzierungstheoretiker, die sich eher skeptisch über den angeblich fast reibungslosen Verkehr über die Grenzen der Institutionen in modernen Gesellschaften hinaus äußern. Niklas Luhmann (1993) etwa, der zu seiner Überraschung vor mehr als einem Jahrzehnt eingeladen wurde, einen Beitrag zu einer Aufsatzsammlung zum Thema Wirtschaftsethik und Theorie der Gesellschaft zu liefern, kommt in seinem Essay unverzüglich zum Kern des Dilemmas, das ihm diese Aufgabe bereitete. Schon im ersten Satz seines Beitrags gibt er zu verstehen, dass ihm unklar ist, wozu er sich äußern soll.

Er unterstreicht, dass die Wirtschaftsethik ein Geheimnis sein muss, das nicht wirklich existiert. Im weiteren Verlauf seines Essays betrachtet Luhmann die Beobachtungen derjenigen, die darauf bestehen, moralische Codes und ökonomisches Handeln seien keinesfalls zwei völlig gegensätzliche Phänomene bzw. Phänomene, die radikal voneinander zu trennen seien. Wer die entgegengesetzte Überzeugung vertrete, manifestiere damit nur eine unter Sozialwissenschaftlern verbreitete, unangenehme Krankheit.

Man kann mit Recht von einer liberalen Doktrin der Polarität von Ethik und der Motivstruktur ökonomischen Handelns seit Ausgang des 18. und zu Beginn des 19. Jahrhunderts sprechen. Bis zu diesem Zeitpunkt war es möglich, von einer Konvergenz moralischer und ökonomisch relevanter Orientierungen zu sprechen. Die Konvergenz in den Motiven lässt sich z. B. daraus ablesen, dass die Vertreter der klassischen Ökonomie in ihren Lehrveranstaltungen und Schriften mehr als ein Jahrhundert lang sowohl Vorlesungen und Abhandlungen zur Theologie, Moralphilosophie, zum nationalen und internationalen Recht, zur Logik wie auch zur Ökonomie anboten. Die Welten des Kommerzes und der Industrie sahen sie als Motor der Befreiung, Perfektion und Rationalisierung und gleichzeitig in unversöhnlicher Gegnerschaft zum Feudalismus, zum Krieg, zum Polizeistaat sowie zu anderen reaktionären Bewegungen.

Die Koalition von Wissenschaft und Kommerz und damit auch die Trennung der Rollen des Konsumenten, Produzenten und Bürgers verlor dagegen zu einem Zeitpunkt an gesellschaftlicher Kraft und Legitimität, an dem ihre enge Bindung anscheinend von Erfolg gekrönt war. Eine Koalition zwischen Ethik und Ökonomie hat heute ihre einflussreichen Gegner, die z. B. nicht bereit sind zu koinzidieren, dass die Freiheit eine Tochter des ökonomischen Entwicklungsgrades ist oder dass technische Entwicklungen zum Grad des menschlichen Elends beitragen oder aber das materielle menschliche Wohlsein verbessern. Eric Hobsbawn[2] charakterisiert diese gesamtgesellschaftlichen Entwicklungen und die daraus während des vergangenen Jahrhunderts erwachsenden Überzeugungen mit folgenden Worten: »The citizen has been replaced by the customer ... citizenship confers not only rights but also obligations. The customer has only the former.«

Ich habe demgegenüber zu zeigen versucht, dass beide, Konsument und Produzent, bestimmte Eigenschaften und Verpflichtungen ihrer Staatsbürgerrolle auf die Rolle als Verbraucher übertragen. Motivstrukturen, die von vielen Beobachtern weiterhin als widersprüchlich und als in unterschiedlichen modernen sozialen Institutionen verankerte Orientierungsmuster angesehen werden, verschmelzen somit im Verlaufe einer Moralisierung der Märkte in zunehmend hybriden Logiken des Handelns (Miller 1998a).

Der Trend der Moralisierung der Märkte wird gleichzeitig zu einem wichtigen Moment des Selbstverständnisses vieler Menschen und möglicherweise ein weit weniger sichtbares und vorrangiges Moment in modernen Gesellschaften, und zwar sobald der historisch unvergleichliche Anstieg des Wohlstands vieler Haushalte abflacht, sobald Rezessionen nicht mehr nur ein Phänomen sind, das man aus Text- und Geschichtsbüchern kennt, sobald der Arbeitsmarkt weitere gravierende Veränderungen erlebt und/oder Unsicherheiten, Zufälle und Risiken die gesellschaftlichen Verhältnisse mit beeinflussen.

Noch wachsen die analytischen Möglichkeiten, die persönlichen, politischen, gesellschaftlichen und umweltrelevanten Kosten rein ökonomisch ausgerichteter Entscheidungen genauer zu bestimmen. Befunde dieser Art und Einsichten in die Logik rein ökonomischen Handelns dürften ihrerseits dazu beitragen, Gedanken an und Verhaltensweisen hin zu einer Moralisierung der Märkte zu unterstützen.

2 Aus einem am 27. Dezember 2004 in Outlook India publizierten Interview (⟨http://www.outlookindia.com/full.asp?fodname=20041227&fname=Hobsbawn+%28F%29&sid=1&pn=⟩).

Stehen wir also am Beginn einer *Ära*, in der, noch dazu unter kapitalistischen Vorzeichen, die Wertminderung einer jeden Sache an sich, ihr Nutzen, ihr Zweck, ihr Reiz, nicht von ihrem Gegenwert bestimmt und verdeckt wird? Diese Frage lässt sich nur schwer beantworten, denn gesellschaftliche Trends können sich, wie angedeutet, sehr wohl umkehren. Gruppen von Produzenten und Konsumenten verfolgen unterschiedliche Strategien, deren Folgen unsicher sind, da ihnen am Markt andere Akteure gegenüberstehen, deren Entscheidungen von anderen Strategien bestimmt sind.

Und wer sind die Gewinner und Verlierer der Moralisierung der Märkte? Man kann nur hoffen, dass die Zahl der Verlierer und die Reibungsverluste klein sein werden. Zu den Verlierern gehören wahrscheinlich die Nationalstaaten, die einen Teil ihrer Souveränität abgeben müssen, um transnationalen fiskalischen und rechtlichen Normen Geltung zu verschaffen, Normen, die Handlungsvorschriften dienen, die eine Moralisierung der Märkte stützen und stärken. Zu den Verlierern gehören aber auch die traditionelle Ausprägung, der Einfluss und die Eigenart der Funktionen großer gesellschaftlicher Institutionen. Dies gilt insbesondere im Vergleich des einstigen gesellschaftlichen Einflusses der großen gesellschaftlichen Institutionen, die unsere Identität fast selbstverständlich bestimmten, mit dem gestiegenen gesellschaftlichen Einfluss kleiner sozialer Gruppen und sozialer Bewegungen.

Meine These von der Moralisierung der Märkte darf nicht als Behauptung verstanden werden, das Marktverhalten sei irrational geworden. Es trifft in der Tat zu, dass das in modernen Gesellschaften zu beobachtende Marktverhalten nicht mehr nur nach den Verhaltensmustern der neoklassischen Theorie abläuft. Allerdings kann dies nicht heißen, dass Marktverhalten damit *nicht* auf sinnvollen Motiven menschlicher Praxis beruht.

Meine Untersuchung der Moralisierung der Märkte bietet keinen expliziten normativen Standpunkt und kein moralisches Rezept an, indem sie etwa bestimmte gesellschaftliche Verpflichtungen der ökonomischen Akteure herausstreicht, basierend z. B. auf der feministischen Sichtweise oder der Perspektive des Kommunitarismus, die insgesamt, aber auf unterschiedliche Normen verweisend betonen, dass unser Handeln im Wirtschaftssystem ganz bestimmten moralischen Prinzipien entsprechen muss. Ich nehme eine agnostische Stellung ein und betone nur, dass die Moralstruktur der Menschen aufgrund gesamtgesellschaftlicher Transformationen das Marktverhalten in seiner Vielfalt zunehmend tangiert. Ich halte diese Entwicklung für gut. Dass es Verlierer und Gewinner der Moralisierung der Märkte geben wird, ist klar.

Bibliographie

Unter dem Namen jedes Autors sind die jüngsten Veröffentlichungen zuerst aufgeführt. Bei Übersetzungen, überarbeiteten oder späteren Auflagen findet sich das ursprüngliche Publikationsjahr in eckigen Klammern vor der Jahreszahl der von mir konsultierten Veröffentlichung.

Abell, Peter (2003), »On the prospects for a unified social science: economics and sociology«, *Socio-Economic Review* 1: 1-26.

Aggarwal, Pankaj und Sharmistha Law (2005), »Role of relationship norms in processing brand information«, *Journal of Consumer Research* 32: 453-464.

Agnew, Jean-Christophe (2003), »The give-and-take of consumer culture«, in: Susan Strasser (Hg.), *Commodifying Everything*, New York, New York: Routledge, S. 11-39.

Agnew, Jean-Christophe (1990), »Coming up for air: consumer culture in historical perspective«, *Intellectual History Newsletter* 12: 3-21.

Akerlof, George A. (1970), »The market for ›lemons‹: quality uncertainty and the market mechanism«, *Quarterly Journal of Economics* 84: 488-500.

Albert, Hans ([1974] 2001), »Die Möglichkeit der Wissenschaft und das Elend der Prophetie«, in: Hans Albert, *Hans Albert Lesebuch*, Tübingen: J. C. B. Mohr (Paul Siebeck), S. 166-184.

Albrow, Martin (1990), »Introduction«, in: Martin Albrow und Elisabeth King (Hg.), *Globalization, Knowledge and Society*, London: Sage, S. 3-13.

Ameriks, John, Andrew Caplin und John Leahy (2004), »The absent-minded consumer«, *National Bureau of Economic Research*, Working Paper 10 216.

Anderson, Perry (1974), *Lineages of the Absolutist State*, London: New Left Books.

Anderson, W. Thomas und William H. Cunningham (1972), »The socially conscious consumer«, *Journal of Marketing* 36: 23-31.

Appadurai, Arjun (1986), »Introduction: commodities and the politics of value«, in: Arjun Appadurai (Hg.), *The Social Life of Things. Commodities in Cultural Perspective*, Cambridge: Cambridge University Press, S. 3-63.

Arce, Alberto und Terry K. Marsden (1993), »The social construction of international food: a new research agenda«, *Environment and Development* 69: 293-311.

Aronowitz, Stanley und William DiFazio (1994), *The Jobless Future. Sci-Tech and the Dogma of Work*, Minneapolis: University of Minnesota Press.

Arrow, Kenneth et al. (2004), »Are we consuming too much?«, *Journal of Economic Perspectives* 18: 147-172.

Arundel, Anthony (2000), »Measuring the Use and Planned use of Biotech-

nologies by firms«, Paper des Forschungsworkshops »The Economic and Social Dynamics of Biotechnology«, Ottawa, 24./25. Februar 2000.
Ausubel, Jesse H. und Arnulf Grübler (1995) »Working less and living longer: long-term trends in working time and time budgets«, *Technological Forecasting and Social Change* 50: 113-131.
Azur, Ofer H. (2006), »Why pay extra? Tipping and the importance of social norms and feelings in economic theory«, *The Journal of Socio-Economics* (im Erscheinen).

Bandelj, Nina (2002), »Embedded economies: social relations as determinants of foreign direct investment in Central and Eastern Europe«, *Social Forces* 81: 411-444.
Barber, Bernard (1995), »All economies are ›embedded‹: the career of a concept, and beyond«, *Social Research* 62: 387-413.
Barber, Bernard (1977), »Absolutization of the market«, in: Gerald Dworkin, Gordon Berman und Peter G. Brown (Hg.), *Markets and Morals*, Washington, D. C.: Hemisphere Publishing Corporation, S. 15-31.
Barnes, Barry (1999), »Biotechnology as expertise«, in: Patrick O'Mahony (Hg.), *Nature, Risk and Responsibility. Discourses of Biotechnology*, New York, New York: Routledge, S. 52-66.
Barney, Darin (2000), *Prometheus Wired. The Hope for Democracy in the Age of Network Technology*, Chicago, Illinois: University of Chicago Press.
Baron, James N. und Michael T. Hannan (1994), »The impact of economics on contemporary sociology«, *Journal of Economic Literature* 32: 1111-1146.
Baudrillard, Jean ([1970] 1988), »Consumer society«, in: Mark Poster (Hg.), *Jean Baudrillard. Selected Writings*, Stanford, Ca.: Stanford University Press, S. 29-55.
Bauer, Martin (1995), »Resistance to new technology and its effects on nuclear power, information technology and biotechnology«, in: Martin Bauer (Hg.), *Resistance to New Technology. Nuclear Power, Information Technology and Biotechnology*, Cambridge: Cambridge University Press, S. 1-41.
Bauer, Martin, John Durant und Geoffrey Evans (1994), »European public perceptions of science«, *International Journal of Public Opinion Research* 6: 163-186.
Bauman, Zygmunt (2001), »Consuming life«, *Journal of Consumer Culture* 1: 9-29.
Bauman, Zygmunt (1998), *Work, Consumerism and the New Poor*, Buckingham: Open University Press.
Baumol, William J. (2006), »Textbook entrepreneurship: comment on Johansson«, *Econ Journal Watch* 3: 133-137.
Baumol, William J. und Wallace E. Oates (1988), *Theory of Environmental Policy*, second Edition, Cambridge: Cambridge University Press.

Bechmann, Gotthard und Nico Stehr (2002), »The Legacy of Niklas Luhmann«, *Society* 39: 67-75.
Becker, Gary S. (1996), *Accounting for Tastes*, Cambridge, Massachusetts: Harvard University Press.
Becker, Gary S. (1993), *A Treatise on the Family*, Enlarged Edition, Cambridge, Massachusetts: Harvard University Press.
Becker, Gary S. (1976), *The Economic Approach to Human Behavior*, Chicago, Illinois: University of Chicago Press.
Becker, Gary S. (1964), *Human Capital*, New York, New York: National Bureau of Economic Research.
Bell, Daniel ([1976] 1991), *Die kulturellen Widersprüche des Kapitalismus*, mit einem Vorwort zur deutschen Neuausgabe, Frankfurt/M.: Campus.
Bell, Daniel ([1960] 1988), *The End of Ideology. With a New Afterword by the Author*, Cambridge, Massachusetts: Harvard University Press.
Bell, Daniel (1973a), *The Coming of Post-Industrial Society: A Venture in Social Forecasting*, New York, New York: Basic Books.
Bell, Daniel (1973b), »The post-industrial society«, in: Paul F. Lazarsfeld et al., *Views from the Socially Sensitive Seventies*, New York, New York: American Telephone and Telegraph Company, S. 10-29.
Bell, Daniel (1964), »The post-industrial society«, in: Eli Ginzberg (Hg.), *Technology and Social Change*, New York, New York: Columbia University Press, S. 44-59.
Bell, Daniel (1956), *Work and its Discontents*, Boston, Massachusetts: Beacon Press.
Belshaw, Cyril S. (1965), *Traditional Exchange and Modern Markets*, Englewood Cliffs, New Jersey: Prentice-Hall.
Benjamin, Walter (1991), »Kapitalismus als Religion«, in: Walter Benjamin, *Gesammelte Schriften*, Band 6, Frankfurt/M.: Suhrkamp, S. 100-104.
Bennett, John W. und Melvin M. Tumin (1949), *Social Life. Structure and Function*, New York, New York: Alfred A. Knopf.
Benson, John (1994), *The Rise of Consumer Society in Britain, 1880-1980*, New York, New York: Longman.
Berelson, Bernard R., Paul F. Lazarsfeld und William N. McPhee (1954), *Voting. A Study of Opinion Formation in a Presidential Campaign*, Chicago, Illinois: University of Chicago Press.
Berezin, Mabel (2005), »Emotions and the economy«, in: Neil J. Smelser and Richard Swedberg (Hg.), *The Handbook of Economic Sociology*, second Edition, Princeton, New Jersey: Princeton University Press, S. 109-127.
Berghoff, Hartmut (2001), »Enticement and deprivation: the regulation of consumption in pre-war Nazi Germany«, in: Michael Daunton und Matthew Hilton (Hg.), *The Politics of Consumption. Material Culture and Citizenship in Europe and America*, Oxford: Berg, S. 165-184.

Bergmann, Barbara A. (2005), »The current state of economics: needs lots of work«, *Annals* 600: 52-67.
Bernheim, B. Douglas, Daniel M. Garrett und Dean M. Maki (2001), »Education and saving. The long-term effects of high school financial curriculum mandates«, *Journal of Public Economics* 80: 435-465.
Bertaut, Carol C. (2002), »Equity prices, household wealth, and consumption growth in foreign industrial countries: wealth effects in the 1990s«, *International Finance Discussion Papers* No. 724, Board of Governors of the Federal Reserve System.
Bettelheim, Bruno ([1960] 1964), *Aufstand gegen die Masse. Die Chance des Individuums in der modernen Gesellschaft*, München: Szczesny Verlag.
Bevir, Mark und Frank Trentmann (2004, Hg.), *Markets in Historical Contexts. Ideas and Politics in the Modern World*, Cambridge: Cambridge University Press.
Bhate, Seema (2002), »One world, one environment, one vision: are we close to achieving this? An exploratory study of consumer environmental behavior across three countries«, *Journal of Consumer Behavior* 2: 169-184.
Biggart, Nicole Woolsey (2001), »Banking on each other: the situational logic or rotating savings and credit associations«, *Advances in Qualitative Organization Research* 3: 129-153.
Biggart, Nicole Woolsey und Thomas D. Beamish (2003), »The economic sociology of conventions: habit, custom, practice, and routine«, *Annual Review of Sociology* 29: 443-464.
Blaug, M. ([1965] 1968). »The rate of return on investment in education«, in: M. Blaug (Hg.), *Economics of Education 1*, Harmondsworth: Penguin, S. 215-259.
Block, Fred (2003), »Karl Polanyi and the writing of *The Great Transformation*«, *Theory and Society* 32: 1-32.
Block, Fred (1994), »The roles of the state in the economy«, in: Neil Smelser und Richard Swedberg (Hg.), *Handbook of Economic Sociology*, Princeton, New Jersey: Princeton University Press, S. 691-710.
Block, Fred (1990), »The market«, in: Fred Block, *Postindustrial Possibilities. A Critique of Economic Discourse*, Berkeley, California: University of California Press, S. 46-74.
Block, Fred (1987), *Revising State Theory: Essays in Politics and Postindustrialism*, Philadelphia, Pennsylvania: Temple University Press.
Blumer, Herbert (1946), »The mass, the public, and public opinion«, in: A. M. Lee (Hg.), *New Outline of the Principles of Sociology*, New York, New York: Barnes and Nobles, S. 34-47.
Bodur, Muzaffer und Emine Sarigöllü (2005), »Environmental sensitivity in a developing country. Consumer classification and implications«, *Environment and Behavior* 37: 487-510.

Bömmel, Hermann van (2003), *Konsumentensouveränität. Neue Gestaltungsoptionen des Konsumenten in der Postindustriellen Gesellschaft*, Marburg an der Lahn: Metropolis.

Borgmann, Albert (2000), »The Moral Complexion of Consumption«, *Journal of Consumer Research* 26: 418-422.

Boudon, Raymond (2003), »Beyond rational choice theory«, *Annual Review of Sociology* 29: 1-21.

Boudon, Raymond (1974), *The Logic of Sociological Explanation*, Middlesex: Penguin Books.

Boulding, Kenneth (1981), *A Preface to Grants Economics. The Economy of Love and Fear*, New York, New York: Praeger.

Boulding, Kenneth (1973), *The Economy of Love and Fear. A Preface to Grants Economics*, Belmont, California: Wadsworth.

Boulding, Kenneth (1966), »The economics of the coming spaceship Earth«, in: H. Jarett (Hg.), *Environmental Quality in a Growing Economy*, Baltimore: John Hopkins University Press, S. 3-14.

Bourdieu, Pierre (2001), *Die Regeln der Kunst. Genese und Struktur des literarischen Feldes*, Frankfurt/M.: Suhrkamp.

Bourdieu, Pierre (2000), »Making the economic habitus: Algerian workers revisited«, *Ethnography* 1: 17-41.

Bourdieu, Pierre ([2000] 2005), »Principles of an economic anthropology«, in: Neil J. Smelser und Richard Swedberg (Hg.), *The Handbook of Economic Sociology. Second Edition*, Princeton, New Jersey: Princeton University Press, S. 75-89.

Bourdieu, Pierre (1993), *Sociology in Question*, London: Sage.

Bourdieu, Pierre (1988), »Vive a crise. For heterodoxy in social science«, *Theory and Society* 17: 773-787.

Bourdieu, Pierre ([1983] 1986), »The forms of capital«, in: John G. Richardson (Hg.), *Handbook of Theory and Research for the Sociology of Education*, New York, New York: Greenwood, S. 241-258.

Bourdieu, Pierre ([1979] 1982), *Die feinen Unterschiede. Kritik der gesellschaftlichen Urteilskraft*, Frankfurt/M.: Suhrkamp.

Bourdieu, Pierre ([1971] 1973), »Cultural reproduction and social reproduction«, in: Richard Brown (Hg.), *Knowledge, Education, and Cultural Change*, London: Tavistock, S. 71-112.

Bourdieu, Pierre und Jean-Claude Passaron ([1964] 1979), *The Inheritors. French Students and Their Relation to Culture*, Chicago, Illinois: University of Chicago Press.

Boven, van Leaf und Thomas Gilovich (2003), »To do or to have? That is the question«, *Journal of Personality and Social Psychology* 85: 1193-1202.

Bowles, Samuel (1991), »What markets can – and cannot – do«, *Challenge* July-August: 11-16.

Bowles, Samuel und Herbert Gintis (1993), »The revenge of homo oeconomicus: contested exchange and the revival of political economy«, *Journal of Economic Perspectives* 7: 83-102.
Brand, Karl-Werner (1997), »Environmental consciousness and behavior: the greening of lifestyles«, in: Michael Redclift and Graham Woodgate (Hg.), *The International Handbook of Environmental Sociology*, Cheltenham: Edward Elgar, S. 204-217.
Braudel, Fernand ([1979] 1982), *The Wheels of Commerce*, New York, New York: Harper and Row.
Breiner, Peter (1995), »The political logic of economics and the economic logic of modernity in Max Weber«, *Political Theory* 23: 25-47.
Brenner, Robert (2003), »Towards the precipice«, *London Review of Books* 25: ‹www.lrb.co.uk/v25/n03/bren01_.html›.
Brenner, Robert (1977), »The origins of capitalist development: a critique of Neo-Smithian Marxism«, *New Left Review* 104: 25-92.
Brill, Winston J. (1986), »The impact of biotechnology and the future of agriculture«, in: Kevin B. Byrne (Hg.), *Responsible Science: The Impact of Technology on Society*, San Francisco, California: Harper & Row.
Brüggemann, Anne und Helmut Jungermann (1998), »The whole and the parts of genetic engineering: the importance of structuring the assessment of opinions about biotechnology with respect to specificity«, in: *Papers FS II 98-111*, Forschungsschwerpunkt Technik, Arbeit und Umwelt, Wissenschaftszentrum Berlin, S. 23-38.
Buchanan, James M. (1978), »Markets, states and the extent of morals«, *The American Economic Review* 68: 364-368.
Buttel, Frederick H. (2005), »The environmental and post-environmental politics of genetically modified crops and foods«, *Environmental Politics* 14: 309-323.
Buttel, Frederick H. (2000), »The recombinant BGH controversy in the United States: toward a new consumption politics of food?«, *Agriculture and Human Values* 17: 5-20.
Buttel, Frederick H. (1999), »Agricultural biotechnology: its recent evolution and implications for agrofood political economy«, *Sociological Research Online*, ‹www.socresonline.org.uk/socresonline/-1995/1/buttel.html›.
Buttel, Frederick H. und William L. Flinn (1978), »The politics of environmental concern: the impacts of party identification and political ideology on environmental attitudes«, *Environment and Behavior* 10: 17-37.
Buttler, Friedrich und Manfred Tessaring (1993) »Humankapital als Standortfaktor. Argumente zur Bildungsdiskussion aus arbeitsmarktpolitischer Sicht«, *Mitteilungen aus der Arbeitsmarkt- und Berufsforschung*: 467-476.

Caldwell, Bruce (2004), *An Intellectual Biography of F.A. Hayek*, Chicago, Illinois: University of Chicago Press.

Callon, Michel (2002), »Technology, politics and the market: an interview with Michel Callon«, *Economy and Society* 31: 285-306.

Callon, Michel (1999), »Actor network theory – the market test«, in: John Law and John Hassard (Hg.), *Actor Network Theory and After*, Oxford: Blackwell, S. 181- 195.

Callon, Michel (Hg.; 1998), *The Laws of the Markets*, Oxford: Blackwell.

Callon, Michel, Cécile Méadel und Vololona Rabeharisoa (2002), »The economy of qualities«, *Economy and Society* 31: 194-217.

Campbell, Colin (1995), »Conspicuous confusion? A critique of Veblen's theory of conspicuous consumption«, *Sociological Theory* 13: 37-47.

Campbell, Colin ([1987] 2005), *The Romantic Ethic and the Spirit of Modern Consumerism*, York: Alcuin Academics.

Campbell, John und Ove K. Pedersen (Hg.; 2001), *The Rise of Neoliberalism and Institutional Analysis*, Princeton, New Jersey: Princeton University Press.

Campbell, John L. und Leon N. Lindberg (1990), »Property rights and the organization of economic activity«, *American Sociological Review* 55: 634-644.

Cantell, Ilkka und Mats Ericson (1999), »Consumer policy and sustainable consumption«, *STI Review* No. 25: 205-218.

Carley, Kathleen (1986), »Knowledge acquisition as a social phenomenon«, *Instructional Science* 14: 381-438.

Carolan, Michael S. (2004), »Ecological modernization theory: what about consumption?«, *Society and Natural Resources* 17: 247-260.

Carrabine, Eamonn und Brian Longhurst (2002), »Consuming the car: anticipation, use and meaning in contemporary youth culture«, *The Sociological Review* 50(2): 181-196.

Carson, Rachel (1962), *Silent Spring*, Greenwich, Connecticut: Fawcett Crest.

Case, Karl E., John M. Quigley und Robert J. Shiller (2001), »Comparing wealth effects: the stock market versus the housing market«, *National Bureau of Economic Research*, Working Paper 8606.

Chase, Stuart und F. J. Schlink (1934), *Your Money's Worth. A Study in the Waste of the Consumer's Dollar*, New York, New York: Macmillan.

Chattoe, Edmund und Nigel Gilbert (2001), »Understanding consumption: what interviews with retired households can reveal about budgetary decisions«, *Sociological Research Online*: ⟨http://www.socresonline.org.uk/6/3/chattoe.html⟩.

Chavis, Larry und Phillip Leslie (2006), »Consumer boycotts: the impact of the Iraq war on French wine sales in the U. S.«, *National Bureau of Economic Research*, Working Paper 11 981: ⟨http://www.nber.org/papers/w11981⟩.

Chorev, Nitsan (2005), »The institutional project of neo-liberal globalism: the case of the WTO«, *Theory and Society* 34: 317-355.
Clark, Andrew E. und Andrew J. Ostwald (1996), »Satisfaction and comparison income«, *Journal of Public Economics* 61: 359-381.
Clarke, Harold D., Allan Kornberg, Chris McIntyre, Petra Bauer-Kaase und Max Kaase (1999), »The effect of economic priorities on the measurement of value change: new experimental evidence«, *American Political Science Review* 93: 637-647.
Clegg, Stewart (1992), »French bread, Italian fashion and Asian enterprises: Modern passions and postmodern prognoses«, in: Jane Marceau (Hg.), *Reworking the World: Organisations, Technologies, and Cultures in Comparative Perspective*, Berlin und New York: de Gruyter, S. 55-94.
Coffin, Judith G. (1999), »A ›standard‹ of living? European perspectives on class and consumption in the early twentieth century«, *International Labor and Working-Class History* No. 55: 6-26.
Cohen, Lizabeth (2003), *A Consumers' Republic: The Politics of Mass Consumption in Postwar America*, New York, New York: Knopf.
Cohen, Lizabeth (2001), »Citizens and consumers in the United States in the century of mass consumption«, in: Martin Daunton und Matthew Hilton (Hg.), *The Politics of Consumption. Material Culture and Citizenship in Europe and America*, Oxford: Berg, S. 203-221.
Coleman, James S. (1990), *Foundations of Social Theory*, Cambridge, Massachusetts: Harvard University Press.
Coleman, James S. (1988), »Social capital in the creation of human capital«, *American Journal of Sociology* 95 (Supplement): 95-120.
Collins, Randell (2004), *Interaction Rituals Chains*, Princeton, New Jersey: Princeton University Press.
Comaroff, Jean und John L. Comaroff (1999), »Occult economies and the violence of abstraction: notes from the South African postcolony«, *American Ethnologist* 26: 279-303.
Conca, Ken (2001), »Consumption and environment in a global economy«, *Global Environmental Politics* 1: 53-71.
Conolly, William E. ([1974] 1993), *The Terms of Political Discourse*, Princeton, New Jersey: Princeton University Press.
Conrad, P. (1999), »A mirage of genes«, *Sociology of Health and Illness* 21: 228-241.
Cook, Ian, Philip Crang und Mark Thorpe (2000), »›Have you got the customer's permission?‹ Category management and circuits of knowledge in the UK food business«, in: John R. Bryson, Peter W. Daniels, Nick Henry und Jane Pollard (Hg.), *Knowledge, Space, Economy*, London: Routledge, S. 242-260.
Cooper, David E. (1995), »Technology: liberation or enslavement?«, in: Roger

Fellows (Hg.), *Philosophy and Technology*, Cambridge: Cambridge University Press, S. 7-18.
Cowan, Ruth Schwartz (1987), »The consumption junction: a proposal for research strategies in the sociology of technology«, in: Wiebe E. Bijker, Trevor Pinch und Thomas P. Hughes (Hg.), *The Social Construction of Technological Systems*, Cambridge, Massachusetts: MIT Press, S. 261-280.
Curtis, Terry (1988), »The information society: A computer-generated caste system?«, in: Vincent Mosco und Janet Wasko (Hg.), *The Political Economy of Information*, Madison, Wisconsin: University of Wisconsin Press, S. 95-107.

Daele, Wolfgang van den (1992), »Concepts of nature in modern societies and nature as a theme in sociology«, in: Meinolf Dierkes und Bernd Biervert (Hg.), *European Social Science in Transition: Assessment and Outlook*, Frankfurt/M.: Campus, S. 526-560.
Dahrendorf, Ralf ([1988] 1992), *Der moderne soziale Konflikt. Essays zur Politik der Freiheit*, Stuttgart: DVA.
Dahrendorf, Ralf ([1966] 1968), »Market and plan«, in: Ralf Dahrendorf, *Essays in the Theory of Society*, London: Routledge and Kegan Paul, S. 215-231.
Dahrendorf, Ralf ([1967] 1974), »Soziologie und industrielle Gesellschaft«, in: Ralf Dahrendorf (Hg.), *Pfade aus Utopia. Arbeiten zur Theorie und Methode der Soziologie*, München: Piper, S. 64-73.
Dasgupta, Partha (2001), *Human Well-Being and the Natural Environment*, Oxford: Oxford University Press.
Dauvergne, Peter (2005), »Dying of consumption: accidents or sacrifices of global morality«, *Global Environmental Politics* 5: 35-47.
Davis, Deborah S. (2004), »Talking about property in the new Chinese domestic property regime«, in: Frank Dobin (Hg.), *The Sociology of the Economy*, New York, New York: Russell Sage Foundation, S. 288-307.
Davis, Darren W. und Christian Davenport (1999), »Assessing the validity of the postmaterialism index«, *American Political Science Review* 93: 649-664.
Debord, Guy ([1967] 1996), *Die Gesellschaft des Spektakels*, Berlin: Ed. Tiamat.
Denison, Edward (1979), *Accounting for Slower Economic Growth*, Washington, D. C.: Brookings Institution.
Deutscher Bundestag (2005), *Nationaler Strategiebericht Alterssicherung 2005*, Unterrichtung durch die Bundesregierung, Drucksache 15/5571, 27. 5. 2005, ⟨http://www.sozialpolitik-aktuell.de/docs/NationalerStrategieberichtAlterssicherung2005.pdf⟩.
Deutschmann, Christoph (2001), »The promise of absolute wealth: capitalism *as* a religion?«, *Thesis Eleven* 66: 32-56.

Dewey, John ([1936] 1987), »Authority and social change«, in: John Dewey, *The Later Works 1925-1953*, herausgegeben von Jo Ann Boydsten, Band 11: 1935-1937, Carbondale: Southern Illinois University Press, S. 130-145.
Dewey, John ([1927] 1996), *Die Öffentlichkeit und ihre Probleme*, Bodenheim: Philo.
Diekmann, Andreas (1995), »Umweltbewußtsein oder Anreizstrukturen? Empirische Befunde zum Energiesparen der Verkehrsmittelwahl zum Konsumverhalten«, in: Andreas Diekmann und Axel Franzen (Hg.), *Kooperatives Umwelthandeln. Modelle, Erfahrungen, Maßnahmen*, Chur: Rüegger, S. 39-68.
Dietz, Thomas, Paul C. Stern und Gregory A. Guagnano (1998), »Social structural and social psychological bases of environmental concern«, *Environment and Behavior* 30: 450-471.
DiMaggio, Paul (1994), »Culture and the economy«, in: Neil J. Smelser und Richard Swedberg (Hg.), *The Handbook of Economic Sociology*, Princeton, New Jersey: Princeton University Press, S. 27-57.
DiMaggio, Paul und Hugh Louch (1998), »Socially embedded consumer transactions: for that kind of purchases do people use networks most?«, *American Sociological review* 63: 619-637.
Dijck, José van (1998), *Imagination. Popular Images of Genetics*, New York, New York: New York University Press.
Dixon, Jane (2002), *The Changing Chicken. Chooks, Cooks and Culinary Culture*, Sydney: University of New South Wales Press.
Dixon, Jane (1999), »A cultural economy model for studying food systems«, *Agriculture and Human Values* 16: 151-160.
Dobbin, Frank (1994), *Forging Industrial Policy. The United States, Britain, and France in the Railway Age*, New York, New York: Cambridge University Press.
Dore, Ronald (1983), »Goodwill and the spirit of market capitalism«, *British Journal of Sociology* 34: 459-481.
Douglas, Mary und Baron Isherwood (1979), *The World of Goods*, New York, New York: Basic Books.
Drucker, Peter (1939), *The End of Economic Man. A Study of the New Totalitarianism*, New York, New York: John Day.
Duesenberry, James S. (1949), *Income, Saving and the Theory of Consumer Behavior*, Cambridge, Massachusetts: Harvard University Press.
Dunlap, Riley (1998), »Lay perceptions of global risk: public views of global warming in cross-national context«, *International Sociology* 13: 473-498.
Dunlap, Riley und Angela G. Mertig (1996), »Weltweites Umweltbewußtsein. Eine Herausforderung für eine sozialwissenschaftliche Theorie«, in: Andreas Diekmann und Carlo C. Jaeger (Hg.), *Umweltsoziologie*, Sonder-

heft 36 der *Kölner Zeitschrift für Soziologie und Sozialpsychologie*, Opladen: Westdeutscher Verlag, S. 193-218.

Dunlap, Riley (1975), »The impact of political orientation on environmental attitudes and actions«, *Environment and Behavior* 7: 428-454.

Dunlap, Riley und Angela G. Mertig (1995), »Global concern for the environment: is affluence a prerequisite?«, *Journal of Social Issues* 51: 121-137.

Durkheim, Emile ([1895] 1984), *Die Regeln der soziologischen Methode*, herausgegeben und eingeleitet von René König, Frankfurt/M.: Suhrkamp.

Durkheim, Emile ([1888] 1981), »Einführung in die Sozialwissenschaft«, in: Emile Durkheim, *Frühe Schriften zur Begründung der Sozialwissenschaft*, Neuwied: Luchterhand, S. 25-52.

Durkheim, Emile ([1887a] 1986-1987), »The positive science of ethics in Germany«, *History of Sociology* 6-7: 191-251.

Durkheim, Emile ([1887b] 1986), »L'enseignement de la philosophie dans les universités allemandes«, *Revue Internationale de L'enseignement* 12: 313-338.

Durkheim, Emile ([1893] 1988), *Über soziale Arbeitsteilung. Studie über die Organisation höherer Gesellschaften*, mit einer Einleitung von Niklas Luhmann, Frankfurt/M.: Suhrkamp.

Dyrberg, Torben Bech (1997), *The Circular Structure of Power. Politics, Identity, Community*, London: Verso.

Easterlin, Richard A. (2004), »Is economic growth creating a new postmaterialistic society?«, in: Richard A. Easterlin, *The Reluctant Economist. Perspectives on Economics, Economic History, and Demography*, Cambridge: Cambridge University Press, S. 32-53.

Easterlin, Richard A. (2003), »Building a better theory of well-being«, *Forschungsinstitut zur Zukunft der Arbeit*, Discussion Paper No. 742, Bonn.

Easterlin, Richard A. (1995), »Will raising the incomes for all increase the happiness of all?«, *Journal of Economic Behavior and Organization* 27: 35-47.

Eder, Klaus (2002), »Die Natur: Ein neues Identitätssymbol der Moderne?«, in: Andre Gingrich und Elk Mader (Hg.), *Metamorphosen der Natur. Sozialanthropologische Untersuchungen zum Verhältnis von Weltbild und natürlicher Umwelt*, Wien: Böhlau, S. 31-68.

Ehrlich, Paul R. und Anne H. Ehrlich (1974), *The End of Affluence. A Blueprint for Your Future*, New York, New York: Ballantine Books.

Einsiedel, Edna F. (1998), »The market for credible information in biotechnology«, *Journal of Consumer Policy* 21: 405-444.

Elias, Norbert (1987), »The retreat of sociologists into the present«, in: Volker Meja, Dieter Misgeld und Nico Stehr (Hg.), *Modern German Sociology*,

New York, New York: Columbia University Press, S. 150-172 [auch erschienen als: Norbert Elias ([1983] 2006), »Über den Rückzug der Soziologen auf die Gegenwart«, in: Norbert Elias, *Gesammelte Schriften*, Band 15, Frankfurt/M.: Suhrkamp, S. 389-408].

Elkins, Paul (Hg.; 1986), *The Living Economy. A New Economics in the Making*, London: Routledge and Kegan Paul.

Elwert, Georg (1987), »Ausdehnung der Käuflichkeit und Einbettung der Wirtschaft, Markt und Moralökonomie«, in: Klaus Heinemann (Hg.), *Soziologie wirtschaftlichen Handelns*, Sonderheft 28 der *Kölner Zeitschrift für Soziologie und Sozialpsychologie*, Opladen: Westdeutscher Verlag, S. 393-416.

Elwert, Georg (1985), »Märkte, Käuflichkeit und Moralökonomie«, in: Burkart Lutz (Hg.), *Soziologie und gesellschaftliche Entwicklung. Verhandlungen des 22. Deutschen Soziologentages in Dortmund 1984*, Frankfurt/M.: Campus, S. 353-398.

Emerson, Richard M. (1981), »Social Exchange Theory«, in: Morris Rosenberg und Robert H. Turner (Hg.), *Social Psychology: Sociological Perspectives*, New York, New York: Basic Books, S. 30-65.

Etzioni, Amitai (2004), »The post-affluent society«, *Review of Social Economy* 57: 407-420.

Etzioni, Amitai (2003), »Toward a new socio-economic paradigm«, *Socio-Economic Review* 1: 105-134.

Etzioni, Amitai ([1988] 1996), *Die faire Gesellschaft. Jenseits von Sozialismus und Kapitalismus*, Frankfurt/M.: Fischer.

Etzioni, Amitai (1958), »Administration and the consumer«, *Administrative Science Quarterly* 3: 251-265.

Ewen, Stuart ([1988] 1999), *All Consuming Images. The Politics of Style in Contemporary Culture*, with a New Introduction by the Author, New York, New York: Basic Books.

Falk, Pasi und Colin Campbell (Hg.; 1997), *The Shopping Experience*, London: Sage.

Farkas, George (1996), *Human Capital or Cultural Capital. Ethnicity and Poverty in an Urban School District*, New York, New York: Aldine de Gruyter.

Faulkner, Wendy, Jacqueline Senker und Lea Velho (1995), *Knowledge Frontiers. Industrial Innovation and Public Sector Research in Biotechnology, Engineering Ceramics, and Parallel Computing*, Oxford: Clarendon Press.

Featherstone, Mike (1991), *Consumer Culture and Postmodernism*, London: Sage.

Fehr, Ernst und Armin Frank (2002), »Psychological foundations of incentives«, *European Economic Review* 46: 687-724.

Feller, Irwin (1987), »The economics of technological change filtered through a social knowledge system framework«, *Knowledge* 9: 233-253.

Ferguson, Adam (1767), *An Essay on the History of Civil Society*, London: A. Millar & T. Caddel.

Fevre, Ralph (2003), *The New Sociology of Economic Behavior*, London: Sage.

Fiaschi, Davide und Rodolfo Signorino (2003), »Consumption patters, development and growth: Adam Smith, David Ricardo and Thomas Robert Malthus«, *European Journal of the History of Economic Thought* 10: 4-24.

Fine, Ben (1998), »The triumph of economics: or ›rationality‹ can be dangerous to your reasoning«, in: James G. Carrier und Daniel Miller (Hg.), *Virtualism: A New Political Economy*, Oxford: Berg, S. 49-73.

Fingar, Peter, Harsha Kumar und Tarun Sharma (1999), »21st century markets: from places to spaces«, *First Monday* 4 (12), ⟨http://www.firstmonday.org/issues/issue4_12/fingar/index.hmtl⟩.

Fleurbaey, Marc (2004), »Normative economics and theories of distributive justice«, in: John B. Davis, Alain Marciano und Jochen Runde (Hg.), *The Elgar Companion to Economics and Philosophy*, Cheltenham: Elgar, S. 132-158.

Fleising, Usher ([1991] 1999), »Public perceptions of biotechnology«, in: Vivian Moses and Ronald E. Cape (eds.), *Biotechnology: The Science and the Business*, second Edition, edited by Derek G. Springham, Amsterdam: Harwood, S. 89-103.

Fligstein, Neil (1996a), »Markets as politics: a political-cultural approach to market institutions«, *American Sociological Review* 61: 656-673.

Fligstein, Neil (1996b), »How to make a market. Reflections on the European Union's single market program«, *American Journal of Sociology* 102: 1-33.

Fogel, Robert W. (1997), »Economic and social structure for an ageing population«, *Philosophical Transactions of the Royal Society: Biological Sciences* 352: 1905-1917.

Folbre, Nancy (2004), »Sleeping beauty awakes: self-interest, feminism, and fertility in the early Twentieth Century«, *Social Research* 71: 343-356.

Foley, Duncan K. (2004), »Rationality and ideology in economics«, *Social Research* 71: 329-342.

Foucault, Michel ([1979] 2004), *Geschichte der Gouvernementalität II. Die Geburt der Biopolitik*, Frankfurt/M.: Suhrkamp.

Fourcade-Gourinchas, Marion und Sara Babb (2002), »The rebirth of the liberal creed: paths to neoliberalism in four countries«, *American Journal of Sociology* 108: 533-579.

Fox, Russell Arben (2000), »Can theorists make time for belief?«, in: Jason A. Frank und John Tambormino (Hg.), *Vocations of Political Theory*, Minneapolis, Minnesota: University of Minnesota Press, S. 93-117.

Frank, Robert H. (2004a), *What Prices the Moral High Ground? Ethical dilemmas in competitive environments*, Princeton, New Jersey: Princeton University Press.

Frank, Robert H. (2004b), »How not to buy happiness«, *Daedalus* (Spring): 69-79.

Frank, Robert H. (1989), »Frames of reference and the quality of life«, *American Economic Review* 79: 80-85.

Frank, Robert H. (1987), »If *homo oeconomicus* could choose his utility function, would he want one with a conscience?«, *American Economic Review* 77: 593-604.

Franzen, Axel (2003), »Environmental attitudes in international comparison: an analysis of the ISSP surveys 1993 and 2000«, *Social Science Quarterly* 84: 297-308.

Fraser, L. M. (1939), »The doctrine of consumers' sovereignty«, *The Economic Journal* 49: 544-548.

Frenkel, Stephen J., Marek Korczynski, Karen A. Shire und May Tam (1999), *On the Front Line. Organization of Work in the Information Economy*, Ithaca, New York: Cornell University Press.

Frey, Bruno S. (2000), »Morality and rationality in environmental policy«, *Journal of Consumer Policy* 22: 395-417.

Friedland, Roger und Robert Alford (1991), »Bringing society back in«, in: Walter W. Powell und Paul DiMaggio (Hg.), *The New Institutionalism in Organizational Analysis*, Chicago, Illinois: University of Chicago Press, S. 232-263.

Friedman, Benjamin M. (2006), »The moral consequences of economic growth«, *Society* 43: 15-22.

Friedman, Jonathan (Hg.; 1994), *Consumption and Identity*, London: Harwood.

Friedman, Monroe (1999), *Consumer Boycott. Effecting Change through the Marketplace and the Media*, London: Routledge.

Friedman-Ekholm, Kajsa und Jonathan Friedman (1995), »Global complexity and the simplicity of everyday life«, in: Daniel Miller (Hg.), *Worlds Apart. Modernity through the Prism of the Local*, London: Routledge, S. 134-168.

Fuchs, Doris A. und Sylvia Lorek (2005), »Sustainable consumption governance: a history of promises and failures«, *Journal of Consumer Policy* 28: 261-288.

Fuchs, Doris A. und Sylvia Lorek (2002), »Sustainable consumption governance in a globalizing world«, *Global Environmental Politics* 2: 19-45.

Fukuyama, Francis (1992), *The End of History and the Late Man*, New York, New York: Avon Books.

Fullbrook, Edward (Hg.; 2002), *Intersubjectivity in Economics. Agents and Structures*, London: Routledge.

Furlough, Ellen (1991), *Consumer Cooperation in France: The Politics of Con sumption, 1834-1930*, Ithaca, New York: Cornell University Press.
Furner, Mary O. (1996), »Social scientists and the state: constructing the knowledge base for public policy, 1880-1920«, in: Leon Fink, Stephen T. Leonard und Donald M. Reid (Hg.), *Intellectuals and Public Life*, Itha ca, New York: Cornell University Press, S. 145-181.

Gabriel, Yiannis und Tim Lang (1995), *The Unmanageable Consumer. Con temporary Consumption and its Fragmentation*, London: Sage.
Galbraith, John K. (1998), »On the continuing influence of affluence«, in United Nations Development Programme, *Human Development Report* New York, New York: Oxford University Press, S. 42.
Galbraith, John K. (1973), »Power and the useful economist«, *The American Economic Review* 63: 1-11.
Galbraith, John K. ([1967] 1968), *Die moderne Industriegesellschaft*, Frank furt/M./Wien/Zürich: Büchergilde Gutenberg.
Galbraith, John K. ([1958] 1963), *Gesellschaft im Überfluß*, München: Knaur
Galbraith, John K. (1957), *The Affluent Society*, Boston: Houghton Mifflin.
Galbraith, John K. (1956), *Der amerikanische Kapitalismus im Gleichgewicht der Wirtschaftskräfte*, Stuttgart/Wien/Zürich: A. J. Walter Verlag.
Gallic, Walter B. (1964), *Philosophy and the Historical Understanding*, Lon don: Chatto and Windus.
Garnham, Nicholas und Raymond Williams (1986), »Pierre Bourdieu and the sociology of culture: an introduction«, in: Richard Collins u. a. (Hg.), *Media, Culture and Society*, London: Sage, S. 116-130.
Gaskell, George, Nick Allum and Sally Stares (2003), »Europeans and bio technology«, *Eurobarometer* 58.0. A Report to the EC Directorate Gene ral for Research from the Project ›Life Sciences in European Society‹ QLG7-1999-00286.
Gasper, Des (2005), »Subjective and objective well-being in relation to eco nomic inputs: puzzles and responses«, *Review of Social Economy* 63: 177-206.
Gath, Melani und Richard von Alvensleben (1997), »The potential effect of labeling GM foods on consumer decisions«, Preliminary Report. In stitute for Agricultural Economics, Universität Kiel.
Geanakoplos, John (1992), »Common knowledge«, *Journal of Economic Per spectives* 6: 53-82.
Geest, van der Sjaak, Susan Reynods White und Anita Hardon (1996), »The anthropology of pharmaceuticals: a biographical approach«, *Annual Re view of Anthropology* 25: 153-178.
Gereffi, Gary (1995), »Contending paradigms for cross-regional compari sons, development strategies and commodity chains in East Asia and Latin America«, in: Peter H. Smith (Hg.), *Latin America in Comparative Per*

spective. New Approaches to Methods and Analysis, Boulder, Colorado: Westview, S. 33-58.

Gereffi, Gary und Miguel Korzeniewicz (1994), *Commodity Chains and Global Capitalism*, Westport, Connecticut: Praeger.

Gershenfeld, Neil (2005), *Fab. The coming revolution on your desktop – from personal computers to personal fabrication*, New York, New York: Basic Books.

Gibbon, Peter (2001), »Upgrading primary production: a global commodity chain approach«, *World Development* 29: 345-363.

Gibbons, Robert (2005), »What is economic sociology and should any economist care?«, *Journal of Economic Perspectives* 19: 3-7.

Giddens, Anthony (1984), *The Constitution of Society. Outline of a Theory of Structuration*, Cambridge: Polity Press.

Giddens, Anthony (1981), *The Class Structure of Advanced Society*, London: Hutchinson.

Gilg, Andrew, Stewart Barr und Nicholas Ford (2005), »Green consumption or sustainable life styles? Identifying the sustainable consumer«, *Futures* 37: 481-504.

Ginsborg, Paul (2005), *The Politics of Everyday Life. Making Choices, Changing Lives*, New Haven, Connecticut: Yale University Press.

Glatzer, Wolfgang und Richard Hauser (2002), »The distribution of income and wealth in European and North American societies«, in: Yannick Lemel und Heinz-Herbert Noll (Hg.), *Changing Structures of Inequality. A Comparative Perspective*, Montreal: McGill-Queen's University Press, S. 187-217.

Godelier, Maurice ([1966] 1972), *Rationalität und Irrationalität in der Ökonomie*, Frankfurt/M.: Europäische Verlagsanstalt.

Godelier, Maurice ([1973] 1973), *Ökonomische Anthropologie. Untersuchungen zum Begriff der sozialen Struktur primitiver Gesellschaften*, Reinbek bei Hamburg: Rowohlt.

Gofton, Les und Erica Haimes (1999), »Necessary evils? Opening up in sociology and biotechnology«, *Sociological Research Online*, ⟨http://www.socresonline.org.uk/socresonline/-1995/1/gofton.html⟩.

Goldthorpe, John H. (1966), »Social stratification in industrial society«, in: Reinhard Bendix und Seymour M. Lipset (Hg.), *Class, Status and Power*, New York, New York: Free Press, S. 648-659.

Goode, William J. (1997), »Rational choice theory«, *The American Sociologist* 28: 22-41.

Goodman, David (2003), »The quality ›turn‹ and alternative food practices: reflections and agenda«, *Journal of Rural Studies* 19: 1-7.

Goodman, Paul (1960), *Growing Up Absurd. Problems of Youth in the Organized System*, New York, New York: Random House.

Gorman, Paul N. (1996), *Left Intellectuals and Popular Culture in Twentieth-Century America*, Chapel Hill, North Carolina: University of North Carolina Press.

Gorz, André ([1988] 1994), *Kritik der ökonomischen Vernunft. Sinnfragen am Ende der Arbeitsgesellschaft*, Hamburg: Rotbuch.

Gorz, André (1985), *Paths to Paradise. On the Liberation from Work*, London: Pluto Press.

Gorz, André (1983), *Wege ins Paradies*, Berlin: Rotbuch Verlag.

Gorz, André (1980), *Abschied vom Proletariat*, Frankfurt/M.: Europäische Verlagsanstalt.

Granovetter, Mark (2005), »The impact of social structure on economic outcomes«, *Journal of Economic Perspectives* 19: 33-50.

Granovetter, Mark (1985), »Economic action and social structure: the problem of the embeddedness«, *American Journal of Sociology* 91: 481-510.

Granovetter, Mark (1981), »Toward a sociological theory of income differences«, in: Ivar Berg (Hg.), *Sociological Perspectives*, New York, New York: Academic Press, S. 11-47.

Gregg, Samuel (2004), »Markets, morality, and civil society«, *Intercollegiate Review* 39: 23-30.

Grundmann, Reiner (2001), *Transnational Environmental Policy. Reconstructing Ozone*, London: Routledge.

Gueterbock, Rob (2004), »Greenpeace campaign case study – Stop Esso«, *Journal of Consumer Behavior* 3: 265-271.

Guillén, Mauro F. (1994), *Models of Management. Work, Authority, and Organization in a Comparative Perspective*, Chicago, Illinois: University of Chicago Press.

Guiso, Luigi, Paola Sapienza und Luigi Zingales (2006), »Does culture affect economic outcomes?«, *National Bureau of Economic Research*, Working Paper 11 999, ⟨http://www.nber.org/papers/w11999⟩.

Guthman, Julie (2002), »Commodified meanings, meaningful commodities: re-thinking production-consumption links through the organic system of provision«, *Sociologica Ruralis* 42: 295-311.

Habermas, Jürgen (1998), »Die postnationale Konstellation und die Zukunft der Demokratie«, Öffentlicher Vortrag, Kulturforum der Sozialdemokratischen Partei Deutschlands, 5. Juni 1998, Willy-Brandt-Haus, Berlin.

Habermas, Jürgen (1987), *Die neue Unübersichtlichkeit*, Frankfurt/M.: Suhrkamp.

Habermas, Jürgen (1981), *Theorie des kommunikativen Handelns*, 2 Bände, Frankfurt/M.: Suhrkamp.

Hahn, Alois (1987), »Soziologische Aspekte der Knappheit«, in: Klaus Heine-

mann (Hg.), *Soziologie wirtschaftlichen Handelns*, Sonderheft 28 der *Kölner Zeitschrift für Soziologie und Sozialpsychologie*, Opladen: Westdeutscher Verlag, S. 119-132.
Halbwachs, Maurice (1933), *L'évolution des besoins dans les classes ouvrières*, Paris: F. Alcan.
Halbwachs, Maurice ([1913] 2001), *Klassen und Lebensweisen. Ausgewählte Schriften 2*, Konstanz: UvK.
Hall, John R. (1992) »The capital(s) of cultures: A nonholistic approach to status situations, class, gender, and ethnicity«, in: Michèle Lamont and Marcel Fournier (Hg.), *Cultivating Differences. Symbolic Boundaries and the Making of Inequality*, Chicago, Illinois: University of Chicago Press, S. 257-285.
Hamermesh, Daniel S. (2004), »Subjective outcomes in economics«, *NBER Working Paper Series* 10 361, ⟨http://www.nber.org/papers/w10361⟩.
Hamilton, Clive (2003), *Growth Fetish*, London: Allen & Unwin.
Hamilton, Gary G. und Nicole Woolsey Biggart (1988), »Market, culture and authority: a comparative analysis of management and organization in the Far East«, *American Journal of Sociology* 94 (Supplement): 52-94.
Hampel, Jürgen, Uwe Pfennig und Hans Peter (2000), »Attitudes toward genetic engineering«, *New Genetics and Society* 19: 233-249.
Harchaoui, Tarek M. und Founzi Tarkhani (2004), »Shifts in consumer spending«, *Perspectives on Labour and Income* (Statistics Canada) 5: 17-21.
Hardin, Russell (2000), »Communities and development: autarkic social groups and the economy«, in: Mancur Olson und Satu Kähkönen (Hg.), *A Not-So-Dismal Science. A Broader View of Economics and Society*, Oxford: Oxford University Press, S. 206-227.
Harknett, Kristen und Sara McLanahan (2004), »Racial and ethic differences in marriage after the birth of a child«, *American Sociological Review* 69: 790-811.
Harvey, David (1989), *The Condition of Postmodernity. An Enquiry into the Origins of Cultural Change*, Oxford: Basil Blackwell.
Hausman, Daniel M. und Michael S. McPherson (1993), »Taking ethics seriously: economics and contemporary philosophy«, *Journal of Economic Literature* 31: 671-731.
Hayek, Friedrich A. (1978), *The Constitution of Liberty*, Chicago: University of Chicago Press.
Hayek, Friedrich A. von ([1968] 1969), »Der Wettbewerb als Entdeckungsverfahren«, in: Friedrich A. Hayek, *Freiburger Studien*, Tübingen: J. C. B. Mohr (Paul Siebeck), S. 249-278.
Hayek, Friedrich A. von ([1968] 1969), »Die Ergebnisse menschlichen Handelns, aber nicht menschlichen Entwurfs«, in: Friedrich A. von Hayek, *Freiburger Studien*, Tübingen: J. C. B. Mohr (Paul Siebeck), S. 97-107.

Hayek, Friedrich A. von (1958), »Freedom, reason, and tradition«, *Ethics* 68: 229-245.
Hayek, Friedrich A. von ([1946] 1976), »Der Sinn des Wettbewerbs«, in: Friedrich A. von Hayek, *Individualismus und wirtschaftliche Ordnung*, Salzburg: Philosophia, S. 122-140.
Hayek, Friedrich A. von ([1939] 1997), »Freedom and the economic system«, in: Friedrich A. von Hayek, *War and Socialism. Collected Works of F. A. Hayek*, Volume 10, Chicago, Illinois: University of Chicago Press, S. 189-211.
Hayek, Friedrich A. von ([1937] 1976), »Wirtschaftstheorie und Wissen«, in: Friedrich A. von Hayek, *Individualismus und wirtschaftliche Ordnung*, Salzburg: Philsophia, S. 49-77.
Hayek, Friedrich A. von (1931), *Prices and Production*, London: Routledge & Sons.
Healy, Kieran (2004), »Altruism as an organizational problem: the case of organ procurement«, *American Sociological Review* 69: 387-404.
Heap, Shaun P. Hargreaves (2004), »Economic rationality«, in: John B. Davis, Alain Marciano und Jochen Runde (Hg.), *The Elgar Companion to Economics and Philosophy*, Cheltenham: Elgar, S. 42-60.
Heckman, James J., Jora Stixrud und Sergio Urzua (2006), »The effects of cognitive and noncognitive abilities on labor market outcomes and social behavior«, *National Bureau of Economic Research*, Working Paper 12 006, ⟨http://www.nber.org/papers/w12006⟩.
Heilbroner, Robert (1996), »Economics in the twenty-first century«, in: Charles J. Whalen (Hg.), *Political Economy for the 21st Century. Contemporary Views on the Trend of Economics*, Armonk, New York: M. E. Sharpe, S. 265-274.
Heilbroner, Robert (1973), »Economic problems of a ›post-industrial‹ society«, *Dissent* 20: 163-176.
Heimann, Ernst (1963), *Soziale Theorie der Wirtschaftssysteme*, Tübingen: J. C. B. Mohr (Paul Siebeck).
Heimann, Eduard (1929), *Soziale Theorie des Kapitalismus*, Tübingen: J. C. B. Mohr (Paul Siebeck).
Heinemann, Klaus (1976), »Elemente einer Soziologie des Marktes«, *Kölner Zeitschrift für Soziologie und Sozialpsychologie* 28: 48-69.
Heins, Volker (1992), »Gentechnik aus der Verbraucherperspektive«, *Soziale Welt* 33: 383-399.
Heiskanen, Eva (2005), »The performative nature of consumer research: consumers' environmental awareness as an example«, *Journal of Consumer Policy* 28: 179-201.
Heller, Chaia (2002), »From scientific risk to paysan savoir-faire: peasant expertise in the French and global debate over GM crops«, *Science as Culture* 11: 5-37.

Helliwell, John F. (2002), »How's life? Combining individual and national variables to explain subjective well-being«, *Economic Modeling* 20: 331-360.

Helliwell, John F. und Robert D. Putnam (2004), »The social context of well-being«, *Philosophical Transactions of the Royal Society* Series B 359, 1435-1446.

Helmstaedter, Ernst (2004), »Competition as an instrument of justice«, Paper presented at the International Conference of the »Moralization of the Markets«, Center for Advanced Cultural Studies, Essen, Mai 2004.

Herskovits, Melville J. (1940), *The Economic Life of Primitive Peoples*, New York, New York: Alfred A. Knopf.

Hertsgaard, Mark (2002), *The Eagle's Shadow. Why America Fascinates and Infuriates the World*, New York, New York: Farrar, Strauss and Giroux.

Hesberg, Walter (1961), »Verbraucher und soziale Marktwirtschaft«, in: Franz Greiß und F. W. Meyer (Hg.), *Wirtschaft, Gesellschaft und Kultur. Festgabe für Alfred Müller-Armack*, Berlin: Duncker & Humblot, S. 627-633.

Hilton, Matthew (2004), »The legacy of luxury«, *Journal of Consumer Culture* 4: 101-123.

Hilton, Matthew und Martin Daunton (2001), »Material politics: an introduction«, in: Martin Daunton und Matthew Hilton (Hg.), *The Politics of Consumption. Material Culture and Citizenship in Europe and America*, Oxford: Berg, S. 1-32.

Himmelfarb, Gertrude (1994), *The De-Moralization of Society. From Victorian Virtues to Modern Values*, New York, New York: Vintage Books.

Hindmarsh, Richard (2004), »GM policy networks in Asia: a discursive political history of the ›doubly green revolution‹«, in: Nico Stehr (Hg.), *Biotechnology: Between Commerce and Civil Society*, New Brunswick, New Jersey: Transaction Books, S. 321-347.

Hindmarsh, Richard, Geoffrey Lawrence und Janet Norton (1998), »Bio-utopia: the way forward«, in: Richard Hindmarsh, Geoffrey Lawrence und Janet Norton (Hg.), *Altered Genes. Reconstructing Nature: The Debate*, London: Allen & Unwin, S. 3-23.

Hinrichs, C. Clare (2003), »The practice and politics of food system localization«, *Journal of Rural Studies* 19: 33-45.

Hippel, Eric von (2005), *Democratizing Innovation*, Cambridge, Massachusetts: MIT Press.

Hirsch, Fred (1978), *Social Limits to Growth*, Cambridge, Massachusetts: Harvard University Press.

Hirschman, Albert O. (1989), »Having opinions – one of the elements of well-being?«, *The American Economic Review* 79: 75-79.

Hirschman, Albert O. (1986), *Rival Views of Market Society and Other Recent Essays*, New York, New York: Viking.

Hirschman, Albert O. (1985), »Against parsimony: three easy ways of complicating some categories of economic discourse«, *Economic Philosophy* 1: 7-21.
Hirschman, Albert O. (1982), »Rival interpretations of market society: civilizing, destructive, or feeble?«, *Journal of Economic Literature* 20: 1463-1484.
Hirschman, Albert O. ([1980] 1981), »Morality and the social sciences: a durable tension«, in: Albert Hirschman, *Essays in Trespassing. Economics to Politics and Beyond*, Cambridge: Cambridge University Press, S. 294-306.
Hirschman, Albert O. (1977), *Leidenschaften und Interessen*, Frankfurt/M.: Suhrkamp.
Hirschman, Albert O. (1970), *Exit, Voice, and Loyalty*, Cambridge, Massachusetts: Harvard University Press.
Hodgson, Geoffrey M. (1993), *Economics and Evolution. Bringing Life Back into Economics*, Oxford: Polity Press.
Holt, Douglas B. (1998), »Does cultural capital structure American consumption?«, *Journal of Consumer Research* 25: 1-25.
Holt, Douglas B. (1995), »How consumers consume: a typology of consumption practices«, *Journal of Consumer Research* 22: 1-16.
Holton, Robert J. (1992), *Economy and Society*, London: Routledge.
Homans, George C. (1961), *Social Behavior. Its Elementary Forms*, New York, New York: Harcourt Brace.
Horkheimer, Max ([1947] 1991), *Zur Kritik der instrumentellen Vernunft*, in: Max Horkheimer, *Gesammelte Schriften*, Band 6, Frankfurt/M.: Fischer, S. 21-165.
Horkheimer, Max ([1934] 1988), »Zum Rationalismusstreit in der gegenwärtigen Philosophie«, in: Max Horkheimer, *Gesammelte Schriften*, Band 6, Frankfurt/M.: Fischer, S. 163-220.
Horkheimer, Max und Theodor W. Adorno ([1947] 1987), *Dialektik der Aufklärung*, in: Max Horkheimer, *Gesammelte Schriften*, Band 5, Frankfurt/M.: Fischer, S. 13-290.
Horowitz, Daniel (2004), *The Anxieties of Affluence. Critiques of American Consumer Culture*, 1939-1979, Amherst, Massachusetts: University of Massachusetts Press.
Horowitz, Daniel (1998), »The emigré as celebrant of American consumer culture«, in: Susan Strasser, Charles McGovern und Matthias Judt (Hg.), *Getting and Spending. European and American Consumer Societies in the Twentieth Century*, Cambridge: Cambridge University Press, S. 149-166.
House, Dawn (2001), »Agent of changelessness: the development and commodification of biotechnology«, *Organization* 8: 251-258.

Howitt, Peter ([1996] 1998), »On some problems in measuring knowledge-based growth«, in: Dale Neef (Hg.), *The Knowledge Economy*, Boston, Ma.: Butterworth-Heinemann, S. 97-117.
Hoyt, Elisabeth E. (1938), *Consumption in our Society*, New York, New York: McGraw-Hill.
Hutt, William H. (1940), »The concept of consumers' sovereignty«, *The Economic Journal* 50: 66-77.
Hutt, William H. (1936), *Economists and the Public: A Study of Competition and Opinion*, London: J. Cape.

Inglehart, Ronald (1998), »The trend toward postmaterialist values continues«, in: Terry N. Clark und Michael Rempel (Hg.), *Citizen Politics in Post-Industrial Societies*, Boulder, Colorado: Westview Press, S. 57-66.
Inglehart, Ronald (1995a), »Changing values, economic development and political change«, *International Social Science Journal* 145: 379-403.
Inglehart, Ronald (1995b), »Public support for environmental protection: objective problems and subjective values in 43 societies«, *PS: Political Science and Politics* 28: 57-71.
Inglehart, Ronald (1987), »Value change in industrial society«, *American Political Science Review* 81: 1289-1303.
Inglehart, Ronald (1977) *The Silent Revolution*, Princeton, New Jersey: Princeton University Press.
Inglehart, Ronald (1971), »The silent revolution in Europe: intergenerational change in post-industrial societies«, *American Political Science Review* 65: 999-1017.
Inglehart, Ronald und Paul R. Abramson (1999), »Measuring postmaterialism«, *American Political Science Review* 93: 665-677.
Inglehart, Ronald, Miguel Basañez und Alejandro Moreno (1998), *Human Values and Beliefs: A Cross-Cultural Sourcebook*, Ann Arbor: University of Michigan Press.
Inkeles, Alex (1998), *One World Emerging? Convergence and Divergence in Industrial Societies*, Boulder, Colorado: Westview Press.
Isaacs, Harold R. (1973), *Group Identity and Political Change: The Politics of Retribalization*, Tokyo: The International House of Japan.

Jackson, William A. (2005), »Capabilities, culture, and social structure«, *Review of Social Economy* 62: 101-124.
Jacobs, Meg (2001), »The politics of plenty in the twentieth-century United States«, in: Martin Daunton und Matthew Hilton (Hg.), *The Politics of Consumption. Material Culture and Citizenship in Europe and America*, Oxford: Berg, S. 223-239.
Jencks, Christopher (1990), »Varieties of altruism«, in: Jane F. Mansbridge

(Hg.), *Beyond Self-Interest*, Chicago, Illinois: University of Chicago Press, S. 54-70.

Jin, Ginger Zhe und Phillip Leslie (2003), »The effect of information on product quality: evidence from restaurant hygiene grade cards«, *The Quarterly Journal of Economics* 118: 409-451.

John, Andrew und Jill Klein (2003), »The boycott puzzle: consumer motivations for purchase sacrifice«, *Management Science* 49: 1196-1209.

Jonas, Hans (1979), *Das Prinzip Verantwortung. Versuch einer Ethik für die technologische Zivilisation*, Frankfurt/M.: Suhrkamp.

Jones, Robert Emmet und Riley E. Dunlap (1992), »The social bases of environmental concern: have they changed over time?«, *Rural Sociology* 57: 28-47.

Jonge, Jan P. R. de (2005), »Rational choice theory and moral action«, *Socio-Economic Review* 3: 117-132.

Jorgenson, D. W. und B. M. Fraumeni (1989), »The accumulation of human and nonhuman capital, 1948-1984«, in: Richard E. Lipsey und H. S. Tice (Hg.), *The Measurement of Saving, Investment, and Wealth*, Chicago, Illinois: University of Chicago Press.

Judt, Tony (2005), *Postwar. A History of Europe since 1945*, London: William Heinemann.

Kaelble, Hartmut, Jürgen Kocka und Hannes Siegrist (Hg.; 1997), *Europäische Konsumgeschichte. Eine Gesellschafts- und Kulturgeschichte des Konsums (18. bis 20. Jahrhundert)*, Frankfurt/M.: Campus.

Kamarck, Andrew M. (2002), *Economics as Social Science. An Approach to Nonautistic Theory*, Ann Arbor: University of Michigan Press.

Katona, George ([1964] 1965), *Der Massenkonsum. Eine Psychologie der neuen Käuferschichten*, Düsseldorf: Econ.

Katona, George ([1960] 1962), *Die Macht des Verbrauchers*, Düsseldorf: Econ.

Katona, George (1951), »Expectations and decisions in economic behavior«, in: Daniel Lerner und Harold D. Lasswell (Hg.), *The Policy Sciences*, Stanford, California: Stanford University Press, S. 219-232.

Katona, George, Burkhard Strümpel und Ernest Zahn (1971), *Zwei Wege zur Prosperität. Konsumverhalten, Leistungsmentalität und Bildungsbereitschaft in Amerika und Europa*, Düsseldorf: Econ.

Katz, Elihu und Paul F. Lazarsfeld (1955), *Personal Influence*, Glencoe, Illinois: Free Press.

Katz-Gerro, Tally (2002), »Highbrow cultural consumption and class distinction in Italy, Israel, West Germany, Sweden, and the United States«, *Social Forces* 81: 207-229.

Kay, John (2003), *The Truth about Markets. Their Genius, their Limits, their Follies*, London: Allen Lane.

Kay, Lily E. (1998), »Problematizing basic research in molecular biology«, in Arnold Thackray (Hg.), *Private Science. Biotechnology and the Rise of the Molecular Sciences*, Philadelphia, Pennsylvania: University of Pennsylvania Press, S. 20-38.
Keat, Russell (1999), »Market boundaries and the commodification of culture«, in: Larry J. Ray und Andrew Sayer (Hg.), *Culture and Economy After the Cultural Turn*, London: Sage, S. 92-111.
Keynes, John Maynard (1936), *Allgemeine Theorie der Beschäftigung, des Zinses und des Geldes*, Berlin: Duncker & Humblot.
Keynes, John Maynard (1936), *The General Theory of Employment, Interest, and Money*, London: Macmillan.
Keynes, John Maynard ([1930] 1984), »Economic possibilities for our grandchildren«, in: John M. Keynes, *Collected Writings. Volume IX: Essays in Persuasion*, Cambridge: Cambridge University Press, S. 321-332.
Khalil, Elias L. (1997), »Etzioni *versus* Becker: do moral sentiments differ from ordinary tastes?«, *The Economist* 145: 491-520.
Kidd, Quentin und Aie-Rie Lee (1997), »Postmaterialist values and the environment: a critique and reappraisal«, *Social Science Quarterly* 78: 1-15.
Kiker, B. F. (1996), »The historical roots of the concept of human capital«, *Journal of Political Economy* 74: 481-499.
Kinnear, Thomas C., James R. Taylor und Sadrudin A. Ahmed (1974), »Ecologically concerned consumers: who are they?«, *Journal of Marketing* 38: 20-24.
Kirman, Alan P. (1992), »Whom or what does the representative individual represent?«, *Journal of Economic Perspectives* 6: 117-136.
Kiser, Edgar und Michael Hechter (1998), »The debate on historical sociology: rational choice theory and its critics«, *American Journal of Sociology* 104: 755-791.
Klages, Helmut (1986), *Wertorientierungen im Wandel. Rückblick, Gegenwartsanalyse, Prognose*, Frankfurt/M.: Campus.
Klonsky, Karen (2000), »Forces impacting the production of organic foods«, *Agriculture and Human Values* 17: 233-243.
Kloppenburg, Jack Jr. und Beth Burrows (2001), »Biotechnology to the rescue? Ten reasons why biotechnology is incompatible with sustainable agriculture«, in: Brian Tokar (Hg.), *Redesigning Life? The Worldwide Challenge to Genetic Engineering*, Montreal: McGill-Queen's University Press, S. 103-110.
Knight, Charles ([1855] 1856), *Knowledge is Power. A View of the Productive Forces of Modern Society and the Results of Labor, Capital and Skill*, Boston, Massachusetts: Gould and Lincoln.
Knight, Frank H. (1940), »Professor Parsons on economic motivation«, *Canadian Journal of Economics and Political Science* 6: 460-465.

Knight, Jack und Douglass North (1997), »Explaining economic change«, *Legal Theory* 3: 211-226.

König, René ([1956] 1965), »Masse und Vermassung«, in: René König, *Soziologische Orientierungen. Vorträge und Aufsätze*, Köln: Kiepenheuer & Witsch, S. 479-493.

Kohli, Martin (1987), »Ruhestand und Moralökonomie«, in: Klaus Heinemann (Hg.), *Soziologie wirtschaftlichen Handelns*, Sonderheft 28 der *Kölner Zeitschrift für Soziologie und Sozialpsychologie*, Opladen: Westdeutscher Verlag, S. 393-416.

Kopczuk, Wojciech und Emmanuel Saez (2004), »Top wealth share in the United States, 1916-2000. Evidence from estate tax returns«, *National Bureau of Economic Research*, Working Paper 10 399, ⟨http://www.nber.org/papers/w10399⟩.

Koponen, Timothy M. (2002), »Commodities in action: measuring embeddedness and imposing values«, *Sociological Review* 50: 543-569.

Krause, George A. und Jim Granato (1998), »Fooling some of the public some of the time? A test for weak rationality with heterogeneous information levels«, *Public Opinion Quarterly* 62: 135-152.

Krimsky, Sheldon und Roger Wrubel (1996), *Agricultural Biotechnology and the Environment. Science, Policy, and Social Issues*, Urbana, Illinois: University of Illinois Press.

Krippner, Greta R. (2001), »The elusive market: embeddedness and the paradigm of economic sociology«, *Theory and Society* 30: 775-810.

Krohn, Wolfgang (1981), »›Wissen ist Macht‹: Zur Soziogenese eines neuzeitlichen wissenschaftlichen Geltungsanspruchs«, in: Klaus Bayertz (Hg.), *Wissenschaftsgeschichte und wissenschaftliche Revolution*, Köln: Pahl-Rugenstein, S. 29-57.

Kuckartz, Udo (1995), »Umweltwissen, Umweltbewußtsein, Umweltverhalten«, in: Gerhard de Haan (Hg.), *Umweltbewußtsein und Massenmedien*, Berlin: Akademie Verlag, S. 71-85.

Kuisel, Richard (1993), *Seducing the French: The Dilemma of Americanization*, Berkeley, California: University of California Press.

Kuttner, Robert (1996), *Everything for Sale. The Virtues and the Limits of Markets*, Chicago, Illinois: University of Chicago Press.

Kuwabara, Ko (2005), »Affective attachment in electronic markets: a sociological study of eBay«, in: Victor Nee und Richard Swedberg (Hg.), *The Economic Sociology of Capitalism*, Princeton, New Jersey: Princeton University Press, S. 268-288.

Laidler, David und Nicholas Rowe (1980), »Georg Simmel's *Philosophy of Money*: a revew article for economists«, *Journal of Economic Literature* 58: 97-105.

Lamont, Michèle und Virág Molnár (2001), »How Blacks use consumption to shape their collective identity«, *Journal of Consumer Culture* 1: 31-45.
Lamont, Michèle und Annette Lareau (1988), »Cultural capital: Allusions, gaps and glissandos in recent theoretical developments«, *Sociological Theory* 6: 153-168.
Lancaster, Kelvin J. (1966), »A new approach to consumer theory«, *The Journal of Political Economy* 74: 132-157.
Landa, Janet T. (1999), »Bioeconomics of some nonhuman and human societies: new institutional economics approach«, *Journal of Bioeconomics* 1: 95-113.
Lane, Robert E. (1991), *The Market Experience*, New York, New York: Cambridge University Press.
Laroche, Mireille, Marcel Mérette und G. C. Ruggeri (1999), »On the concept and dimensions of human capital in a knowledge-based economy context«, *Canadian Public Policy* 25: 87-100.
Law, John (2002), »Economics as interference«, in: Paul du Gay und Michael Pryke (Hg.), *Cultural Economy. Cultural Analysis and Commercial Life*, London: Sage, S. 21-38.
Layard, Richard (2005), *Happiness. Lessons from Science*, New York, New York: Penguin Press.
Lazarsfeld, Paul F. (1959a), »Reflections on business«, *American Journal of Sociology* 65: 1-31.
Lazarsfeld, Paul F. (1959b), »Sociological reflections on business: consumers and managers«, in: Robert A. Dahl, Mason Haire und Paul F. Lazarsfeld (Hg.), *Social Science Research on Business. Product and Potenzial*, New York, New York: Columbia University Press.
Lazarsfeld, Paul F. und Robert K. Merton ([1948] 1957), »Mass communication, popular taste and organized social action«, in: Bernhard Rosenberg und David Manning White (Hg.), *Mass Culture. The Popular Arts in America*, New York, New York: Free Press, S. 457-473.
Lears, T. J. Jackson (1994), *Fables of Abundance. A Cultural History of Advertising in America*, New York, New York: Pantheon.
Lears, T. J. Jackson (1989), »Beyond Veblen: rethinking consumer culture in America«, in: Simon J. Bronner (Hg.), *Consuming Visions: Accumulation and Display of Goods in America, 1880-1920*, New York, New York: W. W. Norton, S. 73-97.
Lebaron, Frédéric (2003), »Pierre Bourdieu: economic models against economism«, *Theory and Society* 32: 551-565.
Lederer, Emil (1922), *Grundzüge der ökonomischen Theorie. Eine Einführung*, Tübingen, J. C. B. Mohr (Paul Siebeck).
Lefebvre, Henri ([1968] 1971), *Everyday Life in the Modern World*, New York, New York: Harper & Row.

Lenger, Friedrich (1994), *Werner Sombart 1863-1941. Eine Biographie*, München: C. H. Beck.

Leontief, Wassily et al. (1977), *The Future of the World Economy*, New York, New York: Oxford University Press.

Leslie, D. A. (1995), »Global scan: the globalization of advertising agencies, concepts, and campaigns«, *Economic Geography* 71: 402-426.

Lewbel, A. (1989), »Exact aggregation and a representative consumer«, *Quarterly Journal of Economics* 104: 622-633.

Lewontin, Richard (2001), »Genes in the food«, *New York Review of Books* 48 (June 21): 81-84.

Lie, John (1997), »Sociology of markets«, *Annual Review of Sociology* 23: 341-360.

Lin, C.-Y. Cynthia (2005), »An evaluation of Keynes' projected possibilities«, Working Paper, Department of Economics, Harvard University, http://papers.ssrn.com/sol3/results.cfm.

Lindsay, Stace (2000), »Culture, mental models, and national prosperity«, in: Lawrence E. Harrison und Samuel P. Huntington (Hg.), *Culture Matters. How Values Shape Human Progress*, New York, New York: Basic Books, S. 282-295.

Lockie, Stewart (2002), »›The invisible mouth‹: mobilizing ›the consumer‹ in food-production-consumption networks«, *Sociologia Ruralis* 42: 278-294.

Löfgren, Orvar (2003), »The new economy: a cultural history«, *Global Networks* 3: 239-254.

Löwe, Adolf (1935), *Economics and Sociology. A Plea for Co-operation in the Social Sciences*, London: George Allen & Unwin.

Löwenthal, Leo ([1944] 1990), »Der Triumph der Massenidole«, in: Leo Löwenthal, *Schriften 1*, hg. von Helmut Dubiel, Frankfurt/M.: Suhrkamp, S. 258-300.

Luhmann, Niklas (1993), »Wirtschaftsethik – als Ethik?«, in: Josef Wieland (Hg.), *Wirtschaftsethik und Theorie der Gesellschaft*, Frankfurt/M.: Suhrkamp, S. 134-147.

Luhmann, Niklas (1992), *Beobachtungen der Moderne*, Opladen: Westdeutscher Verlag.

Luhmann, Niklas (1988), *Die Wirtschaft der Gesellschaft*, Frankfurt/M.: Suhrkamp.

Luhmann, Niklas (1986), *Ökologische Kommunikation*, Opladen: Westdeutscher Verlag.

Luhmann, Niklas (1972), »Knappheit, Geld und bürgerliche Gesellschaft«, *Jahrbuch für Sozialwissenschaft* 23: 186-210.

Luhmann, Niklas (1970), »Die Wirtschaft als soziales System«, in: Niklas Luhmann, *Soziologische Aufklärung. Aufsätze zur Theorie sozialer Systeme*, Band 1, Opladen: Westdeutscher Verlag, S. 204-227.

Lukács, Georg ([1923] 1970), *Geschichte und Klassenbewußtsein*, Neuwied: Luchterhand.
Lutz, Burkart (1984), *Der kurze Traum von der immer währenden Prosperität*, Frankfurt/M.: Campus.
Lynd, Robert S. (1934), »The consumer becomes a ›problem‹«, *Annals of the American Academy of Political and Social Science* 173: 1-6.
Lynd, Robert S. (1933), »The people as consumers«, in: Report of the President's Research Committee on Social Trends, *Recent Social Trends in the United States. One Volume Edition*, New York, New York: McGraw-Hill, S. 857-911.
Lynd, Robert S. und Helen M. Lynd (1929), *Middletown. A Study in American Culture*, New York, New York: Harcourt, Brace.
Lynne, Gary D. (2006), »Toward a dual motive metaeconomic theory«, *The Journal of Socio-Economics* (im Erscheinen).
Lyotard, Jean-François ([1979] 1986), *Das postmoderne Wissen. Ein Bericht*, Graz/Wien: Böhlau/Passagen.

Maclachlan, Patricia und Frank Trentmann (2004), »Civilizing markets: traditions of consumer politics in twentieth-century Britain, Japan and the United States«, in: Mark Bevir und Frank Trentmann (Hg.), *Markets in Historical Contexts. Ideas and Politics in the Modern World*, Cambridge: Cambridge University Press, S. 170-201.
Malinowski, Bronislaw (1930), *Argonauts of the Western Pacific. An Account of Native Enterprise and Adventure in the Archipelagoes of Melanesian New Guinea*, London: Routledge.
Malinowski, Bronislaw (1921), »The primitive economics of the Trobriand Islanders«, *The Economic Journal* 31: 1-16.
Mannheim, Karl ([1928] 1964), »Das Problem der Generationen«, in: Karl Mannheim, *Wissenssoziologie*, Neuwied: Luchterhand, S. 509-565.
Marcuse, Herbert ([1964] 1989), *Der eindimensionale Mensch. Studien zur Ideologie der fortgeschrittenen Industriegesellschaft*, Schriften 7, Frankfurt/M.: Suhrkamp.
Marcuse, Herbert ([1961] 1999), »Das Problem des sozialen Wandels in der technologischen Gesellschaft«, in: Herbert Marcuse, *Das Schicksal der bürgerlichen Demokratie. Nachgelassene Schriften 1*, Lüneburg: Klampen, S. 37-66.
Marshall, Alfred (1920), *Principles of Economics*, Eight edition, London: Macmillan.
Martin, John Levi (1999), »The myth of the consumption-oriented economy and the rise of the desiring subject«, *Theory and Society* 28: 425-453.
Marx, Karl ([1844] 1990), »Ökonomisch-philosophische Manuskripte aus dem Jahre 1844«, in: Karl Marx und Friedrich Engels, *Werke*, Ergänzungsband, 1. Teil, Berlin: Dietz, S. 465-588.

Marx, Karl und Friedrich Engels ([1848] 1962), »Das Manifest der Kommunistischen Partei«, in: Karl Marx und Friedrich Engels, *Werke*, Band 4, Berlin: Dietz, S. 459-493.
Mason, Roger (2002), »Conspicuous consumption in economic theory and thought«, in: Edward Fullbrook (Hg.), *Intersubjectivity in Economics. Agents and Structures*, London: Routledge, S. 85-104.
Mauss, Marcel ([1925] 1990), *Die Gabe*, Frankfurt/M.: Suhrkamp.
Mayhew, Anne (2002), »All consumption is conspicuous«, in: Edward Fullbrook (Hg.) (2002), *Intersubjectivity in Economics. Agents and Structures*, London: Routledge, S. 43-55.
Mayhew, Leon H. (1997), *The New Public. Professional Communication and the Means of Social Influence*, Cambridge: Cambridge University Press.
Mazur, Alan ([1989] 1999), »Connections: biomedical sciences in supermarket tabloids«, *Knowledge, Technology, & Policy* 12: 19-26.
McFadden, Daniel (2006), »Free markets and fettered consumers«, *American Economic Review* 96: 5-29.
McKendrick, Neil, John Brewer und John H. Plumb (1982), *The Birth of a Consumer Society: the Commercialization of Eighteenth-Century England*, London: Europa Publications.
Meadows, Donella H., Dennis H. Meadows, Joergen Randers und William W. Behrens (1972), *The Limits to Growth*, Washington, D. C.: Universe Books.
Merton, Robert K. ([1975] 1978), »Strukturelle Analyse in der Soziologie«, in: Peter Blau (Hg.), *Theorien sozialer Strukturen. Ansätze und Probleme*, Opladen: Westdeutscher Verlag, S. 27-55.
Merton, Robert K. (1957), *Social Theory and Social Structure*, revised and enlarged Edition, New York, New York: Free Press.
Merton, Robert K. ([1957] 1995), *Soziologische Theorie und soziale Struktur*, herausgegeben und eingeleitet von Nico Stehr und Volker Meja, aus dem Amerikanischen von Helga Beister, Berlin: de Gruyter.
Merton, Robert K. (with the assistance of Marjorie Fiske and Alberta Curtis; 1946), *Mass Persuasion. The Social Psychology of a War Bond Drive*, New York, New York: Harper & Brothers.
Merton, Robert K. (1936), »The unanticipated consequences of purposive social action«, *American Sociological Review* 1: 894-904.
Meyer-Dohm, Peter (1965), *Sozialökonomische Aspekte der Konsumfreiheit. Untersuchungen zur Stellung des Konsumenten in der marktwirtschaftlichen Ordnung*, Freiburg: Rombach.
Mill, John Stuart ([1848] 1852), *Grundsätze der politischen Ökonomie, nebst einigen Anwendungen auf die Gesellschaftswissenschaft*, Band 1, übers. und mit Zusätzen versehen von Adolph Soetbeer, Hamburg: Perthes-Besser und Mauke.

Miller, Daniel (2002a), »Turning Callon the right way up«, *Economy and Society* 31: 218-233.
Miller, Daniel (2002b), »The unintended political economy«, in: Paul Du Gay und Michael Pryke (Hg.), *Cultural Economy*, London: Sage, S. 166-184.
Miller, Daniel (1998a), »A theory of virtualism«, in: James G. Carrier und Daniel Miller (Hg.), *Virtualism. A New Political Economy*, Oxford: Berg, S. 187-215.
Miller, Daniel (1998b), *A Theory of Shopping*, Cambridge: Polity.
Miller, Daniel (1995), »Consumption as the vanguard of history: a polemic by way of introduction«, in: Daniel Miller (Hg.), *Acknowledging Consumption*, London: Routledge, S. 1-57.
Miller, Peter und Nikolas Rose (1997), »Mobilizing the consumer. Assembling the subject of consumption«, *Theory, Culture and Society* 14: 1-36.
Mills, C. Wright (1992), »Introduction to *The Theory of the Leisure Class*«, in: Thorstein Veblen, *The Theory of the Leisure Class*, New Brunswick, New Jersey: Transaction Books, S. vi-xix.
Mills, C. Wright (1956), *The Power Elite*, New York, New York: Oxford University Press.
Milward, Alan S. (1992). *The European Rescue of the Nation-State*, Berkeley, California: University of California Press.
Mises, Ludwig von ([1949] 1996), *Human Action: A Treatise on Economics*, Irvington-on-Hudson, New York: Foundation for Economic Education.
Mises, Ludwig von (1922), *Gemeinwirtschaft. Untersuchungen über den Sozialismus*, Jena: Gustav Fischer.
Mishan, Edward J. (1969), *The Cost of Economic Growth*, New York, New York: Praeger.
Mitchell, Timothy (2005), »Economists and the economy in the twentieth century«, in: George Steinmetz (Hg.), *The Politics of Method in the Human Sciences. Positivism and its Epistemological Others*, Durham, North Carolina: Duke University Press, S. 126-141.
Mol, Arthur P. J. (2002), »Ecological modernization and the global economy«, *Global Environmental Politics* 2: 92-115.
Mol, Arthur P. J. (1997), »Ecological modernization: industrial transformations and environmental reform«, in: Michael Redclift und Graham Woodgate (Hg.), *The Handbook of Environmental Sociology*, Cheltenham: Edward Elgar, S. 138-149.
Moore, Barrington (1966), *Social Origins of Dictatorship and Democracy*, Boston, Massachusetts: Beacon.
Morgan, James N. und Nancy A. Baerwaldt (1973), »Trends in inter-family transfers«, in: Lewis Mandell (Hg.), *Survey of Consumers, 1971-72*, Ann Arbor: Survey Research Center.

Moscovici, Serge (1990), »Questions for the twenty-first century«, *Theory, Culture & Society* 7: 1-19.

Mueller, Dennis C. (2004), »Models of man: neoclassical, behavioral, and evolutionary«, *Politics, Philosophy & Economics*: 59-76.

Münch, Richard (1992), »The dynamics of societal communication«, in: Paul Colomy (Hg.), *The Dynamics of Social Systems*, London: Sage, S. 56-71.

Münch, Richard (1991), *Die Dialektik der Kommunikationsgesellschaft*, Frankfurt/M.: Suhrkamp.

Münch, Richard (1990), »Differentiation, rationalization, interpenetration: the emergence of modern society«, in: Jeffrey C. Alexander und Paul Colomy (Hg.), *Differentiation Theory and Social Change*, New York, New York: Columbia University Press, S. 441-464.

Mukerji, Chandra (1983), *From Graven Images. Patterns of Modern Materialism*, New York, New York: Columbia University Press.

Muller, Jerzy Z. (2006), »The neglected moral benefits of the market«, *Society* 43: 12-14.

Musgrove, Frank (1974), *Ectasy and Holiness. Counter Culture and the Open Society*, Bloomington, Indiana: Indiana University Press.

Myers, M. (1997), »Consumption in relation to population«, *The Environmentalist* 17: 33-44.

Myers, Norman und Jennifer Kent (2003), »New consumers: the influence of affluence on the environment«, *Proceedings of the National Academy of Sciences* 100: 4963-4968.

National Science Board (2000), *Science & Engineering Indicators – 2000*, Arlington, Virginia: National Science Foundation.

Nelson, Richard (2003), »On the complexities and limits of market organization«, *Review of International Political Economy* 10: 697-710.

Nelson, Richard R. und Sidney G. Winter (2002), »Evolutionary theorizing in economics«, *Journal of Economic Perspectives* 16: 23-46.

Nelson, Richard R. und Sidney G. Winter (1982), *An Evolutionary Theory of Economic Behavior*, Cambridge, Massachusetts: Harvard University Press.

Nelson, William (2002), »All the power to the consumer? Complexity and choice in consumer's lives«, *Journal of Consumer Behavior* 2: 185-196.

Neuman, W. Russell (1991), *The Future of the Mass Audience*, New York, New York: Cambridge University Press.

Neurath, Otto ([1930/31] 1994), »Wege der wissenschaftlichen Weltanschauung«, *Erkenntnis* 1: 106-125 [auch in Paul Neurath und Elisabeth Nemeth (Hg.), *Otto Neurath oder Die Einheit von Wissenschaft und Gesellschaft*, Wien: Böhlau, S. 351-367].

Noll, Heinz-Herbert und Stefan Weick (2004), »Strukturen des privaten Ver-

brauchs in Deutschland: Ungleichheiten und temporärer Wandel«, Vortrag, 32. Kongress der Deutschen Gesellschaft für Soziologie, München.
Nonn, Christoph (1996), *Verbraucherprotest und Parteiensystem im wilhelminischen Deutschland*, Düsseldorf: Droste.
North, Douglass C. (1977), »Markets and other allocation systems in history: the challenge of Karl Polanyi«, *The Journal of European Economic History* 6: 703-716.

O'Cass, Aron und Emily McEwen (2004), »Exploring consumer status and conspicuous consumption«, *Journal of Consumer Behavior* 4: 25-39.
Oja, Gail (1987), *Changes in the Distribution of Wealth in Canada, 1970-1984*, Income Analytic Report No. 1, *Statistics Canada*, Labour and Household Surveys Division, Ottawa: Statistics Canada.
Olli, Eero, Gunnar Grendstad und Dag Wollebaek (2001), »Correlates of environmental behaviors«, *Environment and Behavior* 33: 181-208.
Olson, Mancur (1982), *The Rose and Decline of Nations. Economic Growth, Stagflation, and Social Rigidities*, New Haven, Connecticut: Yale University Press.
Olson, Mancur und Satu Kähkönen (2000), »Preface«, in: Mancur Olson und Satu Kähkönen (Hg.), *A Not-So-Dismal Science. A Broader View of Economics and Society*, Oxford: Oxford University Press.
O'Mahony, Patrick (Hg.; 1999), *Nature, Risk and Responsibility. Discourses of Biotechnology*, New York, New York: Routledge.
Organization for Economic Co-Operation and Development (1999), *Science, Technology and Industry Scoreboard 1999. Benchmarking Knowledge-Based Economies*, Paris: OECD.
Osberg, Lars und Andrew Sharpe (2002a), »An index of economic well-being for selected OECD countries«, *Review of Income and Wealth* 48: 291-316.
Osberg, Lars und Andrew Sharpe (2002b), »International comparisons of trends in economic well-being«, *Social Indicators Research* 58: 349-382.
Østerberg, Dag (1988), »Two notes on consumption«, in: Per Otnes (Hg.), *The Sociology of Consumption*, Oslo: Solum Verlag, S. 13-27.

Packard, Vance O. (1960), *The Waste Makers*, New York, New York: David McKay.
Packard, Vance O. (1957), *The Hidden Persuaders*, New York, New York: David McKay.
Paehlke, Robert (1989), *Environmentalism and the Future of Progressive Politics*, New Haven, Connecticut: Yale University Press.
Parsons, Talcott (1954), »A revised analytical approach to the theory of social stratification«, in: Talcott Parsons, *Essays in Sociological Theory*, New York, New York: Free Press, S. 386-439.

Parsons, Talcott (1949), »The rise and decline of economic man«, *Journal of General Education* 4: 47-53.
Parsons, Talcott (1940a), »The motivation of economic activities«, *Canadian Journal of Economics and Political Science* 6: 187-202.
Parsons, Talcott (1940b), »Reply to Professor Knight«, *Canadian Journal of Economics and Political Science* 6: 466-472.
Parsons, Talcott (1937), *The Structure of Social Action*, New York, New York: McGraw-Hill.
Pearce, David (2002), »An intellectual history of environmental economics«, *Annual Review of Energy and Environment* 27: 57-81.
Peck, Jamie und Adam Tickell (2002), »Neoliberalizing space«, *Antipode* 34: 380-404.
Peiró, Amado (2006), »Happiness, satisfaction and socio-economic conditions: some international comparisons«, *The Journal of Socio-Economics* (im Erscheinen).
Plein, L. Christopher (1991), »Popularizing biotechnology: the influence of issue definition«, *Science, Technology & Human Values* 16: 474-490.
Polanyi, Karl ([1957] 1971), »The economy as instituted process«, in: Karl Polanyi, Conrad Arensburg und Harry Pearson (Hg.), *Trade and Markets in Early Empires. Economies in History and Theory*, Chicago, Illinois: Henry Regnery, S. 243-270.
Polanyi, Karl ([1947] 1971), »Our obsolete market mentality«, in: George Dalton (Hg.), *Primitive, Archaic and Modern Economies: Essays of Karl Polanyi*, Boston, Massachusetts: Beacon Press, S. 59-77.
Polanyi, Karl ([1944] 1978), *The Great Transformation. Politische und ökonomische Ursprünge von Gesellschaften und Wirtschaftssystemen*, Frankfurt/M.: Suhrkamp.
Ponte, Stefano (2002), »›The latte revolution‹? Regulation, markets and consumption in the global coffee chain«, *World Development* 30: 1099-1122.
Ponte, Stefano und Peter Gibbon (2005), »Quality standards, conventions and the governance of global value chains«, *Economy and Society* 34: 1-31.
Porter, Theodore M. (2004), »The culture of quantification and the history of public reason«, *Journal of the History of Economic Thought* 26: 165-177.
Priddat, Birger P. (2000), »Moral hybrids: Skizze zu einer Theorie moralischen Konsums«, *Zeitschrift für Wirtschafts- und Unternehmensethik* 1: 128-151.
Priddat, Birger P. (1996), »›Moral markets‹ und ›attraktive Moral‹: Ein Beitrag zum Verhältnis von Ökonomie, Moral und beschleunigter Kultur«, in: Michael Hutter (Hg.), *Wittener Jahrbuch für ökonomische Literatur*, Band 2, Marburg an der Lahn: Metropolis, S. 37-53.

Rabin, Matthew (2002), »A perspective on psychology and economics«, *European Economic Review* 46: 657-685.
Radcliff, Benjamin (2001), »Politics, markets, and life satisfaction: the political economy of human happiness«, *American Political Science Review* 95: 939-952.
Radkau, Joachim (2005), *Max Weber. Die Leidenschaft des Denkens*, München: Hanser.
Radkau, Joachim (2000), *Natur und Macht. Eine Weltgeschichte der Umwelt*, München: C. H. Beck.
Radkau, Joachim (1987), »Gentechnik: Die ungeklärten Risiken beim Überschreiten einer naturgeschichtlichen Schwelle«, *Geschichte lernen* Nr. 4: 55-58.
Rambo, Joseph D. (2005), »Therapeutic marketing and the pathological contradictions of consumer culture«, Paper presented to the Annual Meeting of the American Sociological Association, Philadelphia, Pennsylvania, 12.-16. August 2005.
Rauch, James E. und Alessandra Casella (2001), *Networks and Markets*, New York, New York: Russell Sage Foundation.
Redclift, Michael (1996), *Wasted: Counting the Cost of Global Consumption*, London: Earthscan Publications.
Reisner, Ann Elizabeth (2001), »›Social movements organizations‹ reactions to genetic engineering in agriculture«, *American Behavioral Scientist* 44: 1389-1404.
Rempel, Michael und Terry N. Clark (1998), »Post-industrial politics: a framework for interpreting citizen politics since the 1960s«, in: Terry N. Clark und Michael Rempel (Hg.), *Citizen Politics in Post-Industrial Societies*, Boulder, Colorado: Westview Press, S. 9-54.
Resnick, Stephen und Richard Wolff (2003), »Exploitation, consumption, and the uniqueness of US capitalism«, *Historical Materialism* 11: 209-226.
Ricardo, David (1951-1973), *The Works and Correspondence of David Ricardo*, Cambridge: Cambridge University Press.
Ricardo, David ([1821] 1994), *Über die Grundsätze der politischen Ökonomie und der Besteuerung*, Marburg: Metropolis Verlag.
Richardson, G. B. (1972), »The organisation of industry«, *The Economic Journal* 82: 883-896.
Riesman, David (1981), »The dream of abundance reconsidered«, *Public Opinion Quarterly* 45: 285-302.
Riesman, David ([1964] 1993), *Abundance for What?*, New Brunswick, New Jersey: Transaction Books.
Riesman, David (1958), »Work and leisure in post-industrial society«, in: Eric Larabee und Rolf Meyersohn (Hg.), *Mass Leisure*, Glencoe, Illinois: Free Press, S. 363-385.

Riesman, David ([1957] 1993), »Abundance for what?«, in: David Riesman, *Abundance for What?*, New Brunswick, New Jersey: Transaction Books, S. 300-308.
Riesman, David ([1950] 1956), *Die einsame Masse. Eine Untersuchung der Wandlungen des amerikanischen Charakters*, Darmstadt: Hermann Luchterhand.
Riesman, David und Staughton Lynd (1960), »The relevance of Thorstein Veblen«, *The American Scholar* 29: 543-551.
Rifkin, Jeremy (2002), *Access. Das Verschwinden des Eigentums. Warum wir weniger besitzen und mehr ausgeben werden*, Frankfurt/M.: Campus.
Ritzer, George (1996), *The McDonaldization Thesis*, revised Edition, Thousand Oaks, California: Pine Forge Press.
Ritzer, George und Seth Ovadia (2005), »The process of McDonaldization is not uniform, nor are its settings, consumers, or the consumption of its goods and services«, in: Mark Gottdiener (Hg.), *New Forms of Consumption: Consumers, Cultures and Commodification*, Lanham, Maryland: Rowman and Littlefield, S. 33-49.
Robbins, Derek (2005), »The origins, early development and status of Bourdieu's concept of ›cultural capital‹«, *British Journal of Sociology* 56: 13-30.
Robbins, Lionel ([1932] 1984), *An Essay on the Nature and Significance of Economic Science*, London: Macmillan.
Roberts, Mary Louise (1998), »Gender, consumption, and commodity culture«, *American Historical Review* 103: 817-844.
Roberts, James A. (1990), »Green consumers in the 1990s: profile and implications for advertising«, *Journal of Business Research* 36: 217-231.
Roco, Mihail C. und William Sims Bainbridge (Hg.; 2002), *Converging Technologies for Improving Human Performance*, NSF/DOC-sponsored Report, Washington, D.C.: National Science Foundation and Department of Commerce.
Röpke, Wilhelm ([1958] 1998), *Jenseits von Angebot und Nachfrage*, Erlenbach: E. Rentsch.
Rose, Nikolas (1999), *Powers of Freedom. Reframing Political Thought*, Cambridge: Cambridge University Press.
Rosenberg, Nathan (1982), »Natural resource limits and the future of economic progress«, in: Gabriel A. Almond (Hg.), *Progress and its Discontents*, Berkeley, California: University of California Press, S. 301-318.
Rosendal, G. Kristin (2005), »Governing GMOs in the EU: a deviant case of environmental policy-making«, *Global Environmental Politics* 5: 82-104.
Rostow, Walt W. (1960), *Stadien wirtschaftlichen Wachstums. Eine Alternative zur marxistischen Entwicklungstheorie*, Göttingen: Vandenhoeck & Ruprecht.

Rozin, Paul (1999), »The process of moralization«, *Psychological Science* 10: 218-221.

Sahlins, Marshall (1976), *Culture and Practical Reason*, Chicago, Illinois: University of Chicago Press.

Sampson, Robert J., Jeffrey D. Morenoff und Felton Earls (1999), »Beyond social capital: spatial dynamics of collective efficacy for children«, *American Sociological Review* 64: 633-660.

Samuels, Warren J. (2004), »Markets and their social construction«, *Social Research* 71: 357-370.

Sandler, Todd (2001), *Economic Concepts for the Social Sciences*, Cambridge: Cambridge University Press.

Saunders, Peter (1988), »The sociology of consumption: a new research agenda«, in: Per Otnes (Hg.), *The Sociology of Consumption*, Oslo: Solum Verlag, S. 141-179.

Sayer, Andrew (1999), »Valuing culture and economy«, in: Larry Ray and Andrew Sayer (Hg.), *Culture and Economy After the Cultural Turn*, London: Sage.

Sayer, Andrew (1995), *Radical Political Economy*, Oxford: Blackwell.

Schapiro, Mark (2004), »New power of ›Old Europe‹«, *The Nation*, ⟨http://www.thenation.com/doc.mhtml?i=20041227&s=schapiro⟩.

Schelsky, Helmut (1955a), »Industrie- und Betriebssoziologie«, in: Arnold Gehlen und Helmut Schelsky (Hg.), *Soziologie. Lehr- und Handbuch zur modernen Gesellschaftskunde*, Düsseldorf: Eugen Diederichs, S. 159-203.

Schelsky, Helmut (1955b), *Wandlungen der deutschen Familie in der Gegenwart*, dritte, durch einen Anhang erweiterte Auflage, Stuttgart: Ferdinand Enke.

Schelsky, Helmut (1954), »Zukunftsaspekte der industriellen Gesellschaft«, *Merkur* 8: 13-28.

Schelsky, Helmut ([1953] 1965), »Die Bedeutung des Schichtungsbegriffes für die Analyse der gegenwärtigen deutschen Gesellschaft«, in: Helmut Schelsky, *Auf der Suche nach der Wirklichkeit. Gesammelte Aufsätze*, Düsseldorf: Diederichs, S. 331-336.

Schiller, Herbert I. (1996), *Information Inequality. The Deepening Social Crisis in America*, New York, New York: Routledge.

Schlicht, Ekkehart (1993), »On custom«, *Journal of Institutional and Theoretical Economics* 149: 178-203.

Schönberg, Gustav von ([1882-1885] 1896), *Handbuch der politischen Ökonomie. Erster Band: Volkswirtschaftslehre*, Tübingen: Verlag der H. Laupp'schen Buchhandlung.

Scholliers, Peter (1999), »The social-democratic world of consumption: the

path-breaking case of the Ghent cooperative Vooruit prior to 1914«, *International Labor and Working-Class History* No. 55: 71-91.
Schor, Juliet (1999), »The New Politics of Consumption. Why Americans want so much more than they need«, *Boston Review*, http://bostonreview.net/BR24.3/schor.html.
Schwartz, Barry (1999), »Capitalism, the market, the ›underclass‹, and the future«, *Society* 37: 33-42.
Schultz, P. Wesley und Stuart Oskamp (1996), »Efforts as a moderator of the attitude-behavior relationship: general environmental concern and recycling«, *Social Psychological Quarterly* 59: 375-383.
Schultz, Theodore W. (1981), *Investing in People*, Berkeley, California: University of California Press.
Schultz, Theodore W. (1961),. »Investment in human capital«, *American Economic Review* 51: 1-17.
Schumacher, Ernst Friedrich ([1973] 1977), *Die Rückkehr zum menschlichen Maß. Alternativen für Wirtschaft und Technik*, Reinbek bei Hamburg: Rowohlt.
Schumpeter, Joseph A. ([1942] 1973), *Kapitalismus, Sozialismus und Demokratie*, Tübingen: Francke.
Schumpeter, Joseph A. (1939), *Business Cycles. A Theoretical, Historical and Statistical Analysis of the Capitalist Process*, zwei Bände, New York, New York: McGraw-Hill.
Schumpeter, Joseph A. (1908), *Das Wesen und der Hauptinhalt der theoretischen Nationalökonomie*, Leipzig: Duncker & Humblot.
Seabright, Paul (2004), *The Company of Strangers. A Natural History of Economic Life*, Princeton, New Jersey: Princeton University Press.
Sears, David O. und Carolyn L. Funk (1990), »The limited effect of economic self-interest on the political attitudes of the mass public«, *The Journal of Behavioral Economics* 19: 247-271.
Sen, Amartya K. (1999), *Development as Freedom*, New York, New York: Knopf.
Sen, Amartya K. (1995), »Rationality and social choice«, *American Economic Review* 85: 1-24.
Sen, Amartya K. (1993a), »Capability and well-being«, in: Martha C. Nussbaum und Amartya Sen (Hg.), *The Quality of Life*, Oxford: Oxford University Press, S. 30-53.
Sen, Amartya K. (1993b), »Markets and freedoms: achievements and limitations of the market mechanism in promoting individual freedoms«, *Oxford Economic Papers* 45: 519-541.
Sen, Amartya K. (1985 a), »Well-being, agency and freedom«, *Journal of Philosophy* 82: 169-221.
Sen, Amartya K. (1985 b), »The living standard«, *Oxford Economic Papers* 36 (Supplement Economic Theory and Hicksian Themes): 74-90.

Sen, Amartya K. (1977), »Rational fools: a critique of the behavioral foundation of economic theory«, *Philosophy and Public Affairs* 6: 317-344.
Shaffer, Harry G. (1961), »Investment in human capital: comment«, *American Economic Review* 52: 1026-1035.
Shama, Simon (1987), *The Embarrassment of Riches. An Interpretation of Dutch Culture in the Golden Age*, New York, New York: Knopf.
Shanahan, James, Dietram Scheufele und Eunjung Lee (2001), »The polls-trends: attitudes about agricultural biotechnology and genetically modified organisms«, *Public Opinion Quarterly* 65: 267-282.
Shaw, Alison (1999), »What are they doing to our food? Public concerns about food in the UK,« *Sociological Research Online* 4: ⟨http://www.socresonline.org.uk/socresonline/4/3shaw/hmtl⟩.
Sheehy, Heather (1998), »Consumers and biotechnology: a synopsis of survey and focus group research«, *Journal of Consumer Policy* 21: 359-386.
Sherman, Caroline B. (1933), »Municipal markets«, in: Erwin R. A. Seligman (Hg.), *Encyclopaedia of the Social Sciences*, Volume 9, New York, New York: Macmillan, S. 139-144.
Shields Rob (1992), *Lifestyle Shopping. The Subject of Consumption*, New York, New York: Routledge.
Shipman, Alan (2004), »Landing the leisure class: symbolic content and conspicuous consumption«, *Review of Social Economy* 62: 277-289.
Shleifer, Andrei (2004), »Does competition destroy ethical behavior?«, NBER Working Paper Series 10 269, ⟨http://www.nber.org/papers/w10269⟩.
Shove, Elizabeth (1997), »Revealing the invisible: sociology, energy and the environment«, in: Michael Redclift und Graham Woodgate (Hg.), *The International Handbook of Environmental Sociology*, Cheltenham: Edward Elgar, S. 261-273.
Shove, Elizabeth und Alan Warde (2002), »Inconspicuous consumption: the sociology of consumption, lifestyles, and the environment«, in: Riley E. Dunlap, Frederick H. Buttel, Peter Dickens und August Gijswijt (Hg.), *Sociological Theory and the Environment. Classical Foundations, Contemporary Insights*, Lanham, Maryland: Rowman & Littlefield, S. 230-251.
Shutt, Harry (2005), *The Decline of Capitalism. Can a Self-Regulated Profits System Survive?*, London: Zed Books.
Sibley, Mulford Q. (1973), »Utopian thought and technology«, *American Journal of Political Science* 17: 255-281.
Simmel, Georg (1919), »Der Begriff und die Tragödie der Kultur«, in: Georg Simmel, *Philosophische Kultur. Gesammelte Essais*, zweite um einige Zusätze vermehrte Auflage, Leipzig: Alfred Kröner, S. 223-253.
Simmel, Georg (1903), »Soziologie der Konkurrenz«, *Neue Deutsche Rundschau* 14: 1009-1023 (abgedruckt in Georg Simmel [1995], *Gesamtausgabe*, Band 7, Frankfurt/M.: Suhrkamp).

Simmel, Georg ([1900] 1907), *Philosophie des Geldes*, zweite vermehrte Auflage, Leipzig: Duncker & Humblot.
Singer, Eleanor Amy Corning und Mark Lamias (1998), »The polls-trends: genetic testing. Engineering, and therapy«, *Public Opinion Quarterly* 62: 633-664.
Slater, Don (2002a), »From calculation to alienation: disentangling economic abstractions«, Economy and Society 31: 234-249.
Slater, Don (2002b), »Capturing markets from economists«, in: Paul du Gay und Michael Pryke (Hg.), *Cultural Economy*, London: Sage.
Slater, Don (1997), *Consumer Culture and Modernity*, Cambridge: Polity Press.
Slater, Don und Tonkiss, Fran (2001), *Market Society – Markets and Modern Social Theory*, Cambridge: Polity.
Smart, Barry (2003), *Economy, Culture and Society*, Buckingham: Open University Press.
Smelser, Neil J. und Richard Swedberg (Hg., 2005), *The Handbook of Economic sociology*, Princeton, New Jersey: Princeton University Press.
Smith, Adam ([1777] 2002), *The Theory of Moral Sentiments*, Cambridge: Cambridge University Press.
Smith, Adam ([1776] 1978), *Der Wohlstand der Nationen*, München: Deutscher Taschenbuch Verlag.
Smith, Charles W. (2003), »Markets as definitional mechanisms: a more radical sociological critique«, Paper presented at the »Constance conference on social studies of finance«, Konstanz.
Smith, Charles W. (1981), *The Mind of the Market: A Study of Stock Market Philosophies, Their Uses, and Implications*, Totowa, New Jersey: Rowman and Littlefield.
Smith, James A. (1991), *The Idea Brokers. Think Tanks and the Rise of the New Policy Elite*, New York, New York: Free Press.
Snow, Charles Percy ([1959] 1964), *The Two Cultures: A Second Look*, Cambridge: Cambridge University Press.
Sombart, Werner (1922), *Luxus und Kapitalismus*, München und Leipzig: Duncker & Humblot.
Sombart, Werner ([1916] 1921), *Der moderne Kapitalismus. Historisch-systematische Darstellung des gesamten Wirtschaftslebens von seinen Anfängen bis zur Gegenwart. Erster Band: Einleitung – Die vorkapitalistische Wirtschaft – Die historischen Grundlagen des modernen Kapitalismus*, erster Halbband, München und Leipzig: Duncker & Humblot.
Sombart, Werner ([1906] 1969), *Warum gibt es in den Vereinigten Staaten keinen Sozialismus?*, Darmstadt: Wissenschaftliche Buchgesellschaft.
Soros, George (1998), *The Crisis of Global Capitalism*, New York, New York: Public Affairs.

Sowell, Thomas (1980), *Knowledge and Decisions*, New York, New York: Basic Books.
Spaargaren, Gert (2003), »Sustainable consumption: a theoretical and environmental policy perspective«, *Society and Natural Resources* 16: 687-701.
Spaargaren, Gert und Susan Martens (2005), »Globalisation and the role of citizen-consumers in environmental politics«, in: Magnus Boström, Andreas Føllesdal, Mikael Klintman, Michele Micheletti und Mads P. Sorenson (Hg.), *Political Consumerism: Its Motivations, Power, and Conditions in the Nordic Countries and Elsewhere*, Kopenhagen: Nordisk Ministerråd, S. 25-58.
Specter, Michael (2000), »The pharmageddon riddle«, *The New Yorker* (April) 10: 58-71.
Statistics Canada (1986), *The Distribution of Wealth in Canada, 1984*, Ottawa: Statistics Canada.
Stehr, Nico (2005), *Knowledge Politics: Governing the Consequences of Science and Technology*, Boulder, Co.: Paradigm Publishers.
Stehr, Nico (2003), *Wissenspolitik*, Frankfurt/M.: Suhrkamp.
Stehr, Nico (2002), *Knowledge & Economic Conduct. The Social Foundations of the Modern Economy*, Toronto: University of Toronto Press.
Stehr, Nico (2001), *Wissen und Wirtschaften. Die gesellschaftlichen Grundlagen der modernen Ökonomie*, Frankfurt/M.: Suhrkamp.
Stehr, Nico (1999), »The future of inequality«, *Society* 36: 54-59.
Stehr, Nico (1997), »Les limites du possibles: La postmodernité et les sociétés du savoir«, *Sociétiés* Nr. 58: 101-124.
Stehr, Nico (1994), *Arbeit, Eigentum und Wissen. Zur Theorie von Wissensgesellschaften*, Frankfurt/M.: Suhrkamp.
Stehr, Nico (1991), *Praktische Erkenntnis*, Frankfurt/M.: Suhrkamp.
Stehr, Nico und Reiner Grundmann (2001), »The authority of complexity«, *The British Journal of Sociology* 52: 313-329.
Steiner, Philippe (2001), »The sociology of economic knowledge«, *European Journal of Social Theory* 4: 443-458.
Stern, Paul C. (1999), »Information, incentives, and proenvironmental consumer behavior«, *Journal of Consumer Policy* 22: 461-478.
Stern, Paul C., Thomas Dietz, V. Rutan, R. Socolow und J. Sweeney (1997), *Environmentally Significant Consumption*, Washington, D.C.: National Academy Press.
Stigler, George (1978), »Wealth, and possibly liberty«, *The Journal of Legal Studies* 7: 213-217.
Stigler, George (1961), »Private vive and public virtue«, *The Journal of Law & Economics* 4: 1-11.
Stigler, George (1957), »Perfect competition, historically contemplated«, *The Journal of Political Economy* 65: 1-17.

Stigler, George und Robert A. Sherwin (1985), »The extent of the market«, *Journal of Law & Economics* 28: 555-585.
Stiglitz, Joseph E. (2005), »The ethical economist«, *Foreign Affairs* 84: 128-134.
Stolle, Dietling, Marc Hooghe und Michele Micheletti (2005), »Politics in the supermarket: political consumerism as a form of political participation«, *International Political Science Review* 26: 245-269.
Storper, Michael (2000), »Lived effects of the contemporary economy: globalization, inequality, and consumer society«, *Public Culture* 12: 375-409.
Strasser, Susan (2002), »Making consumption conspicuous«, *Technology and Culture* 43: 755-770.
Strasser, Susan, Charles McGovern und Matthias Judt (Hg.; 1998), *Getting and Spending. European and American Consumer Societies in the Twentieth Century*, Cambridge: Cambridge University Press.
Strathern, Marilyn (2002), »Externalities in comparative disguise«, *Economy and Society* 31: 250-267.
Strauss, Steven H. (2003), »Genomics, generic engineering, and domestication of crops«, *Science* 300 (April 4): 61-62.
Strümpel, Burkhard und Michael Peter (1987), »Wirtschaftliches Handeln unter Bedingungen verbreiteten materiellen Wohlstands«, in: Klaus Heinemann (Hg.), *Soziologie wirtschaftlichen Handelns*, Sonderheft 28 der *Kölner Zeitschrift für Soziologie und Sozialpsychologie*, Opladen: Westdeutscher Verlag, S. 417-429.
Sugden, Robert (1981), *The Political Economy of Public Choice*, Oxford: Martin Robertson.
Swaminathan, A. und Glenn R. Carroll (1995), »Beer Brewers«, in: Glenn R. Carroll und Michael T. Hannan (Hg.), *Organizations in Industry. Strategy, Structure, and Selection*, New York, New York: Oxford University Press, S. 223-243.
Swedberg, Richard (2004), »What has been accomplished in new economic sociology and where is it heading«, *European Journal of Sociology* 45: 317-330.
Swedberg, Richard (1997), »New economic sociology: what has been accomplished, what is ahead?«, *Acta Sociologica* 40: 161-182.
Swedberg, Richard (1991), »Major traditions of economic sociology«, *Annual Review of Sociology* 17: 251-276.
Swidler, Ann (1986), »Culture in action: symbols and strategies«, *American Sociological Review* 51: 273-286.

Tawney, Richard H. ([1921] 1945), *The Acquisitive Society*, London: G. Bell & Sons.
Thøgerson, John (2005), »Consumer behavior and the environment: which role for information?«, in: Signe Krarup und Clifford S. Russel (Hg.),

Environment, Information and Consumer Behavior, Cheltenham: Edward Elgar, S. 51-63.
Thøgerson, John und Folke Ölander (2002), »Human values and the emergence of a sustainable consumption pattern: a panel study«, *Journal of Economic Psychology* 23: 605-630.
Thompson, Craig J. und Siok Kuan Tambyah (1999), »Trying to be cosmopolitan«, *Journal of Consumer Research* 26: 214-239.
Thompson, Edward P. ([1971] 1980), *Plebejische Kultur und moralische Ökonomie*, Frankfurt/M.: Ullstein.
Thompson, Michael J. (2004), »Beyond the vote: the crisis of American liberalism«, *Logos* 3: ⟨http://www.logosjournal.com/thompson_election.htm⟩.
Thompson, Noel (2001), »Social opulence, private asceticism: ideas of consumption in early socialist thought«, in: Martin Daunton und Matthew Hilton (Hg.), *The Politics of Consumption. Material Culture and Citizenship in Europe and America*, Oxford: Berg, S. 51-68.
Thurnwald, Richard (1932), *Economics in Primitive Societies*, London: Oxford University Press.
Tichenor, Phillip J., George A. Donohue und Clarice N. Olien (1970), »Mass media flow and differential growth in knowledge«, *Public Opinion Quarterly* 34: 159-170.
Tirole, Jean (2002), »Rational irrationality: some economics of self-management«, *European Economic Review* 46: 633-655.
Titmuss, Richard M. (1970), *The Gift Relationship: From Human Blood to Social Policy*, London: Allen & Unwin.
Tocqueville, Alexis de ([1835-1840] 1962), *Über die Demokratie in Amerika*, übers. von Hans Zbinden, Stuttgart: DVA.
Touraine, Alain ([1998] 2001), *Beyond Neoliberalism*, Oxford: Polity Press.
Touraine, Alain ([1992] 1995), *The Critique of Modernity*, Oxford: Blackwell.
Touraine, Alain ([1984] 1988), *Return of the Actor. Social Theory in Postindustrial Society*, Minneapolis, Minnesota: University of Minnesota Press.
Townsend, Joseph (1786), *A Dissertation on the Poor Laws*, London: C. Dilly.
Turney, Jon (1998), *Frankenstein's Footsteps. Science, Genetics and Popular Culture*, New Haven, Connecticut: Yale University Press.

United Nations Development Programme (1998), *Human Development Report*, New York, New York: Oxford University Press.
Urry, John (2000), *Sociology beyond Societies*, London: Routledge.

Valladão, Alfredo G. A. (1996), *The Twenty-First Century will be American*, London: Verso.
Vanberg, Viktor (2005), »Der Markt als kreativer Prozess: Die Ökonomik ist keine zweite Physik«, Vortrag zum Kolloquium 24, »Kreativität und

Ökonomie – Wirtschaftliches Handeln und menschliche Kreativität«, XX. Deutscher Kongress für Philosophie, Berlin, 26.-30. September 2005.
Vanberg, Victor J. (1994), *Rules and Choice in Economics*, London: Routledge.
Vandermerwe, Sandra und Michael D. Oliff (1990), »Customers drive corporations green«, *Long Range Planning* 23: 10-16.
Veblen, Thorstein ([1908] 1919), »On the nature of capital«, in: Thorstein Veblen, *The Place of Science in Modern Civilization and other Essays*, New York, New York: Viking, S. 324-386.
Veblen, Thorstein ([1899] 1986), *Theorie der feinen Leute. Eine ökonomische Untersuchung der Institutionen*, Frankfurt/M.: Fischer.
Velayutham, Selvaraij und Amanda Wise (2005), »Moral economies of a translocal village: obligation and shame among South Indian transnational migrants«, *Global Networks* 5: 27-47.
Vernon, Richard (1979), »Unintended consequences«, *Political Theory* 7: 35-73.

Wacquant, L. D. (1989) »Towards a reflexive sociology: a workshop with Pierre Bourdieu«, *Sociological Theory* 7: 26-63.
Waldkirch, Andreas, Serena Ng und Donald Cox (2004), »Intergenerational Linkages in Consumption Behavior«, *Journal of Human Resources* 39(2), Spring 2004: 355-381.
Wallendorf, Melanie und Eric J. Arnould (1988), »›My favorite things‹: a cross-cultural inquiry into object attachment, possessiveness, and social linkage«, *Journal of Consumer Research* 14: 531-547.
Wallerstein, Immanuel (1991), *Geopolitics and Geoculture*, Cambridge: Polity Press.
Walsh, Adrian (2004), »The morality of the market and the medieval schoolmen«, *Politics, Philosophy & Economics* 3: 241-259.
Wambuga, Florence (1999), »Why Africa needs agricultural biotech«, *Nature* 400: 15-16.
Warde, Alan und Gindo Tampubolon (2002), »Social capital, networks and leisure consumption«, *The Sociological Review* 50(2): 155-180.
Warde, Alan, Lydia Martens und Wendy Olsen (1999), »Consumption and the problem of variety: cultural omnivorousness, social distinction and dining out«, *Sociology* 33: 105-127.
Weatherhill, Laura (1993), »The meaning of consumer behavior in late seventeenth- and early eighteenth-century England«, in: John Brewer und Roy Porter (Hg.), *Consumption and the World of Goods*, London: Routledge, S. 206-207.
Weber, Alfred (1956,) »Die Bewältigung der Freizeit«, in: Arbeitsgemeinschaft sozialdemokratischer Akademiker (Hg.), *Revolution der Roboter. Untersuchungen über Probleme der Automatisierung*, München: Isar Verlag, S. 141-160.

Weber, Max ([1923] 1991), *Wirtschaftsgeschichte. Abriß der universalen Sozial- und Wirtschaftsgeschichte*, Berlin: Duncker und Humblot.

Weber, Max ([1922] 1976), *Wirtschaft und Gesellschaft*, 5. revidierte Ausgabe, Tübingen: J. C. B. Mohr (Paul Siebeck).

Weber, Max ([1921] 1964), *Wirtschaft und Gesellschaft*, Köln: Kiepenheuer & Witsch.

Weber, Max ([1920] 1978), »Die protestantische Ethik und der Geist des Kapitalismus«, in: Max Weber, *Gesammelte Aufsätze zur Religionssoziologie*, Bd. 1, Tübingen: J. C. B. Mohr (Paul Siebeck), S. 17-206.

Weber, Max ([1913] 1992), »Über einige Kategorien der verstehenden Soziologie«, in: Max Weber, *Gesammelte Aufsätze zur Wissenschaftslehre*, Tübingen: J. C. B. Mohr (Paul Siebeck), S. 403-450.

Weber, Max ([1908] 1922), »Grenznutzenlehre und das ›psychologische Grundgesetz‹«, in: Max Weber, *Gesammelte Aufsätze zur Wissenschaftslehre*, Tübingen: J. C. B. Mohr (Paul Siebeck): S. 360-375.

Weber, Max ([1903-1906] 1922), »Roscher und Knies und die logischen Probleme der historischen Nationalökonomie«, in: Max Weber, *Gesammelte Aufsätze zur Wissenschaftslehre*, Tübingen: J. C. B. Mohr (Paul Siebeck), S. 1-145.

Weber, Max ([1895] 1921), »Der Nationalstaat und die Volkswirtschaftspolitik«, in: Max Weber, *Gesammelte politische Schriften*, München: Drei Masken Verlag, S. 7-30.

Weber, Max ([1894] 1988), »Die Börse«, in: Max Weber, *Gesammelte Aufsätze zur Soziologie und Sozialpolitik*, Tübingen: J. C. B. Mohr (Paul Siebeck), S. 256-288.

Webster, Frank und Kevin Robins (1989), »Plan and control: towards a cultural history of the information society«, *Theory and Society* 18: 323-351.

Weir, Mette, Laura Mørch Andersen und Katrin Millock (2005), »Information provision, consumer perceptions and values – the case of organic foods«, in: Signe Krarup und Clifford S. Russel (Hg.), *Environment, Information and Consumer Behavior*, Cheltenham: Edward Elgar, S. 161-178.

Weir, Mette und Carmen Caverly (2002), »Market potential for organic foods in Europe«, *British Food Journal* 104: 45-62.

Weiskopf, Walter A. (1977), »The moral predicament of the market economy«, in: Gerald Dworkin, Gordon Bermant und Peter G. Brown (Hg.), *Markets and Morals*, New York, New York: John Wiley, S. 33-41.

Weiss, Robert und David Riesman (1961), »Some issues in the future of leisure«, *Social Problems* 9: 78-86.

Weizsäcker, C. Christian von (2005), »Hayek und Keynes: Eine Synthese«, Vortrag beim Walter Eucken Institut, Freiburg i. B., 14. April.

Wernick, Iddo K., Robert Herman, Skekkar Govind und Jesse H. Ausubel (1996), »Materialization and dematerialization: measures and trends«, *Daedalus* 125: 171-198.

Whalen, Charles J. (1996), »Beyond neoclassical thought: political economy for the twenty-first century«, in: Charles J. Whalen (Hg.), *Political Economy for the 21st Century. Contemporary Views on the Trend of Economics*, Armonk, New York: M. E. Sharpe, S. 3-28.

Whatmore, Richard (2004), »The politics of political economy in France from Rousseau to Constant«, in: Mark Bevir und Frank Trentmann (Hg.), *Markets in Historical Contexts. Ideas and Politics in the Modern World*, Cambridge: Cambridge University Press, S. 46-69.

Whitford, Josh (2002), »Pragmatism and the untenable dualism of means and *Theory and Society* ends: why rational choice theory does not deserve paradigmatic privilege«, *Theory an Society* 31: 325-363.

Wieland, Josef (1991), »Die Ethik der Wirtschaft als Problem lokaler und konstitutioneller Gerechtigkeit«, in: Josef Wieland (Hg.), *Wirtschaftsethik und Theorie der Gesellschaft*, Frankfurt/M.: Suhrkamp, S. 7-31.

Wilber, Charles K. (1996), »Ethics and economics«, in: Charles J. Whalen (Hg.), *Political Economy for the 21st Century. Contemporary Views on the Trend of Economics*, Armonk, New York: M. E. Sharpe, S. 45-64.

Wilber, Charles K. und Roland Hoksbergen (1986), »Ethical values and economic theory: a survey«, *Religious Studies Review* 12: 211-212.

Wilbrandt, Robert (1927), »Kapitalismus und Konsumenten. Konsumvereinspolitik«, in: *Grundriß der Sozialökonomik. IX. Abteilung: Das soziale System des Kapitalismus. II. Teil: Die autonome und staatliche Binnenpolitik im Kapitalismus*, Tübingen: J. C. B. Mohr (Paul Siebeck), S. 412-456.

Wilhelmer, Peter (2000), »Auf der Suche nach Eindeutigkeit: Die Rationalitätsdiskussion aus ökonomischer Sicht«, in: Barbara Boisits und Peter Stachel (Hg.), *Das Ende der Eindeutigkeit. Zur Frage des Pluralismus in Moderne und Postmoderne. Studien zur Moderne 13*, Wien: Passagen, S. 183-213.

Wilk, Richard (2002), »Consumption, human needs, and global environmental change«, *Global Environmental Change* 12: 5-13.

Wilk, Richard (1998), »Emulation, imitation, and global consumerism«, *Organization and Environment* 11: 314-333.

Wilkinson, John (2002), »The final foods industry and the changing face of the global agro-food system«, *Sociologia Ruralis* 42: 329-346.

Williams, Colin C. (2005), *A Commodified World. Mapping the Limits of Capitalism*, London: Zed Books.

Williams, Colin C. (2004), »The myth of marketization: an evaluation of the persistence of non-market activities in advanced economies«, *International Sociology* 19: 437-449.

Williams, Colin C. (2002), »A critical evaluation of the commodification thesis«, *Sociological Review* 50: 525-542.
Winter, Michael (2003), »Embeddedness, the new food economy, and defensive localism«, *Journal of Rural Studies* 19: 21-32.
Wirth, Louis ([1947] 1949), »Consensus and mass communication«, in: Wilbur Schramm (Hg.), *Mass Communications*, Urbana, Illinois: University of Illinois Press, S. 561-582.
Witztum, Amos (2005), »Economic sociology: the recursive economic system of J. S. Mill«, *Journal of the History of Economic Thought* 27: 251-281.
Wohl, Jennifer B. (1998), »Consumer's decision-making and risk perceptions regarding foods produced with biotechnology«, *Journal of Consumer Policy* 21: 387-404.
Wolff, Edward N. (1991), »The distribution of household wealth: Methodological issues, time trends, and cross-sectional comparisons«, in: Lars Osberg (Hg.), *Economic Inequality and Poverty. International Perspectives*, Armonk, New York: M. E. Sharpe, S. 92-133.
Wolin, Sheldon S. (2004), *Politics and Vision. Continuity and Innovation in Western Political Thought*, Princeton, New Jersey: Princeton University Press.
Wuthnow, Robert (1987), *Meaning and Moral Order. Explorations in Cultural Analysis*, Berkeley, California: University of California Press.
Wynne, Brian (2001), »Creating public alienation: expert cultures of risk and ethics on GMOs«, *Science as Culture* 10: 445-481.

Yearley, Steven (1992), »Green ambivalence about science: legal-rational authority and the scientific legitimation of a social movement«, *British Journal of Sociology* 43: 511-532.

Zafirovski, Milan Z. (2001), »Reexamining economic sociology: beyond rational choice reductionism«, *The American Sociologist* 32: 78-99.
Zechendorf, Bernhard (1994), »What the public thinks about biotechnology«, *Biotechnology* 12: 870-875.
Zelizer, Viviana (2005a), »Circuits within capitalism«, in: Victor Nee und Richard Swedberg (Hg.), *The Economic Sociology of Capitalism*, Princeton, New Jersey: Princeton University Press, S. 289-321.
Zelizer, Viviana (2005b), »Culture and consumption«, in: Neil J. Smelser und Richard Swedberg (Hg.), *The Handbook of Economic Sociology*, second Edition, Princeton, New Jersey: Princeton University Press, S. 331-354.
Zelizer, Viviana ((2002), »Enter culture«, in: Mauro F. Guillén, Randell Collins, Paula England und Marshall Meyer (Hg.), *The New Economic Sociology. Development in an Emerging Field*, New York, New York: Russell Sage Foundation, S. 101-125.

Zelizer, Viviana (1989), »The social meaning of money: ›special monies‹«, *American Journal of Sociology* 95: 342-377.
Zelizer, Viviana (1988), »Beyond the polemics on the market: establishing a theoretical and empirical agenda«, *Sociological Forum* 3: 614-634.
Zelizer, Viviana ([1979] 1983), *Morals and Markets. The Development of Life Insurance Industry in the United States*, New Brunswick, New Jersey: Transaction.
Zelizer, Viviana (1978), »Human values and the market: the case of life insurance and death in 19th century America«, *American Journal of Sociology* 84: 591-610.
Zuckerman, Ezra W. (2003), »On *Networks and Markets* by Rauch and Casella, eds.«, *Journal of Economic Literature* 41: 545-565.
Zukin, Sharon und Jennifer Smith Maguire (2004), »Consumers and consumption«, *Annual Review of Sociology* 30: 173-197.

Statistischer Anhang

Tabelle 1: Kerzenkonsum in Deutschland, 1997-2004

	Kerzenproduktion in Deutschland nach Angaben des Statistischen Bundesamtes Meldenummer 3 663 75 000 Kerzen (Lichte) aller Art					Kerzen-Einfuhr nach Angaben des Statistischen Bundesamtes Position 3406 Kerzen (Lichte) aller Art				
	Tonnen	Veränderung Vorjahr	Wert Mio €	Veränderung Vorjahr	EUR/t	Tonnen	Veränderung Vorjahr	Wert Mio €	Veränderung Vorjahr	EUR/t
1997	124 520	6,3 %	265	8,6 %	2 128	41 590	– 3,6 %	75	1,4 %	1 803
1998	131 500	5,6 %	291	9,8 %	2 213	56 660	36,2 %	94	25,3 %	1 659
1999	132 600	0,8 %	280	–3,8 %	2 112	103 355	82,4 %	173	84,0 %	1 674
2000	118 800	–10,4 %	260	–7,1 %	2 189	82 873	–19,8 %	178	2,9 %	2 148
2001	122 200	2,9 %	261	0,4 %	2 136	65 702	–20,7 %	166	–6,7 %	2 526
2002	129 686	6,1 %	282	8,0 %	2 174	68 220	3,8 %	168	1,2 %	2 463
2003	132 606	2,3 %	293	3,9 %	2 210	86 223	26,3 %	194	15,4 %	2 249
2004	126 870	– 4,3 %	282	–3,7 %	2 223	86 941	0,8 %	200	3,1 %	2 300

Quelle: Verband Deutscher Kerzenhersteller, Stand April 2005.

Tabelle 2: Geschätztes Bruttoinlandsprodukt pro Kopf (in 1960 in US-Dollar)

Land	1830	1860	1913	1929	1950	1960	1970
Kanada	280	405	1110	1220	1785	2205	3005
Frankreich	275	380	670	890	1055	1500	2535
Deutschland	240	345	775	900	995	1790	2705
Japan	180	175	310	425	405	855	2130
Schweden	235	300	705	875	1640	2155	2965
Schweiz	240	415	895	1150	1590	2135	2785
USA	240	550	1350	1775	2415	2800	3605
Großbritannien	370	600	1070	1160	1400	1780	2225
Russland/Sowjetunion	180	200	345	350	600	925	1640

Quelle: Paul Bairoch, »Main trends in national economic disparities«, in: Paul Bairoch und Maurice Lévy-Leboyer (1981: 10).

Tabelle 3: Bruttoinlandsprodukt pro Kopf, zu Preisen und Währungskursen in 1995 in US-Dollar – 1970-2002

Land	1970	1975	1980	1985	1990	1995	2002
Kanada	12 707	14 698	16 611	17 972	19 291	19 815	23 907
Frankreich	16 051	18 342	20 940	22 163	25 325	26 133	29 912
Deutschland	17 331	19 136	22 601	24 151	27 992	30 103	32 921
Japan	20 547	23 862	28 234	32 181	39 863	42 237	44 834
Schweden	19 725	22 003	23 171	25 312	27 952	28 114	33 558
Schweiz							
USA	16 890	18 377	20 954	23 326	26 083	27 554	31 992
Großbritannien	11 921	13 107	14 623	15 696	18 153	19 363	23 239

Quelle: OECD Statistics.

Tabelle 4: Ausgaben privater Haushalte in ausgewählten Ländern, 1980, 1983 oder 1985, % Ausgabenklassen

Konsumausgaben	Malawi %	Ägypten %	Argentinien %	Ungarn %	Kanada %	Finnland %
Lebensmittel und nicht-alkoholische Getränke	55,0	50,0	35,0	25,0	11,0	16,0
Alkoholische Getränke und Tabakwaren	..	..	..	..	..	..
Bekleidung und Schuhe	5,0	11,0	6,0	9,0	6,0	4,0
Wohnen und Energie	12,0	9,0	9,0	10,0	21,0	15,0
Innenausstattung, Haushaltsgeräte und -gegenstände	..	..	..	..	.	..
Gesundheitswesen	3,0	3,0	4,0	5,0	5,0	9,0
Transport und Kommunikation	7,0	4,0	13,0	9,0	14,0	9,0
Kommunikation	..	..	..	..		
Freizeit und Kultur	..	..	..	..	..	..
Bildungswesen	4,0	6,0	6,0	7,0	12,0	8,0
Beherbergungs- und Gaststättendienstleistungen	..	..	..	..	..	..
Sonstige Waren und Dienstleistungen	15,0	18,0	26,0	35,0	32,0	34,0
Gesamt	(100,0)	(100,0)	(100,0)	(100,0)	(100,0)	(100,0)

Quelle: World Bank, *World Development Report* (Table 10: Structure of Consumption), *1992, p. 236-237*. Vgl. dazu auch *Engels Gesetz* (genannt nach Christian Lorenz Ernst Engel, 1821-1896). Engels kommt anhand quantitativer empirischer Beobachtungen zu dem Schluss, dass der relative Anteil der Gesamtausgaben eines Haushalts für *Nahrungsmittel* umso größer ist, je geringer das Einkommen des Haushalts ist.

Tabelle 5: Ausgaben privater Haushalte in ausgewählten EU-Mitgliedsländern, 1999, % Ausgabenklassen

Konsumausgaben	Schweden %	Dänemark %	Deutschland %	UK %	Griechenland %	Finnland %
Lebensmittel und nicht-alkoholische Getränke	15,4	13,1	11,1	10,5	16,6	14,2
Alkoholische Getränke und Tabakwaren	2,9	4,2	2,8	3,0	3,5	2,9
Bekleidung und Schuhe	5,2	5,5	5,7	5,5	8,6	4,6
Wohnen und Energieverbrauch	26,8	28,4	31,2	28,3	21,9	28,1
Innenausstattung, Haushaltsgeräte und -gegenstände	5,0	6,4	7,4	7,3	7,5	4,5
Gesundheit	3,0	2,4	3,6	1,1	6,3	3,7
Verkehr	13,4	14,1	13,3	13,6	11,2	17,0
Kommunikation	2,6	2,1	2,5	2,3	3,3	2,8
Freizeit und Kultur	14,6	11,2	11,9	13,4	4,5	10,7
Bildungswesen	0,1	0,4	0,5	1,3	2,4	0,2
Beherbergungs- und Gaststättenleistungen	3,8	4,1	4,9	7,9	8,8	4,1
Sonstige Waren und Dienstleistungen	7,2	8,1	5,0	5,8	5,5	7,1
Gesamt	100,0	100,0	100,0	100,0	100,0	100,0

Quelle: Eurostat, Consumers in Europa – Facts and Figures. Data 1996-2000. Theme 3, Population and social conditions, 2001, S. 23.

Tabelle 6: Lebensmittelkonsum[1] pro Person, 1966-1998, Finnland

Lebensmittel		1966	1971	1976	1981	1985	1990	1998
Mehl, geschrotet und gemahlen	kg	56,9	37,3	35,9	32,1	27,0	22,9	18,2
Makkaroni, Spaghetti	kg	1,0	1,1	1,3	1,5	1,5	1,7	3,2
Frischfleisch	kg	17,8	20,4	23,1	23,7	22,4	20,1	24,0
Würste	kg	12,7	17,0	21,9	20,6	19,8	17,6	16,6
Fleischkonserven und -zubereitungen	kg	2,1	3,8	4,3	5,4	6,5	8,4	11,1
Frischer und gefrorener Fisch	kg	6,4	7,3	7,8	8,7	7,7	9,0	7,4
Milch	l	227,7	207,2	204,6	186,5	163,3	141,5	120,6
Dickmilch und Kefir	l	23,0	21,7	21,1	22,0	19,3	15,8	14,5
Sauermilch, Joghurt, Quark	l	1,7	9,1	10,7	11,5	13,1	16,2	22,4
Käse	kg	3,3	3,8	5,3	7,0	8,3	10,0	13,2
Butter und andere essbare Fette	kg	19,7	16,8	16,4	15,7	13,7	11,8	10,5
Obst	kg	24,0	30,9	40,1	44,6	40,6	40,6	40,5
Beeren	l	11,0	17,0	19,4	22,0	23,1	18,3	23,0
Fruchtsäfte und Fruchtgetränke	l	..	..	9,6	15,6	9,1	15,0	24,9
Frisches Gemüse	kg	15,0	17,5	21,0	26,3	25,8	26,8	30,0
Kartoffeln	kg	84,4	70,9	59,3	57,3	49,2	39,1	39,0
Kartoffelprodukte	kg	1,1	0,1	0,2	0,4	1,0	2,3	4,5
Alkoholfreie Getränke	l	9,6	18,5	19,5	18,0	20,0	24,5	27,3

Quelle: Statistics Finland, Haushaltsbudget, Umfrage.
.. – Keine Angaben.

1 Einschl. Lebensmittel aus Kauf u. Eigenproduktion, aber ausschl. Restaurantverzehr.

Tabelle 7: Allgemeinbildender Schulabschluss der Bevölkerung in Deutschland im April 2002[2]

Alter von ... bis ... Jahren	Insgesamt	Darunter mit Angaben zur allgemeinen Schulausbildung[3]							
		zusammen	noch in schulischer Ausbildung	mit allgemeinem Schulabschluss					ohne allgemeinen Schulabschluss
				Haupt-(Volks-)schulabschluss	Abschluss der Polytechnischen Oberschule	Realschul- oder gleichwertiger Abschluss	Fachhochschul- oder Hochschulreife	ohne Angabe zur Art des Abschlusses	
in 1000									
15-19	4 620	4 561	2 896	623	28	757	138	23	97
20-29	8 987	8 774	135	2 207	401	2 609	3 120	71	231
30-39	12 876	12 559	/	3 746	1 613	3 121	3 649	101	327
40-49	12 369	12 039	/	4 546	1 796	2 435	2 868	101	293
50-59	10 241	9 645	/	5 083	905	1 575	1 721	105	255
60 und älter	21 033	18 896	/	13 906	237	2 297	1 867	171	419
Insgesamt	70 127	66 472	3 035	30 110	4 979	12 793	13 362	572	1 621
Früheres Bundesgebiet	56 925	53 642	2 396	26 034	450	11 549	11 214	511	1 488
Neue Länder und Berlin-Ost	13 202	12 830	639	4 077	4 529	1 244	2 148	62	132

in %[4]									
15-19	–	100	63,5	13,7	0,6	16,6	3,0	0,5	2,1
20-29	–	100	1,5	25,2	4,6	29,7	35,6	0,8	2,6
30-39	–	100	/	29,8	12,8	24,9	29,1	0,8	2,6
40-49	–	100	/	37,8	14,9	20,2	23,8	0,8	2,4
50-59	–	100	/	52,7	9,4	16,3	17,8	1,1	2,6
60 und älter	–	100	/	73,6	1,3	12,2	9,9	0,9	2,2
Insgesamt	–	100	4,6	45,3	7,5	19,2	20,1	0,9	2,4
Früheres Bundesgebiet	–	100	4,5	48,5	0,8	21,5	20,9	1,0	2,8
Neue Länder und Berlin-Ost	–	100	5,0	31,8	35,3	9,7	16,7	0,5	1,0

2 Für die Zusammenstellung insbesondere der bisher unveröffentlichten Daten bin ich Dr. Heinz-Herbert Noll vom ZUMA Mannheim zu Dank verpflichtet.

3 Beantwortung für Personen im Alter von 51 Jahren und mehr auf freiwilliger Basis.

4 Anteil an allen Personen in der jeweiligen Altersgruppe, die Angaben zur allgemeinen Schulausbildung gemacht haben.

Tabelle 8: Entwicklung der Gymnasialquoten in Deutschland 1950-1990: 13-Jährige; 1992-2000: 14-Jährige

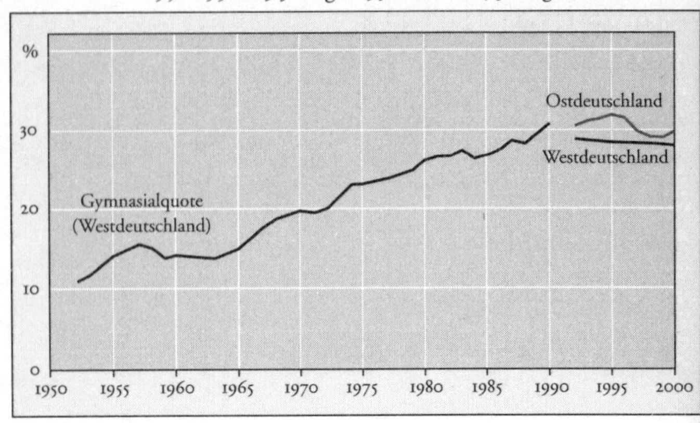

Datenquelle: Statistische Jahrbücher und Fachserie 11. Eigene Berechnungen.

Tabelle 9: Kontroll- und Wirksamkeitsüberzeugung nach Schulbildung

	Stimme voll zu		Stimme eher zu		Stimme eher nicht zu		Stimme nicht zu	
	2001	2002	2001	2002	2001	2002	2001	2002
	in %							
»Was man im Leben erreicht, ist in erster Linie eine Frage von Schicksal oder Glück«								
Insgesamt	7	6	35	28	43	46	15	21
Schultyp								
Hauptschule	10	10	41	28	37	46	12	16
Realschule	9	7	33	39	42	27	16	27
Gesamt-schule	8	2	31	17	56	62	5	20
Gymnasium	3	6	32	35	47	52	18	6
»Wenn man sich sozial oder politisch engagiert, kann man die sozialen Verhältnisse beeinflussen«								
Insgesamt	8	5	39	37	41	43	12	15
Schultyp								
Hauptschule	4	0	38	44	42	40	15	16
Realschule	6	6	40	31	40	46	15	16
Gesamt-schule	15	7	30	35	49	44	6	14
Gymnasium	11	4	42	53	39	39	8	4

Datenbasis: SOEP 2001-2002.

Tabelle 10: Sparguthaben (in kommerziellen Banken) in Milliarden lokaler Währung 1960-1990

Land	1960	1970	1980	1985	1990
Kanada	7,1	16,5	74,5	117,9	200,9
Deutschland	...	189,9	464,0	599,6	729,6
Schweiz	...	40,7	107,4	145,9	162,8
Großbritannien	...	16,2	61,2	133,0	

Quelle: OECD, Main Economic Indicators. Historical Statistics, 1969-1988.

Tabelle 11: Nettovermögen der Haushalte aus Lebensversicherungen und Pensionsanrechten (in Million der Landeswährung), 1978-1990

Land	1978	1981	1984	1987	1990
Kanada	9 070	14 074	16 214	18 191	26 886
Deutschland	27 050	36 050	44 140	49 480	53 500
Japan	4 042	5 899	9 672	17 217	18 905
Großbritannien	8 283	14 863	18 253	20 574	
USA	95 022	177 911	172 922	113 598	207 860[5]

Quelle: OECD, National Accounts. Detailed Tables, Volume 2: 1978-1990.

5 Für die USA fluktuiert das Nettovermögen erheblich. 1986 erreicht es 231 Billionen, um 1987 auf 113 Billionen zurückzufallen.

Tabelle 12: Prozentualer Anteil organischer Lebensmittel am Lebensmittelumsatz in westeuropäischen Ländern in 2000 in Millionen US-Dollar

Land	Umsatz in Millionen US $	Prozent aller Lebensmittel
Dänemark	600	4,6
Niederlande	700	2,8
Schweiz	600	2,7
Schweden	400	2,0
Österreich	400	1,6
Deutschland	2 500	1,4
Frankreich	1 250	1,3
England	1 250	1,3
Italien	1 100	1,0

Quelle: Euromonitor 2005.

Tabelle 13: Einzelhandelsumsatz von organischen Lebensmitteln in westeuropäischen Ländern 1996-2000 in Millionen US-Dollar

Land	1996	1997	1998	1999	2000	% Wachstum
Deutschland	1 600	1 800	2 200	2 500	2 500	56,3
Frankreich	615	655	700	1 000	1 250	103,2
England	330	435	640	900	1 250	278,9
Italien	500	600	750	900	1 100	120,0
Niederlande	230	350	425	500	700	204,3
Dänemark	250	350	500	550	600	140,0
Schweiz	270	350	400	500	600	122,2
Österreich	175	225	290	350	400	128,6
Schweden	150	200	275	350	400	166,7
Belgien	60	75	95	150	200	233,3
Andere	150	275	380	475	550	250,0
Gesamt	4 330	5 315	6 655	8 175	9 550	120,6

Quelle: Euromonitor 2005.

Tabelle 14: Neue Konsumenten in 2000[6]

Land	Bevölkerung in Millionen, 2000	Neue Konsumenten, in Millionen, 2000 (Prozent der Bevölkerung)	Kaufkraft, PPP Milliarden $ (und Prozent der Gesamtkaufkraft)[7]
China	1 262	303 (24)	1 267 (52)
Indien	1 016	132 (13)	609 (39)
Südkorea	47	45 (96)	502 (99)
Philippinen	76	33 (43)	150 (75)
Indonesien	210	63 (30)	288 (56)
Malaysia	23	12 (53)	79 (84)
Thailand	61	32 (53)	179 (79)
Pakistan	138	17 (12)	62 (31)
Iran	64	27 (42)	136 (71)
Saudi-Arabien	21	13 (61)	78 (87)
Südafrika	43	17 (40)	202 (83)
Brasilien	170	74 (44)	641 (83)
Argentinien[8]	37	31 (84)	314 (97)
Venezuela	24	13 (56)	87 (86)
Kolumbien	42	19 (45)	136 (83)
Mexiko	98	68 (69)	624 (93)
Türkei	65	45 (69)	265 (85)
Polen	39	34 (86)	206 (95)
Ukraine	50	12 (23)	44 (45)
Russland	146	68 (47)	436 (79)
Gesamt	3632	1 058 (29)	6 305 (67)[9]

Quelle: Myers und Kent (2003: 4963).

6 Myers und Kent (2003: 4963) definieren neue Konsumenten als »people within typically four-member households with purchasing power of *at least* PPP $ 10,000 per year« [Hervorhebung von mir].
7 Identisch mit den Haushaltskonsumausgaben.
8 Die Zahlen für Argentinien berücksichtigen nicht die jüngste wirtschaftliche Krise des Landes.
9 Vergleichbar mit den Vereinigten Staaten.

Tabelle 15: Millionen Autos 1990-2000

Land	1990	2000 (geschätzt)	Veränderung in Prozent, 1990-2000
China	1,1	6,0	445
Indien	1,7	6,1	259
Südkorea	2,1	8,8	319
Philippinen	0,4	0,8	100
Indonesien	1,3	2,9	123
Malaysia	1,8	4,1	128
Thailand	0,8	1,9	138
Pakistan	0,5	0,8	60
Iran	1,4	2,1	50
Saudi-Arabien	1,6	1,9	19
Südafrika	3,4	4,1	21
Brasilien	11,8	18,5	57
Argentinien[10]	4,4	5,5	25
Venezuela	1,5	1,8	20
Kolumbien	0,6	1,9	217
Mexiko	6,8	10,4	53
Türkei	1,9	4,5	137
Polen	5,3	9,9	87
Ukraine	3,3	5,5	67
Russland	10,1	19,5	93
Gesamt	62,0	117,0	89
Prozent der Welt	13	21	62
USA	152	175[10]	15
Welt	478	560	

Quelle: Myers und Kent (2003: 4963).

10 Einschließlich so genannter »sport utility vehicles« (SUVs); die »neuen Konsumenten« in den »developing and the three transition countries possess virtually all their countries' cars« (Myers und Kent 2003: 4965).

Liste der Tabellen

Tabellen im Statistischen Anhang

Register

Nico Stehr
im Suhrkamp Verlag

Arbeit, Eigentum und Wissen. Zur Theorie von Wissensgesellschaften. 622 Seiten. Gebunden

Die Moralisierung der Märkte. Eine Gesellschaftstheorie. stw 1831. ca. 384 Seiten

Praktische Erkenntnis. Broschur. 239 Seiten

Wissen und Wirtschaften. Die gesellschaftlichen Grundlagen der modernen Ökonomie. stw 1507. 451 Seiten

Wissenspolitik. Die Überwachung des Wissens. stw 1615. 328 Seiten

Nico Stehr als Herausgeber

Karl Mannheim. Konservatismus. Ein Beitrag zur Soziologie des Wissens. Hg. von David Kettler, Volker Meja und Nico Stehr. stw 478. 288 Seiten

Karl Mannheim. Strukturen des Denkens. Hg. von David Kettler, Volker Meja und Nico Stehr. stw 298. 322 Seiten

Paul Martin Neurath. Die Gesellschaft des Terrors. Inenansichten der Konzentrationslager Dachau und Buchenwald. Aus dem Englischen von Hella Beister. Hg. von Christian Fleck und Nico Stehr. Mit einem Nachwort von Christian Fleck, Albert Müller und Nico Stehr. 462 Seiten. Gebunden

NF 153/1/1.07

Sozialphilosophie im Suhrkamp Verlag
Eine Auswahl

Axel Honneth. Kampf um Anerkennung. Zur moralischen Grammatik sozialer Konflikte. stw 1129. 301 Seiten

Axel Honneth. Kritik der Macht. Reflexionsstufen einer kritischen Gesellschaftstheorie. stw 738. 408 Seiten

Axel Honneth. Die zerrissene Welt des Sozialen. Sozialphilosophische Aufsätze. Erweiterte Ausgabe. stw 849. 279 Seiten

Hans Joas. Die Entstehung der Werte. stw 1416. 321 Seiten

Hans Joas. Die Kreativität des Handelns. stw 1248. 415 Seiten

Hans Joas. Pragmatismus und Gesellschaftstheorie. stw 1018. 323 Seiten

George Herbert Mead. Gesammelte Aufsätze. Band 1. Herausgegeben und eingeleitet von Hans Joas. Übersetzt von Klaus Laermann u.a. stw 678. 476 Seiten

George Herbert Mead. Gesammelte Aufsätze. Band 2. Herausgegeben von Hans Joas. Übersetzt von Hans Günter Holl, Klaus Laermann u.a. stw 679. 485 Seiten

George Herbert Mead. Geist, Identität und Gesellschaft. Aus der Sicht des Sozialbehaviorismus. Einleitung von Charles W. Morris. Übersetzt von Ulf Pacher. stw 28. 456 Seiten

NF 123/1/8.00